新编

21SJGDSFJYJC

21世纪高等师范教育教材

现代教育技术基础

华东师范大学出版社

编　著　李克东

图书在版编目(CIP)数据

新编现代教育技术基础/李克东主编. —上海：华东师范
大学出版社,2002.9
ISBN 978 - 7 - 5617 - 3024 - 9

Ⅰ.新... Ⅱ.李... Ⅲ.教育技术学—教材 Ⅳ.G40 - 057

中国版本图书馆 CIP 数据核字(2002)第 045372 号

 21世纪高等师范教育教材

新编现代教育技术基础

编　　著　李克东
策划组稿　教材策划部
责任编辑　翁春敏　宋维锋
责任校对　邱红穗
封面设计　卢晓红
版式设计　蒋　克

出版发行　华东师范大学出版社
社　　址　上海市中山北路 3663 号　邮编 200062
网　　址　www.ecnupress.com.cn
电　　话　021 - 60821666　行政传真 021 - 62572105
客服电话　021 - 62865537　门市(邮购)电话 021 - 62869887
地　　址　上海市中山北路 3663 号华东师范大学校内先锋路口
网　　店　http://hdsdcbs.tmall.com

印 刷 者　常熟市文化印刷有限公司
开　　本　787×1092　16 开
印　　张　27.5
字　　数　539 千字
版　　次　2002 年 9 月第一版
印　　次　2012 年 8 月第九次
印　　数　60 401-62 500
书　　号　ISBN 978-7-5617-3024-9/G·1532
定　　价　55.00 元(含光盘)

出 版 人　朱杰人

总　序

　　自中共中央、国务院《关于深化教育改革全面推进素质教育的决定》提出要"调整和改革课程体系、结构、内容,建立新的基础教育课程体系"以来,基础教育课程改革浪潮在全国迅速兴起。基础教育的课程改革必然对师范院校的教学内容提出新的要求,因而更新师范院校教学内容的呼声日渐强烈。教材是教学内容的最基本的表达形式,是对教学内容的系统阐述,是学生在校进行学习、获得系统知识的主要材料。编写出优秀的教师教育教材是广大教师教育工作者孜孜以求的。

　　正是基于这种认识,我们致力于编写一套"21世纪高等师范教育教材"。本套教材编委会汇集了全国十余所部属和省属师范大学专家学者的意见,确定编写书目,并经过严格的遴选程序,推选出在各专业有较高学术威望、有丰富教学经验、曾经编写出版过教材的学科带头人作为各册教材的主编。

　　为了适应基础教育课程改革的要求,体现基础教育改革的时代精神,我们在编写本套教材时力求做到两个统一:

　　第一,在内容选择上力求做到科学性、思想性和先进性的统一。

　　教材的内容首先必须是科学的,要准确地阐述相关学科的基本概念、原理和事实,并科学地阐述概念之间的相互关系;思想性是建立在科学性的基础之上并寓于科学性之中的,教材要使学生能从科学的内容中习得正确的思想观点;先进性是时代发展的要求,要把科学上最新的、被证实的成果反映到教材中来,使学生的学习能把握时代跳动的脉搏。

　　第二,在内容编排上力求做到知识的内在逻辑与教学法的要求相统一。

　　每门学科都有自身的系统性,编写教材必须考虑这门学科本身的内在逻辑,即如布鲁纳所说的学科结构,以使学生能够洞察学科的基本架构;但是一门学科的教材不是相应科学的缩写本,它还必须把科学知识的系统性和教学法的要求结合起来,充分考虑学生的学习特点和认知过程的发展规律,使科学知识的表达能以最恰当的方式为学生所接受并内化。

当然,作为新世纪的教材,我们还要求本套教材在编辑、出版、印刷、装帧等方面也是高质量的。

如今,经过教材编委会、编者和出版社历时 18 个月的努力,第一批 16 本"21 世纪高等师范教育教材"终于在新学期开学前与广大读者见面了。希望这套新教材能受到大家的欢迎和喜爱,也期待各位提出宝贵意见和建议。

按照编写出版计划,整套"21 世纪高等师范教育教材"将在 5 年中陆续出齐。我们将在汇总和分析大家意见的基础上,做好第二批教材的编写出版工作,使之成为全国高等师范院校首选的教学用书。

"21 世纪高等师范教育教材"编委会主任

华东师范大学校长

王建磐

2002 年 5 月

前　言

　　步入 21 世纪,我们正面临着人类文明史上的又一次大飞跃——信息化社会的到来。在信息化的社会里,信息成为政治、经济、军事以及社会一切领域赖以生存和发展的基础。一场新的革命正在悄然兴起。在这场革命中,以知识为基础的经济迅猛发展,知识在生产和经济发展中起到了决定性的推动作用。

　　面对这场革命,我们对作为当代教育改革的制高点的现代教育技术,必须作新的思考。我们要深刻认识现代教育技术在教育教学中的重要地位及其应用的必要性和紧迫性;充分认识应用现代教育技术是现代科学技术和社会发展对教育的要求,是教育改革和发展的需要。因此,各级各类学校的教师要紧跟科学技术发展的步伐,努力掌握和应用现代教育技术,以提高自身素质,适应现代教育的要求。目前全国大多数高等师范院校都开设了"现代教育技术"公共课,但是目前该课程使用的教材的部分内容偏于陈旧,或有一些局限性。针对这种情况,我们编写了《新编现代教育技术基础》作为高等师范院校"现代教育技术"公共课的教材。

　　之所以是"新编",主要体现在以下三方面。

　　首先,努力把当前国内外教育技术发展的新理论、新观点和新思想引入教材。

　　其次,在内容和结构上做了新的尝试。内容方面力图以教育改革新思维——数字化学习为主导,以现代信息技术为支撑,强调自主学习和实践活动。结构方面每章开始部分提供"课前活动",并以"任务驱动"激发学习者学习的积极性;传统媒体技能操作部分不再为学生灌输媒体的使用操作步骤,而是提供相关的评价指标体系,要学习者自己为自己打分。在编写过程中我们特别注意师范学生技能训练的实践性和可操作性。本书精心设计了六项技能实践活动,并提供了技能实践指南作为操作时的指导与参考。

　　第三,本教材准备了学习配套光盘,这在同类教材中是十分少见的。光盘为学习者(特别是没有上网条件的学习者)提供了大量的相关学习资料,以精美的图片、直观的视频影像,弥补了文字教材的不足,拓展了学习者的知识面,也更进一步帮助学习者学习和理解相关章节的知识内容。

本书不仅适合作为高等师范院校的公共课教材,也可以作为师范院校教育技术专业低年级的基础课程教材,还可作为教师继续教育的教材和教学参考书。

李克东负责策划全书的结构。其中第六、八章以及技能实践和附录部分的资料由张新华编写和整理,其余各章由李克东编写,并由王俊晖、黄娟、何芳协助对各章书稿进行资料整理和修订,并为本书插图的绘制做了大量工作。参加本书资料整理的还有许晓安、刘冰、杨淑莲、黄磊、纪婷婷等人,在此一并致谢。全书最后由李克东、张新华统稿。作者还特别感谢华东师范大学出版社,他们对本书的出版提供了极大的便利。

由于本书的内容和体例结构是一种新的尝试,作者水平有限,缺点错误在所难免。采用此书作为教材的教师和同学,以及本书的其他读者,在使用和阅读此教材过程中有何批评意见和建议,请告诉我们。我们将热情欢迎,认真考虑,以便将来有机会再版时,能把它修改得更加完善些。

编著者

2002 年 4 月

目　录

第一章　现代教育技术的基本概念

课　前　活　动		
活动目的	通过上网查阅中共中央国务院和教育部重要文件，理解教育信息化和发展现代教育技术的重要意义和措施	
活动内容和活动方式	1. 访问教育部网站(http://www.moe.edu.cn)，查阅重要文件《中共中央国务院关于深化教育改革全面推进素质教育的决定》和《面向21世纪教育振兴行动计划》	
	2. 访问"教育技术在线"网站（http://www.iteonline.net)，查阅上述两份重要文件	
	3. 查阅本书配套光盘中的有关材料	
参加活动后需要完成的任务	文　献　名　称	我国政府在推进教育信息化和发展现代教育技术有哪些重要措施
	《中共中央国务院关于深化教育改革全面推进素质教育的决定》	
	《面向21世纪教育振兴行动计划》	

第一节　教育信息化与现代教育技术

当今世界,科学技术突飞猛进,知识经济已见端倪,国力竞争日趋激烈。特别是以计算机的普及为基础,以数字化技术为前提,以光纤和卫星通信技术为媒介的Internet的崛起和信息高速公路的建设,形成了全球性的信息网络,正加速着全球信息化的进程,对整个世界形成全方位的冲击。在信息化的社会里,信息成为政治、经济、军事以及社会一切领域的基础。信息技术的进步,使传统的教育和管理方式受到猛烈的冲击,引起教育的重大变革,包括教育思想、教育内容、教育手段和方法、教育模式以至教育体制都发生了重大的变革,它使教育由一次性教育向终身教育转变、由精英教育向大众教育转变、由传统民族性教育向现代国际化教育转变、由传统的课堂传授式教育模式向网络化开放性教育模式转变,而且对人们传统的学习方式也产生了深远影响,引发了思维观念和行为方式的重大革新。

一、信息技术与教育信息化

信息技术是指研究信息的产生、获取、度量、传输、变换、处理、识别和应用的科学技术。其中应用在教育领域的信息技术主要包括数字音像技术、卫星电视广播技术、多媒体计算机技术、人工智能技术、计算机局域网络技术、因特网络技术和虚拟现实仿真技术等。其中多媒体与网络技术在教育领域中已逐步得到广泛应用。

《中共中央国务院关于深化教育改革全面推进素质教育的决定》中指出:"要大力提高教育技术手段的现代化水平和教育信息化程度。"教育信息化是指在教育与教学的各个领域中,积极开发并充分应用信息技术和信息资源,培养适应信息社会需求的人才,以推动教育现代化进程。

教育信息化的主要特征是:

● 教育信息处理数字化,使得教育信息处理简单、统一、可靠;

● 教育信息载体多媒体化,并实现信息载体具有集成性,信息应用具有互动性;

● 信息传输网络化,可以实现教学资源的高度共享,使学习不受时空限制,更便于进行远程异地的协商合作;

● 教学过程智能化,可以实现对学生学习进行智能指导、智能代理,更可以使界面智能化,如可以语音输入、手写输入等。

教育信息化是当今世界许多国家、地区教育改革追求的目标,如美国的《面向21世纪教育行动计划》、新加坡的《资讯科技教育总蓝图》、香港的《应用资讯科技发展优质教育:五年策略》和中国的《面向21世纪教育振兴行动计划》等都对在本国、本地区推进教育信息化提出了具体的目标、任务和策略。综合各个国家和地区的经验,我们可以把教育信息化的基本要素归纳为如下六个方面:

● 应用——在教育领域中广泛应用信息技术；
● 开发——开发丰富的教育信息资源；
● 网络——建设国家、地区、学校教育信息网络系统；
● 产业——发展教育信息产业；
● 人才——培训掌握信息技术的教师队伍；
● 政策——制订教育信息化政策。

　　教育信息化是国家信息化的重要组成部分，是教育发展中的重要战略任务，是实现教育现代化的重要标志之一，也是衡量教育现代化的重要标志。教育现代化的重要标志包括教育的大众化、教育的终身化、教育的个性化、教育的国际化和教育的信息化，其中，教育的信息化更是实现教育大众化、终身化、个性化和国际化的重要支柱。

二、美国 AECT 1994 年对教育技术的定义

　　要实现教育信息化，最基本的就是要在教育、教学领域中广泛应用现代信息技术，即以应用现代教育技术为突破口，推进教育信息化建设。

　　AECT（Association for Education Communication and Technology 美国教育传播与技术协会）1994 年曾对教育技术作出新定义，指出："教育技术是关于学习过程与学习资源的设计、开发、利用、管理和评价的理论与实践。"这一定义的构成和内涵可用图 1-1 表示。

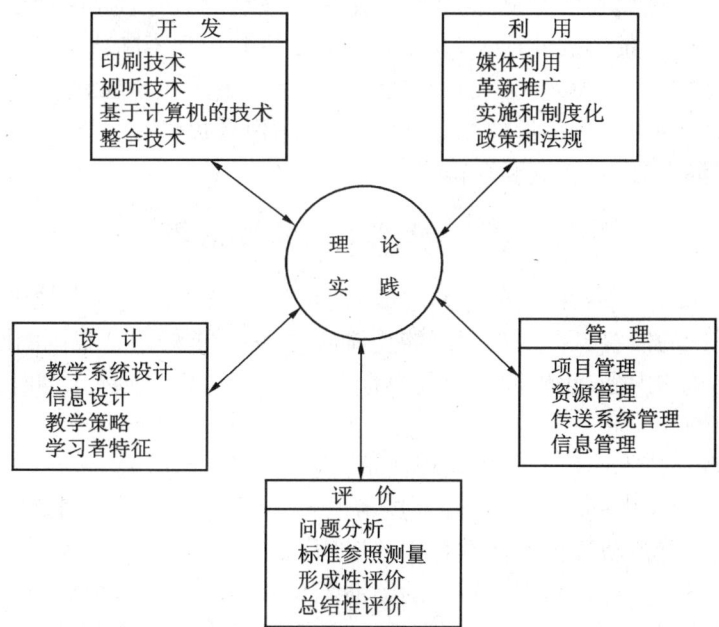

图 1-1　美国 AECT 1994 年教育技术定义的构成和内涵

该定义表明教育技术的研究对象是学习的过程和资源,基本研究内容是设计、开发、利用、管理和评价等五个方面的理论和实践。每个研究领域的具体内容如下:

第一,学习过程和学习资源的设计,是指为达到给定的教学目标,首先要进行学习者的特征分析和教学策略制定,在此基础上进行教学系统及教学信息设计,包括教学内容的确定、教学媒体的选择、教学信息与反馈信息的呈现内容与呈现方式设计等,以创造最优化的教学模式,使每个学生都成为成功的学习者。

第二,学习过程和学习环境的开发,是指对音像技术、电子出版技术、计算机辅助教学技术,以及多种技术综合集成应用于教育教学过程的开发研究。也可以说,开发是对教学设计结果的"物化"或"产品化",是教学设计的具体应用。开发领域的范围可以是一节课、一个新的改进措施,也可以是一个大系统工程的具体规划和实施。

第三,学习过程和学习资源的利用,应强调对新兴技术、各相关学科和最新研究成果,以及各种信息资源的利用和传播,并要设法加以制度化、法规化,以支持教育技术手段的不断革新。

第四,学习过程和学习资源的管理,指对所有学习资源和学习过程进行计划、组织、指挥、协调和控制。具体包括教学系统管理、教育信息及资源管理、教学研究及开发管理等。"管理出效益",科学管理是教育技术的实施和教学过程、教学效果优化的保证。

第五,学习过程和学习资源的评价,是指在注重对教育教学系统的总结性评价的同时,更要注重形成性评价,并以此作为质量监控和不断优化教学系统与教学过程的主要措施。为此,应及时对教育教学过程中存在的问题进行分析,并参照规范要求(标准)进行定量的测量与比较,向学习者提供有关学习进步的情况,以便及时调整学习步伐,直至取得成功。

三、现代教育技术的基本思想

美国 AECT 1994 年给教育技术所下的定义对推动我国教育技术工作的发展提供了理论的借鉴。但根据我国的具体情况,为了更好结合我国的国情,深刻理解教育技术的内涵,正确应用现代教育技术,我们认为有必要对如下几方面加以关注和强调:

首先,教育技术应用必须重视现代教育理论的指导作用。

其次,教育技术的发展是与科学技术的进步紧密相联系的(如图 1-2),在信息时代必须重视新兴技术在教育中的应用,需要强调的是,在教育技术应用中要充分发挥现代信息技术作为教学的辅助工具和学生学习的认知工具的作用。

再次,教育技术在教育和教学领域中的应用,不仅只为辅助教师的教学,更重要的是支持学生的自主学习,因此,教育技术应用中应强调发挥教师的指导作用和体现学习者的主体地位。

最后,教育技术研究和应用的目的,不仅仅是硬件环境的建设和软件的开发,更重要的是通过运用现代教育理论和现代信息技术,优化教学资源和改革教学过程模式,以达到高效地培养高质量的人才。因此需要强调优化教学,培养优质人才,即具有创新精神和实践能力的高素质人才。

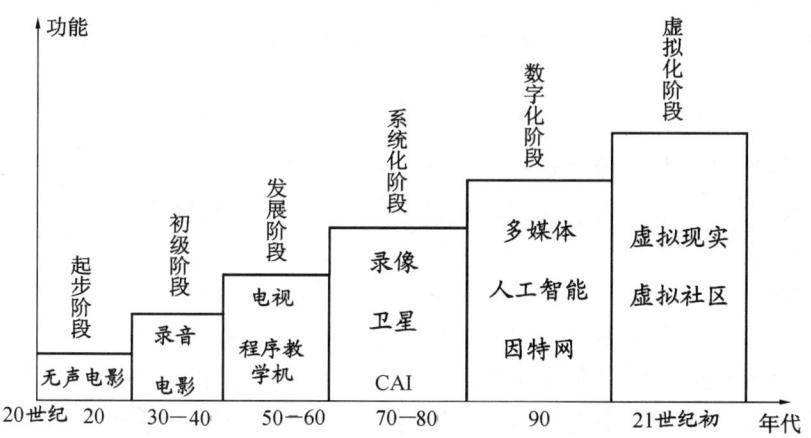

图 1-2 科学技术的进步与教育技术发展

综合上述观点,在借鉴美国 AECT 1994 年定义的基础上,结合我国的实际情况,我们把现代教育技术的基本思想表述如下:

现代教育技术就是运用现代教育理论和现代信息技术,通过对教与学的过程和资源的设计、开发、利用、管理和评价,以实现教学优化的理论和实践。

现代教育技术研究的对象和范畴如图 1-3 所示。

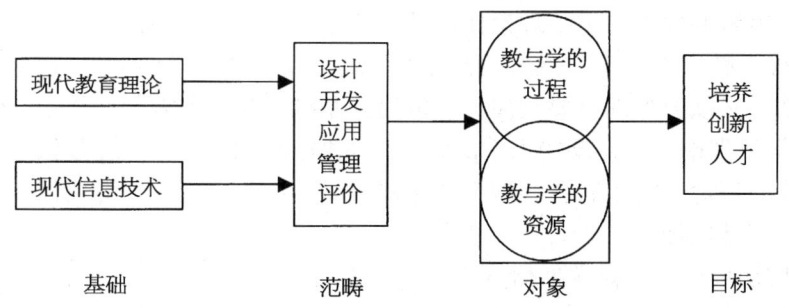

图 1-3 现代教育技术的研究对象和范畴

在这里,我们强调:

第一,现代教育技术的应用必须以先进的教育思想和教学理论为指导,树立应用教育技术推进素质教育,重点培养创新精神和实践能力的教育思想,重视运用现代认知理论和人本主义理论指导教与学的过程和资源的设计、开发及应用。

第二,现代教育技术是以现代信息技术为基础,其中在学校是以多媒体与网络技术为核心,要充分利用和发挥多媒体与网络技术的优势,形成以多媒体和网络技术为基础的信息化环境和数字化的教学资源。

第三,现代教育技术是以教与学的过程和资源为研究对象,并以优化教与学的过程和资源为目标,因此,教育技术既要重视优化"教",更要重视优化"学";既要重视"资源",更要重视"过程"的研究和开发。通过优化教与学的资源,建设信息化的教学环境,开发信息化教学软件,探索并建构信息化环境下新型的教学模式。

第四,现代教育技术是要应用系统科学方法对教与学的"过程"和"资源"进行设计、开发、应用、评价和管理来实现教学的优化。

由此可见,学校应用现代教育技术,提高教育信息化程度,必须具备如下基本要素:

● 教师——掌握现代教育技术应用理论和技能的师资队伍;
● 环境——建立多媒体和网络化的信息化教学环境;
● 资源——建设多媒体与网络教学资源库并使之能高度共享;
● 设计——对多媒体与网络教学资源和教学应用过程的策划;
● 过程——把多媒体与网络技术应用于课程教学过程,通过实践探索并构建新的教学模式。

第二节　现代教育技术的理论基础

现代教育技术是一门综合性的应用学科。它涉及许多学科,这些学科的理论相互交叉、相互渗透,使得教育技术的理论基础也是多方面的。本节将仅对教育技术发展影响较大的主要理论作简要介绍。

● 视听教学理论。它指出了各种视听教学媒体在教学中的地位与作用,也是教育技术必须遵循的重要规律与所依据的基础理论。

● 学习理论。它是阐明人们的行为变化如何产生,揭示学习是依据什么机制而形成的理论。它是教育心理学的基本理论,也是研究和应用现代教育技术必须依据的基础理论。

● 传播理论。它是全面研究人类进行信息传送、交换、加工的科学。它建立起来的传播过程与模式的理论和传者、受者与传播媒体的理论,对教育过程具有普遍的指导意义,它是解释现代教育技术应用过程的主要基础理论。

● 系统科学理论,包括了系统论、控制论和信息论。它作为一门综合性的横向科学,并具有浓厚的方法论特性,提供了适合于现代科学研究与管理的新方法。它也是研究和应用现代教育技术必须依据的基础理论之一。

一、视听教学理论

视听教学理论的代表人物是美国教育家戴尔（E. Dale），他提出了以"经验之塔"为核心的视听教学理论。

（一）"经验之塔"理论

戴尔认为，人们学习时，由直接到间接，由具体到抽象获得知识比较容易。他用一个学习经验的三角形宝塔图来表示不同学习方式的学习效果，人们常称之为"经验之塔"（图1-4）。

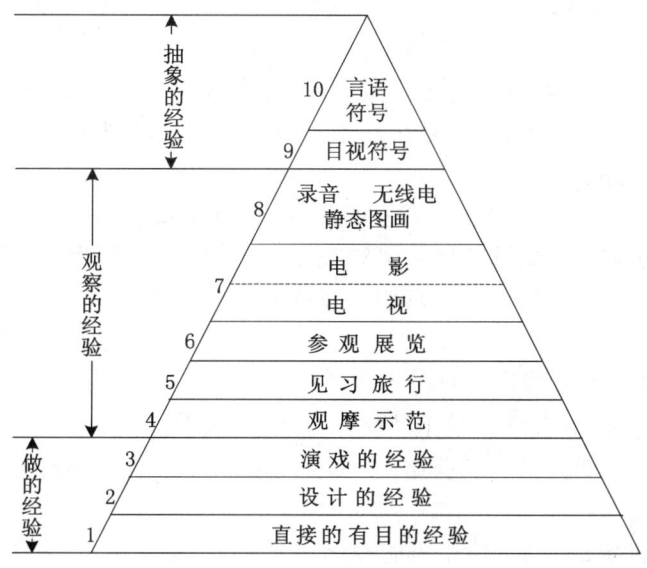

图1-4 戴尔的"经验之塔"

从图中可以看出，"经验之塔"分为三大类十个层次：

第一类：做的经验，位于塔基的三个层次中，都含有亲自的"活动"，所以说获得的是直接做的经验。包括以下几个层次。

1. 有目的的直接经验

是指从看见的、听到的、尝到的、摸到的具体事物中获得的知识，是教育的基础。

2. 设计的经验

指通过模型、标本等间接学习材料获得的经验。模型、标本等是通过人工设计、仿造出来的事物，多与原来的事物大小和复杂程度有所不同，但形象类似。在教学中应用，比真实事物易于领会，因而有相当的价值。

3. 参与活动的经验

指通过演戏、表演等，尽量逼近真实和参与重现的经验。这虽然不是原来面目,却具有典型性。人生有许多事情或知识不能靠直接经验体会到(例如历史事件),但可以通过参与演戏、表演等活动,尽量做到接近真实,即能使人获得接近于直接经验的有关经验。而参与演戏或表演的活动者与观看戏剧或表演的人体会也不一样,前者比后者获得的经验、知识要深刻得多。

第二类:观察的经验,位于塔中间的 5 层,均含有"观察"的成分,故称为"观察的经验",依次排列时越往上抽象的程度越高。包括以下层次。

4. 观摩示范

它是先看别人怎样做之后,自己再动手模仿去做,在教学上用得很广泛。

5. 见习旅行

它是指到一定的地方去看真实事物和情景,从而进行学习,增长知识。

6. 参观展览

展览布置的东西都具有一定的典型性,参观展览看到的事物要比自然界的真实事物更突出、更集中,但其真实性差一些,不一定具有普遍性。

7. 电影与电视

看电影、电视所获得的经验不是直接经验,而是间接经验。电影、电视不受时空限制,将运动的或遥远的事物呈现在眼前,把原来变化太快或太慢的现象,用适当的速度去呈现,使人看得真切,理解深刻,有身临其境之感,因而能取得较好的学习效果。

8. 无线电、录音、照片、幻灯

它们可分别提供听觉与视觉经验。有人称它们是"一种感觉"的经验,与声画同步的电影、电视提供的经验相比,真实性差一些,抽象程度较高,学习经验的收获也就差一些。

第三类:抽象的经验,位于塔的顶部 2 层,其抽象的层次最高,是抽象化了的东西。包括以下层次。

9. 视觉符号

主要指表格、挂图等抽象的视觉符号。如地图上用曲线条代表河流,短线条代表铁路,圆圈代表城市,细点代表沙漠等。这些视觉符号比文字语言要直观些。

10. 语言符号

语言是交际和思维活动的工具。它分口头语言、书面语言(文字)和内部语言(无声语言)。语言的表示是最抽象的东西,放在宝塔的顶层。在这一层里已把具体事物抽象成为与它所代表的事物或观念不相同的东西。如口头语言符号的声音,书面语言符号的文字,内部语言符号的无声活动,可代表某种事物、观念、概念、原理、公式等,都为人们所公认,是抽象化了的东西。

（二）"经验之塔"理论的基本观点

戴尔把"经验之塔"理论的要点概括为以下六个方面：

第一，宝塔最底层的经验最具体，越往上升，则越趋抽象。但不是说，求取任何经验，都必须经过从底层到顶层的阶梯；也不是说，下一层的经验比上一层的经验更有用。划分阶层，只是为了有利于说明各种经验的具体或抽象的程度。

第二，教育、教学应从具体经验入手，逐步进到抽象。有效的学习之路，应该充满具体经验。教育、教学最大的失败，在于使学生记住许多普通法则和概念时，没有具体经验作它们的支柱。

第三，教育、教学不能止于具体经验，而要向抽象和普遍发展，要形成概念。概念可以供推理之用，是最经济的思维工具，它把人们探求知识的过程大为简单化、经济化。

第四，在学校中，应用各种教学媒体，可以使得学习更为具体，从而造成更好的抽象。

第五，位于宝塔中层的视听媒体，较言语、视觉符号更能为学生提供较具体和易于理解的经验，并能冲破时空的限制，弥补其他直接经验方式之不足。

第六，应该不应该过分看重直接经验？需要不需要在直接经验上花很多功夫？陷足在具体经验中，其危险和埋头在抽象的云雾中是一样的吗？戴尔说，危险固然存在，但不会那样大。如果教学太过于具体化，那就是没有达到更普遍的充分的了解，但在今日这种危险只是理论的，因为人们还没有做到教学应有的具体程度。

"经验之塔"理论所阐述的经验抽象程度的关系，是符合由具体到抽象，由感性到理性，由个别到一般的认识规律的，它不仅是视听教育的心理学基础，也是现代教育技术的重要理论基础之一。

二、学　习　理　论

学习理论是阐述关于人类如何学习的理论，包括学习是怎样产生的，它经历怎样的过程，它有哪些规律，如何才能进行有效的学习等问题。

现代教育技术研究学习理论的目的是让人们凭借有关理论的基本观点，用某种方式和信息化学习环境联系起来，探讨如何增进学习者利用自身的能力与信息化环境的特点相结合进行有效的学习，改进学习方法，提高自身素质的能力，从而提高教育和教学的质量。

在探悉学习现象的本质和学习活动的规律中，由于学者的观点、视野和研究方法各不相同，因而形成了许多不同的学习理论流派。本节仅就对现代教育技术的设计、开发、应用、管理和评价有较大影响的行为主义、认知主义和建构主义等几个主要流派作简要介绍。

（一）行为主义学习理论

行为主义学习理论所说的"行为"指的是心理学和社会学领域的人类行为，并强调是可观察的行为。行为主义学习理论强调知识技能的学习靠条件反射，靠外在强化，学习就是形成刺激和反应的联结和联想。

行为主义学习理论的代表人物有华生（J. B. Watson）、桑代克（E. L. Thorndike）、斯金纳（B. F. Skinner）等。

行为主义学习理论的基本观点是把学习看作刺激—反应之间联结的加强。就一般而言，他们都把环境看作是刺激，把伴随的有机体行为看作是反应。因而，他们关注的是环境在个体学习中的重要性。学习者学到些什么，是受环境控制的，而不是由个体决定的。因此，几乎所有的行为主义学习理论都强调邻近和强化在学习中的价值。出于不同的视角，有的人关注刺激与刺激的邻近，有的注重反应与强化的邻近，还有的则强调刺激—反应联结之间的邻近。至于强化，那更是绝大多数行为主义者所信奉的宝物。他们中的许多人认为，可以根据一个人的强化史来分析任何行为。

其中斯金纳是行为主义学派中最有影响的心理学家之一，他的操作条件反射理论对教育实践起了非常巨大的作用。

斯金纳认为，一切行为都是由反射构成的，任何刺激—反应单元都应看作是反射。斯金纳将有机体的行为分为两类：应答性行为和操作性行为。应答性行为是由已知的刺激引起的，操作性行为是由人自身发出的。无条件反应是一种应答行为，因为他们是由无条件刺激引起的。应答行为包括所有的反射在内，如用针刺激一下手，手马上就会缩回来；当遇到强光时，眼睛马上就会收缩等。而操作性行为由于一开始不是与已知的刺激相联系，因而是自发的行为，如唱歌、开车、打电话及上网等，人类的大多数行为都是操作性行为。这两种行为具有不同的条件作用形成机制，即巴甫洛夫的经典式条件反射和操作性条件反射，操作性条件反射是不同于经典条件反射的另一种基本的学习机制。

斯金纳在操作条件反射理论中提出了"强化原则"，并认为立即强化优于延缓强化，部分强化优于连续强化。强化原则是斯金纳学习理论中最重要的部分，斯金纳运用操作强化原则设计和制造了一种教学机器，进行程序教学，为后来的计算机辅助教学奠定了理论基础。

行为主义学习理论的逻辑延伸，就是要形成塑造或矫正行为的方法。在教育方面，教师的职责就是要创设一种环境，尽可能在最大程度上强化学生的合适的行为。对此，斯金纳的程序教学模式提供了一个典型的案例。

斯金纳程序教学的基本方法是：向学习者呈现一个小单元的信息（称为框面）作为刺激，学习者通过填空或回答的方式作出反应，然后由反馈系统对该反应作出评价。反应错误就告诉学习者错误的原因；反应正确就得到强化，学习者就可以进入第二个框面的学习。"刺激——反应——强化"的过程不断反复,直到学习者完成一个程序的学习。斯金纳的学习理论推动了程序教学运动的发展,使行为科学和教育技术的结合进入一个更为密切的阶段。在程序教学活动中出现的一些观点,如重视教学机器的作用,重视学习理论的基础与指导作用等,对教育技术的理论发展产生了重要影响。除此之外,程序教学的思想在个别化教学、计算机辅助教学(CAI)等教学形式中也发挥了重要的作用。但斯金纳否定教师的主导作用,忽视了学习过程中人的主观能动性的发挥,因此,他的理论尚存在不足之处。

(二) 认知主义学习理论

认知主义学习理论指出,学习的实质并非是一连串的刺激与反应,而是要在头脑中形成认知地图,即形成认知结构。认知结构在学习过程中用来同化新知识的某些观点,因此,教师在进行教学设计时应尽量使学习者联系以往已经掌握的科学知识,逐步由已知引申到未知,并充分阐明两者之间的联系与区别,以帮助学习者更好地学习新知识。

认知主义学习理论强调认知结构和内部心理表象,即学习的内部因素,这与行为主义学习理论只关注学习者的外显行为,无视其内部心理过程有很大不同。两者曾经展开过激烈的论争,最后认知主义学习理论占了上风,并逐渐取代行为主义学习理论在教育教学实践中发挥指导作用。对现代教育技术而言,认知主义的学习理论告诉我们不能仅仅停留在对学习内容和所提供的材料的研究上,还必须研究在应用现代教育技术过程中,学生的学习发生了哪些变化。要针对学生的心理,通过运用多种教学媒体来充分调动学生这个学习主体的积极性,使他们能积极、主动地进行思维活动。

认知主义学习理论,强调学习并非是盲目的,而是有意识的,是通过主体的主观作用来实现的。问题的解决由顿悟来实现,学到的东西能很好地保持,并能迁移,而试误在创造性思维中只有干扰作用。认知主义学习理论偏重知觉与经验完形性的研究,用综合的方法,注重全体的特性,认为个人是一个有组织的整体,而不是各部分的简单总和。同时主张一个知觉和一种经验,应当作为一种整体现象来研究,应该从全体情境着想,只有如此,才能得到正确的理解。其代表人物有韦特海墨(M. Wetheimer)、苛勒(K. Kohler)和考夫卡(K. Koffka)、托尔曼(E. C. Tolman)、布鲁纳(J. S. Bruner)、皮亚杰(J. Piaget)、奥苏伯尔(D. P. Ansubel)及加涅(R. M. Gagne)等。本节仅介绍其中影响较大的布鲁纳的认知结构学习理论、加涅的信息加工认知学习理论和皮亚杰的发生认识论。

1. 布鲁纳的认知结构学习理论

美国心理学家布鲁纳在20世纪60年代提出了"认知发现说"。他认为:人的认知活动是按照一定阶段的顺序形成和发展的心理结构来进行的,这种心理结构就是认知结构。学习者通过把新的信息和以前结构的心理框架联系起来，建构自己的知识。同时，他还认为，应该培养学生具有探索新情境，提出假设，推测关系，应用自己的能力解决新问题发现新事物的态度。因此，他提倡发现学习，主张教学应创造条件，让学生通过参与探究活动而发现基本原理或规则。除此之外，布鲁纳还提出了"知识结构论"、"学科结构论"。他认为要让学习者学习学科知识的基本结构，并按学习者不同发展阶段的特点进行学习。

布鲁纳的这些思想对于指导和改进教学有重要意义，但他的理论也存在着明显的不足。布鲁纳认知结构学习论过于强调学科的基本结构，这种学习对自然科学可能是有效的，但却不太适合于人文学科的学习；他所提倡的发现学习的确具有接受学习不可比拟的优点，但发现法的运用也受许多因素（如学生已有的知识经验等）的限制，因此过于强调发现是有失偏颇的。

2. 加涅的信息加工认知学习理论

加涅被称为行为主义和认知主义的折中主义者，是信息加工认知学习理论的重要人物。

信息加工学习理论把人的认知用计算机进行功能模拟，用信息加工的观点看待人的认知过程，认为人的认知过程是一个主动地寻找信息、接受信息，并在一定的信息结构中进行加工的过程。受此观点的影响，有越来越多的人接受了计算机模拟的思想，把学习过程作为一个信息加工的过程，并用计算机模拟来分析人的内部心理状态和过程。信息加工学习理论的观点多种多样，其中加涅的信息加工学习理论有较大的影响。加涅提出了学习过程的基本模式，如图 1-5 所示。

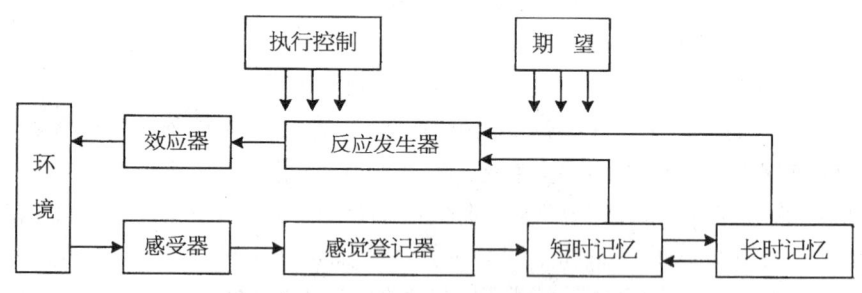

图 1-5 加涅的学习与记忆信息加工模式

这一模式表明，来自外界环境的刺激通过学生的感受器，以映象的形式输入到感觉登记器，进行瞬时记忆；如果受到注意则进入短时记忆，以语义的形式储存。经过复述、精细加工及组织编码等，则进入长时记忆。长时记忆中的信息也能回到短时记忆中，并到达反应器。反应发生器将信息转化成行动，也就是激起效应器的活动，作用于环境。在这个模式中，执行控制和期望是两个重要的结构。执行控制即加涅所讲的认知策略，执行控制过程决定哪些信息从感觉登记进入短时记忆,如何进行编码,采用何种提取策略等,是已有经验对当前学习过程的影响,起调节作用;期望是指学生期望达到的目标,即学习动机,是动机系统对学习的影响,起定向作用。

加涅博采众家之长提出的信息加工认知学习理论,其最大的优点是注意应用,即把学习理论研究的结果运用于教学实践,加涅将其思想应用于教学设计,推动了教育技术的发展;但加涅的理论作为一种综合的理论,缺乏独创性和严密的逻辑性,也缺乏必要的实践证明,许多概念还处于经验思辨水平。

(三)建构主义学习理论

建构主义学习理论的代表人物有:皮亚杰、威特罗克(M. C. Wittrock)、维果斯基(L. S. Vygotsky)等。

建构主义是认知主义的进一步发展,建构主义学习理论的基本思想是:学习是学习者主动建构内部心理结构的过程,它不仅包括结构性的知识,也包括大量的非结构性的经验背景。强调学生在学习过程中主动建构知识的意义,并力图在更接近、更符合实际情况的情境性学习活动中,以个人原有的经验、心理结构和信念为基础来建构新知识,赋予新知识以个人理解的意义。

皮亚杰对儿童智力发展进行了长期的研究,力图说明个体认识发生、发展的动态结构和规律。他坚持从内因和外因相互作用的观点来研究儿童的认知发展。他认为,儿童是在与周围环境相互作用的过程中,逐步建构起关于外部世界的知识,从而使自身认知结构得到发展的。认识是一种主体在转变客体过程中形成的结构性动作和活动,认识活动的目的在于取得主体对自然和社会环境的适应,从而达到主体与环境之间的平衡。也就是说,认识起因于主、客体间的相互作用,主体通过动作对客体的适应推动了认识的发展。他强调主体认知结构和主体动作的作用,强调认识主体的能动作用,强调认识是认知结构不断建构的过程。他提出,行为主义把刺激和反应只看作是一种单向关系,主体只是被动地接受外部作用的影响而忽视了主体本身的能动性。因此,皮亚杰将行为主义的"S(刺激)—R(反应)"公式改为"S—(AT)—R"公式。即对刺激(S)经主体认知结构(T)的同化(A)之后才产生反应(R)。所谓同化是指刺激输入的过滤或改变,客体被纳入到主体已有的"图式"(认知结构的形式)之中,引起主体原有认知结构的量的变化。

皮亚杰提出图式(scheme)的术语用于解释认知结构。图式是人们为了应付某一特定情境而产生的认知结构。皮亚杰认为儿童与环境的相互作用涉及两个基本过程:"同化"与"顺应"。同化是把外部环境中的有关信息吸收进来并结合到儿童已有的认知结构中,即个体把外界刺激所提供的信息整合到自己原有认知结构中的过程,也只有通过这一过程,主体才能对新刺激作出反应;顺应是指外部环境发生变化,而原有认知结构无法同化新环境提供的信息时所引起的儿童认知结构发生重组与改造的过程,即个体的认知结构因外部刺激的影响而发生改变的过程。由此可见,同化是认知结构数量的扩充(图式扩充),而顺应则是认知结构性质的改变(图式改变)。人最初的图式来源于先天的遗传,为了应付周围的世界,个体逐渐地丰富和完善自己的认知结构,形成了一系列的图式。认知个体(儿童)就是通过同化与顺应这两种形式来达到与周围环境的平衡。当认知个体能用现有图式去同化新信息时,他是处于一种平衡的认知状态;当现有图式不能同化新信息时,平衡即被破坏,而修改或创造新图式(即顺应)的过程就是寻找新的平衡的过程。个体的认知结构就是通过同化与顺应过程逐步建构起来的,并在"平衡——不平衡——新的平衡"的循环中得到不断的丰富、提高和发展,这就是皮亚杰关于建构主义的基本观点。

建构主义学习理论的另一个代表人物是美国心理学家威特罗克,他总结了近20年来认知心理学家在人类认知和发展、能力、学习与教学等方面的经验,特别是信息加工心理学的有关研究,提出了人类学习的生成模式,对建构模式做出了说明。他认为学习的生成过程是学生已有的知识经验(即原有认知结构)与从环境中主动选择和注意的信息相互作用,主动建构信息的意义的过程。这一模式说明,学习总是要涉及学生原有的知识经验,并利用这些经验来理解和建构新的知识。与一般的信息加工模式相比,他更加注重理解在学习中的作用。他认为生成学习的最终目标就是达到意义的理解。此外,威特罗克的"生成学习"是一个动态的、发展的过程,自始至终反映了学习过程中学习者与环境的多向性交互作用,学习者是有意识的、主动的。模式的中心因素是长时记忆储存系统,它对学习发挥着基础作用,长时记忆的内容也就是以前的知识经验和知觉,它也影响着学习的过程。

维果斯基着重探讨了人类社会文化发展对人的心理发展的影响,特别是人类社会特有的语言和人际交往对高级心理发展的影响;斯腾伯格(R. J. Sternberg)等人则强调了个体的主动性在建构认知结构过程中的重要作用,并对认知过程中如何发挥个体的主动性作了较深的探索。这些研究成果从不同的方面丰富和发展了建构主义的理论,从而为建构主义学习理论实际应用于教学过程创造了条件。

建构主义学习理论提倡的学习方法是教师指导下的,以学生为中心的学习。学生是知识意义的主动建构者;教师是教学过程的组织者、帮助者、指导者和促进者;教材所提供的知识不再是教师讲授的内容,而是学生主动建构意义的对象;媒体也不再是帮助教师传授知识的手段、方法,而是用来创设情境、进行协作式学习和会话交流,即作为学生主动学习、协作式探索的认知工具。

1. 建构主义对学习的基本解释

首先,学习是学习者主动地建构内部心理表征的过程,它不仅包括结构性知识,而且包括大量的非结构性的经验背景。

威特罗克提出的学生学习的生成过程模式较好地说明了建构内部心理表征的过程。他认为学习的生成过程是：学习者原有的认知结构，即已经储存在长时记忆中的事件和脑的信息加工，与从环境中接受的感觉信息（新知识）相互作用，主动选择信息和注意信息，以及主动地建构信息的意义。这个过程的进行，不是先从感觉经验本身开始的，它是从对该感觉经验的选择性注意开始的。

威特罗克认为完成学习的生成过程有赖于两个前提条件：第一，人们生成（即建构）对所知觉事物的意义，总是与他以前的经验相结合，即理解总是涉及学习者的认知过程及其认知结构；第二，人脑并不是被动地学习和记录输入的信息，它总是建构对输入信息的一些解释，主动地选择一些信息，忽视一些信息，并从中得出推论。

其次，学习过程同时包含两方面的建构：其一，对新知识的理解是通过运用已有经验，超越所提供的信息而建构成的；其二，从记忆系统中所提取的信息本身，也要按具体情况进行建构，而不单是提取。建构既是对新知识意义的建构，同时又包含对原有经验的改造和重组。由建构而来的对知识的理解是丰富的、有着经验背景的，这种知识在未来新的情境下能够更多地发挥其灵活运用的指导价值。

再次，学习者以自己的方式建构对于事物的理解，从而不同的人看到的是事物的不同方面，不存在唯一标准的理解。然而，学习者据此展开的合作学习可以使理解更加丰富和全面。

由于学习者总是以个人独有的方式建构事物意义，因而对新知识的学习而言，学习者之间的相互合作正好能弥补知识理解的不足，从而使知识理解更加丰富、全面、深刻。

2. 关于建构的几种途径

建构学习理论中学习者以自己的理解方式建构新知识意义的途径，主要有以下几种。

（1）支架式建构

支架式建构即指当建构新材料 A 时，先有同性质的材料 B 的知识，将有助于 A 的学习。

（2）抛锚式建构

抛锚式建构即指当建构新材料 A 时，先呈现一组概念，从而有助于 A 的学习。

（3）导引式建构

导引式建构即指为了建构新材料 A，可以选用一种材料 B 的学习来引入 A 的学习，使材料 A 的意义在材料 B 的基础上更易理解。

3. 建构主义学习理论在教育上的应用价值

第一，建构主义学习理论关于学习过程的生成模式的解释，有助于中小学学科教育尤其是在理科教学中,教师把握并利用学生正规学习前的非正规学习和科学概念学习前的日常概念来理解与建构新知识或信息,从而更好地保证理科教学所要达到的预期目标。

第二,建构主义学习理论为改变教学脱离实际情况而主张的情境性教学,对深化教学改革有积极的意义。

第三,建构主义学习理论所提倡的学生的合作学习,有助于竞争条件下学风的改善。

三、教育传播理论

传播是自然界和人类社会普遍存在的信息传递过程。传播理论是探讨自然界一切信息传播活动的共同规律。从某种意义上说,教育也是一种信息传播活动,它是按照确定的教学目标,通过教学媒体将相应的教学内容传递给教学对象的过程。广播、电视、计算机和网络系统等传播媒体的运用,对教育领域的开拓和教学范围的扩大起了很大的作用。现代教育技术的研究和应用,实际上分析教学内容、选择设计媒体、评价教学效果,其实质是要研究传播信息、传播媒体和传播效果等,这些都是以教育传播理论为基础的。因此,教育传播理论已成为现代教育技术重要的理论基础。

现代教育技术的研究和应用活动是以教育传播的现象和过程为对象的,因此,我们必须通过模型对教育传播的现象和过程加以描述。

(一) 教育传播现象

传播,就是个人或团体,主要通过符号向其他个人或团体传递信息、观念、态度和情感。

传播,是一个系统(信源)通过操纵可选择的符号去影响另一个系统(信宿),这些符号通过连接它们的信道而得到传递。

传播现象是自然界和人类社会的一种普遍现象。在人类社会中,传播是人际间信息传递与交换的行为,包括政治、思想、经济、军事、文化、教育、娱乐和体育等各种信息的传递和交换。

教育传播是人类社会的一种传播现象,是按预定的教育目的,向确定的教育对象,传递知识、技能、思想意识等信息内容的一种传播现象。

教育传播现象在古代社会早已存在,但随着社会的进步和科学技术的发达,现代的教育传播过程和传统的教育过程相比较,具有新的特点。

1. 传递信息手段的先进性

传递教育信息的手段,不再局限于书本、粉笔、黑板和挂图,而是广泛地使用电子媒体,包括幻灯、投影、广播、录音、电影、录像、电视、电子计算机、网络系统和通讯卫星等,使教育信息存贮、传递形式更加多样化,大大提高了信息容量和传输的效率。

2. 传播范围的开放性

现代教育传播不再局限在学校的范围之内进行,借助传播媒体可以超越学校的范围,把教育信息传送到社会、家庭。利用远距离教学,可以将教育信息传送到边远的地区、乡村,从而打破了学校对教育的垄断地位。

3. 传播方式的多样性

现代教育传播不再是只依靠教师在课堂的讲授来传送教育信息,而是可以借助大众媒介如广播、电视和因特网传送学科知识,借助录音带、录像带、光盘(CD、VCD、CD－ROM、DVD等)在家庭中传送教育信息,也可以通过计算机和网络系统与学习者的相互联系、相互作用来传递程序化、结构化的信息。

4. 传播对象的多层性

由于现代教育媒体的发展,教育传播超越了学校的范围,使传播对象不再局限于学校的学生,而是包括社会上各阶层的成员,即包括有对在职人员的正规课程教育,也有对不同专业人员的继续教育等等。

以上的特点,正是我们依据教育传播理论开展现代教育技术研究的对象和课题。

(二)传播过程模型

教育传播过程是一个复杂的过程。现代教育技术的研究和应用,从总体而言,就是要研究教育信息传播过程中,教者(传播者)—媒介—学习者(接受者)三者之间相互作用的方式、现象、相互关系及其规律。在研究这一过程的方法上,往往是先把复杂的过程简化为若干组成要素,根据其特征,用一些图形、符号把这些要素的作用、地位和相互关系抽象出来,成为一种理想化了的代表,这就是"模型"。在现代教育技术的研究和应用中,我们常常利用传播过程模型进行研究。下面介绍几种在教育传播研究中常见的传播过程的类比模型。

1. 拉斯韦尔模型

哈罗德·拉斯韦尔(H. Lasswell)提出了一个用文字形式表述的线性传播过程模型:

"who, says what, in which channel, to whom, with what effects"。

这段话的意义是:谁,说了些什么,通过哪一种通道,对谁说,产生了什么效果。这就是所谓"五W"的传播模型,这一模型可用图1－6表示。

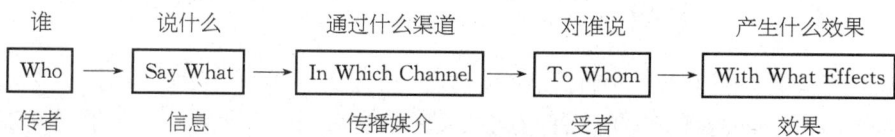

图1－6 拉斯韦尔传播模型

拉斯韦尔传播模型揭示了以传播理论为基础的现代教育技术研究和应用分析的五个领域。

（1）控制分析

即对传播者（谁）的研究，分析传播者（包括个人和社会组织）对传播过程的控制作用。

（2）内容分析

即对信息内容的研究，研究传播过程中说什么和怎么说的问题。

（3）媒体分析

即对通道的研究，研究各种媒介的性能、特点、选择、传送方式等问题。

（4）受众分析

即对传播对象的研究，研究传播对象的兴趣、需要、接收行为及影响的因素。

（5）效果分析

即对受播者在接收信息后所产生的意见、态度、思想与行为的变化的研究。

我们可以把这五项研究内容与传播模型进行对照（图1－7）。

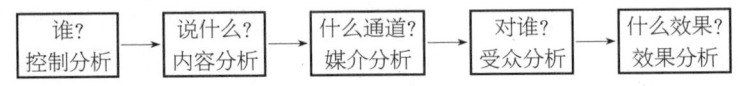

图1－7　拉斯韦尔模型与传播研究领域

拉斯韦尔传播模型在现代教育技术的研究和应用分析中得到广泛应用，但这个模型过于简单，而且忽略了两个重要因素，即忽略了传播的动机和信息的反馈因素。尽管如此，由拉斯韦尔模型而引申出来的五个研究领域，完全适合于我们通过对教育传播过程分析来研究探索现代教育技术的规律。

2. 香农—韦弗模型

香农（C. Shannon）—韦弗（W. Weaver）模型原是用于研究电报通信过程的，起初是单向直线式模型，后来，他们在原来基础上，加入了反馈因素，并引申其含义，用来解释人类的传播过程。图1－8显示了香农—韦弗模型包括七个组成部分。

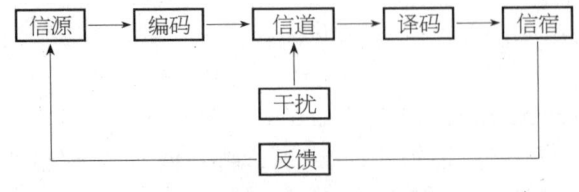

图1－8　香农—韦弗模型

（1）信源

即传播者，可以是个人或社会组织。传播者从许多不确定的信息中，经过把关的作用，按某种目的选择具有确定意义的信息（即讯息或消息），并准备将其传送出去。

（2）编码

就是把具有确定意义的讯息转换成不同类型的符号和信号。

（3）通道

即把符号或信号依附、存贮在物质性的载体（即媒介）上，进行传送的通道或途径。

（4）译码

把信号还原为符号并解析其意义。

（5）信宿

接受讯息的受播者。

（6）反馈

受播者在接受讯息后产生心理上、生理上和行为上的反应，这些反应反过来影响到传播者，使传播者调节控制传播过程。

（7）干扰

指来自系统之外，影响到传播过程的各个环节。

香农—韦弗模型对传播理论的发展具有重要的影响，它是现代教育技术研究的重要理论基础。

3. 贝罗模型

贝罗（D. Berlo）模型的特点是把传播过程分解为四个基本部分：信源、讯息、通道和受播者，同时，模型着重显示每一个基本部分是由若干因素所构成的。

贝罗模型也叫 SMCR 模式，S 代表信息源 source，M 代表信息 message，C 代表通道 channel，R 代表接受者 receiver。贝罗模型明确而形象地说明了影响信息源、接受者和信息实现其传播功能的条件，说明信息传播可以通过不同的方式和渠道，而最终效果不是由传播过程中某一部分决定的，而是由组成传播过程的信息源、信息、通道和接受者四部分以及它们之间的关系共同决定的，传播过程中每一组成部分又受其自身因素的制约。

贝罗模型现在常被用来解释教育传播过程，它说明了在教育传播过程中，影响和决定教学信息传递效率和效果的因素是多方面的、复杂的，各因素之间是既相互联系又相互制约的。为了提高教育传播的效果，必须研究和考察各方面的因素。

贝罗模型通常用图 1-9 的形式表示。贝罗模型给教育传播研究提供了一些结构性因素的考虑，对研究变量的设计和决定具有一定的指导意义。

（三）教育传播中的信息和媒体

教育传播研究对象不同于大众传播或人际传播的研究对象，虽然，它们三者的传播原理、一般过程是相同的，但是教育传播是研究特定的教育信息的传播，传播者是指特定的教育者或与教育相联系的社会组织，如教育部门、学校、培训

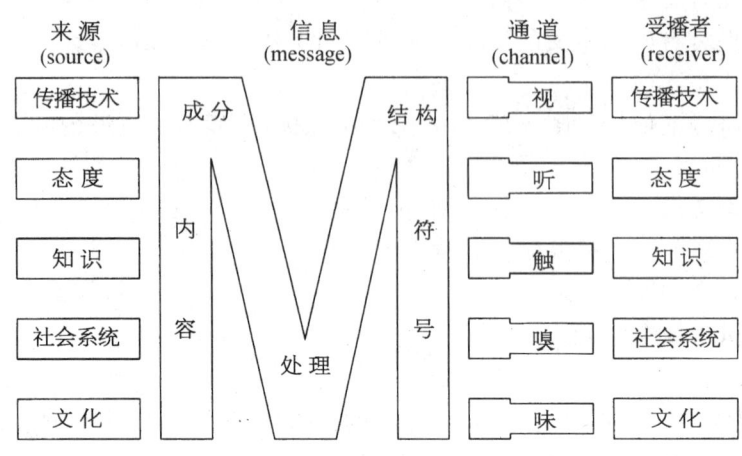

图 1－9　贝罗的传播模型

中心、各级电化教育馆、教育技术中心等；而受播者也是指特定的具有学习目的的各类学习者。

信息是指传播的内容和事实，包括消息、资料、知识、数据等。教育传播中的信息，指的是根据教学目标的要求，学生必须掌握的教学内容。

教育传播研究是研究教育信息的传播，因此，我们要对教育信息的特点有所了解。

1. 教育信息是反映作为教育内容的客观事物的变化和特征的符号（包括语言、文字、图形、音响等）

客观事物的变化、运动都会呈现出种种不同的特征，当它作为学生学习的内容时，则要通过各种传播符号表达出来，以便学生接受、加工、传递和存储。这种表达事物特征，又作为学习内容的符号，就是教育信息表现的形式和工具，也就是教育信息的基本特征，是教育传播研究的重要内容之一。

2. 教育信息要通过特定的媒体来传递

教育信息只有通过各种途径，进行各种方式的传递，才能被受教育者所感知、所接受；而教育信息的传递与物质载体，即与教育传播媒体是不可分割的。教育信息的内容与信息传播的载体（媒体）构成了一个整体。任何教育信息都必须依附在一定的物质载体上，并由物质载体来进行传递、加工、储存，没有物质载体（媒体）的教育信息实际上并不能成为真正的教育信息。教育传播研究就是要着重研究，选择什么样的载体，采用什么样的技术手段进行信息的传递、加工和储存，将会产生怎样的作用和效果。作为教育信息传播媒体的物质载体是多种多样的，大致可分为如下几种。

（1）人的大脑

人的大脑作为教育信息的物质载体，不仅能负载着通过人的感官所接受的各种教育信息,而且还能加工各种教育信息,是一种具有特殊功能的物质载体。

（2）可录载体

这是指可以直接记录信息的物质载体,如书本的纸张、投影胶片、录音磁带、录像磁带、电影胶片、计算机磁盘、激光视盘等。这些物质载体不仅可以进行信息的空间传递,而且还可以进行信息的时间传递。

（3）无形波动载体

如声波、光波、电磁波,这都是可以作为教育信息的物质载体,使附着的教育信息进行传递。但这是一种无形的载体,最后要转化到纸张、磁带、胶片等有形的载体上。

（4）计算机

它是一种智能化媒体,既是教育信息的物质载体,也是教育信息的贮存器,在教育信息收集、加工和传递的处理中发挥越来越大的作用。

3. 信息的反馈是教育信息的重要特征之一

教育是人的一种有意识的自觉行动,人对于教育信息的反应行为,总是不断地产生反应信息,这些反应信息就构成反馈信息。在"教育者—媒介—学习者"这一整体中,信息的反馈是伴随着整个教育过程而连续发生的一种过程。因此,信息的反馈是教育信息的重要特征之一,也是教育传播研究的重要内容。

4. 教育信息服务于特定的需要

教育信息不同于一般的自然信息,它总离不开特定的目的,特定的时间、地点和特定对象的需要,如果没有特定的需要,教育传播就失去了意义。

教育传播研究就是要根据教育信息的这些特点,运用科学的方法,去研究、分析教育信息的符号、传递媒介（载体）、反馈、特定的需要以及所达到的效果。

教育传播研究也不等同于一般的教育研究。教育传播研究着重对现代教育传播媒介与教师、学生关系的研究,对现代教育传播媒介所传递的信息内容、信息结构以及它对教师、学生所产生的影响、效果的研究。虽然,在研究过程中,有些一般的研究方法是与普通教育研究方法相似的,但是,教育传播研究有它自己特有的一些专门研究方法,如信息内容分析法、响应信息分析法、媒介综合模糊评判法等。

四、系统科学方法论

现代教育技术在发展过程中受到了来自科学方法、方法论发展的影响,突出地体现在系统科学的思想、观念对教育技术学研究与实践的影响。系统科学理论既是现代自然科学、社会科学及思维科学发展综合的结果,又是现代科学研究的一般方法论,是探讨一切科学领域的普遍性的科学方法。

教学过程是一个由教学目标、教师、学生、媒体等构成的相互作用的运动过程,是一个多因素、多层次、多功能的复杂系统。教育技术研究是以系统方法来进行设计、开发、应用、管理和评价。所谓系统方法,就是按照事物本身的系统性,把对象放在系统的形式中加以考察的一种科学方法。即从系统的观点出发,着重从整体与部分(要素)之间,整体与外部环境的相互联系、相互作用的关系中,精确地考察对象,以求得整体获得最佳功能的科学方法。

(一)系统的基本概念

要正确运用系统方法进行教学设计,必须了解有关系统理论中关于系统与要素、结构与功能、系统环境、封闭系统与开放系统、动态系统与静态系统等基本概念。

1. 系统与要素

系统是指由相互联系、相互作用的诸要素组成的具有特定功能的有机整体。

在自然界和人类社会中,普遍存在着事物与事物间的相互作用,因此所有的事物都可以联系构成系统。人们在认识客观事物或改造客观事物的过程中,就应该根据事物内在的、本质的、必然的联系,从整体的角度,把事物看作是一个系统去进行研究。但不论研究怎样的现实问题,要构成一个系统,必须具备三个条件:① 要有两个以上的要素;② 要素之间要相互联系,相互作用;③ 要素之间的联系与作用必须产生整体功能。

比如一个教学系统,至少要有教与学两个要素,教与学两个要素之间的联系与作用形成教学活动,这个系统的功能就是培养人才。

所谓要素,就是构成系统的组成部分。在研究事物时,通常就要把该事物分解为若干个相互联系的部分。这些相互联系的,反映事物本质的各个组成部分就是该事物的要素。运用系统思想与方法去解决实际问题时,首先就要决定要素的取舍,即找出哪些是对系统性质、功能、发展、变化有决定影响的部分作为系统的要素加以研究,而次要的因素则可以忽略。系统与要素是对立的统一体,它们是整体与部分的关系,互相依存。没有系统,也就无所谓要素,反之没有要素,也就无所谓系统。

系统与要素的区分又是相对的,在一定条件下可以相互转化。每一个系统对于更大一级的系统是一个要素,而这个系统的每一个要素又各自构成一个系统,因此,要素有时又称为子系统。子系统具有两重性,它除了子系统自身的地位与属性外,还同时具有要素的地位与属性。例如,教与学是教学系统的两个基本要素,但教与学分别又可作为两个子系统,每个子系统又各自由不同的要素所构成。"教"这一子系统又包括教师、学科内容、媒体、方法等要素,而"学"这一子系统则可包括学习态度、学习行为及认知程度等要素。

2. 结构和功能

所谓结构,是指系统诸要素相互联系、相互作用的方式或秩序,亦即诸要素在时空连续区上相对稳定的排列组合方式。

比如,用三根同样的木条,只是由于排列组合的方式不同,可以做成"A"、"H"、"△"三种形式,即可形成三种不同的结构。

所谓功能,是指系统与环境相互作用中所呈现的能力。也就是系统把所接受的作用(输入)转换成输出的方式与能力。系统的功能是系统中各要素相互作用产生的效能的总和,是系统本身所具有的能力。

系统的结构与功能是相互依存的,一定的结构总是表现出一定的功能,一定的功能总是由一定的结构系统产生的。系统的结构决定系统的功能,结构变化了,就必然导致功能的变化。教这一子系统,由教师、学科内容、媒体与教学方法等要素构成,而这些要素之间不同的联系方式,就形成不同的教学过程结构,不同的教学过程结构将具有不同的教学功能,产生不同的教学效果。教学设计的重要内容之一,就是要根据教学目标,即预期的效果,设计不同的教学过程结构,即设计教师、内容、媒体、方法等要素之间不同的联系方式,从而达到优化的效果。

3. 系统环境

环境是指存在于系统外的,且与系统发生作用的事物的总称,亦即为系统提供输入或接受它的输出的场所。

在研究系统时,首先要区分哪些是系统的内部要素,哪些是系统的外部环境因素,把系统与环境分开的假想线叫做边界。边界是事物质的规定性在人们头脑中的反映,用以区分系统与环境的本质区别的界限。但系统的边界不是固定不变的,哪些因素划归为系统,哪些不划归系统,要依具体情况而定。

4. 封闭系统和开放系统

一个系统如果与环境有输入—输出关系,即与外界环境有物质、能量、信息交换的系统,就称为开放系统。

一个系统与外界环境没有联系,即与外界环境无物质、能量或信息的交换,则属于封闭系统。

如果我们把学习者看作是一个系统,学习者的学习过程,实际上是环境对这个系统(学习者)进行作用(输入),而系统(学习者)对环境作用作出反应,并对环境作出反作用(输出)的过程。因此,学习过程是一个开放系统。

5. 动态系统与静态系统

这是指系统的状态与时间之间的关系。如果系统的状态是随时间的变化而变化的,则称为动态系统。而系统的状态不随时间而变化的系统,则称之为静态系统。绝对的静态系统是不存在的,只是有些系统的状态随时间的变化不明显,在一定的时间范围内,我们近似地把它看作静态系统。学生的学习过程,明显地是属于动态系统。

(二)系统方法的基本构成

系统方法是结构方法、功能方法和历史方法的辩证统一。

结构方法,就是一种向内的研究方法,它基于系统的内部描述,着重研究产生系统功能所依赖的结构。

功能方法,就是一种向外的研究方法,它基于系统的外部描述,它把系统当作"黑箱",通过研究系统与环境的相互作用去研究系统的功能。

历史方法,就是从系统的历时性及系统的进化规律出发,研究系统随时间变化,即系统的产生、发展、老化和消亡过程。

教育技术的研究就是上述三种方法辩证统一的运用。

(三)系统方法的特点

系统方法具有显著的特点,表现在以下方面。

1. 整体性

所谓整体性就是把对象看作是一个由各个要素构成的有机整体,从整体与部分(要素)相互依赖、相互结合、相互制约的关系中揭示系统的特征和运动规律。教学系统是由教学信息、教学人员、教学媒体、教学方法、教学环境等部分组成的,教学设计是把教学系统看作是一个整体,通过确定教学目标,分析学习内容,选择、设计和利用电教媒体等步骤,使教学效果达到最优化。

2. 综合性

它有两重含义:一方面它认为任何整体(系统)都是这些或那些要素为特定目的而组成的综合体;另一方面它要求对任一对象的研究,都必须从它的成分、结构功能、相互联系方式、历史发展等方面综合地、系统地考察。因此,在教学设计过程中,一切工作都必须围绕着最优化的目标。

3. 最优化

最优化是运用系统方法能达到的目标,这一点是任何传统方法所不能做到的。最优化就是要从多种可能的方案中,选择出最好的系统方案,使系统具有最优的整体功能。它可以根据需要和可能为系统定量地确定出最优目标,分成不同等级、层次结构,在动态中协调整体与部分的关系,使部分的功能和目标服从系统总体的最优化目标。教学设计正是利用了这种原理,从众多的方案中选择最佳方案,使教学效果达到最优化。

(四)系统科学的基本理论

系统科学主张把事物、对象看作一个系统进行整体研究,研究它的要素、结构和功能的相互联系,通过信息的传递和反馈实现系统之间的联系来达到有目的地控制系统的发展,获得最优化的效果。系统科学的思想观点和方法对教育技术学科的形成和发展有着广泛和深远的影响,成为现代教育技术最重要的理论基础。

1. 控制论

控制论的创立者与奠基人是美国数学家维纳(N. Wiener),他在 1948 年发表的《控制论》一书中首次使用了"控制论"一词。控制论是关于控制系统的一般规律和控制过程的科学,它的研究对象是控制系统。这类系统的特点是要根据周围环境的某些变化来决定和调整自己的运动,系统与环境之间,以及系统内部的通信信息的传递是实现系统目的的基础。

控制论是一门以揭示不同系统的共同的控制规律的理论,它着重从事物量的方面去发现各种控制系统的共同规律,并把反馈方法作为提高系统的稳定性,达到优化控制目的的有效方法。控制论的观点对我们实现教学过程最优化及构建优化的教育教学系统有着重要的理论价值。

控制论在教育领域中应用所形成的理论称为教育控制论。教育控制论是以提高教学效率和教学质量为控制目标,以信息流为主要传输形式的系统。它是研究教育系统中运用信息反馈来控制和调节系统的行为,从而达到既定教学目标的理论。传递教学信息的出发点和归宿在于教学效果的最优化,而"信息反馈"是实现教学效果最优化的关键。通过反馈,可对系统进行有效的调节,以使教学设计能有的放矢,不断完善,更加适合学生的实际情况。

2. 信息论

信息论是美国数学家香农创立的,他于 1948 年发表了《通讯的数学理论》,此书为信息论奠定了基础。信息论简要地说是关于各种系统中信息的计量、传递、变换、储存和使用的规律的科学。香农与维纳同时从不同的研究对象中推导出关于传输最大信息量的公式,称为香农—维纳公式:

$$C = B\log_2(T + P/N)$$

这里 C 为信息量,单位为比特;B 为传递信号的频带宽度;T 为传递信号的时间;P 为传递信号的平均功率;N 为噪声的平均功率。

香农—维纳关于信息量计算的公式,对教育信息的定量测试,特别是对现代教育技术的信息传递的增值率计算提供了重要的依据。

信息普遍存在于自然、社会和人类思维之中,是一切系统保持一定结构,实现其功能的基础,它的作用是减少和消除人们对事物认识的不确定性。信息论认为,系统正是通过获取、传递、加工与处理信息而实现其有目的的运动的。

信息论在教育领域中应用所形成的理论称为教育信息论,教育信息论是研究教学过程中教学信息如何传递、变换和反馈的理论。现代教育技术采用信息论的基本观点和方法,结合各种工具对教学信息进行分析与处理,对教学系统中信息传播的特点与规律进行分析。可以说,信息论为解决这些问题提供了很好的思路与方法。

3. 系统论

系统论是美籍奥地利生物学家贝塔朗菲(L. Bertalanffy)创立的一门逻辑和数学领域的科学,他于 1947 年发表的《一般系统论》为系统论奠定了基础。所谓系统指的是由相互联系、相互制约的若干组成部分结合在一起并已具有特定功能的有机整体。系统论是从系统的角度去研究事物的发展、运动规律的一门科学。系统论认为,自然界是一个巨大的系统,人类思维也是一个复杂的系统,世界上一切事物、现象和过程几乎都是有机整体,且又都自成系统、互为系统;每个系统都是在与环境发生物质、能量、信息的交换中变化发展,并保持动态稳定的开放系统;系统内部与系统之间保持一种有序的状态。

系统论是现代教育技术的基础,教育系统论把教育视为一个系统,组成系统的要素是教师、学生、媒体等。系统论促使我们以整体的观点、综合的观点来考察教育教学过程与现象,运用系统的方法来解决教育教学问题。也就是从系统的观点出发,坚持在整体与部分之间,系统与外部环境之间的相互联系、相互作用、相互制约等关系中考察、研究系统,以求得对问题的最优化处理。

系统科学的思想观点和方法对教育技术学科的形成和发展有着广泛而深远的影响,成为现代教育技术最重要的理论基础。特别是20世纪60年代以后,系统科学的思想渗透到教育技术的各个领域,促进了现代教育技术中各个分支的融会,从而诞生了现代教育技术。

第三节　现代教育技术在教育改革中的作用

一、现代教育技术是当代教育改革的制高点

现代教育技术是当代教育改革的制高点。谁抢占了这个制高点,谁就在新世纪中处于有利的位置。何谓"制高点"? 站立其中,可以纵观全貌,控制大局。现代教育技术之所以成为教育改革的制高点,是因为它是教育深化改革的突破口。抢占了这个制高点,可以带动教育领域各个方面的发展,包括教育思想、教育观念的更新,对教学内容、教材形式、教学手段和方法,以及教学模式、教育体制和教学理论都将产生深刻的变化。"制高点"者,兵家必争之地也。现代教育技术是当代教育改革的制高点,意味着现代教育技术是教育改革的必争之地。因此,每一位教育部门的领导、学科教师、教育技术专业工作者,都应具有勇立潮头,敢当尖兵的气概,都要意识到自己作为抢占现代教育制高点的尖兵、先锋队所担负的时代责任感。攻占教育改革的制高点也要注意运用策略和方法,要加强学习,要学习先进的教育思想、教育理论和先进的技术。每个教师除了要掌握专业知识,还要认真学习先进的教育思想、教育理论和信息技术,尤其是要真正理解素质教育的思想,真正理解现代教育技术的内涵,以一种积极的态度应用现代教育技术,充分发挥现代教育技术的优势,探索并构建新型的教育教学模式。

因此,学校应用现代教育技术的具体目标是:

● 使现代教育技术成为教师进行教学改革的有力手段;

● 应用现代教育技术培养学生成为主动性强、具有探究精神和创新意识的学习者；

● 应用现代教育技术培养学生具有广阔的世界观，让学生有机会利用网络认识世界，利用网上资源探索并获得广阔的知识基础，通过网络加强学校跟外界的联系；

● 利用现代教育技术培养学生具有有效、迅速地处理信息的能力；

● 利用现代教育技术培养学生具有终身学习的态度和能力；

● 利用现代教育技术在教育系统中建立卓越的行政及管理体系；

● 通过现代教育技术的应用，把学校变成充满活力和创意的学习场所。

二、现代教育技术应用引起学习方式的变革

以多媒体与网络技术为核心的现代教育技术在教育中的应用，将引起人类学习方式的重大变革，表现在以下方面。

第一，学习资源的变化。学习资源载体多样化，教学信息显示方式多媒体化，学习内容的组织结构以非线性方式链接，形成超媒体结构，学习信息的传输网络化并实现资源高度共享，使教学过程智能化。

第二，学习方式的变化。学生学习感知对象具有多样性和生动性，学习过程具有交互性，学生知识的建构具有个性化。

第三，学习空间的转变。把传统学校教育相对狭小的教育空间变为全社会、开放性的教育空间。在这个空间里，全球教学资源可以高度共享，信息的传递不受时空限制，异地之间的师生可以进行信息交流、讨论、咨询。学校与家长可以保持密切联系。

第四，教学过程要素关系的转变。教学过程的要素包括教师、学生、教材（内容）和媒体四个基本要素，应用多媒体与网络技术，可以实现教学过程要素关系的转变。

一是教师角色的转变。由以教师为中心的讲解者转变为学生学习的指导者和活动组织者。

二是学生地位的转变。从被动接受的地位转变为主动参与、发现、探究和知识建构的主体地位。应用现代教育技术，可以把课堂以教师为中心的传授式的教学过程，变为以学生为主体，在教师的指导下进行探索性的学习过程，通过对网络的"访问"和"表达"，本身就是一个发现问题、思考问题、积极探求解决问题的学习过程，这一过程需要学生具有创造意识、平等意识、参与意识和探索精神。

三是学习内容的转变。教学过程不仅仅传授课本知识，还要重视能力的训练和情操的培养，尤其要重视学习能力和学习方法的培养。

四是媒体作用的转变。由教师讲解的演示工具转变为学生学习的认知工具。

五是教学进程结构的转变。教学进程结构由逻辑型讲解式进程向探究、发现、意义建构等以学生为主体的过程转变。

三、应用现代教育技术改革教育教学模式

应用现代教育技术改革教育教学模式,我们首先要摆脱把信息技术设备仅仅作为一种用来传授知识的播放工具,而要充分发挥以多媒体与网络技术为核心的信息技术的优势,把它作为学生的认知工具,通过学生的参与,培养学生的创造精神,提高学生的创造能力。

以多媒体与网络技术为核心的现代教育技术的优势,主要表现在资源多样性、资源共享性、资源开放性、内容生动性、学习过程的互动性、运行独立性等。我们要充分发挥这些优势,把多媒体与网络技术作为认知工具,激发学生创新意识,培养创造思维能力,形成敏锐观察、积极求异、丰富联想、综合融化、知识建构等良好的思维习惯,训练学生应用实践的能力(信息获取、处理、分析、表达和交流能力),培养学生利用多媒体与网络技术工具创造作品。其主要途径有以下几条。

第一,应用现代教育技术,建立联想式的超文本信息组织结构,为学习者提供多种多样的自主学习资源,培养学生联想思维,扩展和深化知识。新型教学模式的一个重要方面是教师应关注促进学习者的自主学习,在组织安排教学过程中,不是把大量的时间用于组织和讲解教案上,而是应放在为学生提供学习所需要的各种资源上,把精力放在简化利用资源时必需经历的实际步骤上。应用多媒体与网络技术,通过 CD - ROM、网上教材等方式,提供形式生动活泼、内容丰富信息量大、具有交互功能的学习资源。可以利用网络系统,共享资源,让学生学习如何从多媒体教学软件中,从局域网络或互联网络中获取信息、得到多种学习材料,培养学生进行自主学习的能力。让学生通过查询、检索、探究并解决问题,把学习资源作为学生进行分析、思考、探究、发现的对象,以帮助学习者理解原理并掌握分析和解决问题的步骤。

第二,应用现代教育技术,建立友好的交互学习界面,创设问题情境,或建立动态仿真实验环境,激发学生主动参与的意识,培养其发现问题、科学探究的能力。要使学生全身投入学习活动,就必须让学生面临对他们个人有意义的或有关的问题。传统的学校教育,往往把学生与生活中的现实问题隔绝开来,这种隔绝对意义学习构成了一种障碍。利用多媒体与网络技术优势,创设一些对学生来说是现实的,同时又与所教的课程相关的问题,这些问题与情境包含有多种形式,包括事实性、意境性、示范性、原理性和探究性的情境。利用多媒体技术创设生动的社会文化、自然情境的目的不仅仅是告知学生这是什么,而是要让学生通过观察、思考、比较、分辨,理解它有什么特点,帮助学生思考为什么。利用参数处理技术,还可以进行模拟实验,让学生通过输入数据,观察现象,分析探索,总

结规律。

第三,应用现代教育技术,实现资源共享,组织协商讨论和合作学习,开展专题研究,探索发现规律。例如在利用局域网络技术建立的多媒体教室网络系统中,教师可以随时监控学生的学习情况,并给予及时的指导和帮助;学生之间也可以进行分组讨论,彼此之间进行交流,表述观点;还可以通过学习反应分析系统对学习结果及时进行分析、评价。我们还可以通过因特网技术,搜索网上资源,扩大学生的视野,通过网络通讯工具,参与远程协作学习研究,培养学生的合作精神与科学研究的态度。

第四,应用现代教育技术,利用信息处理工具、平台,重构知识,创造特色作品,例如利用汉字编码和文本编辑工具,表格处理、图形变换等方式让学生把所观察和思考的结果输入计算机中,用文字、表格、图形等方式,把对观察和思考、协商、讨论的意见作出归纳、概括,进行意义建构,逐步形成自己的知识结构。利用几何画板工具、作图、作曲工具、资料集成工具、网页制作工具等对知识进行加工整理,意义建构,问题解决,或创作具有新意,体现创造思维的学习作品。

通过上述各种途径,在现代教育理论的指导下,可以进行多种类型的教学模式的探索和试验,从而推动素质教育的发展。

◆ **复习思考题**

1. 教育信息化的含义是什么?
2. 教育技术的研究对象和内容是什么? 应用现代教育技术的基本条件是什么?
3. 建构主义学习理论的基本思想是什么? 它是如何解释学习过程的?
4. 请描述几种不同的教育传播模型,并说明他们的各自特点。

第二章　现代教学媒体与系统环境

<table>
<tr><td colspan="4" align="center">课　前　活　动</td></tr>
<tr>
<td align="center">活动目的</td>
<td colspan="3">了解学校现代教育技术环境的建设情况,获得对学校现代教育技术环境的感性认识</td>
</tr>
<tr>
<td rowspan="3" align="center">活动内容和
活动方式</td>
<td colspan="3">1. 由教师组织学生参观本校的现代教育技术中心和网络管理中心,请有关管理人员将中心所管辖的教室或有关教学活动场所的建设情况和使用情况向学生作介绍</td>
</tr>
<tr>
<td colspan="3">2. 由教师组织学生到附近中小学参观校园网络及相关的现代教育技术环境,请学校教师作介绍和演示</td>
</tr>
<tr>
<td colspan="3">3. 本书配套光盘中有关现代教学媒体和现代教育技术环境的内容</td>
</tr>
<tr>
<td rowspan="8" align="center">参加活动
后需要完
成的任务</td>
<td align="center">主要参观场所</td>
<td align="center">系统环境中使用
的主要媒体
(硬件和软件)</td>
<td align="center">这类教学环境的
主要用途</td>
</tr>
<tr><td>普通电教室</td><td></td><td></td></tr>
<tr><td>多媒体综合
教　　室</td><td></td><td></td></tr>
<tr><td>多媒体网络
教　　室</td><td></td><td></td></tr>
<tr><td>语言实验室</td><td></td><td></td></tr>
<tr><td>电子阅览室</td><td></td><td></td></tr>
<tr><td>多媒体课件
制　作　室</td><td></td><td></td></tr>
<tr><td>校园网络管理
中　　　心</td><td></td><td></td></tr>
</table>

第一节 现代教学媒体的基本性质

一、媒体与教学媒体

媒体（media）表示传播信息的载体及传递信息的工具。在印刷术发明之后，出现了书籍和报刊，形成了庞大的教学媒体。但是，随着信息社会的迅猛发展，印刷媒体存在着印刷周期长、出版时间慢、传递速率低、管理储存难、接受效率低等问题，越来越满足不了现代教育发展的需要。而由传统的印刷媒体发展成的多种形式的非印刷媒体——现代教学媒体，在传递教育和教学信息过程中发挥着越来越重要的作用。

现代教学媒体，就是指直接介入教学活动过程，能用来传递和再现教育信息的现代化设备（硬件），以及记录、储存信息的载体（软件），如幻灯机和幻灯片、投影仪和投影片、录音机和录音带、电影机和电影片、录像机和录像带、计算机与CAI课件等。这些软、硬件按一定的功能组成各种各样的交互教学系统，如多功能教室、语音实验室、CAI辅助系统、多媒体网络教室、广播电视和现代远程教学系统等现代教育媒体的应用系统。

现代教学媒体具有许多功能，但它们也有各自的适用性和局限性，而往往一种媒体的局限性又可由其他媒体的适用性所弥补。因此，我们必须研究媒体的基本性质、各种媒体的特性，并根据需要去设计、选择、评价和综合运用多种媒体，以达到最优的教学效果。

二、现代教学媒体的分类

根据教学媒体的功能特点按其形态我们可分为如下三大类。

（一）缩微型媒体

缩微型媒体就是将原来的印刷媒体缩摄到微小载体之上。它可以把原件缩小到五分之一至四十分之一，存储寿命可达到 500 年以上。

缩微型媒体的产生，可以使教学信息的存储、传递、检索实现自动化，大大提高了使用效率。但缩微型媒体只不过把印刷媒体的原样缩小，并没有加以补充、调整，而且在使用时还需要用专门的阅读机，它在提高学习效率方面没有突出的优点，因此，它并没有直接作为现代教学媒体用于教学过程之中。

（二）视听型媒体

视听型媒体就是对实物、语言经过选择加工复写而成，能显示形和声的媒体，一般用于教学演示。

视听型媒体具有如下的特点：

● 以图像和声音传递信息，直接刺激视觉和听觉器官，形成感性知识。

● 它提供一种模像直观，即对实物经过选择、改造、控制，突出表现事物的主要局部属性，有利于诱导观察。

● 以形、声传递信息，传递信息量较大，传输速度快。

视听型媒体是目前现代教育媒体的主要形态，它又可分为：

听觉型媒体，如广播、录音；

视觉型媒体，如投影、幻灯；

视听型媒体，如电影、电视。

（三）交互型媒体

它是通过以计算机为基础的专用机器来显示、传递和接受反应信息的一类媒体，如程序学习机、多媒体计算机、学习信息反应仪等。

这类媒体具有如下教学特点：

● 有利于因材施教，学生可以按照自己的学习水平或习惯，选择适合自己的学习方法和路径。

● 对学生的学习反应能及时作出判断和反馈，有利于提高学生学习的积极性与主动性。

交互型媒体的出现，引起了教学方式的变革，它是一种具有生命力的媒体。

如果根据媒体的物理原理和功能来分类，现代教学媒体可分为两大类，即模拟型媒体和数字化媒体。（表2.1）

表 2.1　现代教学媒体的分类

类　　别		作用感官	媒　　体		组　合　系　统
			设　备	软　件	
模拟型媒体	光学投影媒体	视觉型	幻灯机	幻　灯　片	普　通　教　室
			投影仪	投　影　片	
	模拟电子音像媒体	听觉型	录音机	录　音　带	语　言　实　验　室
		视听型	电视机	电　视　节　目	教育电视节目制作系统
			摄像机	录　像　片	闭路教育电视系统 微格教学系统
			录像机	录　像　片	

（续　表）

类　　别	作用感官	媒　　体		组 合 系 统
		设　备	软　件	
数字化媒体	听觉型	CD	CD 唱片	多媒体综合教室
（数字化音像媒体）	视觉型	数码相机		
		多媒体投影机		
	视听型	VCD	VCD 光盘	
		DVD	DVD 光盘	
		LD	LD 光盘	
（多媒体计算机与网络媒体）	视听觉交互作用型	MPC 系统	磁　　盘	多媒体综合教室计算机网络教室系统校园网络系统
			CD－ROM	
			硬盘阵列	

三、教学媒体的基本性质

　　1964 年,加拿大学者麦克卢汉(M. Mcluhan)在《媒介通论：人体的延伸》一书中,论证人类在进入电子时代的同时,对媒体的性质、特点、作用和分类,提出了许多新的概念,其中一个重要的观点就是：媒体是人体的延伸。例如,无线电广播、扩音系统相当于听觉器官的延伸；摄影机、摄像机相当于视觉器官的延伸；电影、电视相当于视听觉器官的延伸；录像机、录音机的信息存储功能、计算机的逻辑运算功能相当于人脑部分的延伸等。

　　"媒体是人体的延伸"是教学媒体最基本的性质,给教育带来了多方面的影响。

1. 媒体的延伸,扩大和提高了人的感觉和思维能力

　　人类的感觉器官有许多局限性,以视觉器官为例,人眼的分辨能力只能看清十分之一毫米的物体,人眼只能感受可见光波段范围,人眼感光最短反应时间只有十分之一秒等等,这些局限性限制了人的认识能力。但媒体的延伸作用,可以把事物由小扩大,把大缩小,化慢为快,化快为慢,把远变近,把动变静,让史料重现等等,使得人的感觉与思维能力大大提高。

2. 媒体的延伸,打破了感官的平衡

　　媒体的延伸,可使人的感觉器官的平衡发生变动,使某一感觉器官凌驾于其他感觉器官之上。例如,电影、电视把复杂的,原来并不连贯的现实生活素材,经过剪辑、整理,变成一个有机联系的镜头组合,并"强迫"人们运用视觉器官,按顺序接受和思考所传递的信息;又如,电影、电视中的景别变换和镜头的运动,相当于"强迫"人们的眼睛运动,把人们的眼睛在观察距离、方位上进行调动。

3. 媒体的延伸,使得媒体功能具有互补性

因各种媒体的延伸方向有所不同,因此媒体之间可以互相补充,但很少能够互相替代。例如,电视广播是视觉和听觉的延伸,信息传递及时、生动、感人,但它瞬时即逝,不便查考,观众选择余地不大。而报刊、杂志,虽也是视觉的延伸,却能提供详细情节和深入研究的背景,并可供自由选择,但它缺乏生动的形象。这两种"延伸"只能互为补充,亦即从电视广播中获得简洁的形象材料,再从报刊上获得细节和解释。

4. 媒体的延伸,促使媒体自身向深广度发展

媒体之间的互为促进,迫使媒体不断改变形式,使"延伸"更深更广,以求生存。例如,电视(视听觉的延伸)迫使无线电广播(听觉延伸)走向立体声化、收听工具小型化,迫使电影(另一种视听觉延伸)走向宽银幕、立体化。在电影的促进下,又使电视产生多种形式的特技,并向多屏幕、多伴音的方向发展。

四、媒体的教学功能和特性

媒体要记录、储存、传递和再现信息的内容是多种多样的,但不管哪一类媒体,归根结底就是要表现事物的空间、时间和运动特性,这些基本特征的综合构成了丰富多彩的内容。

空间特征,就是指事物的形状(点、线、面)、大小、距离、方位、影调、色调等。

时间特征,就是指事物出现的先后顺序、持续时间、出现频数、节奏快慢等。

运动特征,就是指事物的运动形式(平移、旋转、滚动)、空间位移、形状变换等。

即使是人的思想感情一类的心理活动,往往也是通过脸部的表情,眼睛的运动,人与人之间的距离来表现的。即使是声音,也可归结为时间持续、频率、节奏以及强度大小一类的时空特征。

各类教学媒体运用在教学过程中,其所表现的教学功能和特性是各不相同的,我们应该分析研究每种媒体的教学功能和特性,根据需要,取长补短,综合运用。通常,我们可以从如下几方面进行分析。

(一) 表现力

表现力是指媒体表现客观事物的时间、空间和运动特性的能力。

电视和多媒体课件都能够以活动的图像呈现事物的变化过程和动向,逼真地、系统地呈现出原因→过程(或状态)→结果等一连串的流程,对事物的运动形式、空间位移、相对关系及形状变换都具有很强的表现能力。

电视和多媒体课件还能够调节事物与现象所包含的时间因素。电视可以借助特技中的淡变方式表现事物时间的过渡,利用画面的剪辑技巧表现先后顺序、出现频数及节奏快慢等的时间特征,多媒体计算机更可以自如地调节动画动作的速度、方位和视频图像播放的位置、速度,以及进行定格观察。

电视还具有调节事物与现象的空间因素的能力。通过镜头的调度,采用远景、全景、中景、近景、特写等方式,也可以利用镜头的推、拉、摇、移、跟等方式,有效地从各个角度来表现事物的形状、方位、距离,以及立体感等空间特性,还可以把事物加以扩大和缩小。电视还能够通过画面的剪辑,重新构造"现实",借助现实的再造,去掉事物和现象的非本质因素,将它的本质以明白易懂的形式向学生呈现出来。但是有些时候,学生会把这种再造的现实,或把经过调节的时间历程或空间特征混同于实际的现实而造成一种错觉。

幻灯、投影一类媒体在表现事物的空间特征方面也具有类似的能力,而且能够放映出更大而清晰的图像。但在表现时间与运动特性方面就比不上电视和多媒体计算机。然而,正因为它是以静止的方式表现事物的瞬间特征,就能够让学生详细地、有分析地观察事物的细部。

无线电广播、录音是以时间因素来组织信息的,它借助于语言、音乐及实际音响的抑扬顿挫、轻重缓急来表现事物现象的特征。其表现力受到时间先后顺序的影响。

在各类媒体中,多媒体计算机拥有极强的表现力,它能够将语言文字、挂图、标本、音乐、幻灯、电影、电视等各类教材和方法,统一于自身之中并加以运用。

(二) 重现力

重现力是指媒体不受时间、空间的限制,把记录、存储的内容随时重新使用的能力。

照片、幻灯、电影一类的媒体必须经过冲洗的程序之后才能重现,尤其是电影片的冲洗周期更长。但是,一旦被冲洗出来,便能极为方便地反复重现,并且可以根据需要重新调整组织内容,以获取不同信息加以重放。

无线电及广播电视是受同时性限制的媒体,即传者与受者必须同时行动,其重现力不强。但是,自从出现了录音机、录像机之后,这种限制就被打破了。录音机、录像机最重要的特性之一就是能即时重现。刚刚消失的声音和现象,只要被录音机和录像机记录下来,便能随时重播,可以多次重复,不受次数、时间和空间的限制。

多媒体计算机和网络型媒体是不受时空限制的、能够随时重现的媒体。一旦制作好,这种媒体类型就可以在任何时候、任何地方被使用者加以重用,没有次数限制,对于网络型媒体甚至能够被世界各地的多个用户同时使用。另外,用户还可以根据需要,方便地选择合适的表现形式和内容,还可以跳转到相关内容。例如:现代的网络远程教育,只要制作好网络课程,并在因特网上发布后,任何学习者只要能够登陆 Internet,都可以进入到相应的网站,浏览课程内容并进行学习。

(三)接触面

接触面是指媒体把信息同时传递到接受者的范围。它可分为无限接触面和有限接触面两类。

电影、幻灯、投影和录像电视的接触面是有限的,一般只能局限于教室范围之内,而且接触面还受到环境条件的限制。例如:电影放映必须遮黑教室、大教室内播放录像节目必须同时安放多台监视器等。

广播电视和无线电广播的接触面非常广,它们能够跨越空间的限制,到达家庭和社会的各个角落,属于无限接触面类型的媒体。

网络型媒体不仅能跨越空间的限制,还跨越了时间的限制,也属于无限接触面型的媒体,任何时候都能够通过多媒体网络计算机实现信息的获取和传递,也使得在空间距离上相距非常遥远的人们,能够实现实时的信息交流。例如:通过计算机与网络,我们可以在中国的校园内,听美国老师在美国哈佛大学内的授课;也可以与世界各地的朋友实现实时的对话与学习交流。

(四)参与性

参与性是指在媒体使用过程中,学生有共同参加活动的机会。它分为感情参与和行为参与两种。

幻灯可以根据学生程度和放映目的,每次增加适当地解释;可以一边观察图象,一边进行师生之间和生生之间的讨论、提问和答疑。这样,在解释和讨论中,学生在行为上便不由自主的加入进来,积极参与,从而使学习步步深入。

投影机放映时,教师和学生能够以面对面的方式呈现资料和进行学习,教师可以一边了解学生的反应,得到反馈信息,一边进行指导;教师还可以顺应学生的思维过程逐步呈现资料,组织教学活动,以便学习者能够更好地参与进来。

电影、电视、无线电广播是运用活动与顺序的图像和声音方式组织信息的,有较强的表现力和感染力,它可以利用具体的场面和音响刺激学生,引起学生的情绪反应、兴趣和注意,从而诱发学生情感上的参与。

多媒体计算机和网络型媒体具有很强的交互性,允许学习者根据需要请求和调用不同的内容;还允许学习者根据个人的爱好,选择不同的学习方式和界面。此类媒体具有教与学个性化的特点,能够最大限度地发挥学习者的积极性和主动性,使他们参与到学习过程中来。例如:通过网络课程来学习英语,有的学习者没有任何基础,需要从字母发音学起,那么他可以选择基础知识中的字母发音部分,一步步跟着网络课程来学习每一个字母的发音(如:点一下字母会自动读出该字母的发音),遇到不好学的字母,学习者还可以无限次重复点击字母学习发音,直到学会为止。对于有一定基础的学习者,他可以跳过基础知识部分学习以后的内容,比如句型、语法等,不必再跟着初学者一起学习简单的字母发音等已经掌握的知识。这种情况下,学习者的学习进度和学习步骤完全由自己控制,能最大限度地发挥学习者的参与性和主动性。

(五) 受控性

受控性是指使用者对媒体操纵控制的难易程度。

一般来讲,计算机、录音机、幻灯机和录像机能较容易和方便地使用和操作,并且能够有效地为不同的人提供不同的服务,实现个别化学习。电影放映则必须接受专门的训练,才能有效地操作。无线电和广播电视,由于使用者无法掌握其播出时间、播放内容及其长度,所以较难控制。

在所有现存学习媒体中,多媒体计算机和网络型媒体是较容易受控的一种媒体类型。学习者不用考虑空间和时间的限制,只要有条件上网,随时都可以调用相应的网络学习资源,进行学习。

五、现代教学媒体设计与选择的基本原则

各种媒体的编制方法和工艺技术有所不同,但是在如何有效地记录、存储、传递和重现教育信息方面,都必须受到一些共同的基本原理的约束,主要包括最大价值律、共同经验律及抽象层次原理。

(一) 最大价值律

价值分析是系统工程中的一个重要优化分析方法。这里的价值是指"评价事物有益程度的尺度"。价值高说明有益程度高,效益大,好处多。价值低说明有益程度低,好处不多。根据价值分析原理,价值(V)的高低,是以功能(所获得的报酬)和付出的代价(费用、努力)的比值来表示的,可用方程式表达为:

$$价值(V) = \frac{功能(报酬)}{要付出的代价}$$

代价包括制作媒体所需要的费用(设备损耗、材料费用、人员开支等),以及所付出的努力程度(难易程度、花费时间等),统称为成本。功能,是指能完成教学目标的程度,即学生通过媒体能获得多少新的知识,是否获得能力培养的效果等因素。

公式表示,付出的代价越小,而功能越大,则媒体的使用价值越高,预期的选择设计率则也高。

为了提高媒体的使用价值,在设计编制媒体时可以采用如下的途径:

● 功能不变,降低成本;

● 成本不变,提高功能;

● 降低成本,提高功能;

● 成本略有提高,更大幅度地提高其功能;

● 功能略为下降,但成本大幅度下降。

从价值分析的原理中可以得到启示:媒体的设计和制作,不能单纯地追求降低成本,也不要片面追求功能,而应以提高它们之间的比值为目标。例如,制作幻灯片,彩色幻灯片能显示逼真的颜色,功能似乎很高,但制作成本也高。对于某些学科,黑白已能满足需要,即其功能指数已足够了,如果能降低成本,其价值就高了。

(二) 共同经验律

根据教学传播理论,教学过程是一种信息传播活动,老师和学生是同一时间进入一种共同的传递关系,大家为了一个双方都有兴趣的信息或符号进行沟通活动。但是要使双方能互相沟通思想,则必须把沟通建立在双方共同经验范围内,通常是以图 2-1 所示的模式来表达。

在这两个圆圈内各代表甲与乙的生活经验,其重叠的地方就是他们可以互相沟通的地方。因此,视听媒体的设计就是要以提供这种情境,展示共同的经验为目的。教师在实施这种媒体运动时,必须充分运用这一共同经验。

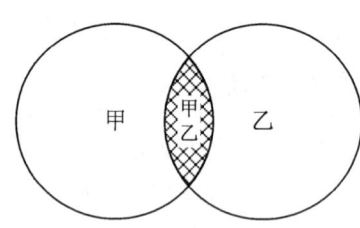

图 2-1 共同经验律模式

这里共同经验包含两层意思,一是教育者和受教育者在学习环境中互相作用的共同经验;二是受教育者彼此之间,通过媒体来获得的共同经验,即一种经验为多数人所共有。这样不仅可使教育者与受教育者之间能有效地进行思想交流,也有助于小组集体学习,班级共同学习。

例如,在小学语文教学中,《桂林山水》这篇文章是描述甲天下的桂林山水,词句优美,结构严谨。要使学生仅从字面上来理解课文内容并不难,但是许多小学生从未到过桂林、漓江,没有感性认识。为此,教师可以借助 CD-ROM 教学光盘展示桂林山水风光的图片或视频图像,让师生之间建立共同经验,使学生仿佛加入旅游者行列,饱览桂林风光,就更能理解"舟行碧波上,水在画中游"的感情和文章的含义了。

（三）抽象层次原理

根据戴尔理论,媒体就其传递信息具体性和抽象性可分为不同等级,媒体选择的抽象层次原理,就是指媒体所提供的具体和抽象程度必须根据学生的水平(年龄、发育状况)而增减,而每一个层次都包含一部分具体成分和另一部分抽象成分,具体成分作为思考线索,以此为基础来思考抽象部分。这两种成分比例是依学生水平而有所改变的,也就是应依学生水平而选择不同的媒体。即使是同一类媒体,如放映机和影片,其影片内容亦应按年龄不同,抽象层次有所不同,但总应包含有半具体半抽象的成分。这种抽象层次结构可如图 2-2 所示。根据不同的抽象层次,媒体中所运用的数序符码、形状符码、模拟符码的比例与组合方式应有所区别。

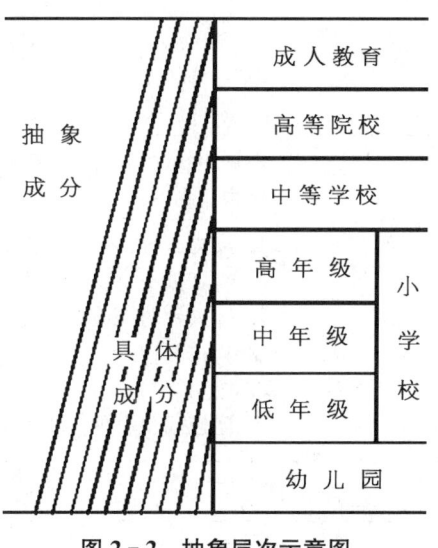

图 2-2　抽象层次示意图

第二节　光学投影媒体及其应用

光学投影媒体是指利用光学透镜成像原理,把图像或实物放大并投射到一定距离的屏幕上的一类信息传播工具。在教学上最常用的是幻灯机和投影仪。

幻灯机和投影仪能显示静止状态的教育信息,为学生提供大量色彩鲜明、生动的视觉形象;显示画面的时间可以根据教学的需要可快可慢,可长可短;还能将某些实物标本、实验放大显示;教师可以将板书写在投影片上投射到银幕上,把投影仪当作黑板使用。光学投影媒体一般设备简单,价格低廉,操作方便,中小学都买得起,甚至还可以让师生自己动手制作,既锻炼动手能力,又节约开支,因此,在中小学中使用非常普遍。

一、幻灯机和投影仪的基本特性

幻灯机和投影仪的原理相同,结构相似。(如表 2.2 所示)

表2.2 幻灯机、投影仪结构和特性对比表

媒体的特性	幻 灯 机	投 影 仪
结构和组成	1. 光学部分：包括光源、反光碗、聚光镜、放映镜头和灯箱组成 2. 电路部分和机械部分 3. 银幕（如图2-3所示）	1. 光学部分：包括光源、聚光镜、螺纹透镜、放映镜头和反射镜 2. 电气部分和机身 3. 银幕（如图2-4所示）
原　　理	根据透镜成像，光学放大原理，光路为直射式	根据透镜成像，光学放大原理，光路为直射加反射式
分　　类	1. 按构造分：有插片幻灯机、卷片幻灯机及显微幻灯机 2. 按供片方式分：有直盒式和卷片式两种 3. 按功能分：有手动式、自动式、遥控式及声画同步幻灯机	1. 按结构形式分：有落地式、台式、便携式 2. 按功能分：有书写式、实物反射式和显微式
软　　件	幻 灯 片	投 影 片
软件制作方法	摄影—冲晒制片法	1. 手工绘制法 2. 复印制片法 3. 计算机画稿，打印法
使 用 方 法	1. 把幻灯机置于与银幕有一定距离的地方 2. 把幻灯片按预计的放映顺序，倒立插入幻灯机片盒内 3. 接通电源，调节焦距 4. 手动或遥控换片进行放映	1. 把投影仪置于与银幕有一定的距离的地方 2. 接通电源，把投影胶片放在载物玻璃上，进行调焦和调整反射镜角度，使银幕上的影像鲜明清楚、位置大小合适

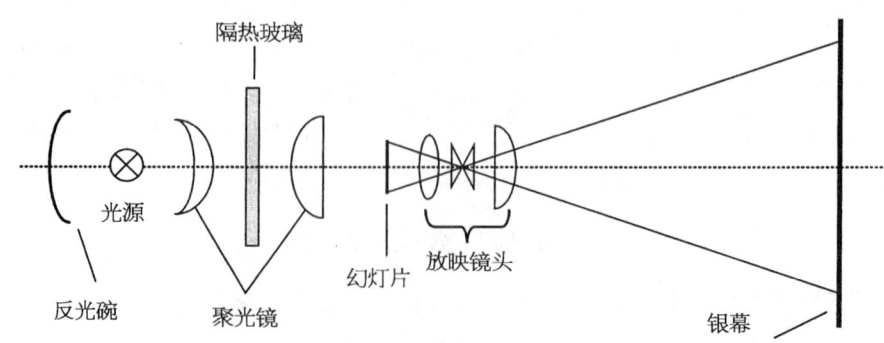

图2-3 幻灯机光学部分结构图

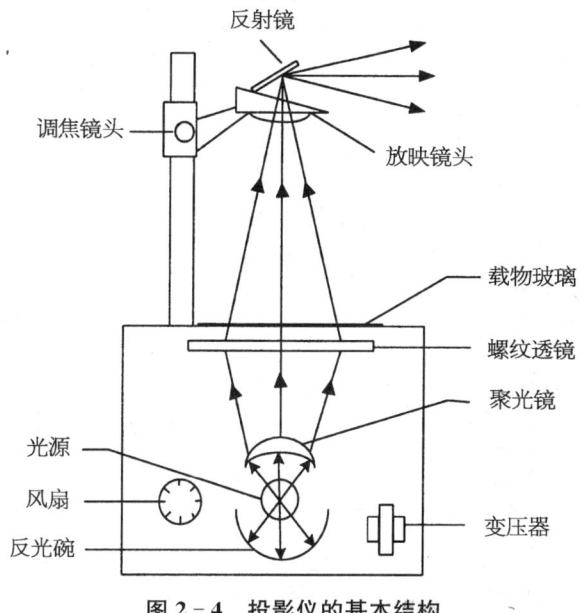

图2-4 投影仪的基本结构

二、幻灯机与投影仪操作技能自我评测

现代教育技术应用中,光学投影媒体操作技能是教师教学的基本技能之一。本书设计的幻灯机和投影仪使用技能自我考核项目(如表2.3、表2.4、表2.5、表2.6所示),是根据大量的教学实践经验而总结设计的指标体系,每个体系包括有指标项系统(含结构指标和单项指标)、权重、标准等内容,这些考核指标体系,一方面可以作为培养、训练学生教学技能的具体教学目标,另一方面也可以作为教师进行自我评测应用光学投影教学技能的依据。

表2.3 幻灯机操作技能自我考核指标

指标项		标准
结构指标	单项指标	
基本操作	1. 连接线	正确连接电源线,各种控制线
	2. 开机与关机	按步骤进行开机、关机,并注意风扇与灯光的开启顺序
	3. 画幅调整	按幕面大小,放映亮度来调整画幅的大小与高低
使用技能	4. 装片	正确把幻灯片装入片盒和送入片门
	5. 调焦	进行粗调或微调,使画面清晰
	6. 换片	手动或自动换片,使幻灯片前进或倒退放映
映后工作	7. 清洁	按要求进行清洁,光学元件用镜头纸擦拭
	8. 整理	把连线拆下,按实验前的要求摆放好

表 2.4　幻灯机操作技能考核记分表

指　标　项		权重	评　价　等　级				得分
结　构 指　标	单项指标		优 (4)	良 (3)	中 (2)	差 (1)	
基本操作 (36 分)	1. 连接线（12 分）	3					
	2. 开机与关机（12 分）	3					
	3. 画幅调整（12 分）	3					
使用技能 (44 分)	4. 装片（16 分）	4					
	5. 调焦（12 分）	3					
	6. 换片（16 分）	4					
映后工作 (20 分)	7. 清洁（10 分）	2.5					
	8. 整理（10 分）	2.5					
总　　　分							

表 2.5　投影仪操作技能自我考核指标

指　标　项		标　　准
结构指标	单项指标	
基本操作	1. 整机认识	熟记投影仪的各种开关，特殊装置的作用与用途
	2. 连接电源	外接 220 V 交流电源
	3. 开机与关机	熟练操作摘装溴钨灯、投影仪开关机的步骤
	4. 调整光幅	能正确调整光幅的高低、大小及高度
	5. 色边调节	光幅亮度均匀，不出现色边
	6. 调焦距	画面均匀清晰
使用技能	7. 文字书写	在透明片上书写文字要工整，字体大小要合适
	8. 放映画面	正确放映操作各种类型的投影片
维护保养	9. 换灯泡	拉动灯泡切换开关，换上预备灯泡
	10. 保养	对片门、放映镜头进行清洁，然后把反光镜盖下

表2.6 投影仪操作技能自我考核记分表

指 标 项			评 价 等 级				得分
结 构 指 标	单项指标	权 重	优 (4)	良 (3)	中 (2)	差 (1)	
基本操作 (50分)	1. 整机认识（10分）	2.5					
	2. 连接电源（5分）	1.25					
	3. 开机与关机（10分）	2.5					
	4. 调整光幅（10分）	2.5					
	5. 色边调节（5分）	1.25					
	6. 调焦距（10分）	2.5					
使用技能 (30分)	7. 文字书写（15分）	3.75					
	8. 放映画面（15分）	3.75					
维护保养 (20分)	9. 换灯泡（10分）	2.5					
	10. 保养（10分）	2.5					
总 分							

三、光学投影媒体在教学中的应用

运用幻灯机、投影仪进行教学最大的特点是以静态的方式表现事物的瞬间特性，能够让学生详细地、有分析地观察事物的细部，能够放映出较大较稳定的画面，图像的点与线条细腻、清晰、鲜艳。教师可以根据本地学生的学习环境条件与个人的经验、知识水平，因地制宜地灵活设计制作教材，因材施教。但在表现时间与运动方面不如电影、电视教育手段。

（一）提供清晰、鲜艳的视觉形象

根据教学内容，设计与制作有关讲解重点、难点的光学投影媒体，加上教师生动的解说，增强对教学内容的感知，建立和强化认知固定点，提高记忆效果。

在语文教学中一些描写动植物、景物的散文、古诗或记叙文都可以利用投影图画为学生提供直观、生动的画面，使学生更好地理解课文主题。在语文课的识字教学中，也可以根据汉字表意的特点，采取图解的方法，将汉字部首制成投影片,变机械记忆为形象记忆。而在纠正错别字时,教师可投影出较大的字体,有针对性地用彩色笔画,突出显示出易错或易漏的笔画,使学生对特殊的颜色笔画产生深刻印象。在作文教学中,也可以利用幻灯、投影手段达到画面引路,借景生情;再现生活,选材立意;欣赏画面,指导观察等教学目的。

在数学教学中,制作一些能分能合、可以变化的投影片运用于教学,化繁为简、化难为易。通过数字演变、空间图形及线段等的变化过程与思维活动有机结合起来,达到水到渠成的目的。例如面积与体积的计算,由整体图到局部图、由实体图到模型图,在课堂上进行活的演示,或运用投影片变换组合进行法则公式的推导;又如分数的定义、分数大小的比较、百分比等,都可以通过幻灯、投影把形象化的图解投映出来;对于事物运动变化规律的内容,可以制作转动片、抽动片、波动片等来模拟动态效果。

在历史课中,历史事件的发生、发展与年代的关系,若能制成一幅彩色图表,投影到银幕上,进行纵横对比,学生既能从整个历史进程中把握事件的年代,又能根据历史年代与事件的发展关系,进行各种历史逻辑的推理。

(二)实验演示教学

在特定的条件下,把投影应用于实验教学中,不仅能够提高可见度,增加可信度,而且对于加深印象,增强教学效果会起到不可估量的作用。物理课的电磁现象的演示,固体、液体的热胀冷缩现象;化学课的试剂使溶液变色或沉淀实验的演示等,均可在投影仪的载物玻璃上将各种现象放大映在银幕上,获得较为满意的教学效果。当学生需要观察细小的物质结构时(如细胞、分子与原子的结构),能不受时间和画面移动的限制,观察得细致入微。另外,还可以利用投影仪进行实物投影,例如昆虫的实物投影,投影的直观舍去了昆虫的那些形态各异的非本质个性,银幕上恰好突出了不同昆虫相同的一对触角和三对足的本质特征。由投影映现轮廓和线条的光学特征也会成为表述的一个技巧,叶脉投影标本会极大地夸张由叶脉和叶廓构成的"世界上没有完全相同的两片树叶"的视觉特征。

(三)代替黑板,提高教学效率

投影仪上放一块玻璃或透明胶片,在上面写字、画图,可以投射到银幕上。用彩色笔书写或绘画,映出的图像更鲜明、清晰。尤其在复习课和练习课中,内容多而杂,信息量大,这时教师可以将复习内容与习题讲解直接写在投影片上。既节约时间,减轻劳动强度,又使教师的表达更充分,改变了学生接受知识的思维信号,吸引了学生的注意力。

(四) 引导学生的行为参与

在教学中,教师在适当的时机,采用抽查的方式将学生在玻璃或透明胶片上做的作业映射到银幕上,师生共同对作业中出现的问题进行逐一分析,既可以减轻教师批改作业的负担,节省时间;又加大了课堂练习密度,增加了课堂面批作业的数量。

在中小学的教学活动中,投影教学直观、易懂、生动活泼、印象深刻、灵活多变的功能能够激发学生的学习兴趣和积极性。而且合理运用投影教学,可以增加单位时间内的教学信息量,节约时间,提高教学效率和教学质量。鉴于投影仪的上述优点和我国的实际情况,投影仪在广大中小学教学中被广泛运用,起到了相当重要的作用。

随着现代科学技术的发展,目前流行使用一种叫做视频展示台的新型教学设备,它利用一只可变焦距的摄像镜头,就像人的眼睛一样,把它所"看"到的物体(图片或实物)在监视器或大屏幕投影电视上展示出来。视频展示台避免了传统投影设备的缺点,它兼有多种功能,操作更加方便简单。比如,视频展示台可以将投放实物、幻灯片、印刷图文资料多种媒体集于一身,而传统的投影仪只能投放透明胶片,实物投影仪只能投放印刷品和一定大小的实物,幻灯机只能投放幻灯片。视频展示台还具有自动聚焦功能,使用了单片 CCD 摄像头,使图像更为清晰,而且避免了传统投影仪存在的噪音欠缺,具有耗电量低、体积小、重量轻、便于携带等优点。最新型的视频展示台还有一个小监视器,可以不必转身就能清楚地看到投影到屏幕上的图片、实物摆放位置、方向等是否正确。视频展示台的出现,为提高投影教学效果提供了良好的条件,也为视觉教育的发展创造了十分理想的前景。教师根据学生的程度和放映的目的,从容地加上适当的解释;或一边观察图像,一边在师生之间提问答疑。这种方式不仅使学生的学习步步深化,也使教师及时得到一种感性交流和信息反馈,从而调整教学方案,改进教学。视频展示台的结构与使用见本章第三节。

第三节 模拟电子音像媒体

模拟电子技术是以电路理论为基础,结合半导体器件的应用发展起来的,研究如何利用电路和系统来实现各种模拟电信号的产生、变换、传输、计数和测量的技术。随着模拟电子技术的发展,人们开发了许多基于模拟电子技术的电子产品,如磁带录音机、电视机、录像机、摄像机、视频展示台等,在社会各个领域中得到了广泛的应用。人们把这种基于模拟电子技术的,记录、存储和传播音像信息的媒体称为模拟电子音像媒体。本节主要介绍一些常用的模拟电子音像媒体。

一、磁带录音机

磁带录音机是一种较成熟的模拟电子音像媒体。模拟录音机种类繁多,技术的发展速度也很快。按使用磁带的形式来分,磁带录音机主要有盘式和盒式两种类型。由于盒式录音机具有体积小、重量轻、携带方便、不易弄脏和损坏磁带等优点,并且具有造型美观、结构紧凑、操作简便、价格低廉等特点,在教学中被普遍采用。

目前最常见的录音方式是磁性录音。

(一) 盒式录音机的基本原理

磁带录音机利用电磁变换的原理将声音信号进行声—电—磁的变换,以磁的形式记录和重放。也就是先把声音变成电信号,然后以磁的形式把电信号记录在磁带上,当需要重放声音时,就把记录在磁带上的信号再变成电信号,最后放出声音。

(二) 盒式录音机的基本结构

盒式录音机主要由磁头、电路和机械驱动机构三部分组成。(图 2－5)

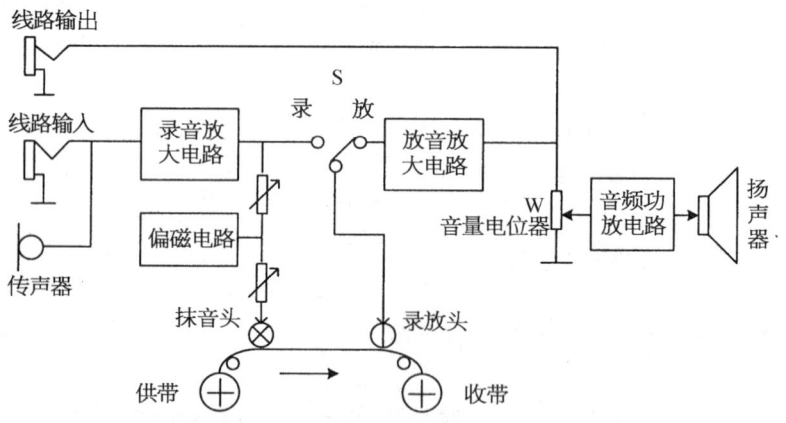

图 2－5　磁带录音机的基本结构

1. 磁头

录音机中的磁头是一个将电信号变为磁信号或磁信号变为电信号的电磁转换器件。按用途分:有录音磁头、放音磁头和抹音磁头。目前国内生产的盒式录音机大多采用二磁头式,即录、放音共用一个磁头,称录放磁头,抹音用一个磁头,称抹音磁头。

2. 电路部分

电路部分包括音频放大器、超音频振荡器两个基本部分。音频放大器的作用是将微弱的音频信号电流进行放大，在录音时能使录音磁头把磁带磁化，或在放音时能推动喇叭还原出声音。超音频振荡器的作用是产生超音频振荡电流供抹音磁头给磁带抹音时用，也可供录音磁头在录音时作偏磁电流，以减少录音时的非线性失真。

3. 机械驱动机构

机械驱动机构包括电动机和机械传动部分。电动机是走带机构的动力，要求具有稳定的转速、机械和电器噪声低、性能稳定、使用寿命长等特性。普通录音机内只装有一只电动机(双卡收录机有两只电动机)。机械传动部分由飞轮、传动齿轮、压带轮、供带盘导轴、收带盘主导轴和控制部分等组成。在主导轴、压带轮等机构的控制下，使磁带以恒定的速度通过磁头。此外，磁带传动部分还有倒带、快进、暂停等功能。

(三) 盒式录音带

磁带是磁性录音技术中记录声音信息的载体，它的质量优劣，对录音效果和磁头使用寿命有极为重要的影响。录音磁带是由带基和在其上面涂敷强磁性氧化金属粉末而成的磁性层这两部分组成。带基是一种机械强度高的醋酸纤维材料。普通磁带只有一层磁性层，较好的磁带则有两层磁性层。盒式录音磁带的种类有多种，其性能有较大差别。在录、放音时，使用铬带或铁铬带，应将录音机的磁带选择开关置相应的位置，因为这些磁带录、放时所需的偏磁电流是不同的，否则发挥不了其特性。各种磁带性能如表 2.7 所示。

表 2.7　录音磁带的性能比较

磁带类型	磁性层所用材料	性　能
普通磁带	$\gamma - Fe_2O_3$ 材料	中、低频特性较好，价格也较低，适用于一般的语言或音乐节目的录音。
二氧化铬(CrO_2)带	二氧化铬(CrO_2)材料	高频特性好，而低频特性较差，但频率动态范围宽，适宜录制交响乐等器乐曲。
铁铬(FeGr)带	表面层采用 CrO_2 材料里层采用 $\gamma - Fe_2O_3$ 材料	高、中、低频特性的性能都较好，适合录制各种音乐节目。
金　属　带	金　属　材　料	输出电平很高，动态范围大，用作现场录制音乐节目，真实感强，是专业录音用的磁带，但价格高。

(四) 盒式收录机使用基本技能

盒式收录机的使用已是相当普及,它的放音和收音操作相当的简单,本书不作专门介绍。在此我们主要介绍收录机录制磁带的操作方法。磁带录音的方式较多,主要有以下几种。

1. 话筒录音

(1) 使用机内话筒录音

使用机内话筒录音,方法很简单,要求面对收录机讲话的距离不能太远,将带有安全片的空白磁带放入录音舱盒内,同时按下录音键和放音键,讲话声便被录下。

(2) 使用机外话筒录音

方法是将外接的话筒插入收录机的话筒(MIC)插孔,录音者面对话筒讲话便可。

另外,借助无线话筒和有调频波段的收录机,可以录下 30—100 m 以内讲话人的声音。录音的方法与录制广播节目相同。

2. 录制电台广播节目

只要将收录机的功能开关拨至收音(RADIO)档,调谐好电台,同时按下录音键和放音键即可录制电台的广播节目。

3. 录音磁带的复制

在录音教学中,录音磁带的复制是一项经常性的工作。有时需将分散在若干盒磁带上的节目编辑到一盘磁带上;有时需要把一盒原声带翻录成许多盒。在不具备专业录制设备的情况下,录音带的复制可通过以下两种方法来进行。

(1) 使用双卡机复制

一些中高档收录机具有双卡,并有快速复制功能,因为工厂在产品出厂时已设计好在录音时内部连线会相应接通,并保持匹配。用这种收录机复制录音带,既省时又方便。

(2) 使用双机对录

使用两部录音机,一部作为放音,另一部性能较好的作为录音用,复制时采用专用的转录线,将放音机的"线路输出"和录音机的"线路输入"连接在一起。如果用"耳机"输出和"线路输入"的方式进行转录时,需要匹配衰减器,以保持信号电平和阻抗的匹配。

注意磁带复制时要经过原声带作者的同意,要尊重他人的辛勤劳动,不要侵害作者的版权。

(五) 磁带收录机操作技能自我考核

我们可以根据磁带收录机操作技能考核项目,自我检测一下是否达到要求。(表 2.8、表 2.9)

表 2.8 磁带收录机操作技能自我考核指标

指标项		标　准
结构指标	单项指标	
磁带收录机的使用	1. 接收各波段的广播电台节目	按要求调出分属中波、短波、调频波段的电台各一个,并取得良好的收听效果
	2. 放音的操作	正确完成装带、放音、快进、倒带、暂停、停止、取带等功能操作,放音效果好
	3. 收录广播电台的节目	用收录两用机录下指定电台的节目,录音效果良好
	4. 现场录音	利用机内或外接麦克风进行现场录音
	5. 磁带的复制	采用双机转录的方法时,要求取得两台机的最佳连接;用双卡机进行磁带的复制时要能正确操作

表 2.9 磁带收录机操作技能自我考核记分表

指标项		权重	评价等级				得分
结构指标	单项指标		优	良	中	差	
			(4)	(3)	(2)	(1)	
收录机的使用 (100分)	1. 接收各波段的广播电台节目 (10分)	2.5					
	2. 放音的操作 (10分)	2.5					
	3. 收录广播电台的节目 (20分)	5					
	4. 现场录音 (30分)	7.5					
	5. 磁带的复制 (30分)	7.5					
总　分							

二、电视机

电视接收机(简称电视机)是目前得以广泛应用的视频媒体之一,是用于声像呈现的一种重要设备,主要用于接收各种广播(教育)电视节目和重放录像节目。由于电视媒体具有信息呈现多维化、信息传输快、媒体功能集成化和操作使用方便等诸多优点,现已成为一种有效的大众传播媒介,在教育和其他社会各个领域得到了广泛的应用。

(一)电视机的基本原理

彩色电视机是采用光—电—光及声—电—声转换的原理,接收带有图像和声音信息的高频电视信号并进行变换、传输、处理,重显出彩色图像和重播出伴音。

(二)电视机的类型

自 1928 年美国通用公司生产出第一台电视机以来,经过几十年的发展,电视已成为人们生活中不可缺少的一部分。如今,电视机正在经历一场从传统的模拟电视过渡到数字电视的变革。随着电视技术的发展,电视机种类、功能越来越多,性能越来越好。

目前的电视机按呈现图像色彩来分,有黑白电视机、彩色电视机;按输入和显示方式分,有普通显像管电视机、监视器、收监两用机、液晶电视激光显像电视机、大屏幕投影电视机、组合电视幕墙等;按图像清晰度分,有标准电视机和高清晰度电视机;按彩色电视制式分,有单制式电视和多制式电视;按电视屏幕对角线长度分,有 9 英寸、14 英寸、19 英寸、21 英寸、25 英寸、29 英寸、33 英寸、40 英寸、50 英寸、60 英寸等。

(三)电视机的基本功能

电视机是用于接收高频电视信号或其他视音频播放/摄录设备(如录像机、影碟机、摄像机等)送来的视频和音频信号,进行变换处理,实现图像和声音重放的设备。包括遥控操作、亮度、对比度、色度、音量调节等基本功能。随着技术的发展,目前电视机在基本功能的基础上增加了越来越多的功能,如多制式接收、环绕立体声、图文电视、16∶9 功能等等。

(四)电视机的基本结构

尽管电视机种类繁多,但其基本上是由高频头、公共通道、伴音通道、亮度通道、色度通道、解码电视、同步扫描、显像管、电源等部分组成。(图2－6)

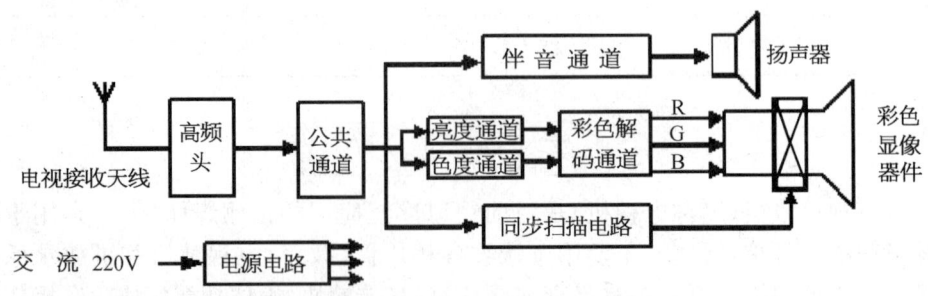

图 2－6　彩色电视机基本组成框图

各部分的作用如表 2.10 所示。

表 2.10　彩色电视机的基本构成及作用

组成部分	作　　用
高 频 头	由高频放大器、本地振荡器和混频器三部分组成。对来自天线的广播电视信号(射频信号)进行选择,选出所需要接收频道的射频信号,并加以放大,然后进行变频,得到包含有图像信号和伴音信号的中频信号,送往公共通道。
公共通道	对来自高频头的中频信号进行放大,然后进行图像检波。图像检波的作用是从中频信号中取出视频信号(经预放大后分三路送往亮度通道、色度通道和同步分离电路)和伴音信号(送往伴音通道)。
伴音通道	对伴音信号进行放大处理,通过鉴相器解调出音频信号,进一步放大后推动扬声器发声。
亮度通道	从视频信号中取出亮度信号并放大,完成亮度信号与色度信号的分离,并同时对亮度信号做人为 $0.6\,\mu s$ 的延时处理,以保证亮度信号和色度通道送出的色差信号同时到达解码电路。
色度通道	从彩色视频信号中取出色度信号,并进行放大,解调出三个 R、G、B 色差信号送往解调电路。
解码电路	对亮度信号和色差信号进行解码处理,得到三基色信号送往解调电路。
同步扫描	由行、场扫描电路和显像管偏转线圈组成。保证电视机的行、场扫描与发送端摄像机的行、场扫描同步,同时产生显像管工作时所需的高压与聚焦电压。
显 像 管	利用电—光转换,实现彩色图像的还原。
电　　源	提供各部分的工作电压。

（五）电视机使用的基本技能

1. 电视信号输入

收看电视台播放的广播电视节目,要用电视接收天线接收空间的高频电视信号,然后用馈线将信号经天线插口输入电视接收机,或将闭路电视信号经同轴电缆直接由电视机的天线插口输入。

利用电视机呈现录像机或 VCD 机等节目源的信号时,根据电视机的信号输入端口来分,有三种途径:从节目源输出射频信号经电视机的天线插口输入;从节目源输出视频/音频信号,经电视机的视频/音频信号输入端口分别输入;从节目源输出分离的色度和亮度信号,经电视机的 S－VHS视频端子输入。

2. 接通电源

在电视机的标准使用电源与电网电压一致的情况下,方可接通电视机电源,打开电源开关。

3. 选台和调谐

对有频道预选功能的电视机,可利用调谐面板或遥控器将高频电视信号或电视台节目预存到电视频道上,利用频道选择面板或遥控器即可收看到预选频道的节目。

4. 对比度和亮度调节

可利用电视台播出测试卡的六个灰度等级作校准,反复调节图像的对比度和亮度,使图像层次分明,提高显示图像的质量。

5. 色饱和度调节

配合对比度、亮度的调节进行图像颜色的调整,使图像接近真实事物的颜色。

6. 音量调节

根据观看空间大小、人数的多少、个人喜好,适当调节电视伴音的大小、音调高低。

(六) 彩色电视接收机操作技能自我考核(见表 2.11、表 2.12)

表 2.11　彩色电视接收机使用技能自我考核指标

指　标　项		标　　准
结构指标	单项指标	
调整前后的工作	1. 接天线和电源线	正确连接室内或室外天线,正确接通电源线
	2. 开机和关机	开关机操作准确熟练
调谐收视	3. 选择频段	按指定的频道选择频段
	4. 选择频道	较熟练地调出指定频道节目
	5. 调整室内天线	能结合调整室内天线的方向角度使画面音质最佳
画质、音质调整	6. 亮度调整	正确调整亮度旋钮使画面亮度适中
	7. 对比度调整	正确调整对比度旋钮使画面对比度适中
	8. 色彩调整	正确调整色度使画面色彩合适
	9. 调整顺序	按照先调黑白画面再调色彩的顺序调整
	10. 音质调进	正确调整音量和音调旋钮使音量大小和音调高低适宜

表 2.12　彩色电视接收机使用技能自我考核记分表

指　标　项		权　重	评　价　等　级				得　分
结构指标	单项指标		优	良	中	差	
			(4)	(3)	(2)	(1)	
调整前后的工作（10分）	1. 接收天线和电源线（6分）	1.5					
	2. 开机和关机（4分）	1					
调谐收视（50分）	3. 选择频段（22分）	5.5					
	4. 选择频道（22分）	5.5					
	5. 调整室内天线（6分）	1					
画质、音质调整（40分）	6. 亮度调整（8分）	2					
	7. 对比度调整（8分）	2					
	8. 色彩调整（8分）	2					
	9. 调整顺序（8分）	2					
	10. 音质调整（8分）	2					
总　　分							

三、录　像　机

　　录像机是视频媒体中的重要设备，它是一种记录、储存、重现声像信息的装置，是磁记录技术、电子技术和精密机械制造技术综合发展的产物。它和摄像机、电视机、特技信号发生器等组合使用，可很方便地对各种教育电视节目进行编辑组合、记录重放等操作，十分有利于学习者学习。由于录像机具有操作简便、性能稳定、磁带可以重复使用等众多优点，已被人们广泛用于教育和社会各领域中。

（一）录像机的基本原理

录像的过程是将图像光信号通过光—电变换（摄像器件）转换成电信号，然后再将这个信号通过电—磁变换（视频磁头）变成磁信号后记录（存储）到磁性体（磁带）上去。放像过程则相反，是将存储在磁带上的磁信号通过电—光变换（显示器件）将信号变换成光信号。当然，在录放像过程中还需要同时进行录放音。

（二）录像机的类型

1956 年美国安培公司发明第一台磁带录像机以来，随着磁带录像技术的发展，磁带录像机的种类、格式不断更新，质量不断提高。按用途分类，有广播级（如：Betacam SP 录像机、U－matic 录像机）、专业级和家用级录像机（如：VHS 录像机）；按彩色电视制式分类，有单制式和多制式彩色录像机；按电视信号处理方式分类，有模拟信号和数字信号录像机；按录像机功能分类，有放像机、录像机、编辑录像机、摄录一体机；按录像机外形分类，有落地式、台式、便携式录像机等等。

（三）录像机的基本功能

录像机的基本功能是存取视音频信号，可以将图像和声音记录并保存为模拟或数字格式的视频和音频信号，在需要的时候可以立即重放。使用录像机播放新闻、艺术、教学等各类节目时具有临场真实感，感染力强，接收效率高，还具有记忆保持时间持久等特点。录像机录制节目方便、质量高，可随时检查录制效果。磁带体积小、重量轻，并可重复使用和大量复制，而且成本很低。

除了常用的功能键以外，录像机还有磁迹跟踪、频道切换、定时录像等功能键，可参照机器使用说明书操作。

（四）录像机的基本结构

录像机的种类虽然很多，但基本结构大致相同，主要由磁头系统、磁带传送系统、视频信号处理系统、伺服系统、机械控制系统、音频信号处理系统、电源系统、电视接收系统和射频调制器等八部分组成。（图 2－7）

各部分作用如表 2.13 所示。

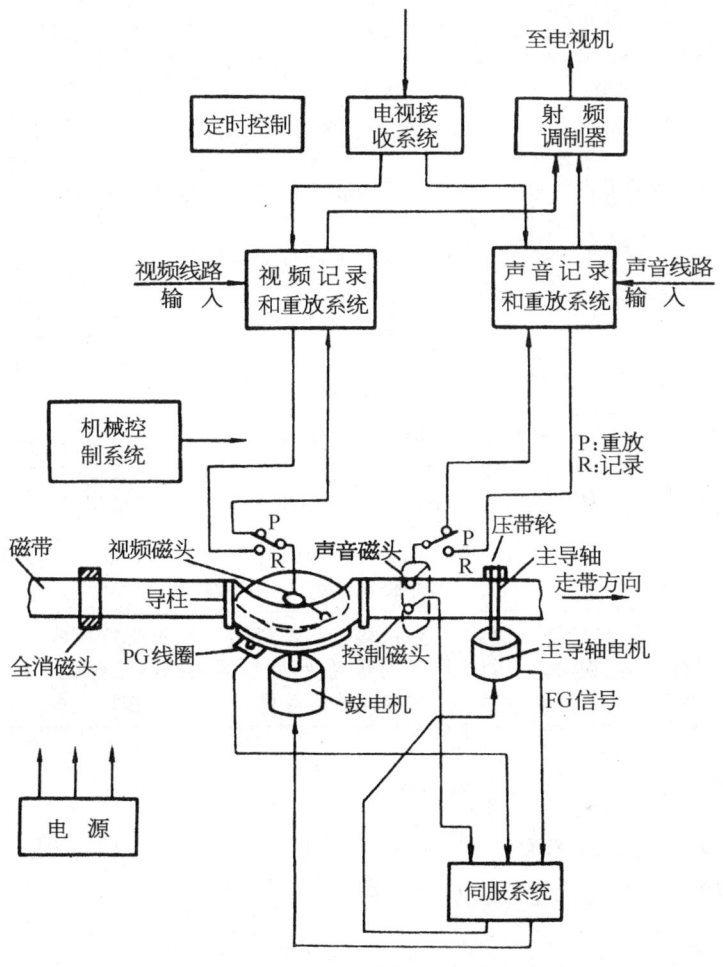

图 2-7 录像机构造示意图

表 2.13 录像机各组成部分作用

主要结构	组 成	作 用
磁 头	视频磁头鼓组件	用于视频信号的记录和重放
	音频控制磁头组件	用于音频信号和 CTL 控制信号的记录和重放
	全消磁头	用于抹去磁带上已录的信号
磁带传送系统	加载机构	将磁带从带盒中拉出穿带或者退带送回带盒
	走带机构	由压带轮和主导轴共同驱动磁带走带运行

(续　表)

主要结构	组　成	作　用
视频信号处理系统	记录通道	将输入的视频信号处理变换成记录信号送到磁头记录
	重放通道	将磁头拾取的记录信号处理还原成视频信号后输出
音频信号处理系统	音频信号处理电路	完成记录和重放过程中音频信号的处理
伺服系统		伺服系统是一个对磁头、磁带运行进行误差检测、反馈校正的自动控制系统，以保证获得最佳图像记录和重放质量
机械控制系　统	由传感器、功能操作键、逻辑电路和各种执行机构组成	根据功能操作键的指令，确定录像机的工作状态；按照设计好的逻辑程序，完成不同工作状态间的转换，实现录像机的自动控制、自动保护等
电源系统		把 220 V 交流电进行整流、稳压，为录像机各部分电路提供多种工作电源
电视接收系统和射频调制器	电视接收系统相当于电视机的调谐器	电视接收系统可使录像机直接接收电视台播出的电视信号；射频调制器可以将录像机内的视频、音频信号调制为射频信号输出，以便用电视机监视录放像

（五）录像机使用的基本技能

1. 电视录像系统的连接

将录像机与电视机连接起来就构成一个实用的录像系统。根据不同的使用目的，采用不同的连接方式，可以构成多种功能各异的录像系统。

2. 用录像机接收电视节目进行录像

3. 复制录像节目

复制录像节目需要两台录放像机，即一台放像，一台录像。

4. 现场录像

（六）盒式录像机使用技能自我考核（见表 2. 14、表 2. 15）

表 2. 14　盒式录像机使用技能自我考核指标

指　标　项		标　　准
结构指标	单项指标	
配　　接	1. 接线和开机	正确连接电视机和录像机，接通天线和电源线，开启录像机和电视机电源开关
	2. 调谐电视机	熟练地在电视机上调出录像机测试信号图像

（续 表）

指 标 项		标 准
结构指标	单项指标	
放 像	3. 上带和卸带	正确上带和卸带
	4. 放像操作	准确运用相应功能键进行放像操作
	5. 二倍放像和静像	准确地运用相应功能键进行二倍放像和静像操作
	6. 快速正反向检索	准确运用相应功能键进行快速正反向检索操作
	7. 倒带和快进	能运用相应功能键进行快速寻找指定的电视频道节目
录 像	8. 录像机调谐	准确熟练地调谐录像机预存指定的电视频道节目
	9. 录像操作	记录广播电视节目并能运用有关功能键复查录像效果
整 理	10. 关机	关闭电视机和录像机电源开关
	11. 整理	拆除电视机和录像机连接线,拆除天线和电源线

表 2.15 盒式录像机使用技能考核记分表

指 标 项		权重	评 价 等 级				得分
结构指标	单项指标		优	良	中	差	
			(4)	(3)	(2)	(1)	
配接 (36分)	1. 接线和开机(18分)	4.5					
	2. 调谐电视机(18分)	4.5					
放像 (30分)	3. 上带和卸带(6分)	1.5					
	4. 放像操作(6分)	1.5					
	5. 二倍放像和静像 (6分)	1.5					
	6. 快速正反向检索 (6分)	1.5					
	7. 倒带和快进(6分)	1.5					

（续　表）

指标项		权重	评价等级				得分
结构指标	单项指标		优	良	中	差	
			(4)	(3)	(2)	(1)	
录像 （30分）	8. 录像机调谐（20分）	5					
	9. 录像操作（10分）	2.5					
整理 （4分）	10. 关机（2分）	0.5					
	11. 整理清洁（2分）	0.5					
总　分							

四、摄 像 机

摄像机也是一种非常重要的视频媒体，是制作电视录像节目的关键设备之一。它利用摄像器件进行光电转换，从而将现实世界中的运动变化转化为视频信号，并由一定设备记录下来。在今天，随着摄像机设备的日益自动化、小型化和摄录一体化，其应用已不仅仅限于电视台制作广播电视节目，而被广泛地应用在学校、厂矿、企事业单位，甚至进入千家万户，成为教育、宣传、生产、科研的得力工具。

（一）摄像机的种类

摄像机种类很多，一般按摄像机的性能分，可分为广播级摄像机、专业级摄像机和家用摄像机，其中以广播级摄像机的各项技术指标为最高；专业级的为中等，价格也适中；家用摄像机的各项性能略次，但使用方法简单，价格低廉。如按摄像机的使用场合分，可分为演播室内拍摄用座机、室外拍摄用便携式机和监视系统用固定式机。

根据摄像机的光电转换器的不同，摄像机分有电真空器件（即光电导摄像管）摄像机和固件摄像器件摄像机两大类。目前家用摄像机已 100％采用固体摄像器件，专业和广播级摄像机也越来越多地采用这种器件。展望摄像器件的发展趋势，固体摄像器件将逐渐取代摄像管。

（二）摄像机的外部结构

摄像机虽然种类繁多，但其外部结构是相似的，主要有镜头、寻像器、话筒、机身和附件等部分。

1. 镜头

镜头由若干组透镜组成,其作用是使景物的光线通过它在摄像器件上形成清晰的倒立的像。摄像机镜头与照相机镜头类似,有固定焦距镜头和变焦距镜头之分。变焦镜头的变焦范围一般都包括广角、标准和长焦三类型,不少摄像机的镜头可以从机身卸下,以便根据不同需要更换镜头。

2. 寻像器

寻像器实际上是一个小型的黑白或彩色监视器,是摄像机上可以活动的一个部件,其显示尺寸为1—7英寸不等。寻像器的主要作用是:

● 作为摄像取景用;

● 用该机进行放像操作时,它可作为监视器使用;

● 显示摄像机的工作状态或显示警告信息。

3. 话筒

话筒能将声音信号变成音频电信号,用于拍摄时拾取现场声音。话筒一般带有灵敏度选择开关,有的还带有全向拾音、单指向拾音、超指向拾音和变焦拾音(随镜头焦距变化改变拾音范围)选择开关。摄像机除了机内话筒外,还设有外接话筒插口。

4. 机身

机身即摄像机的整个躯体,载有摄像机的所有元部件,表面有各种操作开关和输入输出插口等。

5. 附件

附件包括摄像机工作时必不可少的或者有时候要用的器件。其中必不可少的附件有交流(AC)适配器、充电电池、磁带、便携式录像机(非摄录一体机使用)、连接缆线等,用来给摄像机提供电源及记录摄像机输出的音视频信号。其他在摄像机某些工作状态下要用的附件有音频适配器、AV转换接头、编辑控制器、字符发生器、遥控器、磁带适配器、效果特技镜、照明灯、三角架等,用于通过摄像机和电视制作与重放系统连接进行放像、收录广播电视节目、编辑录像节目、转录复制录像节目等操作,以及根据环境需要和画面要求改善摄像条件。通常摄像机随机带的标准附件因机而异,并不统一。

(三) 彩色摄像机的工作原理

摄像机主要由光学系统、光电转换器件、视频图像信号处理系统、寻像器及自动控制系统等部分所构成。对于摄录一体化的摄像机,还包括进行电磁转换的磁记录/重放系统。(图2-8)

1. 光学系统

光学系统的作用是使通过镜头的景物光线在分色系统的作用下分解为三基

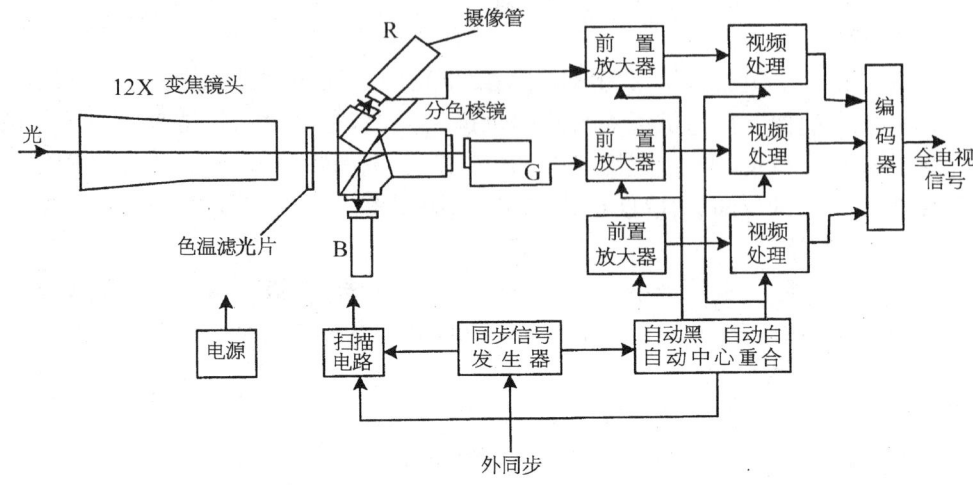

图 2-8 三管彩色摄像机原理示意图

色图像。它由镜头、色温滤光片和分色系统组成。

（1）镜头

其作用是摄取景物图像，并使它清晰地成像于摄像管的光敏靶面上。

（2）色温转换滤光片

它包括色温片和滤光片。滤光片用来改变入射光的强弱；色温片用来校正色温，它能将不同光源的色温变换为摄像机要求的 3 200 K，使拍摄的图像色彩真实，避免偏色。

（3）分色系统

它由分色棱镜所组成。其任务是将彩色图像分成红、绿、蓝三幅基色图像，并分别送给对应的红、绿、蓝摄像管。红、绿、蓝摄像管结构性能是相同的，只是分工不同。

2. 光电转换系统

光电转换器的作用是使图像各像素按顺序进行光电转换，主要有电真空摄像管和固体摄像器件两大类。

（1）电真空摄像管光电转换系统

对于电真空摄像管，通过设置在电真空摄像管上的电子枪和偏转线圈，控制摄像管内电子束准确并按从左到右、从上到下的行、场扫描规律对靶面进行正确扫描，并保证电子束很细，从而获得清晰的图像。

（2）固体摄像器件类光电转换系统

固体摄像器件，也称半导体摄像器件，技术上较成熟的有金属氧化物半导体（MOS）器件、电荷耦合（CCD）器件和电荷驱动（CPD）器件三大类，其中 CCD 器件应用最广。

彩色固体摄像机将固体摄像器件装在分色系统的成像面上,省略了电子枪、偏转线圈和真空玻璃管等体积大而结构复杂的部分,使摄像机更小巧轻便。

固体器件由几十万个顺序排列的。能在光的作用下产生电荷的小单元组成,当景物光线照射在其上时,小单元内便产生随光照强度变化的电荷,形成了像素。通过在每个像素单元的电极上顺序通电,就能把每个单元中积累的电荷转移出去,形成电视信号。固体摄像机的优点是:画面均匀性好、灵敏度高、几何失真小、重合精度高、惰性小、抗强光照射、耐冲击、抗振动、小而轻、寿命长等。

3. 视频图像信号处理系统

视频图像信号处理系统的作用是对摄像器件输出的图像信号(很微弱)进行预放大(一般放大到 0.7 V)后,对三基色图像信号进行各种校正、补偿处理。经过加工处理的红、绿、蓝三基色信号进入彩色编码器后按一定的方式进行编码处理,得出包含亮度信号和色度信号的彩色全电视信号,向外输出。亮度信号携带黑白图像信息,色度信号携带色彩信息,这样就能够实现彩色电视与黑白电视兼容。目前世界上采用了 NTSC、SECAM 和 PAL 三种主要制式进行彩色编码处理。

4. 自动控制系统

摄像机日趋小型化、实用化,使摄像操作人员只需简单地调整就可独立操作,实现各项功能。这是因为在摄像机内已设置自动控制系统。如自动光圈、自动变焦、自动聚焦、自动增益、自动白平衡/黑平衡调整等等。自动控制系统技术使摄像机操作越来越简单化,而摄像机的功能却越来越齐全。

5. 磁记录/重放系统

对于摄像、录像一体化的摄像机,还设置了磁记录/重放系统。这个系统实际上是一个小型的盒式磁带录像机,其作用是将摄像机拍摄的景物图像的彩色电视信号记录在磁带上。同时还可以重放,通过寻像器监视,检查图像质量或寻找摄录开始位置。

(四) 摄录一体机的特性

目前在学校、厂矿、企事业单位以及家庭中应用最广的是以固体器件为光电转换器件的单板彩色摄录一体机。由于它体积小、操作容易,图像质量可以满足教学需要,因此摄录一体机被中小学广泛使用。按录像机格式和使用的磁带规格不同可把彩色摄录一体机分为以下几类,其类别和性能如表 2.16 所示。

表 2.16 彩色摄录一体机的种类和特性

类 型	性 能 特 点	使 用 录 像 磁 带	播 放 方 式
VHS 型	普 及 型	使用最常用的 VHS 磁带	可直接用家用 VHS 录像机放像

（续 表）

类　　型	性能特点	使用录像磁带	播放方式
VHS-C型	是一种与VHS兼容的袖珍型机,该机性能与VHS型一样,但体积小,重量轻	磁带宽度仍为1/2英寸,但带盒尺寸只是VHS型带盒大小的一半	用普通VHS录像机放像时,必须把VHS-C磁带放在专用的磁带适配盒中才能使用
S-VHS型	一种高分辨率摄录机,属于较低档的专业级机型	使用超精细的渗钴氧化铁磁带,性能较好,所用磁带规格与VHS带相同。这种机型可以使用VHS带	S-VHS带也可以在VHS录像机上使用,但图像质量不能提高,S-VHS带只有在S-VHS录像机上使用才具有高清晰度
S-VHS-C型	是一种小型高分辨率摄录机,但体积更小,重量更轻	使用的磁带材料和记录方式与S-VHS型一致,而带盒尺寸则与VHS-C型的一致,因此技术指标与S-VHS型相近	
8 mm型	其特点是超小型化、记录时间长、声画质量高、功能齐全	摄录机使用8 mm薄型金属磁带	这种摄录机不能与其他格式兼容
Hi8型	称为高带8 mm摄像机,是一种较高级的摄录机,属于专业级机型	使用金属蒸发镀膜录像带,可与普通8 mm格式兼容	但用Hi8方式记录的节目带不能在普通8 mm机上重放

（五）摄像机的调整与使用

各种摄像机的功能键、开关等较多,实际操作过程和方法有所不同,甚至差别较大,所以,初次使用摄像机前,应仔细阅读说明书,熟悉机器的各功能开关及其操作方法。下面仅就摄像机的调整和使用的一些共性的问题作简要介绍。

1. 摄像机的调整

（1）白平衡与黑平衡调整

白平衡和黑平衡调整是为了使摄像机三基色信号之间的白电平和黑电平保持一致,以保证摄像机摄录彩色信号的正确性。一般彩色摄像机内设有自动白平衡和自动黑平衡调整电路,以便使用时随时进行必要的调整,保证彩色能正确重现。目前家用一体化摄像机中,白平衡调节设有三档:室内、室外和自动档。在"自动"位置状态下,摄像机能自动地根据光源的变化调节白平衡,不用再手动调节。

（2）中心重合调整

中心重合调整是为了使红、绿、蓝三基色图像的完全重合。只有保证三基色图像的完全重合,图像才清晰,才不会出现彩色镶边现象。

2. 摄像机的基本操作

（1）开机预热,寻找目标

开机预热后,寻找目标景物,这时寻像器上能看到镜头所对准的景物,通过调整焦距,使景物图像清晰。

（2）色温滤光片选择

根据不同的场合环境或不同性质的光源,选择与其相适应的色温滤光片,保证色彩摄录正确。

（3）调节光圈

调节光圈的目的是控制镜头的进光量,以保证摄像机在不同光照强度环境下,拍摄景物的曝光影像的亮度值相对一致。光圈的控制有手动和自动两档。处于自动光圈档时,摄像机能根据被摄景物的平均亮度（如中央重点平均亮度）自动地调整光圈的大小,使摄像机始终获得正确的曝光量。但自动档只适用于景物场面照度比较均匀的情况,而不适合于逆光摄影或景物与背景之间亮度差别很大的场合。这时,还必须通过手动光圈控制,才能获得满意的曝光量,使图像清晰、层次丰富。

（4）聚焦

聚焦的目的是使被拍摄景物的图像最清晰。

聚焦也有手动聚焦和自动聚焦两种方式。自动聚焦方式最常见的是红外线式自动聚焦,它是以画面中央景物为对象进行调焦的,因此,使用时要注意这点。如果主景物不在画面中心,最好用手动聚焦方式或者进行自动聚焦的锁定办法,使不在中央位置的主景物也获得清晰的图像。

（5）变焦控制

变焦是为了画面的推拉或景物的变换。变焦控制也有手动和自动两档。手动档适用于快速变焦或制作特殊效果时使用。自动档适合于一般推拉镜头场合使用。

五、视频展示台

（一）视频展示台的结构

视频展示台（也称实物展示仪）由如下部分组成。（图2-9）

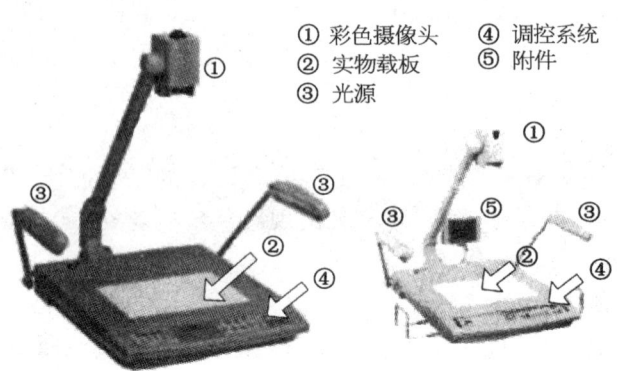

① 彩色摄像头　④ 调控系统
② 实物载板　　⑤ 附件
③ 光源

图 2-9　视频展示台

1. 彩色摄像头

彩色摄像头用来拾取被投影物体的影像，并将所摄取的视频信号由摄像头的视频输出端输送给电视机或计算机来呈现出图像。

2. 实物载板

实物载板用来承载被摄实物、文件或透明胶片。

3. 光源

包括设置在摄像头两侧的光源和实物载板下面的光源。

4. 调控系统

用来控制光源选择、摄像机自动平衡调整、自动的焦距调节和颜色补偿等。

5. 附件

常用的附件有显微镜头、监视器等。

（二）视频展示台的使用

视频展示台在教学中应用方式主要有：

● 用于实物的展示、演示实验等；

● 用于书写和展示印刷资料和图片；

● 展示各种透明胶片（正、负片均可），如幻灯片、投影片等。

展示实物和图片时，需要打开摄像头两侧光源；展示胶片时，则关闭摄像头两侧光源，打开实物载板下面的光源；如果是负片的话，可通过调控系统直接反转成正片后送到其他输出设备（实物展示台具备调整图片颜色的补色功能）。由于有高精度的自动对焦系统和电动变焦功能，使用时可以利用摄像头的变焦功能将被投影物体的全貌和细部表现得清楚逼真。其操作方法同摄像机类似，线路连接方法同录像机、放像机一致。

第四节　现代教育技术系统环境

一、学习环境的含义

环境(environment)一词的通常含义是"直接或间接影响个体的形成和发展的全部外在因素"①。现代教育技术系统环境可理解为,在信息技术条件下,直接或间接影响学生自学和教师导学的全部外在因素。现代教育技术强调以教师为主导,学生为主体,所以,要使学习者能保证高效率、高质量地学习,学校提供各种良好的信息化学习环境就显得尤为重要。威尔生(G. H. Wlson)在《建构主义学习环境——教学设计的案例研究》一书中将学习环境归纳为三种类型:以PC为基础的学习环境、以教室为主的学习环境和以网络为基础的开放、虚拟的学习环境。这是目前较有代表性的关于学习环境类型划分的理论。②

学习环境可以理解为学习者学习发生的"地点"和"空间"以及为学习者的学习活动提供的各种支持条件。在学校教育中主要包括校园、教室、图书馆、实验室等设施和设备条件,及含教师、管理者在内的各种支持服务,是完成教育、教学任务,提高教育、教学质量,实现教育、教学目标的重要因素,广义上也包含社会和家庭所提供的学习条件。学习环境也可以抽象地理解为学习者在追求学习目标和问题解决的活动中可以使用多样的工具和信息资源,并相互合作和支持的场所。因此,现代教育技术应用条件下学习环境的内涵比传统教育学习环境的内涵无论在深度和广度上都深刻得多。

二、学校现代教育技术系统环境的作用

根据"教育技术是关于学习过程与学习资源的设计、开发、利用、管理和评价的理论与实践"的定义,现代教育技术系统环境应该是为实现学习过程与学习资源的设计、开发、利用、管理、评价提供支持的外部因素,从信息理论的角度,学校现代教育技术系统环境应该是一种充满信息,而且便于学习者获取信息的环境,应能起到如下作用:

第一,提供现代学习资源设计、开发的条件。现代学习资源主要是指幻灯、投影、录音、电影、电视、计算机等现代教学媒体,包括硬件和软件。至于这些现代教学媒体的设计、开发,应该设立专门的研究与生产部门去进行,但是,在一些学校,应该具备部分现代教育媒体设计与开发的条件,如幻灯投影教材、录音教材、录像教材、计算机课件等的设计与开发条件。

---

① 顾明远主编:《教育大辞典》增订合编本(上),上海教育出版社1998年版,第604页。
② 转引自李力:《现代远程教育导论》,《南方日报》出版社2001年版,第92页。

第二,提供现代学习资源利用的条件。学校应为多种多样的现代教学媒体运用于教学活动提供条件,这是学校现代教育技术环境建设的重点,它的建设范围渗透到校园教学环境的各个方面。如在校园环境中,有校园的信息网络系统,以实现信息资源的共享与利用;在教室环境中有多种媒体组合的课堂教学环境;在图书馆环境中有视听阅览室;在实验室、实践基地环境中充分利用现代媒体技术强化教学活动的功能;在社会与家庭环境中通过建立信息网络控制与利用各类信息去提高教学活动的质量与水平等等。

第三,提供现代学习过程设计、开发与利用的条件。现代学习过程是指在现代教育思想与理论指导下,运用现代教育媒体去开展的学习进程结构。从另一角度被称为新型的教学模式。现代教育技术环境要为创建现代学习过程或新型的教学模式创造条件。

第四,提供学习过程和学习资源的现代管理与评估条件。包括应用现代科学理论与技术成果,建立学校教学信息管理系统,如教育电视监控系统、计算机教学管理系统、校长办公室教学管理系统等;学习资源检索与管理系统,以及教学信息的反馈分析系统和学生考试评分系统等等。

学校现代教育技术系统环境仅是学校教学环境的一个部分,也是在教育现代化进程中,需要加速建设的部分。因此它的建设必须与一般的教学环境建设密切结合为有机的整体,才能充分发挥其在教学活动中的功能与作用。另一方面,学校现代教育技术系统环境,在学校中是一个独立的环境体系,但它必须依赖全国性和地区性现代教育技术环境,与它密切联系、相互补充,才能发挥更大的功能与作用。

三、学校现代教育技术系统环境建设的功能要求

教育部 1997 年启动了 1 000 所现代教育技术实验学校项目,其中对实验学校的现代教育技术环境建设提出要求,即在"项目实施过程中,要结合实际,积极建设好现代教学环境,并从发挥最大效益出发,建立不同功能的现代化教学环境,使这些教学环境有利于开展多种媒体组合教学,有利于教师对教学过程的调控,有利于学生的积极参与和学习主体作用的充分发挥,有利于开展个别化学习,有利于多种学习资源的利用和资源的共享等"。对现代教育技术系统环境的功能基本要求是:

第一,有利于开展多种媒体组合教学。如多媒体综合教室,将传统的黑板(白板)和多种现代媒体如幻灯、投影、录音、录像、影碟、多媒体计算机等组合成一个有机系统。大大方便了教师开展多媒体组合教学。

第二,有利于教师对教学过程的调控。这意味着在教学中教师能方便地动手去操作各种媒体,又能方便地取得学生的学习信息去调控整个教学进程。

第三,有利于学生的积极参与和学习主体作用的充分发挥。使学生能利用多种感官,主动获取信息,加工信息,形成自身的知识结构与能力。

第四,有利于开展个别化学习。意味着提供学习资源的数量要多,传输技术要先进,以便学生根据自身需求进行有效的个别化学习。

第五,有利于多种学习资源的利用和资源的共享。这意味着要建立学校的学习资源中心和信息传输网络,达到资源的共享和充分利用。

学校建设的现代教育技术系统环境,不一定每个都同时具备上述五个有利因素,但起码要满足上述一到两个以上的有利因素。在建设中必须结合实际,讲求效益。结合实际,是指现代教育技术系统环境建设必须根据教学的实际需要和可以投入经费能力的实际。我国地域广阔,经济发展差异很大,各地的教育经费投入也受多种因素制约,因此,环境建设必须考虑自身的经济能力,从实际出发,去建设合适的项目。讲求效益,是指现代教育技术环境必须得到充分利用,用出效果,不能建了只作摆设,成为参观活动的展品,以应付评比。同样教学功能的环境应采用最节省经费的方案,提高功能价格的比值。

四、学校现代教育技术系统环境建设重点项目

由于中国地域广阔,各个地方的经济与教育发展差异很大,因此,各学校在现代教育技术系统环境建设方面应按实际需要和可投入的资金,去选定一些功能性的现代教育技术系统环境进行建设,下面介绍一些可考虑重点建设的项目供参考。

(一) 多媒体综合电教室

多媒体综合电教室配置有多种现代教学媒体,满足多媒体组合教学的要求,多种媒体设备连接成公用的图像和声音系统,还能清晰地显示计算机传输的文字与图像,并且有较高质量的音响效果。多种媒体由一控制平台控制并组装在讲台内,达到便于管理和使用操作的目的。

这类教室环境可供各门课程教学公共使用,但根据学科的特点,增添一些具有学科特色的设备与媒体,建成学科性的多媒体综合电教室。

(二) 多媒体语言实验室

多媒体语言实验室也是一种学科性的多媒体综合电教室,能满足语言类课程的多媒体组合教学。它是在一般的语言实验室基础上,增加了图像和声音等多媒体呈现功能。

(三) 多媒体网络教室

早期的计算机辅助教室,只是将几十台计算机放置于一个教室内,仅提供学生学习计算机的基本知识和环境,资源不能充分发挥作用。随着教育技术的发展,已逐渐把计算机室建成利用多媒体计算机辅助各门学科教学以及学生利用多媒体计算机进行个别化学习的教学环境。具体方法是将原来的学生用计算机

升级为多媒体计算机,或购置新的多媒体计算机,并将室内所有学生用计算机与讲台教师操作的工作平台连成教学网络,使之具备以下教学功能:

● 通过网络系统能将图像、文字、动画以及声音等多媒体信息传输到学生终端机,辅助教师课堂教学;

● 学生能根据需要提取个别化学习的资源,满足资源共享与个别化学习的要求;

● 通过网络系统还能满足小组学习讨论的需要;

● 一些先进的网络系统还具有教学测试及信息反馈分析能力。

(四) 现代教学媒体资源中心和视听阅览室

该环境集中储存有丰富的现代教学媒体(主要是软件),同时还设有可供学习者进行视听阅览的场所与设施。利用的方式可以有:

● 开架式,学习者在该中心内可自由索取媒体进行阅览,外借时才登记借出;

● 集中管理式,媒体集中于管理控制室,学习者可通过室内的网络系统,提出需要项目,由控制中心传输所需的媒体信息给学习者视听阅览;

● 资源中心还可以和校园网互连,甚至连接国际互联网,这样更能发挥资源的共享和有效利用。

(五) 校园网络系统

校园内所有计算机全部连成网络,建立强大的教学资源库,教师与学生在任何终端机都能索取资源信息进行教学与管理工作。该系统也可以与校际网和因特网相连接,形成庞大的信息网络。关于校园网络系统的组成与应用,参阅第六章第二节。

(六) 校园闭路教育电视系统

该系统当前有三种建设方案。

1. 单向播放式

由控制室选定一批电视节目信号源,通过网络送到教室或其他教学场所的终端电视机。节目源可以是从卫星或广播电视接收来的,也可以是录像节目源,或者是现场转播的电视信号,该方式播放节目的控制权仅在控制室。

2. 双向控制式

终端用户可选择与控制播送的节目源,便于教师或学生调控。

3. 监控式

在每一课室或重要教学场所,装配有二至三个摄像头,在总控制室或校长室能看到教学活动现场的情况,有利于观摩教学和教学管理。

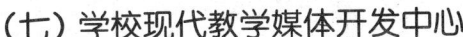

（七）学校现代教学媒体开发中心

现代教学媒体开发与生产的大部分工作应由研究与生产部门去解决，但在学校中学科老师根据教学需要，非常有必要编制一些有特色的软件与教材。特别在当前对一些开展教学试验的学科，编制部分甚至系列软件教材是当务之急。因此，有条件与有任务的学校应建设各种现代视听教材和多媒体课件的编制中心。

第五节　数字化学习环境

信息时代的学习与以多媒体和网络技术为核心的信息技术的发展密切相关。信息技术的发展，使人们的学习和交流打破了过去的时空界限，为人类能力的提高和发挥作用带来了新的空间。以数字化为支柱的信息技术已成为拓展人类能力的创造性工具。信息技术应用到教育教学过程后，引起了学习环境、学习资源、学习方式向数字化方向的发展，形成了数字化的学习环境、数字化的学习资源和数字化的学习方式。现代教育技术必须适应这个发展趋势，高度重视数字化教学环境的建设和利用。

一、数字化学习环境的组成

有学者指出，信息时代是一个数字化的世界。它有四根支柱，一是自然界的一切信息都可以通过数字表示；二是计算机只是用数字 1 和 0 来处理所有数据；三是计算机处理信息方法是通过对 1 和 0 的数字处理来实现的；四是通过跨空间运送 1 和 0 来把信息传送到全世界。社会正在发生巨大变革，从原子到比特的飞跃已是势不可挡。

美国教育技术首席执行总裁论坛（The CEO Forum on Educational Technology 简称 ET - CEO 论坛）在 2000 年 6 月召开的以"数字化学习的力量：整合数字化内容"为主题的第三次年会中，将这种数字技术与课程教学内容的整合方式称为数字化学习，提出了数字化学习的观念，就是指学习者在数字化的学习环境中，利用数字化学习资源，以数字化方式进行学习的过程。并着重阐述了为达到将数字技术整合于课程中，建立培养适应 21 世纪需要的数字化学习环境、资源和方法，是 21 世纪学校、教师、学生和家长必须采取的行动。

数字化学习环境是指能对学习信息进行数字化处理、传输、显示的硬件设施和相关软件构成的系统。

信息技术的核心是计算机、通讯以及两者结合的产物——网络。这三者是一切信息技术系统结构的基础。现代教育技术应用环境的基础是多媒体计算机和网络化环境，这种学习环境，经过数字化信息的处理具有信息显示多媒体化、信息传输网络化、信息处理智能化和教学环境虚拟化等特征。为了适应学习者

的学习需求,数字化学习环境包括如下基本组成部分。(图 2 - 10)

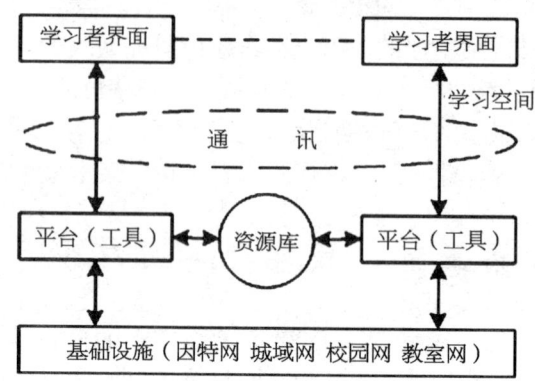

图 2 - 10　数字化学习环境

设施：如多媒体计算机、多媒体教室网络、校园网络、城域网络、因特网等,使学习环境具有开放性。

资源：为学习者提供经数字化处理的、可全球共享的学习材料和学习对象,使学习资源具有多样性和共享性。

平台：向学习者展现学习界面,实现网上教与学活动的软件系统,使学习过程具有交互性。

通讯：为实现远程协商讨论提供保障,使学习过程具有协作性。

工具：在网络平台中包含有多种学习工具,为学习者进行知识构建、创造实践、解决问题提供条件,使学习过程具有创造性。

数字化资源是数字化学习环境中的关键,数字化资源是指经过数字化处理,可以在多媒体计算机上或网络环境下运行的多媒体材料。它能够激发学生通过自主、合作、创造的方式来寻找和处理信息,从而使数字化学习成为可能。数字化资源包括数字视频、数字音频、多媒体软件、CD - ROM、网站、电子邮件、在线学习管理系统、计算机模拟、在线讨论、数据文件、数据库等等。数字化学习资源是数字化学习的关键,它可以通过教师开发、学生创作、市场购买、网络下载等方式获取。数字化学习资源具有切合实际、即时可信,可用于多层次探究,可操纵处理,富有创造性等特点。

数字化学习不仅仅局限于教科书的学习,它还可以通过各种形式的多媒体电子读物,各种类型的网上资源、网上教程进行学习。与传统的教科书学习相比,数字化学习资源具有多媒体、超文本、友好交互、虚拟仿真、远程共享等特性。

二、在数字化学习环境中学习方式的变化

在数字化学习环境中,人们的学习方式发生重要的变化。数字化学习与传统的学习方式不同(图 2 - 11),学习者的学习不是依赖于教师的讲授与课本的

学习,而是教师和学生利用数字化平台和数字化资源进行协商讨论、合作学习,并通过对资源的收集利用,进行探究知识、发现知识、创造知识、展示知识等方式的学习。因此,数字化学习的实施具有多种方式:

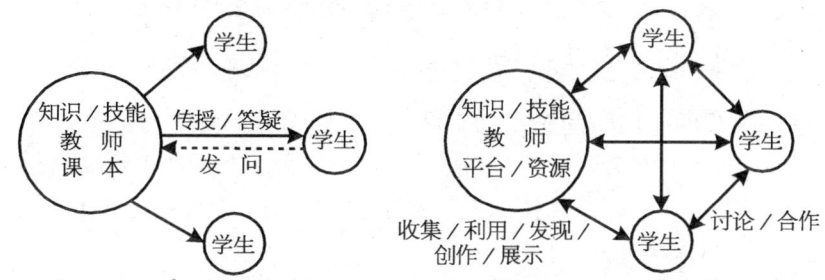

图 2-11　传统学习(左)与数字化学习方式(右)的比较

资源利用的学习:即利用数字化资源进行情境探究学习;

自主发现的学习:借助资源,进行自主发现、探索性的学习;

协商合作的学习:利用网络通讯,形成网上社群,进行合作式、讨论式的学习;

实践创造的学习:使用信息工具,进行创新性、实践性的问题解决学习。

由此可见,数字化环境中的学习具有如下的重要特点:

第一,数字化学习的课程学习内容和资源的获取具有随意性。事实上只要网络系统具有较理想的带宽,学生和教师就能够通过网络和资源库获得所需的课程内容和学习资源。学生可以不受时空和传递呈现方式的限制,通过多种设备,使用各种学习平台获得高质量课程的相关信息,方便地实现信息的传送、接收、共享、组织和储存。

第二,数字化学习使课程内容具有实效性。通过数字化的学习环境,教师和学生能够充分利用当前国内、国际现实世界中的最新信息作为学习资源,并将其融入课程之中,学习者可以进行时事评论和信息利用。这种以现实为基础的信息利用,将有助于培养学生发现知识的能力和加深对现实世界的理解。

第三,数字化学习使课程内容探究具有多层次性。数字化资源具有高度的多样性和共享性,把数字化资源作为课程教学内容,针对相同的学科主题内容,教师和学生可以根据自己的需要、能力和兴趣选择不同的难度水平进行探索。

第四,数字化学习使课程内容具有可操纵性。数字化学习过程,既把课程内容进行数字化处理,同时又利用共享的数字化资源融合在课程教学过程中,这些数字化学习内容能够被评价、被修改和再生产,并允许学生和教师用多种先进的数字信息处理方式对它进行运用和再创造。

第五,数字化学习使课程内容具有可再生性。经数字化处理的课程学习内容能够激发学生主动地参与到学习过程中,学生不再是被动地接受信息,而是采用新颖熟练的数字化加工方法,进行知识的整合、再创造,并作为学习者的学习成果。数字化学习的可再生性,不仅能很好地激发学生的创造力,而且为学生创造力的发挥提供了更大的可能。

> ### 三、数字化环境中的学习,要充分发挥信息
> ### 技术作为认知工具的作用

在过去很长的一段时间里,人们在信息技术应用于教学过程中存在一个偏向,就是把信息技术作为演示工具,把太多的注意力放在单纯事物的演示和知识呈现上,而未能充分发挥信息技术具有数字化的优势,更忽视了信息技术与课程的有效整合。

数字化学习的关键是如何有效地应用数字化技术的优势达到课程学习的目标,因此,在信息技术与课程整合中,要培养学生学会把信息技术作为获取信息、探索问题、协作讨论、解决问题和构建知识的认知工具,主要做法有以下几种。

(一) 作为课程学习内容和学习资源的获取工具

信息化社会中,学习者能否占有信息、如何占有信息、占有信息的及时程度,是学习者学习能否成功的关键。学习者发现所需信息,是学习者获取及加工信息的基础与前提。在数字化学习环境下,将信息技术作为信息获取工具,是学习者发现与获取所需信息的一种良好途径。将信息技术作为知识获取工具,一般有如下三种途径。

1. 利用搜索引擎

通过搜索引擎,可以非常容易地查询和挖掘网络环境中珍贵的数字化学习资源。常用的网络搜索引擎主要有:雅虎(http://www. yahoo. com)、天网中英文搜索引擎(http://e. pku. edu. cn)、搜狐(http://www. sohu. com)、网易(http://www. 163. com)等。

2. 利用各种类型网站

包括各类教育网站、专业网站、主题网站等。其中政府教育网站如:中华人民共和国教育部(http://www. moe. edu. cn)、中国教育和科研计算机网(http://www. edu. cn)等;基础教育网站如:中国基础教育网(http://www. cbe21. com)、中国中小学信息技术教育网(http://www. nrcce. com)等;专业网站如:中学语文(http://www. pep. com. cn/zhongyu/index. htm)、中国数学(http://www. china-maths. com);主题网站如:数学奥林匹克俱乐部(http://mathclub. chination. net)、鲁迅研究网(http://luxun. top263. net)、中国诗人(http://www. chinapoet. net)、中国科普博览(http://www. kepu. com. cn)等。

3. 利用地区或学校教育资源库

教育资源库都是数字化教育资源的科学化、系统化的集合,国家教育部非常

重视教育资源库建设,连续出台了相关政策与措施以推动教育资源库建设的进程。许多企业、学校等单位纷纷参与教育资源库建设,并已经取得了一定的成效。高质量教育资源库具有教学针对性强、内容科学、实用性高、冗余度低的特点,建设高质量教育资源库有利于避免资源重复开发造成的巨大浪费和实现资源的高度共享,可以在学校教学和学生自主学习中发挥重要的作用。在学校校园网络环境下,利用学校内部教学资源库或著名教育资源库,学习者可以从中查找或搜寻到所需的学习资源,解决问题,并从中扩大学生的视野。教育资源库也为教师提供了丰富的、生动形象的课堂教学内容,提高了教学效果。

(二)作为情境探究和发现学习的工具

一定的社会行为总是伴随行为发生所依赖的情境。如果要求学习者理解这种社会行为,最好的方法是创设同样或类似的情境,让学生具有真实的情境体验,在特定的情境中理解事物本身。信息技术与课程整合就是要根据一定的课程学习内容,利用多媒体集成工具或网页开发工具将需要呈现的课程学习内容以多媒体、超文本、友好交互等方式进行集成、加工处理转化为数字化学习资源,根据教学的需要,创设一定的情境,并让学习者在这些情境中进行探究、发现,有助于加强学习者对学习内容的理解和学习能力的提高。根据教学的需要,作为情境探究的工具有三种途径:

一是学生通过对数字化资源所呈现的社会、文化、自然情境的观察、分析、思考,激发学习兴趣,提高观察和思考能力;

二是学生通过对数字化资源所设置的问题情境的思考、探索,利用数字化资源具有多媒体、超文本和友好交互界面的特点,学会从中发现问题,解决问题的能力,通过利用节点之间所具有的语义关系,培养学生进行知识意义建构的能力;

三是学生通过数字化资源所创设的虚拟实验环境,让学生在虚拟实验环境中实际操作、观察现象、读取数据、科学分析,培养科学研究态度和能力,掌握科学探索的方法与途径。

(三)作为协商学习和交流讨论的通讯工具

信息技术提供的数字化学习环境具有强大的通讯功能,学生可以借助 Net-Meeting、Internet Phone、ICQ、Email、Chat Room、BBS 等网络通讯工具,实现相互之间的交流,参加各种类型的对话、协商、讨论活动,培养独立思考、求异思维、创新能力和团队合作精神。

(四)作为知识构建和创作实践工具

建构主义认为学习者对知识的掌握不是由老师传授或灌输的,而是通过同化、顺应、平衡,在学习伙伴间的交流、对话、协商和讨论过程中,运用意义建构的方式获得的。在数字化学习环境下,有助于学习者知识建构的工具平台非常多,如可以利用汉字输入和编辑排版工具,培养学生的信息组织、意义建构能力;利用"几何画板"、"作图"、"作曲"工具,培养学生创作作品的能力;利用信息"集成"工具,培养学生的信息组织、表达能力与品质;借助网页开发工具,有利于培养学生对信息的甄别、获取和组织能力。学生完成自己的网页制作以后,可以在同学间开展通信和交流,培养他们对信息的应用能力,提高学生在信息技术环境下的思考、表达和信息交流能力。

(五)作为自我测评和学习的反馈工具

数字化学习资源提供各种类型的试题库,学习者通过使用一些随机出现的,不同等级的测试题目,利用 SPSS 统计分析软件和学习反应信息分析系统,借助统计图表或 S-P 表进行学习水平的自我评价。

在信息技术与课程整合过程中,真正把信息技术作为学生的认知工具交给学生,才能使学生在数字化学习环境中,学会借助数字化学习资源提供的虚拟情境进行探究发现学习,学会借助信息通讯工具进行协商讨论学习,学会使用信息加工工具进行问题解决学习。

◆ 复习思考题

1. 在数字化学习环境中,如何充分发挥信息技术作为认知工具的作用?

2. 请思考各种不同媒体具有哪种特性,并在相关部分打√。

特性＼种类		录音	幻灯	电影	广播电视	电视录像	多媒体计算机
表现力	空间特性						
	时间特性						
	运动特性						
重现力	即时重现						
	事后重现						
接触面	无限接触						
	有限接触						
参与性	感情参与						
	行为参与						
受控性	易控						
	难控						

第三章　数字音像媒体

课　前　活　动				
活动目的	通过操作实践,掌握 CD 唱机、DVD 机的基本操作方法,并理解数字媒体与模拟媒体的区别			
活动内容和活动方式	到多媒体教室分别操作 CD 唱机、DVD 机和 VHS 录像机,播放教学节目			
参加活动后需要完成的任务		听觉媒体		视听媒体	
播放材料	CD 唱机	录音机	DVD 机	VHS 录像机
播放定位方式				
播放查询方式				
声　道				
读写限制				

第一节　音像信息的数字化处理

一、音像信息数字化处理的含义

　　无论是麦克风拾取的音频电压信号还是摄像机输出的三基色电压信号都是一种振幅、频率变化的时间上连续的信号,这是一种模拟信号,而多媒体计算机能够处理的只是时间上离散的数字信号。因此想要使用计算机处理音频、视频信号,必须要把模拟音频、视频信号经过模/数(A/D)转换电路换成数字信号,然后再交给计算机进行处理,处理后的数据,经过数/模(D/A)转换电路,还原成模拟信号,再进行相应的放大输出,变成人们可以听到的声音或可以看见的图像。

　　音像信息数字化处理是指对音像信息的模拟信号进行模/数转换形成数字信号,将音像信息按某种规律编成一系列二进制数码,即用 0 和 1 来表示音像信息。这种用数码表示的音像信息可以方便地存储在光盘上,也可以不失真地进行远距离通信传输,有利于计算机进行数据分析和处理。

二、模拟信号数字化的基本步骤——采样与量化

　　音像信息数字化处理的基本方法就是把连续的音频或视频信号经过采样和量化形成离散的数字化的音频或视频信号。

（一）采样

　　模拟信号按照一定的格式在时间上离散化,这个过程称为采样。我们可以设想存在一个电子开关,它每经过一段时间间隔 Δt 就迅速地闭合并断开一次,称 Δt 为采样时间,其倒数就称为采样频率 f_s,即

$$f_s = 1/\Delta t$$

　　根据奈奎斯特采样定理,最低的采样频率应该是信号频率带宽中最高频率的两倍以上,否则在采样之后会产生频谱的混迭现象。图 3-1 是采样过程的示意图。

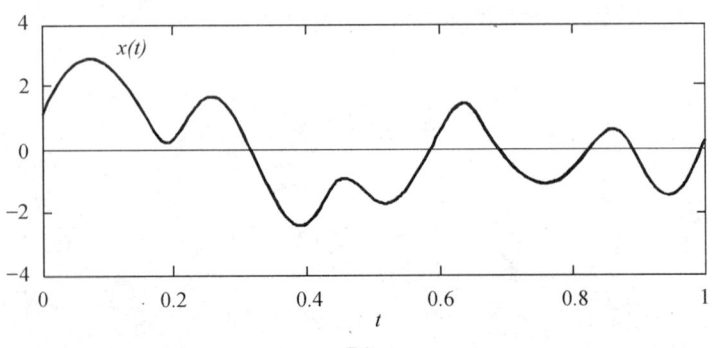

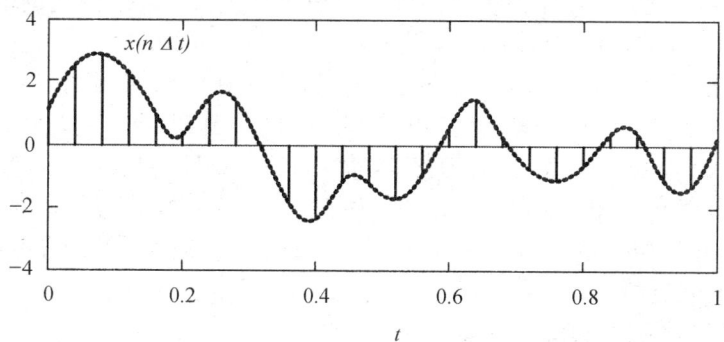

图 3－1　采样过程的示意图

对于我国 PAL－D 制式的彩色电视信号来说,亮度信号的带宽为 6 MHz,故最低的采样频率应为 12 MHz,色差信号的带宽为 1.3 MHz,故最低的采样频率应为 2.6 MHz。

采样频率不能低于奈奎斯特频率,频率低了信号会产生混迭;而采样频率也不能过高,频率高了数据量太大。

（二）量化

信号在强度上的离散化过程称为量化。采样后形成的序列在强度上仍然是连续的,要成为真正意义上的数字信号,在强度上也要进行离散,也就是说要将信号的强度分为若干等级。

量化的等级要根据对信号信噪比的要求来确定。为了保证图像信号的信噪比,视频信号的量化等级至少要达到 256 级,因为 $256=2^8$,故称 8 比特量化。若需进一步提高信噪比,在有些场合还可以采用 9 比特量化或 10 比特量化。

（三）信息传输速率

数字信号与信息传输速率之间的关系类似于模拟信号与频带宽度之间的关系。经分析可知,我国现行的电视信号数字化之后,信息传输速率大概在 100 M比特/秒左右,即 100 Mbps(bits per second)。

三、数字信号的压缩

以彩色电视图像为例,彩色电视图像上的每个点包含红绿蓝三种基色信号,数字编码时,如果每种基色用 8 位二进制码表示,即 8 比特(bit),这样每个点就要用 24 位二进制码表示,使用的位数越多,则彩色分辨层次越细,图像的品质越好。但如果一帧画面有 150 000 个点,每个点用 24 位二进制数表示,因为 1 字节(byte)相当于 8 比特(bit),或者说是用 3 个字节(即 byte)表示,则一帧画面就要用 450 000 个字节。如果 1 秒钟要播放 25 帧画面,则每秒钟需传送的数据量为 11 250 000 个字节。那么 1 分钟及 1 个小时所传送的数据量就更是大得惊人了。这样大的数据量,无论是传送还是储存都是十分困难的。

数字化的标准电视信号的速率超过 100 Mbps,这样大的数据量不仅超出了多媒体计算机的存储和处理能力,更是当前通信信道速率所不及的。以普通的只读光盘(CD-ROM)为例,它的容量大约为 700 MB。如果这样,普通的光盘大约只能储存 56 秒的电视信号,因此,为了使这些数据能够进行存储、处理和传输,必须进行数据压缩。因此数据压缩技术就成了多媒体图像处理的重要技术。由于语音的数据量较小,且基本压缩技术已成熟,目前的数据压缩研究主要集中于图像和视频信号的压缩方面。

数据压缩的根本依据是:保证数据量小于信息量。衡量一种数据压缩技术的好坏有三个重要的指标:一是压缩比要大,即压缩前后所需的信息存储量之比要大;二是实现压缩的算法要简单,压缩、解压速度快,尽可能地做到实时压缩解压;三是恢复效果要好,要尽可能地恢复原始数据。

信息量与数据量的差称为数据的冗余,数据量 D、信息量 I 和冗余量 d_u 三者之间的关系可表示为

$$I = D - d_u$$

数据的冗余有很多类型,典型的例子是播音员在播音室内的播音情况,在一秒钟内,背景是一样的,播音员也不变,变化主要体现在播音员的嘴和眼睛等部分,因此在这个特例下,100 Mbit 的数据量中,存在着大量的时间冗余量。设法减少时间冗余是数字电视信号压缩的根本任务之一。又如某些图像存在着非常强的纹理结构形成结构冗余。针对不同的冗余类型,人们提出了多种行之有效的数据压缩方法。

数据压缩处理由两个过程组成:一是编码过程,即将原始数据经过编码进行压缩,以便于存储与传输;二是解码过程,即对编码数据进行解码,还原为可以使用的数据。根据解码后的数据与原始数据是否完全一致,可以将数据压缩方法分为两类:① 可逆编码方法,即无损压缩,解码之后的数据与原始数据完全一致;② 不可逆编码方法,即有损压缩,解码后的数据有一定的误差存在。数字电视信号采用的是不可逆编码方法,因为选择的压缩率是视觉效果可以接受的。

四、多媒体数据压缩的技术标准

目前,被国际社会广泛认可和应用的图像和视频压缩编码标准主要有 JPEG、H. 261 和 MPEG 三种。

(一) JPEG 静止图像压缩标准

CCITT(国际电报电话咨询委员会)和国际标准化组织(ISO)联合成立的"联合图像专家组"(Joint Photographic Experts Group,JPEG)于 1991 年提出了

"多灰度静止图像的数字压缩编码"(简称 JPEG 标准),这是一个适用于彩色和单色多灰度或连续色调静止数字图像的压缩标准,可支持很高的图像分辨率和量化精度。它包含两种压缩算法:一种是无损压缩,基于空间线性预测技术(DPCM)编码,不失真,但压缩比很小;另一种是有损压缩,基于离散余弦变换(DCT)和 Hugman 编码,有失真,但压缩比大,通常压缩 20—40 倍时,人眼基本上看不出失真。

JPEG 标准有以下主要特点:

第一,面向连续色调彩色和灰度图像的压缩,对于色分辨率和图像尺度基本没有限制。

第二,系统使用累进工作方式。编码过程采用具有自适应能力的算术编码算法,它是一种基于信息的有损压缩方法,图像经过压缩虽然有一些损失,但其压缩比可以很大,例如压缩 20 倍左右时,人眼基本上看不出有明显的失真,目前在多媒体领域得到广泛应用。

第三,有多种操作模式可供产品开发者及使用者选择。

第四,压缩及还原算法的复杂程度适中,既可以用硬件实现,也可以用软件实现。

目前用硬件来完成 JPEG 图像压缩的产品有"JPEG 图像压缩和解压缩卡",主要是用于对 BMP、TIF、GIF、JPEG、TGA 等图像格式文件的压缩和解压工作。由于是用硬件来完成的,其工作速度比较快。

用软件来完成 JPEG 图像压缩处理的产品有 Photoshop 等图像处理软件,它们也提供标准的图像压缩功能,由于是用软件来完成的,其工作速度慢一些,但成本低得多,具有较高的使用价值。

(二)H.261 视频通讯编码标准

H.261 是 CCITT 的建议,支持实时动态图像的压缩编解码,应用目标是可视电话和电视会议。它有不同的传输速率,这些速率都为 64 Kbps 的整数倍,一般用 $P \times 64$ Kbps($P = 1, 2, 3 \cdots, 30$)表示。H.261 的图像分为全屏格式 CIF(所需最低速率为 320Kbps)和四分之一屏格式 QCIF(所需最低速率为 64 Kbps)。其中 CIF 格式的色度信号分辨率为 180×144,亮度信号分辨率为 360×288;QCIF 格式的色度信号分辨率为 90×72,亮度信号分辨率为 180×144。

(三)MPEG 运动图像的压缩标准

MPEG 是指"运动图像专家组"(Moving Picture Experts Group)针对全活动视频数据信号制定发布的一组压缩标准,它包括三部分:

第一部分是 MPEG 系统,即解决系统规范化问题,规定了视频和音频信息同步及通道复用问题;

第二部分是 MPEG 视频,即解决视频压缩问题,规定了把视频信息压缩到 1.25 Mbps 的压缩编码方法;

第三部分是 MPEG 音频,即解决伴音信号压缩问题,规定了把伴音信号压缩到 0.25 Mbps 的压缩编码方法。

MPEG 标准主要有如下技术特点:

● 视频和音频同步处理;

● 存储在光盘或磁盘上的视频和伴音信息可以随机存取,对图像和伴音可以快速地进行正、反向搜索,可以比较方便地对图像和伴音进行编辑;

● 信息格式有一定的灵活性,便于发展。

1. MFEG-1 标准

它适用分辨率为 352×240、每秒 30 帧的视频压缩。它的图像质量与家用电视系统(VHS)相近,它的压缩比大约为 100∶1,压缩后的传输速率为 1—2Mbps,适用于 CD-ROM 驱动器、硬盘和个人微机总线的传输。

VCD 系统的视音频信息采用 MPEG-1 的压缩方式。

2. MPEG-2 标准

它是对每秒 30 帧的 720×572 分辨率的视频信号进行压缩,在扩展模式下,可以对分辨率达 1 440×1 152 高清晰度电视(HDTV)的信号进行压缩。它的压缩比大约为 200∶1,压缩后的传输速率为 5—10 Mbps。MPEG-2 被推荐为工业标准。

MPEG-1 是 MPEG-2 的一个子集,任何 MPEG-2 的解码器都能够兼容 MPEG-1 的视频和音频。MPEG-1 和 MPEG-2 的图像格式是类似的。

DVD 系统的视音频信息采用了 MPEG-2 压缩方式。在数字卫星广播中,无论是欧洲还是美洲方式都采用了 MPEG-2 标准。

3. MPEG-4 标准

它适用于窄带可视电话(如普通电话线上的电视会议系统)的图像和伴音的压缩。MPEG-4 通过语音与图像的合成,利用分数几何、计算机显示与人工智能技术以最少量的数据来建立精确的画面,是交互式基于内容的压缩标准。与以往的标准不同,以前的标准以硬件实现算法为主,而 MPEG-4 不提出算法,只提出最后的格式,让人们研究各种算法。

4. MPEG-7 标准

MPEG-7 是以其他的标准为基础,专门支持多媒体信息基于内容检索的新一代声像编码国际标准。MPEG-7 可以形容为"基于语义的表示",它将指定一个用于描述各种多媒体信息的描述符标准集,还将对定义其他描述符的方法进行标准化,也包括标准化描述符及其相互关系的结构。视听材料如静止图像、图形、3D 模型、音频、语音、视频和关于这些元素在一个多媒体表达中是如何结合的信息,通过 MPEG-7 的描述,就能被索引和搜索。

第二节　数字化听觉媒体——激光唱机

激光唱机又称 CD(compact disc)唱机,自 1982 年由荷兰飞利浦和日本索尼公司合作推出以来,得到迅速发展,很快进入各种高保真系统中,成为最优秀的音响节目源之一。

激光唱机是一种用微电脑控制的智能化高保真立体声音响设备,采用了先进的激光技术、数码技术、计算机技术和各种新型元器件,具有高密度记录、放音时间长(达 60—75 分钟)、操作简便、选曲快速等优点。它能逼真地重放录制的内容,层次分明,有临场感。其音响技术指标很高,动态范围大,频响宽度达5—20 000 Hz,失真度小到 0.003%,抖晃率极低。

一、CD 唱机的组成及原理

CD 唱机由机芯、主电路板、控制和显示面板、电源及遥控器等组成。由于CD 唱机音频输出电平较低,推动音箱功率不够,需经功率放大才行,所以 CD 唱机一般在组合音响中作为节目源。

CD 唱机的组成原理图,如图 3 - 2 所示。

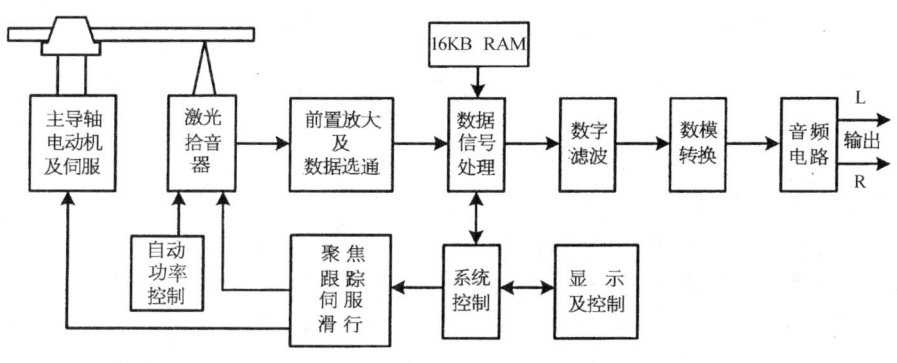

图 3 - 2　CD 唱机原理图

(一) 激光拾音器

激光拾音器是 CD 机中最精密的部件,它所发射的激光束以非接触方式经半透反射转向后到透镜,聚焦后焦点落到光盘的信号面上。光盘表面镀有一层铝膜,它有极强的反射能力。由于唱片上记录了许多凹坑,因此,当光点打在凹坑处时,因反射光较弱,光电检测器捡拾的信号小;当光点打在无凹坑的铝膜上时,反射光较强,光电检测器捡拾的信号大,这样对应着凹坑的有无就在检测器的输出产生相应高低电平的电脉冲信号。

（二）伺服机构

伺服机构主要用于保证激光束读取过程中的准确性。聚焦伺服机构从来自光盘的反射光信息中检测聚焦误差信号，经驱动放大后控制透镜上下位移来保持透镜和光盘信号面间的距离恒定，使光盘信号面始终处于焦点处。而跟踪伺服机构的作用则是当光盘作偏心旋转时，仍保证激光束沿着光道作正确的音轨扫描。跟踪伺服是使透镜跟踪音轨中心并补偿光盘的偏心，是一种精控方式。另有一种粗糙一些的径向跟踪，是用一种由滑行电机组成的径向伺服系统，即滑行伺服。采用帧同步信号作为检测速度的信息并用晶体锁相环（PLL）方式控制光盘电机，从而获得光头对光盘的恒线速度，控制机构则称为主导伺服机构，帧同步信号的正确读出是其基础。

（三）数字信号处理

来自光头的信号先经过前置放大器放大，然后进行脉冲整形和数字信号处理。信号将按数据流分为一帧帧来传送的，且在每一帧上都加有同步信号，形成数据包。因此要识别数据就要先检测出帧同步信号来确定数据包头。这个任务同时由数字处理电路完成。

（四）误码纠错

由于光盘生产工艺不良，可能引起个别字节的失落而产生随机误差，光盘上的缺陷、伤痕也可能引起个别字节的不全而产生突发性误差。这些误差均会导致信噪比下降，所以需采取纠错措施。

CD 机的纠错能力可以对 5 个符号进行纠正，可重放可靠性很高的数据。但是纠错电路并不能使不可纠错的概率下降到 0。当误差不能纠错时（如光盘有较大缺陷），误差数据经 D/A 后将变为较大的振动声。为此须对数据进行近似校正。通常的方法是采用有"平均值插入"和"先前值保留"的"误差数据插值电路"，使误差数据经此近似校正后，音频的输出不会产生异常声音，CD 重放时其输出质量便得到保证。

（五）数字滤波器

数据流是在 A/D 转换前采用了为音频信号最高频率二倍以上的取样频率的取样处理，这样对信号的复原有利，但对记录和传输都不大经济。同时超过信号高端的频率有可能折返回频带内引起失真，因此在 D/A 之前应将超过信号带宽的频率分量滤去。通常采用超取样数字滤波（即 4 倍、8 倍的取样频率取样便滤去高频）。数字滤波器是将一组输入的数字序列通过一定的运算后转变为另一组数字序列输出。实质上是一种完成给定任务的数字计算机，它可用通用微处理器来完成。

(六) 数/模转换器(DAC)

CD机中还有一个极重要的组件是 DAC,其作用是把 16 位的数字信号转变为模拟信号。16 位的数据经超取样频率取样滤去高频分量,在 DAC 内先经噪声整形变换成 4 位数据字输出,送至脉冲宽度调制器,形成与模拟声音信号有关的不同宽度脉冲,再送入一个低通滤波器,便可得到原模拟信号。

二、CD 唱机的主要性能指标

(一) 频率响应

激光唱机的频率响应是指 CD 重放时能反应的声音的频率范围。激光唱机的频率响应很宽,达 5—20 000 Hz,超过人耳感受范围。频率响应范围越宽,高低音越丰富。

(二) 信噪比

信噪比是指有用信号与噪声之比,比值越大,噪声越小。激光唱机信噪比一般都大于 90 dB。

(三) 抖晃率

抖晃率是指激光头检测信号时的瞬时波动情况,以百分之零点几计,比值越小越好。激光唱机抖晃率小到几乎测不出的程度,近似为 0。

(四) 失真度

失真度是反映经放音后还原原声音的逼真程度。失真度越小越好。激光唱机失真度一般小于 0.05%。

(五) 声道分离度

声道分离度是指立体声左右声道之间信号相互不干扰的程度。声道分离度越大越好。激光唱机声道分离度大于 90 dB。

三、CD 唱片

CD唱片是由聚碳酸酯材料注塑模压而成的一种光学唱片。CD唱片为单面结构,呈银色,常见的有 8 cm 和 12 cm 两种规格,在读出面的反面标有音频信号的节目内容和出版单位及编号等。

CD唱片信号的记录与制作过程为:将模拟信号经过取样、量化和编码,转换成数字信号。再用这些数字信号去控制激光束在涂有感光材料的原盘上，一会儿曝光，一会儿不曝光，经显影后则在原盘上留下按一定规律排列的凹坑。这些凹坑的长度和间隔表示了信号的编码，由此完成了信号的数字化记录。记录了数字信号的原盘可以用来大量复制生产CD唱片，其生产工艺与普通的密纹唱片很相似。首先将原盘进行银化和电铸镍处理，成为唱片的金属母盘，再由母盘电铸镍制成模版，利用模版进行压印塑料即可复制出大量忠实于原版的CD唱片。通常为了保护CD唱片上刻录的信息，都在复制片的信息层上蒸镀一层铝反射层并涂上保护膜。

四、CD唱机的一般操作技能

(一) 开机

按[POWER]电源键，接通唱机电源，此时显示窗内出现唱片的曲目数和可放唱的时间数。若唱机内没放唱片则显示"NO DISC"字样。

(二) 放入唱片

按[EJECT/CLOSE]出盒/关闭键即可打开唱片盒，此时显示窗显示"OPEN"字样，将激光唱片放入唱片盒（印刷面应朝上），再按[EJECT/CLOSE]键即关闭唱片盒。稍候片刻，显示窗内显示出唱片中的节目总数和可放唱的时间。

(三) 播放

按[PLAY/PAUSE]播放/暂停键即开始放唱。此时，显示窗显示出放唱标志和正在播放的节目序号以及放唱时间。

(四) 暂停播放

在播放中按下[PLAY/PAUSE]播放/暂停键，即可暂停播放，再按一下此键，又能恢复播放。

(五) 停止播放

按[STOP]停止键，即终止放唱。

(六) 取出唱片

按[OPEN/CLOSE]开/关键，播放即会停止，唱片盒自动打开，即可取出唱片。

第三节 数字化视听媒体——激光视盘

随着数字化多媒体信息处理技术的飞速发展，出现了新型数字化视听设备——激光视盘机。由于激光视盘与录像磁带相比具有存储量大、影音质量高、检索方便等优点，现已成为教育信息的重要载体。因工作原理与信息载体规格的不同，激光视盘机分有 VCD、DVD 和 LD 等不同类型，它们已成为现代教育技术的新型视听媒体。

一、VCD 视盘机

VCD(video cd)，即视盘，它以 CD 光盘为载体，存放按一定标准压缩编码的数字视频信息。

（一）VCD 技术标准

VCD 系统的视音频信息采用 MPEG - 1 压缩标准，目前 VCD 大多采用 2.0 格式，它是一种具有简单交互菜单的视频数据组织格式，它具有下列特性：

- 盘片厚度：1.2 mm；
- 用户的存储容量（单面）：650 MB(ϕ12 cm)，180 MB(ϕ8 cm)；
- 光道的宽度：1.6 μm；
- 旋转的线速度：1.3 m/s；
- 每个扇区的容量：2 KB；
- 图像压缩标准：MPEG - 1；
- 字幕显示功能：无；
- 最大数据传输率：1.4 Mbps；
- 每片盘的播放时间：70 min(12 cm)。

根据上述标准可以知道，一张 VCD 盘片可以存放 70 分钟的影视节目，电视图像质量相当于 VHS 水平，图像水平分辨率为 250 线，而声音的质量与激光唱片 CD 相当。

VCD 技术近年来有了新的发展，出现了 VCD 3.0 和 S - VCD、CVD 播放系统。在 VCD 3.0 系统中增加了用户交互功能和"超级链"检索功能，因而 VCD 3.0 碟可制成与 CD - ROM 光盘极为相似的电子图书，供教育、娱乐（游戏）之用。如果在系统中加入 Modem 卡即可连接网络。S - VCD 采用了 MPEG - 2 视音频压缩标准，图像垂直清晰度可达 576 线（比 VCD 提高一倍），并有 4 声道环绕立体声输出功能。CVD(china video disc)也采用 MPEG - 2 编码、解码技术，使画面清晰度达 480×576 线，有 2 路立体声或 4 个单声道的音频输出及 4 种语言的字幕选择与清晰显示。

（二）VCD 机的结构组成

VCD 机由碟片驱动机芯、电源电路、机芯电路（包括光电信号处理器、数字信号处理器和伺服控制电路）、系统控制电路及 MPEG 解码电路等组成。（图 3-3）

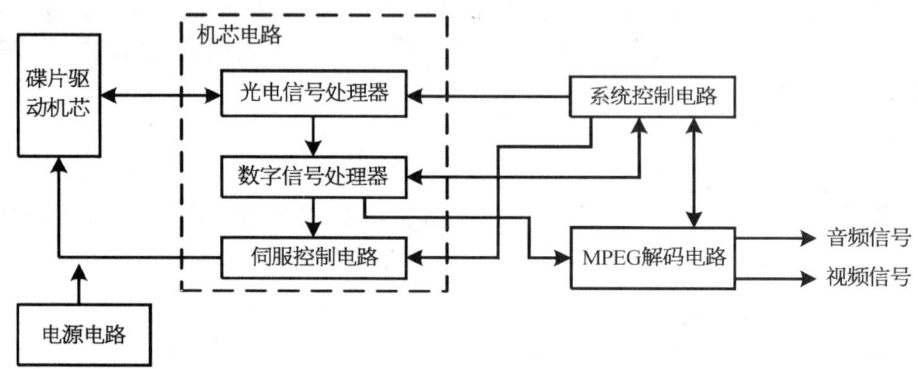

图 3-3　VCD 结构原理图

1. 视盘驱动部分

视盘驱动部分包括视盘驱动与控制机芯运转工作的电路，通常由 RF 信号处理器、数字信号处理器（DSP）、伺服电路（伺服处理和伺服驱动等）和机芯控制电路组成。

（1）机芯信号处理系统

光电信号处理电路由激光头及 RF 放大电路等组成。激光头是利用激光拾取碟片上数字音、视频及有关控制信息的光学拾取装置，它拾取的电信号经放大器进行前置放大和整形处理后，一路送到锁相环（RFPLL）电路中再生位时钟信号，作为数字信号处理器的基准时钟和主轴线速度伺服误差节拍基准；另一路送到伺服电路去与位时钟信号进行相位比较，产生使主轴线速度恒定的伺服误差信号和循迹信号。

（2）伺服系统

伺服系统包括主轴伺服、聚焦伺服、循迹伺服和进给伺服。

主轴伺服的作用是驱动主轴电动机、带动碟片作恒线速度转动。在播放时，激光头由碟片的中心向外边缘连续移动来读取数码信息，激光束扫描的速度也是 1.2 m/s—1.4 m/s 不变的。为确保主轴电动机工作在恒定的线速度状态，系统控制微处理器电路将用晶体振荡器（晶振）的基准频率去与实际读取的信号频率相比较，用产生的误差信号去控制主轴电动机的转速。

聚焦伺服是用来产生聚焦误差信号，通过聚焦线圈控制激光头透镜，使其随碟片的起伏而作同步垂直方向移动，保证激光束正确聚焦在碟片的信息面上。

循迹伺服是通过检测激光束与碟片音轨中心的位移来产生循迹误差信号。利用此误差信号去控制循迹线圈,使透镜随碟片音轨的变化而作同步径向移动,保证激光束的光点始终对准信息纹迹中心。

进给伺服的作用是驱动和控制进给电动机,使其带动激光头沿着碟片上的信息轨迹从最内圈移动到最外圈,或使激光头快速移动。激光束要想全方位扫描碟片的信号纹迹,光靠透镜本身动作是无法实现的,还需通过进给机构来驱动激光头,在整个信号记录范围内不断地作径向跟踪移动。

（3）数字信号处理系统

数字信号处理器的作用是用放大后的 RF 信号（即 EFM 信号,包含有代表数据帧的所有数码信息,如图像、声音及其他控制信息等）控制压控振荡器（VCO）的频率,再生出位时钟（BCK 或 BCLK）信号;识别并选出位于每一帧信息最前面的同步信号（同步字）,以保证准确分割编码;将 14bit 数据通过 EFM 解调器采用程序逻辑矩阵进行解调处理,恢复二进制数据,并进行 CIRC 纠错、补偿、去交织等运算,以保证传送的数据信息与记录时同步;将帧编码切块,分离出各种子码信号、左右声道时钟信号（LRCK）及图像声音的数据（DATA）单元组合信号。

2. MPEG－1 解码部分

MPEG－1 解码电路的主要功能是将 MPEG－1 标准压缩编码的 CD 格式与 CD－ROM 格式的复合数码信号,解压缩处理为数字音频和数字视频信号,再经 D/A 转换电路转换成模拟音频和模拟视频信号。

3. 系统控制部分

系统控制电路的核心是微处理器（CPU）,它根据键控信号、机芯的工作情况及 ROM 存储器中固化的控制数据,对整机各部分进行适时控制,同时将有关信息通过显示器显示出来。

（三）VCD 机的基本操作

VCD 机除了能播放 VCD 光盘外,还可播放 CD 唱片,VCD 光盘上的节目也可在多媒体计算机上播放。VCD 机的基本操作包括正常播放、快慢进、暂停等等,与人们已经习惯的录音机操作类似,可参照 VCD 机的使用说明进行操作,在此不再赘述。

二、DVD 视盘机

DVD（digital video disc）即数字视盘,DVD 数字视盘技术近年来发展迅速并已日渐成熟。由于 DVD 系统在播放质量和存储容量方面远远超过 VCD 系统,有理由相信在不久的将来 DVD 将代替 VCD,成为视音频以及交互式媒体的有效载体。

（一）DVD 的技术标准

1. DVD 盘片的结构

DVD 视盘机所使用的盘片外型和 CD 唱片及 VCD 碟片完全一样，但结构却相差较大，其碟片的结构如图 3-4 所示。碟片分为单层单面、单层双面、双层单面、双层双面碟片四种，其厚度为 1.2 mm，由两片 0.6 mm 的碟片粘合而成，碟片的外形尺寸与 CD、VCD 碟片相同，外径为 120 mm，内孔径为 15 mm，信号的起始记录区直径为 46 mm，信号记录区的最大直径为 116 mm。DVD 视盘机采用了等线速度控制（CLV），运转速度为 4 m/s。

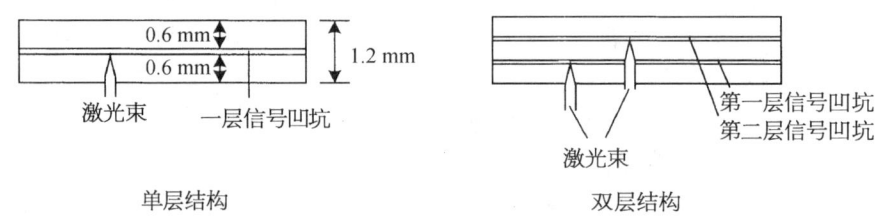

图 3-4　DVD 盘片的结构示意图

2. 增大记录容量

与 CD 唱片相比，DVD 碟片记录信号的密度大大地提高了，在与 CD 碟片相同尺寸的碟片上记录大容量的信号，这就要求记录信号的凹坑的尺寸有所缩小，DVD 碟片上记录信号的凹坑长度为 0.4 μm，凹坑轨迹间距为 0.47 μm。

3. 采用 MPEG-2 技术

DVD 视盘机对图像压缩采用了 MPEG-2 技术，主要扩充了以场画面为基础的运动补偿，一般当图像压缩到 6Mbps 时，可以得到普通电视系统的重放效果。由于人的眼睛对于运动缓慢的画面分辨率较高，而对于运动变化较快的画面分辨率较低，因而对运动缓慢的画面进行较高的压缩，对运动变化较快的画面进行较低的压缩，因此 MPEG-2 采用了可变的图像传输速率，对不同的移动的图像采用不同的数据量，其图像水平的解像度可达 540—720 线，重放图像的色彩和细节都非常鲜艳和清晰，并具有层次感。图像失真度越小，其质量就越好。DVD 能有效地消除 VCD 图像中常见的马赛克现象，比 VCD 图像更清晰鲜艳，运动更为流畅。

DVD 与 VCD 技术标准的比较如表 3.1 所示。

表 3.1 DVD 和 VCD 视盘技术标准比较

性 能 类 别		VCD	DVD			
			单面结构		双面结构	
记 录 容 量		650 MB	单 层 4.7 GB	双 层 8.5 GB	单 层 9.4 GB	双 层 17 GB
视频参数处理	图像压缩方式	MPEG‐1	MPEG‐2			
	图像传输率	1.15 Mbps	1.5—9.8 Mbps			
	分辨率/NTSC	352×240(30 帧/秒)	720×480(30 帧/秒)			
	分辨率/PAL	352×288(25 帧/秒)	720×576(25 帧/秒)			
	画 面 比	4:3	4:3/16:9			
	字 幕	不 可 选	最多32种可选			
音频参数处理	声音压缩方式	MPEG‐1	杜比 AC‐3		线性 PCM	
	采样频率	16 bit—44.1 kHz	48 kHz		24 bit—48/96 kHz	
	传输率	224 Kbps(固定)	最大 448 Kbps		最大 6.14 Mbps	
	声道数	2	最 大 6		最 大 8	
	语言版本	单 或 多	多(可选)			
存储格式	盘片直径	12 cm/8 cm	12 cm/8 cm			
	盘片厚度	1.2 mm	0.6×2=1.2 mm (两片盘粘合在一起)			
	光道的宽度	1.6 μm	0.74 μm			
	旋转的线速度	1.3 m/s	3.49 m/s			
每个扇区的容量		2 048 字节	2 048 字节			

（二）DVD 视盘机的结构及基本工作原理

DVD 视盘机,其工作原理与 VCD 视盘机十分相似。基本电路结构如图 3‐5所示。

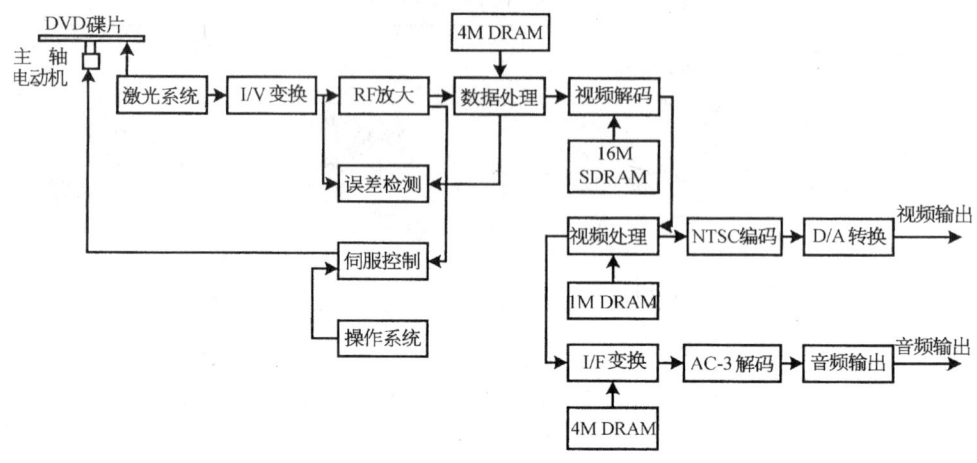

图 3-5　DVD视盘机的结构原理图

其工作过程如下：

首先,激光头读取碟片上的信号后,经过数据处理电路对信号进行电流/电压转换及放大,并对不同类型的碟片进行激光束增益的调整,然后进入射频(RF)放大电路对信号进行均衡处理,并经过自动增益控制和自动功率控制电路,使可控制误码产生率为最低。

其次,误差检测电路检测出激光束的跟踪误差信号送入伺服控制电路,由各个伺服控制电路控制各伺服电机进行主轴的运转、轨迹跟踪、碟片送进等运动。数据处理电路将经过射频放大器放大后的信号进行采样、保持和分离,产生 8—16 bit 的数据解调,实现 MPEG 数据的同步传送,同时还产生一个伺服系统的基准频率信号,经伺服控制电路完成对主轴电机的 CLV 控制。解码电路将由数据处理电路输入的信号对系统数据进行解码,分离出主画面信号,并与其他数据一并送入视频处理电路。视频处理电路将输入信号中的副画面及声音信号分离后分为两路输出,一路对副画面信号进行解码后并与主画面一起与其内部产生的 OSD 信号混合,送入 NTSC 或 PAL 编码电路产生图像信号后输出至电视机。另一路将分离的声音信号经过杜比 AC-3 解码电路后输出声音信号至 AV 放大器。

（三）DVD 机的性能特点

1. 高密度

DVD 盘与 VCD 光盘直径均为 120 mm,但 VCD 光盘的容量为 680 MB,仅能存放 74 分钟 VHS 质量的动态视频图像,而单面单层 DVD 记录层具有 4.7 GB容量,双面双层光盘的容量高达 17 GB,可以容纳 4 部电影于单张光盘上。

2. 高画质

DVD 采用国际通用的活动图像压缩标准 MPEG－2 技术，并选用 MPEG－2 中的高级规范，可保证在 NTSC 制式电视上达 720 像素/行，在 PAL 制式电视上达 720 像素/行，达到广播级电视图像质量（其水平分辨率为 500 线以上）。要实现更高清晰度的画质，还可选用 MPEG－2 中对应的高级规范。DVD 的系统最多可录放 32 个图像码流，即可用于 32 种文字电影对白和卡拉 OK 字幕显示。最多可录放 8 个声频码流，能支持 8 种语言声音，还可以实现三种画面长宽比的选择方式：全景扫描、4∶3 普通屏幕和 16∶9 宽屏幕。

3. 高音质

DVD 具有 8 个独立的音频码流，足以实现数字环绕三维高保真音响效果。DVD 标准规定：对于 NTSC 电视制式（例如美国、日本地区）强制规定采用杜比音频系统；对于 PAL 电视制式（例如欧洲和中国地区）强制规定采用 MPEG 音频格式系统。它可以产生非常好的临场数字环绕高保真音响效果。

4. 高兼容性

DVD 视盘机也可播放 CD 唱盘或回放 VCD 盘，也可读取 CD－ROM 盘。

5. 高可靠性

DVD 采用先进的纠错编码方式，确保数据读取可靠，可以有效地防止软件被复制。

(四) DVD 的功能与应用

DVD 的功能非常多，在教学应用中，要熟悉 DVD 的功能并充分发挥其作用。

1. 兼容播放功能

DVD 可以兼容播放 VCD 碟片和 CD 唱片。DVD 还可以播放 12 cm 和 8 cm 单层单面、单层双面、双层单面、双层双面碟片。

2. 多语音多字幕功能

DVD 可以使用 8 种语音选择和最多 32 种画面字幕显示选择（它与碟片记录的信息有关），菜单至少具有中英文两种语言文字的显示方式。

3. 多角度欣赏功能

在 DVD 播放状态下，可以将正常的图像转换成正视、俯视等 9 种角度播放（它与碟片记录的信息有关）。

4. 情节切换功能

在 DVD 播放状态下，可以根据故事的情节选择不同故事片断和显示状态。

5. 屏幕尺寸转换功能

DVD 具有三种屏幕尺寸转换功能，可以进行屏幕的 4∶3 垂直压缩、4∶3 水平扩展及 16∶9 的转换。

6. 播放速度调节功能

DVD可以调节播放速度,实现慢速播放和静止画面功能。

三、LD 视盘机

LD(laser disc),常称为激光视盘或激光影碟,其音像质量优于 VCD,但较 DVD 差。

(一) LD 视盘结构

LD 碟片与 VCD 碟片相比,其外形尺寸、碟片厚度及信号记录方式等均不相同。

1. 外形结构

按碟片的直径尺寸,可分为 20 cm(8 in.)和 30 cm(12 in.)两种,又都有单面和双面之分。碟片厚度为 2.3—2.8 mm,中心孔直径为 35 mm,基板材料为聚甲基丙烯酸甲脂,俗称有机玻璃。信号凹坑间隔最小约 1 μm,凹坑宽 0.4 μm,轨迹间距为 1.4—2 μm(标准为 1.67 μm)。

2. 两种类型的 LD 盘片

LD 盘片分为 CAV 和 CLV 两种。

(1) CAV 盘片

这是一种以恒角速度旋转方式录制信号的标准激光影碟,其播放时是以 1 800 r/min 恒角速度旋转(PAL 制 25 r/s,NTSC 制 30 r/s,碟片转速与帧频同步),激光束从碟片内圈向外圈(碟片上每一圈记录一帧图像信号,内侧信道与外侧信道的记录密度是不同的)移动来读取信号。

(2) CLV 盘片

这是一种以恒线速度旋转方式录制信号的长时间激光影碟,其播放时旋转速度不恒定,激光束在内圈读取信号的转速为 1 800 r/min,并由此角速度连续改变,到最外圈读取信号时的转速为 600 r/min,以保证线速度恒定(即单位时间内激光扫描的信号轨迹长度一致)。

3. 信号记录

LD 盘片是采用光记录技术,利用激光束将表示图像和声音的信号以凹坑形式刻录在特制的圆盘上而成的,但其记录方式与 VCD 碟片不同。VCD 碟片的图像和伴音信号是按 MPEG-I 标准,采用数字处理技术录制的,而 LD 碟片的图像信号采用 FM 模拟方式录制,伴音信号采用 FM 模拟和 EFM 数字两种方式录制。

由于视频信号的带宽比音频信号宽,因而 LD 碟片记录时采用多重调制的方法,分别将图像信号和伴音信号进行调频处理,再合成为一个信号记录到光盘上。

早期生产的 LD 碟片,记录的只是 FM 调制的模拟图像和伴音信息。随着数字技术的发展和应用,在原有模拟立体声伴音的基础上又采用与 CD 碟片记录方式相同的数字伴音处理技术,增设了数字声轨,使一张 LD 碟片上录制有模拟和数字两种伴音。

LD 盘片上除图像和伴音信息外,还录制有一些控制和编码信号,即用来搜索和识别节目位置、时间的辅助信息,包括用户码、引导码、状态码、图像序号(用于 CAV 碟片指示图像的帧数)、章节数、图像播放停止码、时间计数、CLV 图像数、CLV 码及引出码等。

(二)LD 激光影碟机的结构组成

LD 激光影碟机是播放 LD 激光影碟的主要设备,由机械系统、光学系统、伺服系统、信号处理系统、控制系统和供电系统等组成。(图 3-6)

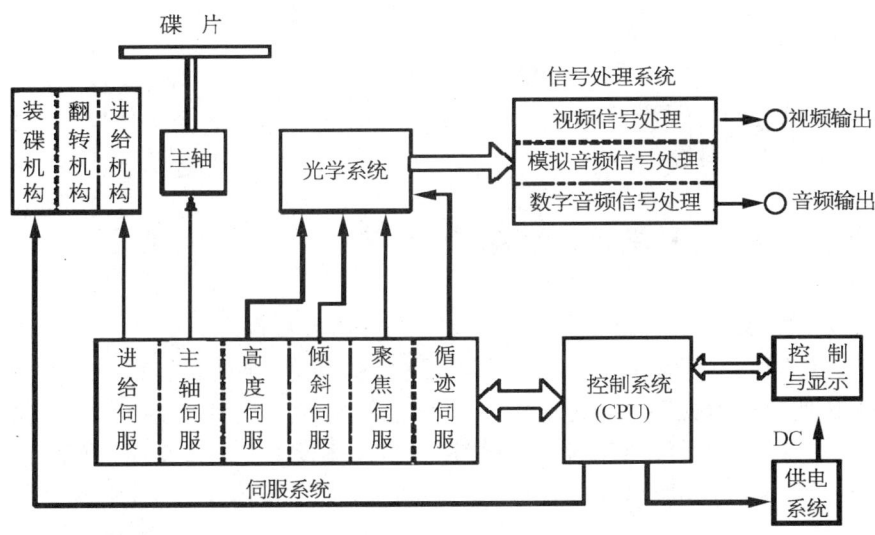

图 3-6 LD 激光影碟机的结构原理图

1. 机械系统

机械系统用来驱动碟片的装卸、转动及激光头的进给、翻转等动作。除加载电动机、进给电动机、主轴电动机及有关传动机构外,还增加了高度电动机、倾斜电动机及激光头翻转等控制机构。

2. 伺服系统

伺服系统用来控制机械系统和光学系统的工作,使激光头能在高速旋转的碟片上正确跟踪并读取信息。

伺服系统除与 VCD 中功能相同的主轴伺服、聚焦伺服、循迹伺服和进给伺服外,还增加了切向伺服、倾斜伺服和高度伺服等电路。

切向伺服实际上是一种时基校正系统,它用来校正碟片旋转时产生的偏心现象,减小时基误差。常用的切向伺服有 CCD(电荷耦合延时)时基校正和数字式时基校正系统。

倾斜伺服用来调整激光头的倾斜度。LD 碟片直径较大,在工作时会产生伞状形变而与激光头之间倾斜,从而影响碟片信息的正确读取。倾斜伺服电路根据倾斜传感器检测的倾斜误差,去控制倾斜电动机来调整激光头的倾斜度,以保证激光束正确聚焦在碟片的信息上。

高度伺服用在自动翻面的 LD 机中。它作为聚焦的粗调,当激光头与碟片之间的变化量超过聚焦伺服允许的调整范围时,高度伺服通过控制高度电动机,使激光头与碟片的距离恒定,保证聚焦伺服正常工作。

3. 信号处理系统

信号处理系统由 RF 放大器、MTE(调制传输函数)校正及音频、视频解调电路等组成。其作用是把激光头拾取的电信号经 RF 放大器放大并分离出音频、视频和各种控制信息。

4. 光学系统

光学系统与 VCD 机基本相同,但激光头组件中增加了倾斜传感器,用来检测 LD 碟片的倾斜量。

第四节　数字化视觉媒体——数字投影机

目前,市场上的投影机可分为视频投影机和数字投影机。视频投影机只能显示视频图像(PAL、NTSC、SECAM 等制式)信号,如接驳录像机、影碟机、VCD、摄像机等电视图像信号。数字投影机既可同步显示计算机上的图形、图像信号,亦可显示视频图像信号,一般称为多媒体投影机。多媒体计算机系统应用于课堂教学时比较理想的输出设备是彩色动态多媒体投影机,它既克服了计算机连接大型电视机造成的信号损失,也避免了在投影器上加彩色多媒体板产生的亮度不足等弱点。

一、多媒体投影机的类型与原理

根据成像器件与技术的不同,投影机可分为 RGB 三管会聚、LCD 液晶板(可分为普通非晶态硅 LCD 液晶板及多晶硅 LCD 板)、TFT 液晶光阀、DLP 数码光源处理技术等几种。

(一) CRT 投影机

这类投影机的成像器件为 CRT 管。构成图像的三基色(R、G、B)信号分别在红、绿、蓝三个 CRT 管上扫描成图像,并经过透镜投射在大屏幕上会聚成彩色图像。具有较高亮度、高清晰度、高分辨率、色彩自然丰富、适应性强、寿命长、体积大、重量重等特点。其丰富的调整图形失真（如梯形、枕形、画面移动等）的能力，较强的拼图能力，多台投影机亮度一致性的调整能力，使 CRT 投影机广泛应用于高档会议室、控制指挥中心、模拟中心等固定场合。这类投影机的代表产品有 NEC、SONY、松下等品牌。

（二）LCD 液晶投影机

这种投影机（图 3-7）的成像器件是液晶板（LCD 像素板），光源是金属卤素灯，通过复合透镜及分光镜（二向色镜）控制其颜色光线透过，形成三束光，分别透射过红（R）、绿（G）、蓝（B）三块液晶板（早期产品是通过单块液晶板），再经过光学棱镜和投影镜头，形成大屏幕图像。其特点是亮度高、体积小、重量轻、自动调整功能强、使用简单、携带方便、价格低。但由于 LCD 是点阵式的排列，其分辨率提高不大（目前最大为 1 280×1 024），另外其光源寿命较短，色彩还原不完全，限制了在一些场合的应用。

图 3-7　LCD 液晶投影机

（三）液晶光阀投影机

这种投影机采用的是新型液晶光阀技术，其成像器件有液晶板或 CRT 管，其共同之处是在成像元件前有固态图像光放大器，图像光在经过光学镜头后形成超高亮度、超高对比度、超高分辨率的高质量画面，但目前此种投影机的价格颇高。

（四）DLP 投影机

DLP 投影机（digital light processing）亦称数字光处理投影机，是采用数字微反射镜器件 DMD（digital micomirror device）作为光阀成像器件，采用数字光信号处理技术（DLP）调制视频信号，驱动 DMD 光路系统，通过投影镜头获取大屏幕图像。DMD 是由数十万个很小的正方形微小反射镜面组成的阵列，每一个镜面对应一个像素，每个镜面相当于一个数字光开关，具有独立控制光线通断的能力，这个开关由视频信号来控制，而视频信号由数字光处理 DLP 调制成等幅的脉宽调制信号，用脉冲宽度大小来控制小反射镜，因光线通过的不同时间，而在屏幕上产生不同亮度的灰度等级。与用 CRT 方式和液晶方式的投影机相比，用 DMD 作为显示器件的投影机具有明显的优点：因采用了全数字技术，图像质量高、色彩丰富、稳定性好，图像没有晶格和扫描线等线结构。另外，由于采用反射式 DMD 器件,光效率远高于透射式 LCD,对比度和亮度均匀性都比较好。DLP 投影机的另一个特点是要提高分辨率,只需更换相应的 DMD 芯片。由于 DLP 投影机独特的显示方式,在目前投影机的市场上,显示出越来越重要的位置。这类投影机的代表产品有 INFOCUS、PROXIMA、VISTAPRO、TI 等。

二、多媒体投影机的功能

作为多种信息源的输出设备,彩色多媒体投影仪不仅可接收来自多媒体计算机和视盘的数字信号,还可接收放像机、摄像机、实物展示仪、电视高频头输出的模拟信号。为方便教师使用,一些型号的多媒体投影仪还配置了红外遥控器和电子教鞭等;有的投影机内置自动近距变焦,通过遥控即可变焦,改变亮度;有的遥控器亦可作计算机的鼠标使用,还可以不同的颜色标注重点;有的投影机还配置了软盘驱动器或硬盘驱动器,以实现快速软件显示;有的投影机具有麦克风输入,立体声喇叭输出;有的投影机还具有多路信号输入,投影影像自动分屏(即把多路信号的影像同时投影出来,屏幕分块同时显示);有的投影机还具有不同颜色画笔的功能。

三、多媒体投影机的几项技术指标

(一) 明亮度

投影机的亮度输出以流明(lumen)为单位(目前有 ANSI 安士和 LUX 勒克斯两种标准),流明度越高,影像越光亮清晰。亮度输出(流明)=照度(勒克斯)×屏幕面积(平方米)。实际屏幕亮度的大小主要由投影灯泡的功率和屏幕的反射率(或透射率)两个因素来决定的。

(二) 分辨率

分辨率通常有两种表示方法:

一是以点阵数(pixels)来表示,即整个投影图像行与列的像素数;

二是以电视行数(lines)来表示,分辨率与行频有关,行频为 15—48 kHz 可接视频和计算机,分辨率为 640×480;行频为 15—64 kHz 可接视频、计算机、图形卡和部分工作站,分辨率为 800×600;视频为 15—135 kHz 可接视频、计算机、图形卡和工作站,分辨率为 1 280×1 024。视频投影的分辨率主要取决于投影机的 RGB 带宽、扫描频率和信号源带宽。

(三) 散热结构和灯泡的使用寿命

不同的灯泡类型,散热结构不同,灯泡的使用时间亦不同。目前常用的液晶板投影灯泡类型有两种：金属卤素灯、UHP冷光源灯泡。三枪投影机的灯泡为红(R)、绿(G)、蓝(B)三只CRT投影灯管。

除了以上主要技术指标外，投影机还有对比度、颜色、调焦、变焦(手动、自动)、体积和重量，以及控制菜单调整、界面遥控鼠标、正投、背投等性能特点。

四、多媒体投影机的使用

(一)遥控系统

通常投影机都配置遥控器，有的投影机既有线控也有红外遥控，还有的在遥控器上设置了鼠标功能。通过遥控器可以完成对图像的放大、缩小、对焦、亮度调整等功能操作。

(二)投影信号分配系统

随着信号输入系统的不断增加，如有的场合除了连接计算机信号外，还要与多台视频系统(如录像机、VCD机、数码相机等)连接，甚至有的还要与多台外接的显示设备(如电视机、VGA彩色监视器等)连接，这时，就需要利用相应的输入输出信号分配器来配置同时接驳的多台视频输入输出设备和计算机。

(三)投影方式

根据用户的需要，投影机可作正投、背投、倒投(悬挂)三种投影方式(有的投影机可同时具备三种投影方式)，如图3-8所示。背投方式需要投影机对投射的图像具有反相的功能(左右换位)；倒投方式需要投影机对投射的图像具有倒相的功能(上下颠倒)。正投和倒投均在投影面(投影屏幕)的前部，受环境光源影响较大；背投在投影面透射屏幕或投影墙的后部，亮度和色彩的还原性会有所提高。用背投方式获得大面积图像时，所占的场地较大，我们通常采用一次反射、二次反射来缩短背投距离。倒投式常用在投影机吊顶装置的环境下使用(配合不同的投影机，使用不同的吊顶装置)。

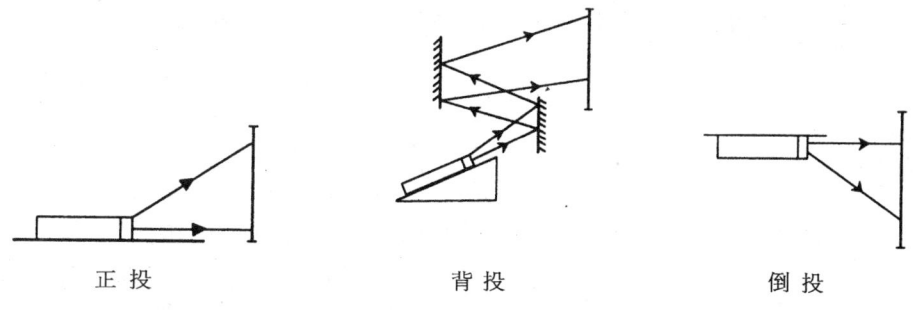

正投　　　　　　　　背投　　　　　　　　倒投

图3-8　多媒体投影机的投影方式

另外,随着实际投影面积的不断增大,在超大面积的投影环境下就需要多台投影机进行投影面的拼接,这种多机、多屏、多画面的拼接除了硬件的拼接连接外,还需要有拼接的软件系统来支持,才能达到微缝或无缝的拼接、拼图、组合拼接的效果。

选择投影方式要根据自己的安装环境来确定,要考虑环境的光线与灯光控制性能、屏幕大小尺寸、观众与投影屏幕之间的距离、角度、场地的使用要求等因素。

(四) 投影屏幕

采用的屏幕类型也直接影响使用效果,一般以投影面的反射率和增益的高低来衡量投影面的显示效率,如通常使用的软幕(玻珠幕)投影效果比起硬幕(金属幕)来就明显差些。在投影幕中有支架软幕、电动幕、背投软幕、硬幕(金属幕)、背投硬幕等多种类型。

(五) 连接接口

1. RGB 输入输出接口

通常 CRT 三枪投影机采用的是单独的 R、G、B 三个 BNC 接头,液晶投影机采用 15 针孔为 RGB 接口,另一头与所要投影的计算机显示卡接口相连,这是投影机的主要输入输出接口。

2. AV 接口

音像设备之间使用音频(audio)和视频(video)信号进行连接,简称 AV 接口,这类接口是通用的标准莲花插头,一般用白色、红色表示立体声的左(L)、右(R)声道,用黄色表示图像通道。

3. S-VHS 接口

通常称为 S 端子,这是专用于音像设备间进行高质量图像信号传输的接口,为圆形的插头、插座,正常观赏音像节目时需要与声音连接配合使用。

4. MIC 接口

通常称为扩展接口,这个接口可外接音频功放,用于将音频信号进行放大处理。

第五节　数码相机

近年来数码技术飞速发展,数码相机在教育教学活动中的应用也越来越普遍,数码相机所记录的影像当时就可以在液晶屏上看到拍摄效果,并且不需要进行复杂的暗房工作就可以很方便地通过计算机进行图像加工处理、打印照片、制作多媒体幻灯片、储存备用等,由于它是数字化信息,还可以借助数字通讯网络,实现即时远距离传输。因此，数码相机越来越受到人们的青睐，已逐步成为计算机的外附设备而得到普及，在许多领域已呈现出与传统照相机分庭抗礼之势。

一、数码相机的特点

（一）数码相机与传统相机的比较

数码相机与传统照相机相比，从外观和操作功能设置上看，数码相机与传统相机没有很大的差异，但工作原理和实际应用还是有很大的不同，主要表现在以下几个方面。

1. 感光载体

传统相机使用的是银盐感光材料——胶卷。胶卷有黑白与彩色之分，有感光度高低之分；根据使用的不同，还有负片、反转片等之别。拍摄后胶卷要经过冲洗加工才能看到影像，不经过冲洗无法知道拍摄的好坏，感光材料只能一次性使用，且图像效果较难改变。而数码相机不使用胶卷，拍摄好坏可以通过相机自身的液晶屏回放直接观看，对不满意的影像可以删除，存储器可以反复使用，拍摄后可由计算机来完成各种处理。

2. 影像质量

传统相机使用的卤化银胶片拍摄，影像质量以每英寸解像度多少作为指标，一般常用感光度 $21°$ 的 35 毫米胶卷解像度为 3 000 左右，相当于数码影像 2 000 万像素以上水平。目前我们常见到数码相机像素多在 200 万左右，少数品牌可达 300 万像素。另外，卤化银胶卷对捕捉景物的色彩和色调宽度大于 CCD（电荷耦合器件）元件，CCD 元件在较亮或较暗光线下会丢失部分细节。从上述两个方面看，显然数码影像的解像度、层次、质感、色饱和度等都远不如传统相机拍摄的图片。

3. 拍摄的敏捷性

传统相机按下快门即时记录，而数码相机在按下快门，记录影像要慢约 1 秒钟，这个时间差主要是供相机进行快门时间、聚焦、光圈等一系列调整，拍摄以后还要进行图像处理和存储，需要大约 2—5 秒的待机时间才能拍摄下一张。从数码相机的反应敏捷性上讲，与传统相机差距较大，远不能满足各种抓拍要求。

4. 影像处理

传统相机拍摄的影像必须经过暗房冲洗工艺来完成，冲洗工序要求严格且繁琐，非专业人员一般无法进行，相比之下，数码相机拍摄的影像处理起来就方便得多，可直接输入到计算机中处理后打印出来，在计算机强大的功能下，可以对影像进行各种修改或创意处理，以至于改头换面，随心所欲实现各种创作理想，做到天衣无缝，不会显现任何破绽，这是传统摄影暗房技巧难以做到的。

综上所述,两种相机各有特点,可以根据实际需要来选择。

(二) 数码相机的主要特点

数码相机的特点主要表现在以下几个方面。

1. 多种用途

数码相机除了可以如同传统相机拍摄照片外,又可以作为计算机的图像输入设备,甚至有些数码相机还可以作为数字摄像机拍摄一定时间的带有声音的录像。由于可以记录声音,摄影者也可利用它记录下拍摄时的地点、拍摄感想等说明,方便以后的查询。

2. 低消耗

数码相机所用的感光芯片 CCD、CMOS,以及任何形式的存储卡,都可反复使用,因而用数码相机拍摄正常消耗极低,而且无污染,后期处理时也不像传统胶片摄影那样要消耗大量化学材料,所以有利于环保。

3. 即拍即显

多数数码相机都设置了小型的彩色液晶监视器。拍摄一帧照片后,可随时通过液晶显示器观看,若发现不足可及时补救。

4. 远程传送

由于数码相机拍摄的影像文件是数字化信息,可以借助数字通讯网络,实现即时远距离传输。多用于新闻图片的传送,速度快、无信号损失,也可用于远程教学的交流与协作。

二、数码相机的成像原理

数码相机的成像原理可以简单地概括为 CCD 接收光学镜头传递来的影像,经模/数转换器(A/D)转换成数字信号后贮于存贮器中。

数码相机的光学镜头与传统相机相同。将影像聚到感光器件上,即(光)电荷耦合器件(CCD)。CCD 替代了传统相机中的感光胶片的位置,其功能是将光信号转换成电信号,与电视摄像相同。CCD 是半导体器件,是数码相机的核心,其内含器件的单元数量决定了数码相机的成像质量——像素,单元越多,即像素数高,成像质量越好,通常情况下像素的高低代表了数码相机的档次和技术指标。CCD 将被摄体的光信号转变为电信号——电子图像,这是模拟信号,还需进行数字信号的转换才能为计算机处理创造条件,转换工作由模/数转换器(A/D)来完成。数字信号形成后,由微处理器(MPU)对信号进行压缩并转化为特定的图像文件格式储存;数码相机自身的液晶显示屏(LCD)用来查看所拍摄图像的好坏,还可以通过软盘或输出接口直接传输给计算机进行图像处理、打印、上网等工作。其工作原理及图像处理过程如图 3-9 所示。

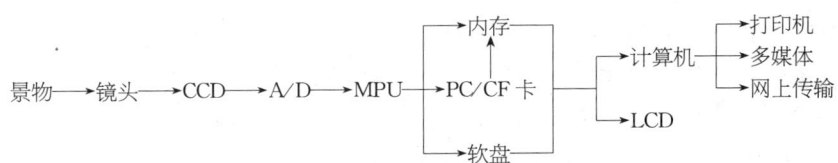

图 3-9　数码相机的工作流程及图像处理过程

三、数码相机的构成

数码相机的基本组成如图 3-10 所示,包括镜头系统、感光芯片、存储器、液晶显示器、电源、模/数转换系统、取景机构、音频电路系统和接口等部分。

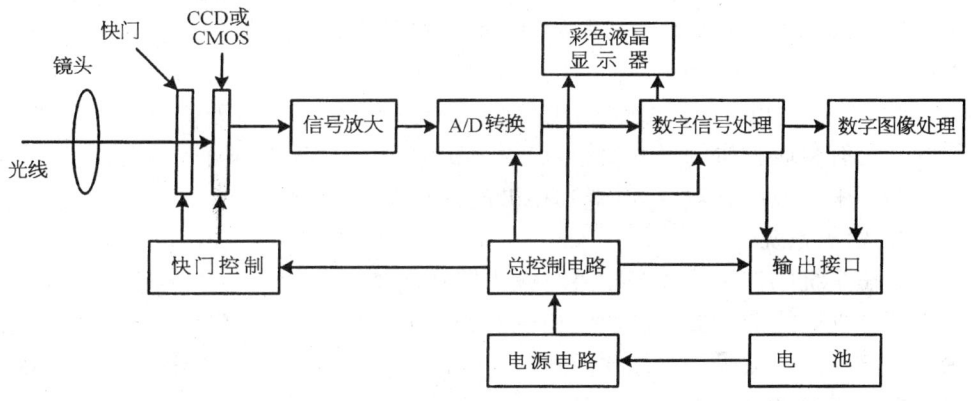

图 3-10　数码相机的基本组成

(一) 镜头系统

镜头系统起成像作用,是将要拍摄的景物通过它成像在 CCD 或 CMOS 这些感光芯片表面所处的位置,主要包括镜头、光圈、快门、聚焦系统等。

1. 镜头

数码相机所用镜头分为定焦距镜头和变焦镜头两大类。

(1) 定焦距镜头

定焦距镜头是指焦距固定不变的镜头。定焦距镜头又可分为若干种,一般粗分为标准镜头、广角镜头、远摄镜头三类。

标准镜头　在数码相机上,标准镜头是指焦距长度与感光芯片的对角线长度接近的镜头。标准镜头所摄画面影像所表现出的透视效果(近大远小)与人眼看实际景物的透视效果较为接近,看上去较为自然。

广角镜头　在数码相机上,广角镜头是指焦距长度比感光芯片的对角线长度短得多的镜头。广角镜头具有摄取视角大、夸张变形、扩大透视等特点,适用于在短距离内拍摄宽阔范围的景物,以及需要增强透视的拍摄。大多数轻便数码相机所内置的定焦距镜头为广角镜头。

远摄镜头　在数码相机上,远摄镜头是指焦距数值比感光芯片的对角线长度长得多的镜头。远摄镜头又称为望远镜头,它具有将远处物体拍得较大的特点,特别适用于在拍摄难以接近的物体时使用。

（2）变焦镜头

变焦镜头的焦距可在一定范围内变化,使拍摄者在不改变拍摄距离的情况下,能够在较大幅度内调节拍摄的成像比例及透视。变焦镜头的变焦具有手动变焦与电动变焦两种形式,在轻便数码相机上的变焦镜头,几乎都采用电动变焦。

注意,数码相机标明的镜头焦距不同于 35 毫米的普通相机。数码相机镜头上标明 f：7.4 mm, f：5.2—15.6 mm 等数值,这是镜头焦距。以往我们见到的 f：50 mm、f：28—85 mm 是针对 35 毫米相机而言的,它的成像尺寸是 135 胶卷(24 mm×36 mm)。而数码相机中 CCD 成像尺寸远远小于普通相机的成像尺寸。只有数码相机的尺寸变小,焦距也变小,视角才能与普通相机相同。要注意说明书中一般都有对应 35 毫米相机镜头的焦距数值。

2. 聚焦系统

聚焦系统的作用是改变拍摄时镜头镜片离感光芯片的距离,使被摄景物在感光芯片平面能清晰成像。数码相机的聚焦方式也有自动聚焦、手动聚焦和免聚焦之分。高档数码相机往往同时具有自动聚焦和手动聚焦系统,中档数码相机多数只有自动聚焦而没有手动聚焦系统,低档数码相机一般采用免聚焦。

3. 光圈和快门

利用光圈和快门控制进光量。光圈利用其进光孔的大小来控制曝光时到达数码相机感光芯片上或传统相机胶卷上的光线照度强弱;快门用于选择拍摄时机、控制曝光量和调节移动目标的动感效果。光圈除了控制进光照度进而控制进光量之外,还可控制拍摄影像的景深。

（二）感光芯片

数码相机中感光芯片将拍摄曝光时来自于镜头的光信号转换为电信号。目前,数码相机用的感光芯片主要有 CCD 和 CMOS 两大类。

CCD 芯片的面积和像素水平是选择数码相机时应考虑的主要因素,像素通常作为划分数码相机档次的主要依据。CCD 的分辨率(像素点)在一定意义上决定了成像质量(图像分辨率),在这里要注意区分两个分辨率的概念,CCD 的分辨决定了图像的分辨率,但这两个分辨率一般情况下是不相等的,CCD 分辨率大于图像分辨率,这是因为 CCD 作为光敏成像器件,在拍摄时,由于边缘光的影响,其边缘的像素点会出现一定的偏色和眩晕,当 CCD 像素大于图像拍摄像素时,边缘像素会自动被切除,从而去除偏色和眩晕,且切除越多越好。这就是厂家用 150 万像素的 CCD 生产最大可拍摄 1 344×1 008(135 万像素)图像的数码相机的原因。因此,CCD 的精度越高于拍摄图像的精度,其成像的效果越好。

(三) 存储器

数码相机所拍摄得到的数字文件,要通过数码相机中的驱动机构存储记录在各种存储媒体上(将数码相机与计算机相连拍摄除外)。数码相机所用的存储器可分为内置存储器和可移动存储器。

内置存储器安装在相机内部,用于临时存储图像,装满后要及时向计算机转移文件,否则无法继续存入图像。

可移动存储器分为 PC 卡、CF(compact flash)卡、SM(smart media)卡、软盘、MD 光盘、Miniature 卡等几类,装满后可取出更换,就像普通相机拍完可换胶卷一样,所不同的是这些存储器可以删除和反复记录,使用方便、灵活。而且数码相机用的 PC 卡与笔记本电脑用的 PC 卡完全相同,因此,要将拍摄存储在 PC 卡中的影像文件传送给计算机,除了将数码相机与计算机相连传送外,还可以将 PC 卡插入笔记本电脑直接下载,或将它装进 PC 卡读取器下载给普通计算机。

(四) 模/数转换系统

用于将拍摄得到的电信号进行数字化后存储。模/数转换部分的质量档次直接决定所拍摄存储影像的质量。

(五) 液晶显示器

数码相机上的液晶显示装置有两种形式:一种是传统照相机上通常也具有的小液晶显示屏,用来显示相机的工作状态和拍摄模式;另一种是彩色液晶显示器,主要用来呈现、播放所拍摄的影像,类似于液晶电视的显示器。

数码相机上装置彩色液晶显示器具有三方面的作用,一是作为取景器,供拍摄者观察被摄景物和景物范围,确定画面构图和拍摄范围的装置;二是使数码相机具有即显性,拍摄后可及时观看,对拍摄影像的质量进行判别、确认,发现不足可删除重拍;三是显示参数设置菜单,便于拍摄者根据需要正确控制调整数码相机。比如,大部分数码相机设置两种或三种 JPEG 压缩方式供拍摄选择,有的数码相机同时还提供了非压缩的 TIFF(tag image file format)格式。压缩比大,占用存储空间小,但图像细节被压缩算法丢失多,图像分辨率低;压缩比小,可保留更多的图像细节不被压缩算法消除,图像细腻,层次表现丰富,质感强,但占用存储空间大。

(六) 接口

接口是数码相机连接外部设备的通道。常见数码相机的接口有:串行接口、并行接口、USB(universal serial bus)接口、AV 接口、电源输入接口等,有的数码相机还提供了闪光同步接口、红外端口等。

串行接口和并行接口是早期数码相机与计算机的连接口,现在大多数采用USB接口,USB接口传输速度较前都快;红外端口可以直接与计算机或另一台数码相机传递信息;闪光同步接口用来进行复杂的闪光摄影。在选择时应考虑与相关设备连接匹配。

(七) 电源

数码相机的液晶显示屏耗电量非常大,记录图像也比传统相机消耗电能多。耗能大是数码相机的一大弊端,目前市场上见到的数码相机多采用四节 5 号电池供电使用。普通碱性电池,用不了多久电池就会耗光。低耗能、大容量供电也是厂家逐步改进和解决的问题,在选择时应注意备有外部供电端口和低耗大容量供电的数码相机。

(八) 音频电路系统

音频电路系统包括拾音、录音电路和放音电路等,可利用它录制现场音,并可以回放试听。

四、数码相机的操作使用

(一) 用数码相机取景拍摄

用数码相机拍摄时,基本操作有四步:① 将存储卡插入数码相机;② 拨动REC/PLAY 开关至 REC(记录)位置;③ 开启电源开关;④ 根据彩色液晶显示器上显示的影像进行取景,合适后按下快门释放钮。(图 3-11)

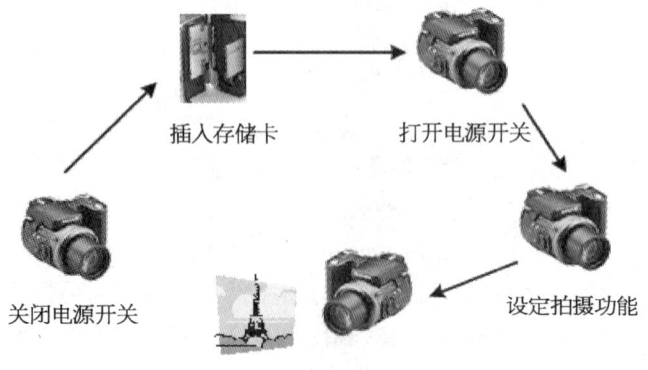

图 3-11　数码相机取景拍摄步骤

（二）用彩色液晶显示器观看已拍摄的画面

当要通过机后的彩色液晶显示器观看已拍摄的画面时,基本操作为三步:
① 将 REC/PLAY 开关拨到 PLAY(播放)档;② 开启电源开关;③ 开机后按
"+"或"-"钮选择观看的影像。(图 3-12)

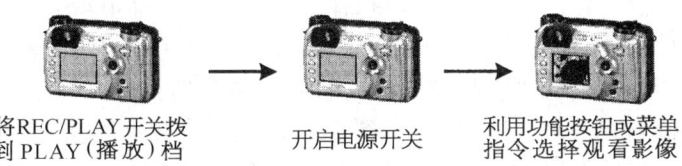

将REC/PLAY开关拨　　　开启电源开关　　　利用功能按钮或菜单
到 PLAY(播放)档　　　　　　　　　　　　指令选择观看影像

图 3-12　用彩色液晶显示器观看已拍摄的画面

（三）用电视机呈现数字影像

要用电视机呈现数码相机已拍摄的数字影像,只要用视频线将数码相机的
视频输出(video out)与电视机的视频输入插口(video in)相连,将电视机处于
AV 状态,就可以操作数码相机,通过电视机呈现观看影像。(图 3-13)

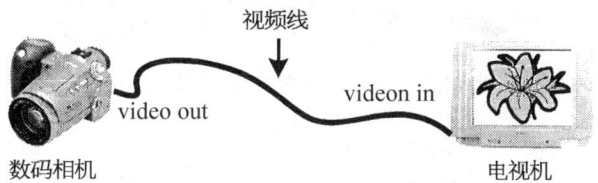

视频线

video out　　　videon in

数码相机　　　　　　　　　　　　　　　　　电视机

图 3-13　用电视机呈现数字影像

（四）用计算机下载影像文件

图 3-14 直观地示意了将数码相机的影像文件下载给计算机的方式。

所有数码相机都具有若干自动功
能,只要将数码相机各项都处于自动功
能上,使用它就像使用传统相机中的"傻
瓜机"一样简单。然而多数数码相机的
功能还非常多,要充分发挥数码相机上
每一项功能的作用,使数码相机最大限
度地为我们服务,我们还要根据数码相
机的说明书了解每一个按钮、开关及具
体菜单的作用。

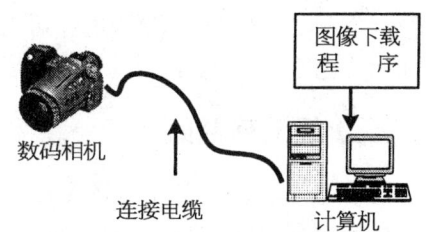

图像下载
程　　序

数码相机

连接电缆　　　　计算机

图 3-14　用计算机下载影像文件

第六节　数字卫星广播技术

由于我国幅员辽阔、地形复杂、人口众多而分布又很不均匀,如果完全依赖传统的地面无线传输方式(微波、差转、短波等)解决广播电视覆盖问题是极其困难的。利用卫星传输广播和电视节目,作为一种提高广播电视人口覆盖率、改进传输质量的最有效、最经济、最先进的手段,十多年来在我国广播电视事业中得到了蓬勃发展和广泛应用。1977 年,我国的卫星广播技术开始起步,1995 年开始逐步从模拟方式发展到数字方式,到 90 年代末期,数字卫星广播在我国已经成为一种用于覆盖全国的主要广播方式,目前我国已跻身于世界上应用卫星数字压缩技术传送广播电视节目的先进行列。

目前,在全世界范围内数字卫星广播正在迅速地取代模拟卫星广播,我国中央电视台从 1995 年 11 月 30 日在国内率先采用数字压缩方式通过一个卫星转发器向全国传送四套数字加扰的电视节目以来,中央电视台的九套电视节目和全国二十多个省(直辖市)级台先后采用了数字方式在全国范围内进行卫星广播。

一、数字卫星广播的优点

与模拟卫星广播相比,数字卫星广播的主要优点如下。

(一) 传送更多的节目

一颗卫星可以传送上百套的电视节目。按照目前的技术水平来说,采用数字压缩和数字传输技术之后,在卫星广播系统中每个电视频道的带宽大约在 7 MHz左右,因此使用一个卫星转发器可以传输 5 套电视节目,简称为"一传五"。通常一颗卫星上装备有 24 个 C 波段转发器,每个转发器的带宽为 36 MHz,这样 24 个转发器就可以传送 120 套电视节目;另外,卫星上一般还装备若干个 K_u 波段的转发器,这样可传送的节目就更多了。实际上,在当前做到"一传十"也不是很困难。

(二) 经济效益好

租用一个卫星转发器传送多套电视节目,降低了运营成本,在经济上对各个电视台是很合算的;架设一副天线就可以接收几十套乃至上百套的电视节目,显然这对各个有线电视台也很有吸引力。因此,经济效益也大大促进了数字卫星电视广播的发展速度。

（三）节目的传输质量高

由于数字传输方式本身的特点，在传输过程中信号不易失真，噪声和天电干扰对信号质量的影响变小。另一方面，模拟电视广播受到现行彩色电视制式的限制，电视接收机的水平清晰度只能达到 300 线左右，而采用数字卫星广播后，在理论上卫星接收机输出的有效像素可高达 720×576，也就是说传输质量可达到数字演播室的水平。

（四）所需的发射功率小

模拟卫星广播的图像质量是与信号的载噪比联系在一起的，为了保证传送的图像质量达到 4 级以上，卫星接收系统的载噪比一般要大于 17 dB，因此卫星上行站的发射功率通常在数百瓦的范围内；而数字卫星广播的图像质量则是与误码率联系在一起的，只要误码率小于某特定数值，图像的质量就令人满意，要达到这样的误码率所需的信号载噪比是比较小的，通常卫星上行站的发射功率在数十瓦的数量级就足够了。

（五）能提供多路多声道的优质音频信号

目前音频信号的压缩是包含在视频压缩技术之内的，数字化的音频信号和数字化的视频信号都被打成统一格式的数据包，因此提供多路多声道的优质音频信号对于数字卫星广播来说是轻而易举的，接收端音频信号的质量可以达到 CD 的水平。

（六）能提供多种服务

与音频信号类似，各种数据信息也打成一定格式的数据包，与视频信号一起传送，在接收端使用 RS232 接口与计算机连接，就可以享受到多种服务，如图文电视、股票信息、电子报纸等等。

（七）便于实行节目的有条件接收

有条件接收就是采用一定的加扰措施，确保满足一定条件的用户才能收看到输送的节目，付费电视业务就是一种有条件接收。显而易见，采用数字信号之后加扰就成为非常容易的事情了。

二、数字卫星广播的制式

目前，数字卫星广播的制式可大致分为两种：一种是欧洲国家提出的数字视频广播方式，通常称为 DVB－S 方式；另一种是美国通用仪器公司开发的方式，称为 Digicipher 方式。两种方式有差别，互相不兼容。它们之间的差别主要在于数字信号的传输方式上,换句话说就是信道编码有所不同,而信源编码部分都采用了所谓的 MPEG – 2 压缩方式。

(一) DVB – S 方式

欧洲的数字视频广播是在欧洲数字视频广播(DVB)项目研究的基础之上完成的,用于在各种不同的信道中传送数字视频信号,可分为 DVB – S、DVB – C 和 DVB – T 三种方式,分别对应于卫星广播、有线电视和地面广播。1994 年 12 月,DVB – S 方式正式公布之后立即被世界上的许多国家采用,目前已经成为数字卫星广播的主流方式。

DVB – S 方式的特点是:

第一,DVB – S 方式是指符合欧洲电信标准的数字卫星广播方式。欧洲电信标准(ETS300421)是由欧洲广播联盟(EBU)和欧洲电信协会(ETSI)的联合技术委员会(JTS)制定的。

第二,DVB – S 系统中采用的信号调制方式是调相方式;

第三,DVB – S 系统适用于不同带宽的卫星转发器;

第四,DVB – S 系统允许实行节目的复用,数字卫星广播可以传输不同的电视业务、声音业务和数据业务。

我国已将 DVB – S 作为数字卫星电视广播的试行标准,目前上星的省级数字压缩电视节目都采用了 DVB – S 系统。

(二) Digicipher 方式

Digicipher 方式是由美国通用仪器公司(General Instruments,GI)研制开发的,其技术的核心最早应用于美国的一家付费有线电视公司 HBO(Home Book Office),以保证节目的传输质量和加密的需求。

1. Digicipher – 1 方式

该方式是 GI 公司早期研制的一种数字压缩编码方式和传输方式,其压缩编码方式与 MPEG – 1 标准类似,但是两者不兼容,由于数字信号的压缩比较大,因此采用 Digicipher – 1 方式的卫星广播系统的图像质量仅能达到 VHS 录像机的水平,另外该方式只能传送 NTSC 制式的电视节目,若想传送 PAL 制式或 SECAM 制式的电视节目,就必需经过两次制式转换,图像的质量会进一步下降。

2. Digicipher – 2 方式

Digicipher – 2 方式是 GI 公司针对 Digicipher – 1 方式的缺点,对其进行了大量的改进而诞生的。在该方式中,数字压缩编码方式与 MPEG – 2 兼容,提高了图像的质量,而音频压缩则采用了 AC – 3 方式,另外可以直接传送 PAL 制式的电视节目。

目前有若干卫星电视公司采用 Digicipher - 2 方式传送卫星电视节目,但采用此方式的公司比采用 DVB - S 方式的要少。

三、数字信号传输系统模型

数字传输系统的作用是利用数字信号可靠、有效地进行信息传递,为了实现这一目标,典型的数字传输系统可用图 3 - 15 表示。它由发送端、传输媒介、接收端等三部分组成。

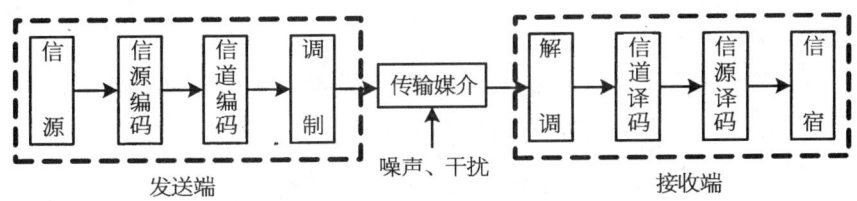

图 3 - 15 数字传输系统模型

(一) 发送端

发送端设备的功能是将信源与传输媒介匹配起来,即将信源产生的信息变换为便于传输的信号形式,送往传输媒介。发送端设备包括信源、信源编码、信道编码、调制等部分。

信源输出的信号可以是模拟信号也可以是数字信号。

信源编码将模拟信号变换为二进制或多进制的数字序列,并且为了使传输有效还去掉了一些与传输信息无关的多余度,即压缩编码。

信道编码的作用是为了抗击传输过程中的各种干扰,提高传输的可靠性和有效性,通过信道编码人为地加入一些冗余度,可以使数字信息序列具有自动检错和纠错能力。然后,信道编码送出的信息序列通过调制器变换为适合于媒介传输的信号波形。

调制是将信源产生的信息变换为便于传输的信号形式,送往传输媒介。

(二) 传输媒介

传输媒介也就是传输信道,是信息从发送设备传递到接收设备所经过的媒介。它可以是有线的,也可以是无线的。数字信号在信道传输过程中,必然会遇到各种干扰如热噪声、脉冲干扰等,而使信号失真,信道的固有特性和干扰特性将直接关系到发送设备变换方式的选取。

(三) 接收端

接收端的设备的基本功能是进行发送设备的反变换。包括解调器、信道译码器、信源译码器和信宿等部分。

解调器把接收信号变换为数字信息序列。

信道译码器用于对错误进行纠正,由于信道干扰的影响,这些信息序列可能已发生错误,经过信道译码器可对其中的错误进行纠正。

信源译码器及解密器恢复出原始消息送给用户。对于多路复用信号,还要进行解除多路复用,实现正确分路。

信宿就是面向用户的终端。

由上述模型可见,一个数字传输系统的质量在很大程度上依赖于所采用的调制方式和差错控制方式。调制是为了使信号与信道特性相匹配,差错控制是为了保证信号经有噪声和干扰的信道传输过程中所造成的误码最少,因此,调制方式和差错控制方式的选择主要由系统的信道特性决定。

四、数字卫星广播系统模型

典型的数字卫星广播传输系统如图 3 - 16 所示。

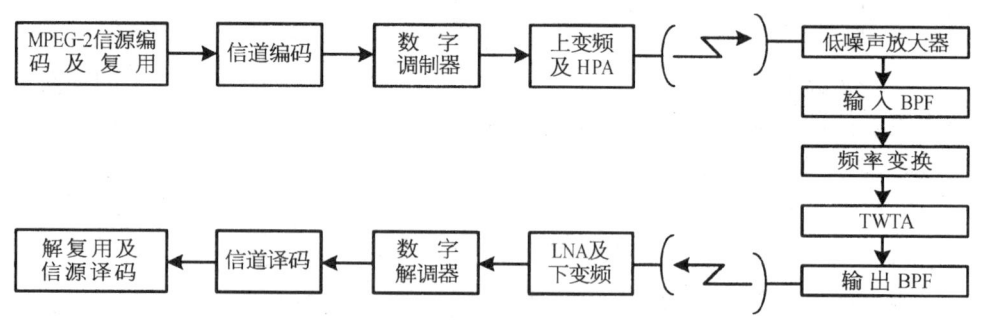

图 3 - 16　数字卫星广播系统模型

传输链路主要包括:MPEG - 2 信源编码和复用、信道编码、地球站发射设备、卫星转发器、接收站前端、解调、信道译码、MPEG - 2 解复用和译码。

在数字卫星传输系统中,对调制方式的选择十分重要,调制器是要把数字信息变换成适合于传输的波形。对调制方式的选择应综合考虑多方面的因素,如卫星频带与功率的有效利用,频谱扩展限制,热噪声、临波道干扰、同波道干扰等的影响,卫星工作点的选择,同步电路的设计,调制解调设备实现的难易及成本,容许性能恶化的程度等。总之,各种调制方式都具有一定的特性,但对于实际系统究竟选择哪种为好,要根据实际情况进行综合比较、仿真及试验而最后确定。从目前卫星传输系统的实际使用情况来看,几乎都使用数字调相方式,并以称为四相相移键控方式(QPSK)为主导地位。

此外,在数字卫星传输系统中,数字信号在通过有噪声和干扰的信道时会产生差错,使用差错控制技术可以保证所造成的差错减少到最低程度。当然,也可以通过加大发射功率,提高发、收天线的增益等措施来增加信噪比降低差错率。实践证明,使信噪比增加所需的费用,比通过采用纠错编码所需的费用要大得多。不过也应看到,目前纠错码基本上是按一定规律在原有信息序列中插入一定数量的不含信息量的监督码,使得信道实际传输速率要高于原始信息速率。所以编码所提高的可靠性是用牺牲效率来换取的。并且,通常在误比特率较低时,编码后差错率的下降较显著,而误比特率较高时,编码效果却不显著或无改善,甚至更坏。

五、Ku 波段卫星广播技术

我国教育卫星电视广播原用 C 波段技术,C 波段卫星的下行频率为 3.7—4.2 GHz,虽然其技术成熟,但由于该频率同时也是地面微波所用的波段,因此卫星接收站易受地面微波干扰,同时上行地球站的选址也较严格。另外,C 波段通信卫星下行波束宽、覆盖面大,到达地面的信号功率通量密度较小,加之频率较低,为达到良好的广播电视接收效果,地面接收天线口径需在 3—4.5 m 以上。

Ku 波段的下行信号使用 12 GHz,并且 1997 年世界无线电行政大会(WARC—77)规定:在第三区(我国位于此区内),11.7—12.2 GHz 为卫星广播业务(BSS)波段,而 12.2—12.75 GHz 为卫星固定通信业务(FSS)波段。由于 Ku 波段下行波束窄,可以使静止轨道上的轨位资源提高一倍以上。同时,该波段波长短,在大功率转发器技术已成熟以后,采用 Ku 波段传送广播电视节目可使用小口径天线接收,同时设备的投资少,便于推广。因此,从 C 波段向 Ku 波段过渡将是数字卫星广播的发展方向。

卫星电视教育网是我国第二大电视网,教育部在实施现代远程教育工程中提出为适应现代远程教育发展的需要,要对其进行升级改造。现有的卫星电视教育网改造后,向着数字化、交互式和 Ku 波段方向过渡,将 C 波段卫星传输改为 Ku 波段卫星传输;将模拟信号改为数字压缩信号;利用中国教育和科研计算机网及其他公网资源建立教学反馈系统,实现交互式教学;建立远程教育信号回传系统,可汇集各办学单位需要用卫星传送的教学业务,实行统一上行,提高频率资源的利用率;改造后的卫星电视教育网还可以高速下载图像、声音、文字、数据等综合信息,并具有一定的交互功能,形成覆盖全国城乡的网络,使得边远贫困地区各类教育单位直接接收教育节目和教育信息,加速不发达地区的教育信息化进程。[1]

目前,大功率、大容量的 Ku 波段直播卫星技术业已成熟,每颗卫星的有效

---

① 陈至立主编:《面向 21 世纪教育振兴行动计划学习参考资料》,北京师范大学出版社 1999 版。

载荷从 20 世纪 80 年代初期 2 个左右 120—240 W 量级 K_u 转发器发展到现在的 24 个 120—240 W 量级的转发器,成型波束天线性能也已达到了非常理想的程度,卫星寿命长达 15 年以上。世界许多卫星制造公司如马丁、劳拉、休斯、法国宇航均可提供广播电视直播卫星系统的候选卫星平台。对于 K_u 波段直播卫星,用户使用 0.5 m 口径左右的天线就可以接收多达 150 套优质的电视节目,一般收入家庭完全可以承受。目前我国尚看不到电视、听不到广播的有两亿左右人口,基本分布在山区和边远地区,卫星电视直播是当前解决覆盖问题的最有效、最先进、最便捷的途径,同时也可以最大限度地满足我国多民族、多人口、经济发展不平衡地区存在的对各种不同电视节目的大量需求,当然可以采用一些特殊的技术手段进行控制接收和管理。我国将大力发展卫星电视直播。

六、我国数字卫星广播的现状

1995 年 11 月,中央电视台率先开始进行数字卫星广播,比国外仅仅晚了一年左右的时间。中央电视台采用了美国 GI 公司的 Digicipher－1 技术,租用一个卫星转发器,向全国传送其第 5、第 6、第 7 和第 3 套加密电视节目,用户(特指集体用户)必需经中央电视台卫星电视传播中心授权,才能解密收看。每台数字卫星接收机都有其特定的机器地址码,在用户付费之后,中央控制中心的计算机将该机地址码授权,打开地址码锁进行解扰处理后,用户便能收看到所需的电视节目。

1996 年 5 月,中央电视台改而采用了 Digicipher－2 方式,租用了亚洲二号卫星上的一个 K_u 波段转发器,传送其第 5、第 6、第 7、第 8 和第 3 套加密电视节目,传送的质量相当于 MPEG－2 的水平,因此图像质量大为改观。

1997 年 1 月,河南、广东、广西等十个省(区)电视台开始采用 DVB－S 方式进行数字卫星广播,在传送电视节目的同时,还传送当地省广播电台的广播信号。到 1999 年初,全国已经有 29 个省级电视台采用了 DVB－S 方式进行数字卫星广播。

目前,中央广播电视大学已利用鑫诺 1 号卫星,采用 K_u 波段转发器进行教育节目播放。接收节目的详细技术参数见本章阅读材料。

中央及部分省(区市)卫星广播电视技术参数详见表 3.2。

表 3.2 中央及部分省（区市）卫星广播电视技术参数①

卫星名称	轨位 E	EIRP中心 DBW	带宽 MHZ	节目	制式	转发器	中心频率 MHZ	极化方式	波段	传输方式	符号率 Mbps	FEC
亚太1A	134°	>35	36	CCTV1	PAL	4B	3 860	垂直	C	模拟	带中1,2单声道数字声广播	
				CCTV2	PAL	12B	4 180	垂直	C	模拟	带中3数字立体声广播	
				CCTV7	PAL	12A	4 160	水平	C	模拟		
				浙江	PAL	8B	4 020	垂直	C	模拟	带省广播	
				山东	PAL	10B	4 100	垂直	C	模拟	带省广播	
				贵州	PAL	7A	3 960	水平	C	模拟	带省广播	
				云南	PAL	8A	4 000	水平	C	模拟	带省广播	
				甘肃	PAL	2B	3 765	垂直	C	数字压缩	带省广播,符率号 6.93 Mbps	1/2
				四川	PAL	10A	4 080	水平	C	模拟	带省广播	
				新疆	PAL	11A	4 120	水平	C	数字压缩	带省广播,符率号 27.5 Mbps	3/4

① 数据来自 http://www.chinabctv.com。

（续　表）

卫星名称	轨位 E	EIRP中心 DBW	带宽 MHZ	节目	制式	转发器	中心频率 MHZ	极化方式	波段	传输方式	符号率 Mbps	FEC
亚太 1A	134°	>35	36	重庆	PAL	2B	3 789	垂直	C	数字压缩	带省广播,符率号 6.93 Mbps	1/2
				宁夏	PAL	2B	3 731	垂直	C	数字压缩	带省广播,符率号 6.93 Mbps	1/2
				CETV1	PAL	7B	3 980	垂直	C	模拟		
				CETV2	PAL	5B	3 900	垂直	C	模拟		
				山东教育台	PAL	3B	3 820	垂直	C	模拟		
亚洲 2号	100.5°	>40(C) 53(Kᵤ)	36(C) 54(Kᵤ)	CCTV2-8	PAL	K4	12 305	垂直	Kᵤ	数字压缩	不含CCTV4,7,有加密	
				CCTV4	NTSC	K9	12 470	水平	Kᵤ	模拟	数字伴音	
				CCTV4	PAL	9B	3 960	水平	C	模拟		
				32路数字声广播		K5	12 350	水平	Kᵤ	数字压缩		
				北京	PAL	K5	12 329	水平	Kᵤ	数字压缩	带市广播,符率号 6.93 Mbps	1/2

（续　表）

卫星名称	轨位 E	EIRP中心 DBW	带宽 MHZ	节目	制式	转发器	中心频率 MHZ	极化方式	波段	传输方式	符号率 Mbps	FEC
亚洲2号	100.5°	>40(C) 53(Kᵤ)	36(C) 54(Kᵤ)	山西	PAL	K5	12 339	水平	K_u	数字压缩	带省广播,符率号 6.93 Mbps	1/2
				河北	PAL	K5	12 349	水平	K_u	数字压缩	带省广播,符率号 6.93 Mbps	1/2
				天津	PAL	K5	12 371	水平	K_u	数字压缩	带省广播,符率号 6.93 Mbps	1/2
				河南	PAL	3B	3 706	水平	C	数字压缩	带省广播,符率号 4.42 Mbps	3/4
				青海	PAL	3B	3 713	水平	C	数字压缩	带省广播,符率号 4.42 Mbps	3/4
				福建	PAL	3B	3 720	水平	C	数字压缩	带省广播,符率号 4.42 Mbps	3/4
				江西	PAL	3B	3 727	水平	C	数字压缩	带省广播,符率号 4.42 Mbps	3/4
				辽宁	PAL	3B	3 734	水平	C	数字压缩	带省广播,符率号 4.42 Mbps	3/4
				内蒙古	PAL	6B	3 829.5	水平	C	数字压缩	带省广播,符率号 8.4 Mbps	3/4

（续　表）

卫星名称	轨位 E	EIRP中心 DBW	带宽 MHZ	节目	制式	转发器	中心频率 MHZ	极化方式	波段	传输方式	符号率 Mbps	FEC
亚洲2号	100.5°	>40(C) 53(Kᵤ)	36(C) 54(Kᵤ)	广东	PAL	6B	3 840	水平	C	数字压缩	带省广播,符率号 4.42 Mbps	3/4
				湖南	PAL	6B	3 847	水平	C	数字压缩	带省广播,符率号 4.42 Mbps	3/4
				湖北	PAL	6B	3 854	水平	C	数字压缩	带省广播,符率号 4.42 Mbps	3/4
				广西	PAL	5A	3 806	垂直	C	数字压缩	带省广播,符率号 4.42 Mbps	3/4
				陕西	PAL	5A	3 813	垂直	C	数字压缩	带省广播,符率号 4.42 Mbps	3/4
				安徽	PAL	5A	3 820	垂直	C	数字压缩	带省广播,符率号 4.42 Mbps	3/4
				江苏	PAL	5A	3 827	垂直	C	数字压缩	带省广播,符率号 4.42 Mbps	3/4
				黑龙江	PAL	5A	3 834	垂直	C	数字压缩	带省广播,符率号 4.42 Mbps	3/4
亚洲1号	105.5°	>34.6	36	CCTV4	NTSC	11H	4 120	水平	C	模拟	北波束	

（续 表）

卫星名称	轨位 E	EIRP中心 DBW	带宽 MHZ	节 目	制 式	转发器	中心频率 MHZ	极化方式	波段	传输方式	符号率 Mbps	FEC
泛美2号	169°		27	CCTV3,4,9	PAL	1C	3 716.5	垂直	C	数字压缩	环太平洋波束	
泛美3号	317°		27	CCTV3,4,9	NTSC	15C	4 146.5	垂直	C	数字压缩	非洲波束	
泛美4号	68.5°		27	CCTV3,4,9	PAL	1C	3 716.5	水平	C	数字压缩	南亚/中东波束	
泛美5号	302°			CCTV3,4,9	NTSC	9C	4 040	水平	C	数字压缩	泛美波束	
银河4号	261°			CCTV4	NTSC	13K	11 960	水平	K_u	模拟	美国直播到户	
鑫诺1号	110.5°	>36	36	上 海	PAL	11A	4 106.25	垂直	C	数字压缩	带市广播,符率号 6.20 Mbps	2/3
		46～52	54	CCTV1-8	PAL	2A	12 380	垂直	K_u	数字压缩	带8路广播,符率号 41.53 Mbps	1/2
亚太 2R	76.5°	43～56	54	西藏	PAL	2B	12 368.7	垂直	K_u	数字压缩	带省广播,符率号 15.5 Mbps	3/4

注：①新疆电视节目为汉、维、哈语各一套。
②内蒙古电视节目为汉、蒙语各一套。
③西藏电视节目为汉、藏各一套。
④上面的数字压缩频道必需使用专用数字卫星接收机接收。FEC为前向误码校正。
⑤CCTV为中国中央电视台节目,CETV为中国教育电视台节目。

◆ **复习思考题**

1. 简述常见的图像和视频编码的国际标准有哪些,它们的适用范围和各自特点如何。

2. 简述如何连接与调试多媒体投影机。

3. 简述数码相机的工作过程,并比较数码相机与传统相机的不同。

4. 数字卫星广播与模拟卫星广播相比有哪些优势。

阅读材料　　　　　**鑫诺 1 号卫星接收技术指标**

1. K_u 波段接收天线

(1) 种类:正馈或偏馈天线

(2) 材料:铝板,钢板、玻璃钢

(3) 口径:直径 60、75、90、100、120 cm 天线

(4) 性能要求:直径 60 cm 的天线,增益≥37.0 dB

　　　　　　　　直径 75 cm 的天线,增益≥38.0 dB

　　　　　　　　直径 90 cm 的天线,增益≥40.02 dB

　　　　　　　　直径 120 cm 的天线,增益≥41.7 dB

　　　　　　　　直径 180 cm 的天线,增益≥45.0 dB

2. 高频头

(1) 双线极化(馈源与 LNB)一体化高频头。包括双极化单输出和双极化双输出两种产品。

(2) 频率范围 12.25—12.75 GHz,具备水平/垂直线极化,可电动调整 (13 V、18 V)。

(3) 本振频率 11.25 或 11.3 GHz。

(4) 本振稳定度±500 KHz

(5) 本振相位噪声　　——70 DBC/Hz(1 KHz)

　　　　　　　　　　　——90 DBC/Hz(10 KHz)

　　　　　　　　　　　——120 DBC/Hz(100 KHz)

(6) 噪声系数 0.7 dB

(7) 增益 60 dBC±0.5 dB/27 MHz

(8) 输出端口 75? F 型

(9) 工作电压 10—24 V

(10) DC 直流 300 mA

(11) 工作温度 —30℃—60℃

3. 方位角、仰角(定位位置:东经 110.5 度)

城　市	方位角	仰角 E
广州市	6.91	62.72
汕头市	15.28	61.75
湛江市	—0.33	65.16
茂名市	1.03	64.60
深圳市	9.21	63.21
珠海市	7.92	63.66

注：方位角——以正南为基准，偏西为正，偏东为负。

接收中央电大卫星节目参数

空间卫星	轨道位置	转发频段	天线仰角	覆盖区域	下行频率	极化方式	节目(6A)	视频制式	符号率	前向纠错
鑫诺1号	110.5度 E	K_u	大于30度	全国	12.620 Hz	垂直(V)	CETV1、2……SD 等6个频道	MPEG－2	26.04 MSPS	3/4

第四章　视频信息技术教育应用

课　前　活　动		
活 动 目 的	通过参观学校电视演播室和制作室、微格教室、闭路电视台,了解视频信息系统的组成与功能	
活动内容和活动方式	1. 参观学校电视演播室和电视节目制作室	
	2. 参观微格教室	
	3. 参观学校闭路电视台	
	4. 参观卫星地面接收站	
	5. 浏览本书配套光盘中的相关资料	
参加活动后需要完成的任务		系 统 组 成 (名称、规格型号)	功　能
	电视演播室和节目制作室		
	微格教室		
	闭路电视台		
	卫星地面接收站		

第一节　视频媒体的特点及其教学功能

视频媒体教学应用是指根据教学的需要，运用电视录像和播放技术，通过影视语言，以画面和声音相结合的形式表达教学内容的一种教学方式。它具有丰富的表现力，除了能够辅助课堂教学，还能够独立完成某些教学任务。因此，它往往既是教学内容的体现，又是教学方法的运用，在现代教育技术中占据着重要地位。

一、视频媒体的特点

视频媒体除了具有如电影、录音等媒体那种形象直观和声音直观的功能外，还有其他一些优点。

第一，灵活性与可控性。电视具有极其丰富和灵活的时空表现力，利用高科技的多媒体特技手法，在展示实际生活方面强于电影，在追溯远古、预测未来、创设场景时空、以假乱真方面更是电影所望尘莫及的，电视的这种高度可控性和可塑性，为揭示事物本质属性和客观运动过程提供了高度的自由时空。

在视频教材制作程序和方法上，随着技术的进步，操作已变得越来越灵活；在教材的使用和保存方面通过把电视教学节目转化为 VCD 视盘节目，也越来越适合教学需求和资料库存或携带，几乎可达到随心所欲地满足从课堂教学到家庭自学的各种教学模式。

第二，时效性与广域性。通过卫星的电视转播可将全世界各地的现场实况迅速、正确地传遍全球，这样可使学校教育中的课堂视野得到无限的延伸，又随着电视覆盖面的不断扩大，使大规模的远程教育和终身教育的理想得以实现。

第三，先进性与扩展性。当电视录像与播放技术与计算机多媒体及信息高速公路相结合，可以克服电视媒体存在的一些弱点，如教学中的反馈问题可以由交互视频、双向电视来解决；屏幕显示狭小、亮度暗淡的问题可以用大屏幕液晶投影电视来改善；电视设备操作复杂性的问题可以由智能化的技术来简化，等等。

二、视频媒体教学应用的类型和功能

（一）系统性教学

利用电视直播或经编制完成的电视教材进行整门课程（或阶段性课程）的教学，称为系统性教学，也是远距离电视教学的一种基本形态，可使课堂教学讲授面扩大，学校中利用闭路电视扩大"教室"，也可归结为这一模式。这类教学采用直播方式无非是课堂的延伸,如果采用录像播送则只是呈现连续性的直录课程,由于它不可能都经过精心构思和编制,因而很难发挥电视的特长。

(二)辅助性教学

在课堂教学过程中运用录像配合教师讲授某一重点难点的一种模式,大多是采用解析型或资料型的录像片,由教师穿插进行播放,讲授中适时放像最能发挥电视动态呈现、时空自由的优势。利用电视手段,也可以在课余播放,集体或个别收视,以进一步巩固课堂知识和扩大知识面。

(三)示范性教学

对技能性强的一些课程,如实验操作、技巧运动、文艺表演、发音口型等,均可利用示范型或表演型录像教材边讲、边操作示范而获得良好效果。这类教学特别适用于职业教育中的训练项目。

(四)个别化学习

学习者可向视听资料库借阅录像资料,自行通过家用录像机放映来学习。电视片的题材与样式只要围绕教学的主旋律就可以自行选择,这种学习模式十分灵活方便,能发挥学生学习的主动性和潜力,有利于因材施教。

(五)测试与考核

录像在某些场合还可作为"试卷"来使用。考试时,让学生先观看一段录像资料,然后根据录像内容回答一些问题,借以评价学生掌握知识的程度;在技能训练中,如能对学习者自身的动作进行录像,不但有利于自我纠错,也可借以评定成绩。

第二节　电视节目播放系统

一、电视节目播放系统的基本组成

电视节目播放系统是最基本的视频应用系统。它是由节目来源(载体)、播放设备和收视设备三部分组成。

电视节目的收视设备是电视接收机和监视器。但电视节目的来源却有多种形式,有直接来源于电视摄像机的输出端,有来源于电视台经放大调制后播出的电视信号,还有记录在电视录像带或刻录在 VCD、DVD、LD 等不同类型的激光视盘上的电视信号。根据不同的电视信号来源和信息载体,电视节目的播放设备有所不同,可以是电视录像机或 VCD、DVD、LD 播放机。由于电视节目来源的差别,电视节目播放系统的组成和连结方式就略有差异,可以归纳如表4.1所示。

表 4.1　电视节目播放系统的基本组成

电视节目来源(载体)	播出设备	收视设备	播放系统连接方式
电视摄像机摄像信号	电视摄像机	电视监视器	摄像机视频、音频输出端与电视监视器视频、音频输入端连接
电视台播出电视信号	电视台发射机	电视接收天线与电视机	电视接收天线信号传输线直接与电视机天线信号输入端连接
电视台播出电视信号	录像播放机	电视机	录像机高频(RF)输出端与电视机天线信号输入端连接
录像带	录像播放机	电视机	录像机视频、音频输出端与电视机视频、音频输入端连接
VCD视盘	VCD播放机	电视机	VCD机视频、音频输出端与电视机视频、音频输入端连接
DVD视盘	DVD播放机	电视机	DVD机视频、音频输出端与电视机视频、音频输入端连接
LD视盘	LD播放机	电视机	LD机视频、音频输出端与电视机视频、音频输入端连接

电视接收机作为教学媒体,它有多种的应用方式,如通过广播,进行远距离教学,通过闭路电视系统进行思想品德教育、普通职业技能教育。现课堂教学中,最常用的是把电视机与录像机连接成一个简单的录像播放系统进行教学。

二、电视录像节目播放系统的应用

电视录像节目播放系统它既可以接收、播放电视台播出的电视信号,也可以播放录像带储存的电视节目,也可以进行录像节目的复制,是当前学校中使用最为普遍的电视教学应用系统。

(一)录像节目播放方式

在利用电视接收机呈现录像机播放的教学节目时,电视信号输入可以有以下两种途径。

1. 射频信号输入方式

这种方式是从录像机输出射频电视信号,用同轴电缆将信号输入接收机的天线插口。(如图4-1所示)这时,要调整电视机的调谐频率与录像机输出高频电视信号频率相同,电视信号才能输入接收机显示图像。

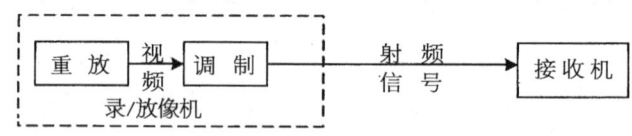

图 4-1 射频播放原理

2. 视频信号输入方式

这种方式是从录像机输出电视的视频信号,需要监视器具有视频、音频输入

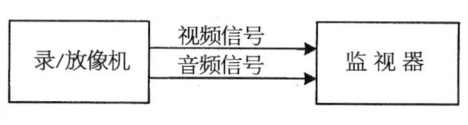

图 4-2 视频播放原理

插口,以便分别用同轴电缆输入视频电视信号和音频信号。(如图 4-2 所示)这种视频信号输入,无需作高频调谐调整,就可以显示电视图像了。

一台电视机与录像机相连,是用一专用射频电缆将信号由录像机的射频输出插孔(RF OUT)输送到电视机天线插孔中,构成最简单播放系统。一般教学用的录像播放系统,经常是带多架电视机。考虑到信号的衰减和阻抗的匹配,必须加装分配器才能获得好的效果。

(二)电视录像播放系统使用

1. 调谐接收节目播放

大部分录像机具有调谐功能,因此可以用来直接接收教育电视节目并进行同步录像,其连接方法如图 4-3 所示。其操作方法是:

● 把录像机与电视机正确连接并接通电源。

● 将电视天线插入录像机的射频输入插孔(RF),而将录像机的射频输出接到电视机的天线插孔上,并把录像机的选择开关拨到 TV 上。

● 将录像机上的相应频道调到本地区能接收到的电视节目频道上。

● 插入录像带,按下录像机上的 REC 和 PLAY 键,即可录下录像机上所显示频道的电视节目。

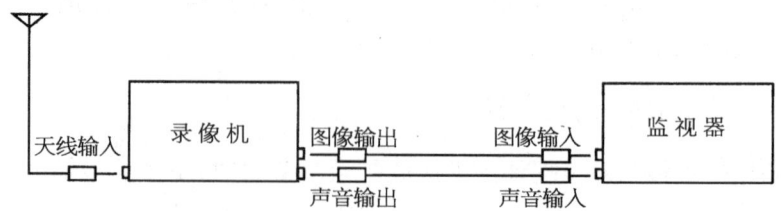

图 4-3 用录像机接收电视节目录像

2. 录像带节目的播放

把录像机与电视机正确连接并接通电源。

插入录像带,按下放像键,电视机屏幕就开始显示录像带节目。按下停止

键,录像即停止播放。

在播放过程中,可以使用暂停键,将节目图像静帧;也可以使用倒带键或快进键进行图像的快速搜索。为了延长磁头寿命,在实际应用中不宜长时间进行上述操作。

3. 录像节目的转录

要转录录像带必须使用两台录像机,一台作放像机用,一台作录像机用。也可以用一台单放机与一台录像机连接后进行转录。连接方法如下:用视频电缆的一端插入放像机的视频输出插座(video out),另一端插入录像机的视频输入插座(video in);用音频电缆的一端插入放像机的音频输出插座(audio out),另一端插入录像机的音频输入(audio in)。(如图4-4所示)若要同时复制多套节目,可按照图4-5方法连接;但若超过五六台,就会影响图像质量,此时应按图4-6的方法连接。

图4-4　一对一复制录像节目连接

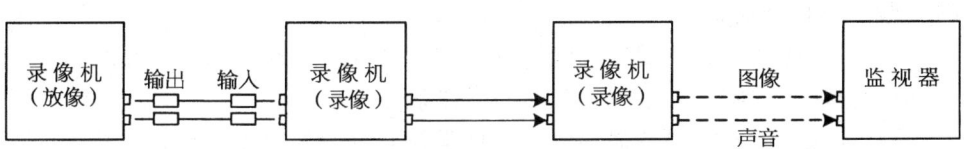

图4-5　一对五复制录像节目连接

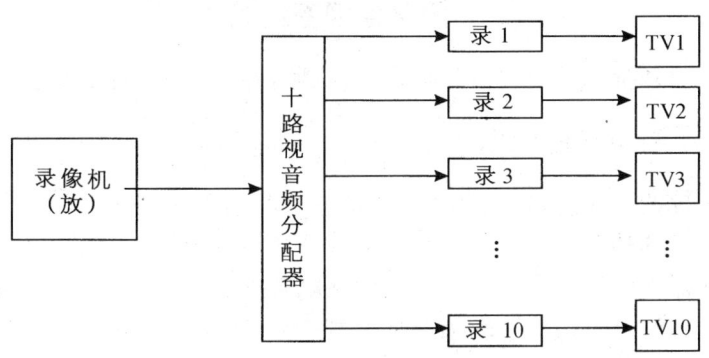

图4-6　一对五以上复制录像节目连接

操作步骤如下:

首先,将录像机的输入信号选择开关调至线路输入(LINE)或摄像机与其他录像机信号输入（CAMERA）档。

接着，将有节目的录像带插入放像机的带仓，将要录制的磁带插入录像机的带仓。录制之前要检查节目磁带是否已停在节目开始位置，还要检查所录制的磁带是否为空白带，若是有节目的录像带，节目内容是否可以抹去？并且转录之前要在录制的磁带上录制一分钟左右彩条或留有空白。

最后，按下放像机的放像键，同时按下录像机的录像键，录像复制开始。录像结束时，各自按下停止键即可。若要复制一个节目的片断，还要注意暂停键的使用。

第三节　学校闭路电视教学系统

闭路电视又称有线电视或电缆电视（CATV），它是一种通过电缆传输图像和声音信号的电视系统。由于它工作稳定、不受外界环境的影响且便于控制，所以被广泛用于学校。

一、学校闭路电视教学系统的特点

第一，收视效果好。因为闭路电视系统是通过同轴电缆作为信息传递介质的，所以可以将电视信号传递过程中的干扰因素降低到最低点，保证各个教室能够获得良好的收视效果。

第二，方便教师的使用，通过各种遥控技术，可以实现教室中对电视节目、播出方式的直接控制，有利于改善教师的工作条件。

第三，教学内容针对性强。可以根据学校教育、教学的实际需要，有针对性地及时播出教育、教学节目。

二、闭路电视系统功能

闭路电视系统按功能可分为播放系统、监控系统和双向传输系统三大类。

（一）闭路电视播放系统

这种系统的功能是将音、视频信号从一个前端送到一个或多个终端，即具有播出电视信号的功能。最简单的闭路电视播放系统由单台录像机与单台电视接收机或监视器连接构成。功能较多的闭路电视播放系统一般具有拍摄录制电视节目，播出录像节目，接收和转播广播电视、卫星电视、语言广播等节目，并通过电缆将各种信号传送到多个用户终端的功能。与开路电视相比，闭路电视播放系统播出设备费用少，而且多路电视节目通过电缆传送可以不受空间频率分配拥挤的限制，从而增加了节目的播出数量，也解决了个体用天线接收信号质量差的问题。学校电化教学采用闭路电视播放系统，有利于对播出设备的管理与控制,并使节目播出的质量更高,内容更丰富。

闭路电视播放系统由前端信号处理单元、干线传输分配系统、用户分配网络三部分组成。(图4-7)系统的简繁程度视系统要实现的功能及用户终端的规模而异。

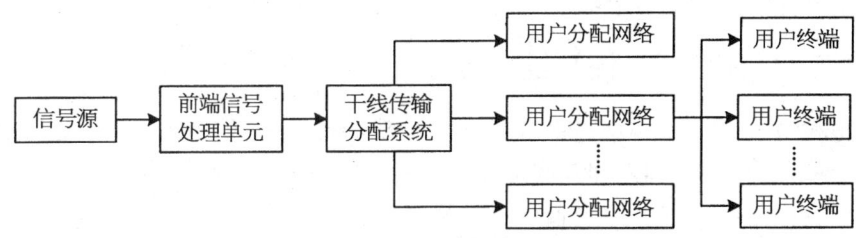

图4-7　闭路电视播放系统的组成

1. 前端信号处理单元

前端信号处理单元是有线电视系统的核心,它的主要作用是把天线接收到的电视和语言广播信号、自制的电视节目和多台录像机的输出信号及其他闭路电视系统送来的电视信号进行频道转换、放大、混合等处理,把多路信号混合为一路传送,以满足远距离传输的要求。它主要由信号源和信号处理设备组成。信号源通常有开路收转信号,包括 VHF、UHF、FM 和 SHFL(超高频、卫星电视广播用)和自办节目信号(包括摄像机、录像机、激光影碟机等)。信号处理设备主要有天线放大器、频道变换器、调制器、混合器、导频信号发生器等。

2. 干线传输分配系统

干线传输分配系统是有线电视系统的重要组成部分,其主要作用是把前端经接收处理、混合后的高频电视信号不失真地、稳定地传送给用户分配系统。它由各种类型的干线放大器和传输媒介(同轴电缆、光缆或微波链路)组成。目前使用最多的信号传输媒介是同轴电缆,其优点是传输频带比较宽、频道稳定,可满足传输多种业务信号的需要,便于从干线、支干线、分支线拾取和分配信号,特别适用于双向传输。

为了能够高质量、高效率地传输信号,应当采用优质低耗的同轴电缆。同时,要采用具有自动电平控制(ALC)和自动斜率控制(ASC)的干线放大器。另外,主干线上应尽可能少地分支,以保持干线串接放大器数量最少,但可以在干线的敷设中根据需要选择不同类型的干线放大器和中间桥接、终端桥接等放大器。对于我国全年温差变化很大的地区,干线放大器中还应有温度补偿电路。因为,传输干线长,温度的变化会引起电缆损耗的变化,从而导致输出电平的变化。

3. 用户分配网络

用户分配网络是有线电视的最后部分。它的作用是把干线传输系统提供的信号电平合理地分配给各个用户的接收机。它主要包括线路延长分配放大器、分支器、分配器、单元支线、分支线、用户线以及用户终端盒等无源部件。这些部件不像晶体管、电子管、集成电路等那样具有放大和控制的作用。它只能在输入一定的信号电平时,对电压和电流进行分配。要求这些无源部件应具有良好的隔离作用,以防止系统终端电视机因泄漏信号而影响其他电视机,并防止当终端电视机开路或短路时,因阻抗的变化,影响其他电视机的输入信号电平。

(二)闭路电视监控系统

这种电视系统可以从一个或几个监控现场摄取视频(和音频)信号,并传输到一个或几个控制中心,即具有远距离监控的功能。最简单的闭路电视监控系统由单台摄像机与单台监视器或电视机连接构成。系统规模的大小常以摄像机的数量来衡量,1—10 台摄像机为小规模系统;10—100 台为中等规模系统;100台以上为大规模系统。闭路电视监控系统能实时、形象、真实地反映被监视控制的对象,是现代化管理、监测、控制的重要手段之一,广泛地应用于工业、交通、商业、金融、医疗卫生、军事及安全保卫等领域。学校设置这种系统,目前主要用于课堂演示、观摩教学训练、手术示教、考试管理和安全保卫等方面。

监控系统由现场图像的摄取、信号的传输和信号的处理、控制中心图像显示与控制三部分组成。(图 4-8)

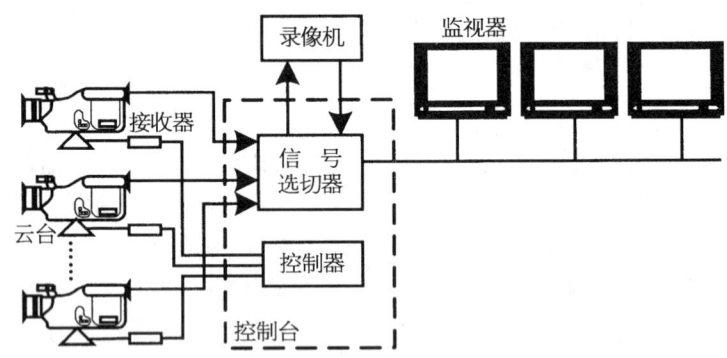

图 4-8 电视监控系统的基本组成

1. 现场图像声音信号摄取部分

图像摄取部分的作用是拾取监控点的视觉(和听觉)信号。其设备主要有摄像机、电动云台、接收器、监听头。

2. 图像显示与控制部分

图像显示与控制部分是系统的控制中心。

图像显示与控制部分的主要作用是按需要的方式显示监控点的图像(和声音),必要时记录下来,并向监控点发出控制信号,控制摄像机和电动云台的动作。

控制中心的设备主要有监视器、信号切换器、控制器、录像机、字幕台标及时间日期信号发生和叠加装置。

3. 信号传输与处理部分

（1）信号的传输

现场图像声音摄取得到的视频（和音频）信号通过传输电缆向控制中心传送，同时，控制中心向摄像端传送控制信号和供电电源。通常用同轴电缆传送视频（和音频）信号，用多芯电缆传送控制信号和供电电源。

（2）信号的处理

当摄像机远离控制中心时，为补偿视频电缆的损耗，需要在线路中接入电缆补偿器。当需要将一路视频信号送到相距较远的多个监视器时，就应该使用视频分配器分配出多路视频信号。

（三）闭路电视双向传输系统

双向传输系统可以实现正反两个方向电视信号的同时传输，我们把电视信号从前端设备传向用户的方向称为下行方向，反之称为上行方向。其最大特点是能提供信息交互服务，缩短了人们时间、空间上的距离。

在双向传输系统中，摄像机、监视器、对讲机、电话、传真机、计算机和控制键盘是图像、声音、文字和控制信息的输入和输出工具，而信号的传输方式有以下三种。

1. 空间分割方式

传向用户的下行信号与传向服务中心的上行信号分别通过两条线路传输。

2. 时间分割方式

共用一条线路传输下行和上行信号，但两路信号不能同时传送，利用控制开关分配上行和下行信号的传送时间。

3. 频率分割方式

用一条同轴电缆，用不同的频率同时传送上行和下行信号，一般用高频段传输上行信号，用低频段传输下行信号，这是目前大型的双向传输系统采用的主要传输方式。图4-9是一种双向传输系统示意图。

对于学校的教学闭路电视系统，如果将播放系统和监控系统的功能合二为一，在前端控制室既配备信号播出设备，也配备接收显示教室终端情况的设备；在终端教室，既配备接收和显示信号的装置，也配备拾取和传出声像信号及遥控前端录像机信号的装置，并在两端配置互通信息的对讲电话，便形成双向传输的教室闭路电视系统。这是一种多功能的学校闭路电视系统，其用途主要有：

● 电视直播会议或有线广播会议；

● 定时播出校内新闻；

● 按预约的时间向不同的教室播出不同的录像节目；

● 教师可以通过遥控器控制前端录像机的开、关和各种走带方式；

● 用于外语听力课教学和课堂实况录像；
● 考试监控管理；
● 不影响课堂的观摩教学和课堂实况录像；
● 教学实验的观测等。

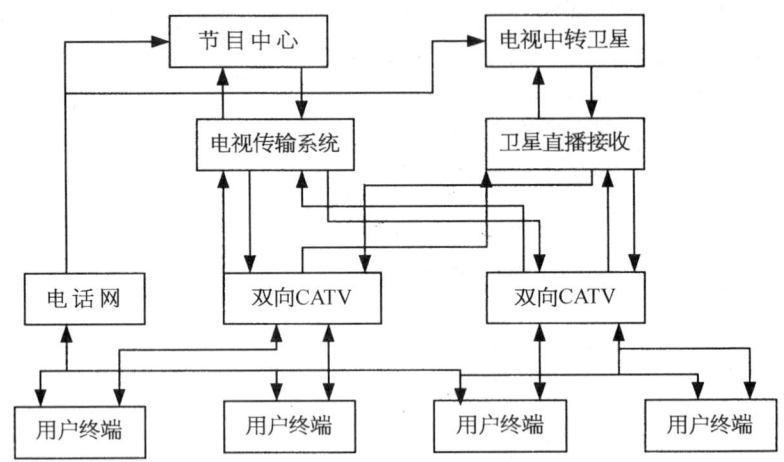

图 4－9　双向传输系统

第四节　微格教学系统

一、微格教学的概念

微格教学（microteaching），意为微型化教学，通常又被称为"微型教学"。它是由美国斯坦福大学艾伦（D. Allen）教授等人创立的一种利用现代化教学技术手段来培训教师的实践性较强的教学方法。它以现代教育理论为指导，通过视听技术和反馈，按照严格的程序，对师范生和在职教师轮流进行培训，从而使他们更好地理解教学过程和掌握教学技能的一种教学技术。艾伦将微格教学定义为："它是一种缩小了的可控制的教学环境，它使准备成为或已经是教师的人有可能集中掌握某一特定的教学技能和教学内容。"

根据实践体会，我们认为："微格教学是在有控制的条件下进行学习的实践系统。它是以现代教育教学理论为指导，利用现代视听技术，通过反馈评价，以集中解决某一特定的教学行为技能为目的，对教师教学技能进行系统训练的方法。"

微格教学具有如下特征：

● 由少数学习者（5—10 人）组成"微型课堂"，以真实的学生或受训者的同学充当"模拟教师"和"模拟学生"，使课堂微型化；

● 把教师教学技能分解为若干个环节,学习者根据训练目标,选择一小段"微型内容"进行教学设计并编写教案;

● 被训练者利用5—10分钟的时间进行一段"微型课程"的教学实践,从中训练某一两项教学技能;

● 在进行"微型课程"的教学实践过程中,利用视听设备系统将实践过程记录下来;

● 通过视频系统重播已记录的内容,进行反馈评价和分析,可以是自我评价也可以是他人评价。

微格教学技术自诞生后,得到了迅速推广和大量研究,尤其受到各国师范教育界的重视。在欧美,微格教学已成为教师培训的基本课程。

二、微格教学系统的组成

微格教学是在有控制的条件下培训师范生和在职教师教学技能的一种方法,微格教学系统是一个可控制的实践系统,它一般由微格教室、控制室、观摩室三部分组成。(图4-10)

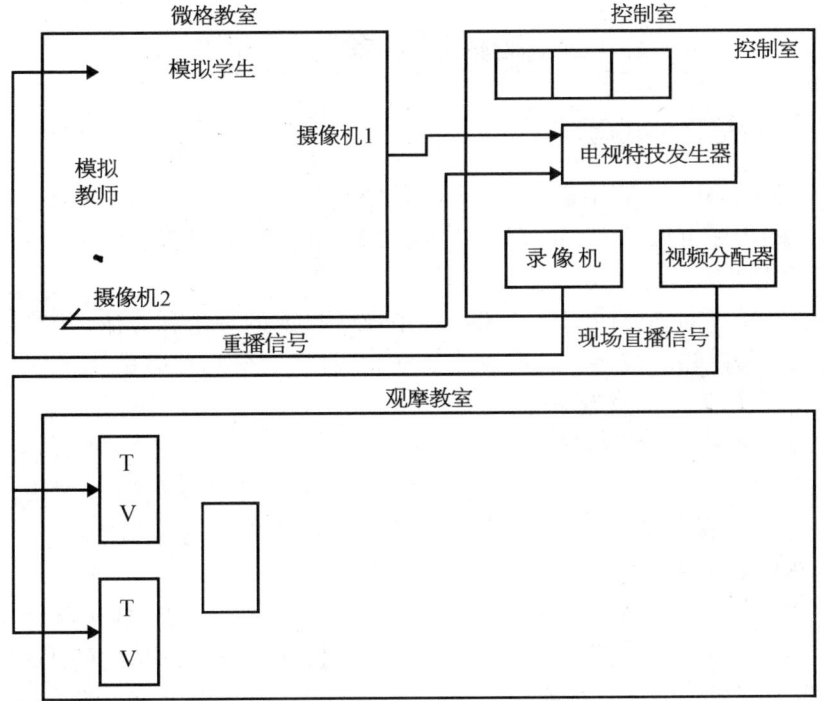

图4-10 微格教学系统的组成

（一）微格教室

微格教室里装有话筒和摄像系统，用来拾取"模拟教师"的声音和教学活动形象。如有条件，还有另一台摄像机用来拾取"模拟学生"的学习反应情况。室内还设置电视机，用来重放已记录的教学过程录像，供同学们进行评价分析。

（二）控制室

装有电视特技机（信号混合处理器）、录像机、视频分配器、监视器等设备。从每间微格教室送来的"模拟教师"、"模拟学生"教学活动的两路视频信号经电视特技台控制，一路送到录像机进行录像，另一路则可经视频分配器把教学实况信号直接送到观摩室，供同步评述分析。

（三）观摩室

这是一个装有电视机的普通电教室。把控制室中经视频切换器选择后的视频信号送到电视机上，即可实时同步播放教学实习的实况，供指导教师现场评述，使较多的学生观摩分析。

三、微格教学系统的应用

（一）微格教学的基本程序

微格教学系统的应用需要按一定的程序对学生进行特定教学技能的训练。微格教学的程序可用图 4－11 表示，它包括如下几个基本步骤。

1. 确定训练目标

即明确通过训练要使学生了解每一项教学技能的理论和方法，并掌握各个技能的执行程序和实施要求。通过多次实践、评价、修改，使技能趋于完善。并通过综合训练，形成课堂教学能力。

2. 学习和研究教学技能

在进行微型教学实践前，应先组织学生对各项教学技能的有关理论、方法、程序、实施要求进行学习研究，以便为进行教学设计和实践打下基础。

3. 观摩有关教学技能的示范材料

通过播放反映某项教学技能的示范性录音、录像资料，或一些优秀教师的课例实录，使学生对教学技能的事实、观念、过程、操作程序有形象化的了解，使学习者获得不同风格的教学技能模仿的样板，使训练目标和要求更加具体化。

4. 编写微型教学教案

编写教案是进行教学技能训练的重要环节，是实现训练目标的保证。它能使被训练者更规范、有效地掌握教学技能。教案的具体内容通常包括：教学目标、时间分配、教师教学活动行为、设想的学生学习行为、计划应用的主要教学技能等。

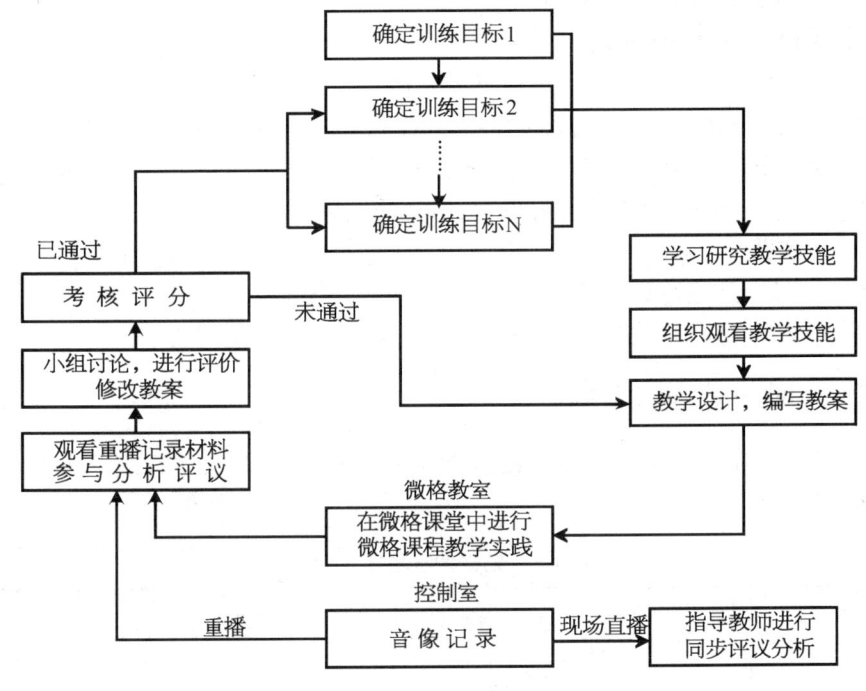

图4-11　微格教学的程序

5. 角色扮演——微型课堂教学实践

首先要组成微型课堂。微型课堂由被训练者（扮演教师角色）、被训练的同学（扮演学生角色）、指导老师、评价人员（可由指导老师和学生担任）和操作摄像设备的工作人员组成。在微型课堂上被训练者进行一段教学内容的教学，实践一两项教学技能，时间一般为10分钟左右。在上微型课之前，指导老师要做一简短说明，让被训练者明确所训练的技能、教学内容、教学设计思想和所要达到的目标。

6. 声像记录

在实践过程中，利用视听设备对被训练者的教学行为和学习者的学习行为进行记录，以便能及时准确地反馈。在没有上述条件时，也可用录音、照相、字记录等方法，但不如录像反馈真实、准确、生动。

对于有条件的学校，通过视听设备可将微型教学实践的实况同时传送到另一教室，以便供其他同学观看，并由指导老师作实时同步的评述分析，以提高对教学技能的认识。

7. 重播录像，自我分析

实践活动完成后要重放录像，让被训练者以"第三者"的身份观察自己的教学行为,并与自己的教学设计相对照并找出不足。

被训练者看过自己的实践录像后,首先要进行自我分析,检查实践过程是否按教学设计进行,是否达到了预定的目标。

8. 讨论评价,修改教案

指导老师、评价人员、学生角色都要从各自的立场来评价实践过程,有不同看法时可重放录像,帮助形成较为统一的意见。微型教学的评价应以总结优点为主,使被训练者建立自信心,也要提出不足和努力方向,以便改进。最后评价人员要根据自己的判断填写评价单,给出具体结果。

9. 再实践

经过评价,已经达到基本要求的可进入下一技能的学习,实践新的教学技能。未达到要求的则需要进行教学计划,准备再实践。

(二)微格教学教案的设计

受训练者在明确训练目标和熟悉教学内容之后,可以根据表 4.2 进行微格教学教案的设计。

表 4.2 微格教学教案设计表

学　校		班　级		教师扮演者	
科　目		教学内容			
技能训练目标					
时间分配	采用的教学技能	需要准备的教学媒体	教师教学行为	学生学习行为	

教学技能训练内容应该包括教师课堂教学技能,指导学生个别化自主学习的技能和组织、指导协作学习的技能,表 4.3 提供的是关于课堂教学技能的一些教师教学技巧供训练时参考,关于指导学生个别化自主学习的技能和组织、指导协作学习的技能的应用技巧还需要广大教师在实践中总结归纳。

表 4.3　课堂教学技能训练内容

课堂教学技能	实 际 应 用 技 巧
教学导入技能	开门见山直接导入、利用旧知识导入、利用媒体演示导入、巧设实例导入、利用生动故事导入
教学中变化技能	教态的变化、教学媒体的变化、师生相互方式的变化
讲解技能	描述性讲解、描绘性讲解、论证性讲解、启发性讲解、归纳性讲解、演绎性讲解等
板书板画技能	提纲式板书、语词式板书、表格式板书、线性式板书、图示式板书、简笔画、示意图的绘画等技巧
媒体演示操作技能	实物、标本、模型的演示；挂图的演示；幻灯、投影的演示；电视教材的演示；多媒体教学软件演示；网上教学资源的演示等
提问技能	回忆性提问、理解性提问、知识运用性提问、分析性提问、综合性提问和评价性提问等技能
反馈、强化技能	课堂教学中教师获得反馈信息的技能可分解为课堂观察法、课堂提问法、课堂考查法、操作实践法等技巧，而进行强化的技能可分解为语言强化、符号(标志)强化、动作强化、活动强化等技巧
结束教学技能	归纳式、活动式、比较式、练习式、拓展延伸式结束技巧
组织教学技能	管理性组织、指导性组织、诱导性组织等组织技巧

（三）微格教学中的角色扮演

角色扮演是微格教学的中心环节，是受训练者训练教学技能的具体教学实践活动，在活动中每个受训练者都要扮演一个角色，模拟进行教学，从而使受训练者获得充分的实践机会。

角色扮演包括两个方面：

1. 扮演"教师"角色

当训练者充当"模拟教师"时，要求能按照自己的备课计划，在有控制的条件下训练专项的教学技能。

2. 扮演"学生"

当训练者充当"模拟学生"时，要求充分表现中小学生的特点，自觉进入特定情境。

（四）微格教学中的反馈评议

反馈评议水平是微格教学的质量保证，在微格教学中的反馈评议方式有以下几种。

1. "教师"角色扮演者的自我评价

这是由"教师"角色扮演者并邀请小组其他同学一起,通过观看自己教学活动的录像,分析技能的应用方式和效果,看是否达到预期目标,同时认真听取被邀观看者的意见。分析时要列出优缺点,肯定成绩,发现不足,如果自己认为非常不满意,可以申请重新进行角色扮演和录像。

2. 组织讨论,集体评价

小组同学根据观看的教学过程录像,对教师角色的扮演者的教学活动提出看法,作出评价,包括进行定性评价,要求能用概括语言给出成绩或总结性评语。进行量化评价,能对录像记录中出现精彩之处或出现错漏的事实给出量化的表述。这也是对学生分析判断能力的训练。此外,还要求能提出建设性意见。

3. 指导教师的评议

学习者对指导教师的评议是十分重视的,指导教师的评价应尽量客观、全面、准确。在评议过程中要注意保护学习者的自尊心和积极性,要以讨论者的身份出现,以期获得最佳效果。

第五节　卫星广播电视系统

所谓卫星广播电视,就是利用地球同步卫星向预定地域转发广播电视节目。卫星广播电视系统是开路电视系统的特殊形式。

一、卫星教育电视的特点

第一,电波覆盖面大、利用率高。卫星距地球赤道垂直高度达到3.6万公里,星载转发器用定向天线把电波聚集成窄波束,张角仅 $1°—3°$,所以能比较均匀地辐射到覆盖区内。在一颗卫星上装几个转发器就能覆盖我国领域,并且使服务区中心和边缘地区的电波场强只相差 $3—4\ dB$。

第二,信号质量高且稳定,有利于改善接收质量。卫星电视传送环节少,信号质量受设备噪声的影响小。卫星电视信号受气候的影响小,比较稳定。由于来自卫星的电波入射角大,受山峰和建筑物的阻挡小,因此,能减少阴影和多次反射的影响。

第三,信号容量大。卫星电视采用微波频段,其频段很宽,而且一颗卫星上可以设置多个转发器,所以容量很大。一颗卫星可同时转发几十路电视和几万路电话。

第四,投资省、费用低。据亚洲广播联盟对各成员国的估算,对全国面积过百万平方公里的国家,利用卫星电视广播比建设地面广播电视网节约 60% 以上的建设投资。

第五,扩大教育规模。运用卫星教育电视可以开展多种教育教学活动,如学历教育、职业教育、农业技术教育、医疗保健教育及科普教育等。同时,卫星电视教育可以选择最优秀的专家教授讲课,采用最好的课件及教学手段,同期培训成千上万的学生,扩大了教育规模,提高了教育效率和效益。

二、卫星广播电视系统的组成

卫星广播电视系统由发射站、测控站、星体及地面接收网等四大部分组成。(图4-12)

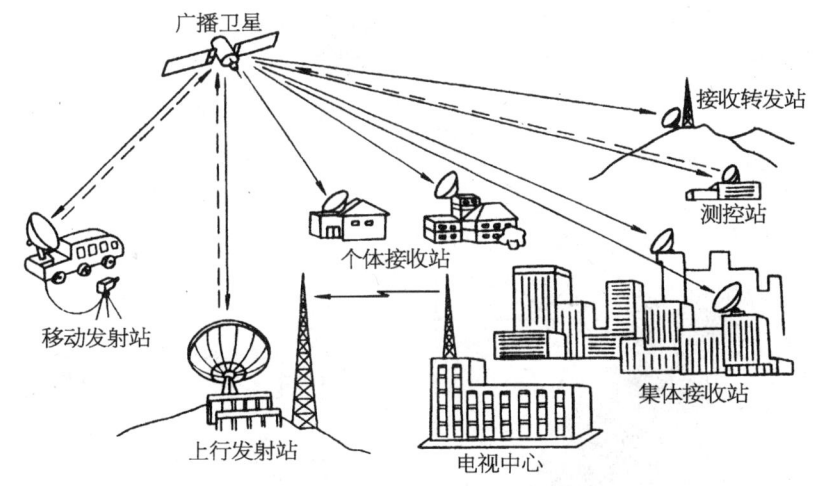

图4-12 卫星广播电视系统示意图

上行发射站有主发射站与移动或固定的副发射站两种,其作用是把电视中心制作的节目或某地区的电视实况用指定频道通过定向天线向卫星发射,同时也接收星载转发器通过星载天线用下行频道发回的电视信号,以监示和检验传送节目的质量。测控站的作用是对星体上多种设备的功能状态进行遥测和控制,使卫星在轨道上正常运行和工作。星体上装有信号转发器和天线、太阳能电源系统、卫星推进系统、卫星遥测遥控系统等。星体通过天线接收来自地面发射站的信号,转发器把上行频道变为下行频道,经放大后又通过天线向地面指定区域发射。地面接收站通过天线接收卫星转发的电视信号。卫星电视接收站有三大类:个体接收站、集体接收站和卫星电视收转站,后者收到卫星电视信号后,还要把信号转换为VHF或UHF频道通过发射天线转发出去。

卫星电视接收系统如图4-13所示,它由天线,卫星电视接收机和监视器或电视机、录像机等组成。天线的作用是通过反射面将入射的平行电磁波束反射到馈源处。馈源将信号的电磁波能量转换为高频电流的能量。卫星电视接收机由室外单元和室内单元组成。由于卫星电视信号与地面广播电视信号相比具有频率高信号弱的特点,且采用频率调制方式,而地面广播电视采用幅度调制方式,故普通电视接收机不能直接接收卫星电视信号。卫星电视接收机的室外单元将来自馈源的信号进行功率放大和第一次下变频,通过电缆将信号送至室内单元,室内单元的作用是将输入信号进行第二次下变频,使信号频率再次下降,然后对信号进行放大和 FM 解调处理,并分为两路,一路信号经再次放大和其他处理后分解为视频信号和伴音信号,可以直接输入监视器显示监示图像和声音。另一路信号调制到 VHF 或 UHF 频段的某一频道,得到射频信号,可以送至普通电视接收机显示图像和声音。

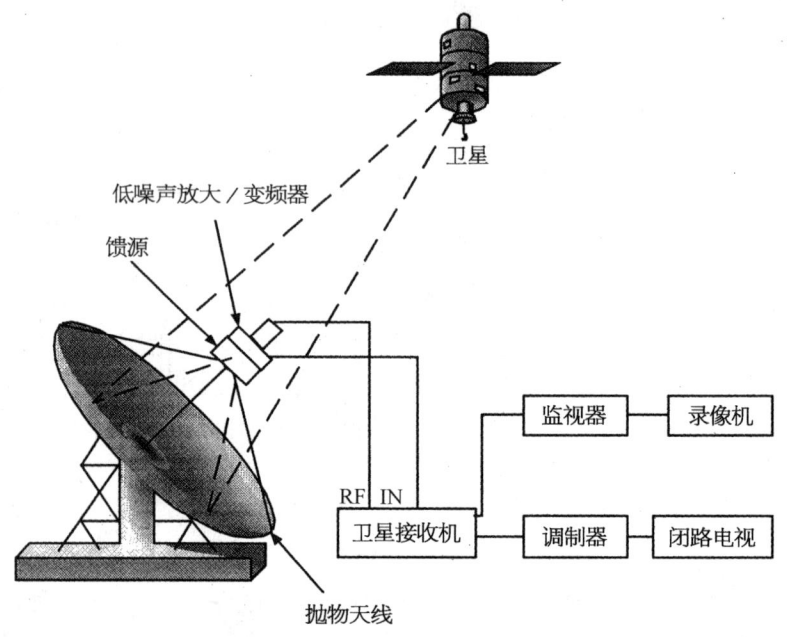

图 4 - 13　卫星电视接收系统

三、卫星广播电视系统

地面广播电视信号是采用波长较短的米波和分米波传播的,这种电磁波具有光的传播特性,即信号只能在直视距离范围内传播,绕射能力弱,故要远距离传送信号,便受到地理、气候等自然条件的限制。为了扩大电视广播的覆盖面,人们采用了微波中继的方式,每隔 50 公里左右建立一个电视差转台,把电视信号通过放大等处理后,采用微波设备定点发送,定点接收,然后再通过电视台向附近区域转发出去。这样,要实现全球性的电视转播,需要在地面上建立几十万个微波中继站,这将耗费巨大的人力物力。如果把中继站搬到地球同步卫星上,由于卫星发射的信号可以免受高山的阻隔,一颗卫星转发的信号,便可以覆盖地球表面的三分之一。

地球同步卫星是指运行方向与地球自转方向相同且运行周期恰等于地球自转周期的卫星,从地球上看,同步卫星的位置是相对静止的。只要把卫星发射到地球赤道平面上空 35 786 公里处,卫星的运行便能与地球自转同步。把广播电视转发器安装在同步卫星上,地面发射和接收天线可保持方向不变,省去了复杂的天线跟踪设备。如果把三颗同步卫星相隔 120°配置于同步轨道上,三颗卫星转发的电视信号就能覆盖全球除两极以外的地域。(图 4 - 14)图中阴影部分为两颗卫星的重迭覆盖区,在此覆盖区的卫星地面站可以同时收发两颗同步卫星的信号,因此可以作为非重迭区间的信号中转站。

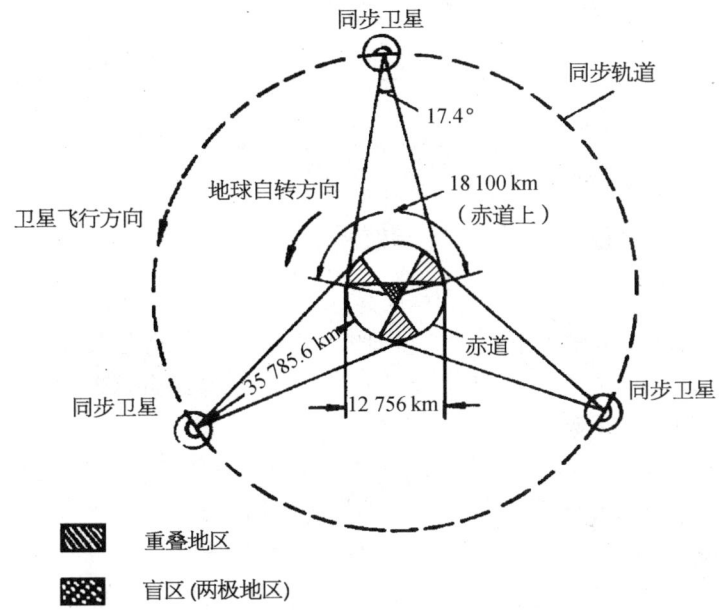

图 4 - 14　卫星广播电视覆盖全球示意图

　　由于卫星传输具有信号覆盖面大、辐射均匀、信道容量大、投资和管理费用低等优越性,可以广泛应用在电视广播、语言广播、电话、电传、传真、数据传送以及陆海空移动目标通信等方面,所以各国都争先发展卫星通信与广播业务。为了充分合理地使用频谱资源,避免干扰,国际电信联盟对卫星广播的频段进行了划分和分配,按地形将世界划分为三个区域,第一区包括非洲、欧洲、独联体国家的亚洲部分、蒙古、伊朗西部边界以西的国家,第二区包括南、北美洲,第三区包括不在第一区的亚洲部分和大洋洲,我国属于第三区。卫星广播下行频段的划分和分配如表 4.4 所示。

表 4.4　卫星广播下行频段的划分和分配

频　　段	分配区域	频　　段	分配区域
620—790 MHz	全球分配	12.5—12.75 OHZ	第 三 区

（续　表）

频　段	分配区域	频　段	分配区域
2.5—2.69 GHz	全　球　分　配	22.5—23 GHz	第二三区
11.7—12. ZGHz	第　三　区	40.5—42. SGffe	全　球　分　配
11.7—12. SGHz	第　一　区	84—86 GHz	全　球　分　配
12.1—12.6 GHz	第　二　区		

四、中国卫星电视教育

（一）中国卫星电视教育发展概况

我国从 1985 年 8 月 1 日开始租用位于印度洋上空 57°E 的国际通讯卫星 Ⅴ号的一个转发器传送中央电视台节目，1986 年 7 月 1 日开始又租用定位于66°E 的国际通讯卫星 Ⅴ 号的一个转发器传送中国教育电视台（CETV）节目。目前已有三个 C 频段卫星频道：

1986 年 7 月，中国第一个卫星电视教育频道（CETV1）开通；

1988 年 11 月，开通第二套卫星电视教育频道（CETV2）；

1994 年 3 月，开办了第三套卫星电视教育节目（CETV‑SD）。

1996 年 10 月，中国教育电视台建立了覆盖北京地区的教育电视频道，即北京 35 频道。

中国卫星电视教育已形成一个覆盖全国、以卫星电视传播为主要媒体的远程教育体系。即由中国教育电视台，省、地（市）、县级教育电视台和教育电视收转台、地面接收站及放像网点组成的卫星电视教育系统；由中央电大、省级电大、地市级电大分校和县级电大工作站组成的广播电视教育系统；由中央、省、地、县电化教育馆以及学校电教机构组成的学校教育技术系统。目前已有一万六千多座卫星地面接收电视站，70％以上的有线电视台转播卫星教育节目。仅广播电视大学已拥有 13 000 多个教学班点，在校生超过 100 万人。地方教育电视台是地方教育行政部门开办的专业电视台。自 1980 年，第一座省级教育电视台新疆教育电视台成立以来，相继有上海、辽宁、宁夏、江西、江苏等近 10 座教育电视台成立。另外还有地（市）级教育电视台近百座，县级教育台 400 多座，教育电视收转站 500 多座，66 000 个放像点。这些站点成为我国卫星电视教育最重要、最基本的支撑点。

（二）中国卫星电视教育网改造工程

1. 改造工程目标

● 将模拟电视改为数字电视；

● 采用 K_u 频道卫星传输；（参阅第三章第六节）

● 与中国教育科研网和其他地面通信网结合，提供实时和非实时的交互式教学手段；

● 为教育资源中心的多媒体电子课件及各种教育资源提供高速下载通道。

2. 近期主要任务

● 逐步形成以 K_u 波段为主、K_u 和 C 波段并存的卫星传输体制。

● 现有卫星电视教育网使用三个 C 波段转发器，通过改造作如下调整：① 把中央电大等教育节目（CETV2）由 C 波段改为 K_u 波段卫星传输；② 暂时保留中国教育电视台第一套节目（CETV1）模拟电视传送方式不变；③ 适当时机将卫星电视教育第三套节目（CETV－SD）使用的 C 转发器改造为 K_u 波段转发器。

● 将模拟电视信号传输改为数字压缩电视信号传输，采用数字压缩后，一个 54MHz 转发器可以发送 8 套中等质量远程教育 MPEG－2 电视节目和数十套 IP 数据流。

● 建立现代远程教育传输中心。传输中心是卫星电视教育网中允许通过卫星播发远程教育节目的唯一的发送站。它的主要功能是：汇集需要上星的各路远程教育信号；对信号进行数字压缩、复合、调制处理；集中上行发送现代远程教育信号；实施条件接收及对教学单位的收费控制；信号监控等。

● 建立教育资源中心。该中心应具有存储与检索教育资源；协调和管理中央和地方教育资源；对远程教育资源传送进行控制和管理；研究远程教育资源等功能。

● 利用原卫星电视教育第三套节目（C 波段）转发器资源，借助 CERNET 以及公众电信网或广播电视网建立异地远程教育节目传输系统。

第六节　电视教材制作系统

电视教材是根据教学的需要，运用电视录像技术和影视语言，以画面和声音相结合的形式表达教学内容的一种视听教材。它具有丰富的表现力，除了能够辅助课堂教学，还能够独立完成某些教学任务。因此，它往往既是教学内容的体现，又是教学方法的运用，在现代教育技术中占据着重要地位。

一、电视教材制作系统的组成

系统分为两大部分，一是前期素材摄录部分，二是后期录像编辑部分。

前期素材摄录部分,包括摄像机、录像机、话筒、特技信号发生器(简称特技机)、字幕叠加器和作为素材的录像带。

后期录像编辑部分,包括电子编辑系统、音频合成系统、连接线、特技信号发生器、录像带、素材带、话筒等。

电子编辑系统如图4-15所示,包括两台编辑录像机,两台监视器和编辑控制器组成。其中一台编辑录像机作为素材带的重放机器(简称放机),另一台编辑录像机用作录像(简称录机),制成编辑带,两台监视器分别作为放机、录机监视器。放机与录机之间用视频复制电缆、音频复制电缆连接。编辑控制器具有分别控制编辑放机和编辑录机的入点和出点(素材带信号进入或停止进入编辑带的时间),还有预演(在录制前预先检查编辑组接是否符合要求)、重演(录制后重看)、编辑出入点的修正、画面检索、按时分秒帧计数显示、快速或慢速检索画面、静像及出入点的记忆等功能。

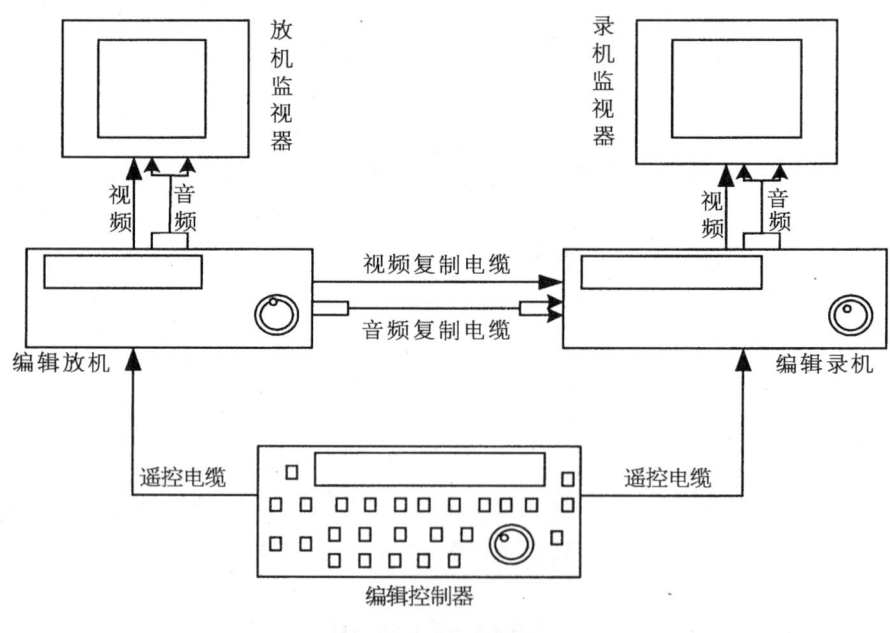

图4-15　电子编辑系统

二、电视教材编辑的工作原理

电视教材的编辑组接是电视教材后期制作的重要环节,它是按电视编导的意图,把各个电视画面和声音的素材按特定的规律组接起来,形成完整的电视教材。其过程是把前期拍摄的各种内容素材,经筛选、编排、充实、叠加字幕、特技处理和声音合成后方能编制成完整的电视教材,从而提高电视教材的视听艺术效果。

电视教材的编辑通常是利用电子编辑系统，以镜头组接方式先编画面图像，后配声音（人声、音乐、音响效果）。镜头的组接是电视教材编辑工作的基础，熟练掌握编辑组接技术，严格把握编辑组接质量，是对电视教材编制人员的基本要求。

三、电视教材编辑方式

利用电子编辑系统进行电视教材编辑，通常采用两种编辑组接方式，即组合编辑和插入编辑。

（一）组合编辑

这是一种汇编方式，又称连续编辑，是按分镜头稿本的镜头顺序，将不同场景分段录制在素材带上的图像信号、声音信号1、声音信号2、控制磁迹（CTL）信号同时完整地记录在编辑带上。如同写文章逐句逐段写下去一样，是最常用的、最基本的编辑组接方式。

（二）插入编辑

这是指在已编辑成的磁带中，用插入的方法，或同时或分别更换部分视频信号、音频信号的一种编辑方式。编辑时，将要插入的视频或音频信号磁迹准确地记录在被更换的磁迹的位置上。在更换了图像信号磁迹或声音信号磁迹的同时，保留了原有控制磁迹。插入编辑方式灵活，可以用于音填画、画填声以及修改内容用。

（三）编辑的操作

● 按磁带编录方式选择组合编辑或插入编辑；
● 确定编辑点，对放机中的素材带和录机中的编辑带都要寻找和确定它们的编辑入点；
● 预演，通过监视器预先观看编辑组接的效果；
● 修改，若编辑点不合适，修改编辑点；
● 正式编辑，预演合格后，可按自动编辑键，编辑机自动完成编辑录制工作。

编辑完毕后，通过重放已编辑好的图像，检查图像编辑点是否衔接准确、稳定、平滑、流畅、自然，如有问题则要用插入编辑，重新编辑直至满意为止。

四、声音的合成

声音合成是将解说、音响效果、音乐按电视教材分镜头稿本的要求，有目的、有层次、有重点地组合起来，配录在编辑带上。一般在编辑组接完所有镜头后再进行声音合成。

为了保证声音的录制质量和声画的正确配合，可采用如下步骤进行声音合成。

首先是预录解说。电视教材中的解说十分重要，通常将全部解说单独录在另一盘录像带的声道上，作为解说的母带。

接着预录音乐、音响效果。将选择好的电视教材中音乐、音响效果分别录制在两盘录音带上，作为音乐、音响效果的母带。

最后混音合成。将解说母带放入编辑放机，将音乐、音响母带分别放入录音机，选择好要混录的内容，送入调音台。通过调音台调整各路声音信号电平和输出电平，经调音台混合后的声音再送入编辑录机。根据编辑录机中的编辑带画面内容，将要混录的声音逐段插入到编辑带上。

第七节　电视教材的设计与编制

电视教材是根据教学的需要，运用电视录像技术和影视语言，以画面和声音相结合的形式表达教学内容的一种视听教材。它比前面几章描述过的那些媒体教材具有更丰富的表现力，除了能够辅助课堂教学，还能够独立完成某些教学任务。因此，它往往既是教学内容的体现，又是教学方法的运用，在现代教育技术中占据着重要地位。

一、电视教材的设计

教材设计涉及到教学目标、策略和对象等一系列教学设计的原理和原则，这里只是结合电视教学的特点来讨论一般电视教材设计的类型、设计编制教材应注意的一些问题，以及应遵循的某些基本要求。

（一）电视教材的设计原则

1. 目的性原则

采用任何媒体，都是为了实现整体目标而使教学过程获得优化，这是毫无疑义的，但正因为电视的艺术表现力特强，教育对象面极宽，在设计电视教材时，容易产生喧宾夺主或离题万里的通病。前面曾说到电视有灵活的时空自由表现的能力，但如果运用不当也可以成为违背科学、误人子弟的包袱，要知道作为教材它必须有特定的教学目标和特定的对象，这是不同于故事片、新闻片，乃至科普片的精髓所在。

2. 抽象直观度原则

电视教材以提供直观形象材料著称，从中可获得丰富的感性认识，课堂搬家式的电视教材被认为是没有发挥电视特长的拙劣之作，这是事实；但学习者获得的尽是感性认识就不可能深入掌握事物的本质和规律,故必须在感知的基础上,通过大脑的思维活动和改造功夫才能将感性上升到理性的高度,故电视教材应力图把直观和抽象巧妙地结合起来,运用之妙在于掌握直观和抽象的一个"度"。既要体现出电视视觉形象的欣赏心理定势,又要不断提出问题、启发思考和发挥音响的画龙点睛、提示引导的作用,以促进学习者的求知欲。

抽象与直观的水乳交融和辩证统一还体现在电视教材能以学生为主体的指导思想上,教材的深浅程度、内容的铺陈和展开都要适应自学的需要,能使学习者顺利地成为教学过程的调适者和控制者。这在远距离教学中尤其重要。

3. 效益性原则

与常规媒体相比,无论是电视片的制作还是电视教材的具体运用,都要付出相当大的代价,所以浅显的内容,除了偶尔用作提高刺激强度的"兴奋剂"以外,一般无须采用电视,对于单纯静态表现的数据、公式、标本之类的内容,用电视表现手法更是得不偿失。

广播电视教育属资金密集型的现代化教育,电视教材的设计、制作和播发占了办学成本的大部,唯有在注册的学生数量大、单位成本大幅度下降的前提下,电视教学和教材编制才有其生命力,这是远距离教育的效益性原则,也是经济学分析的重要依据。

(二)电视教材的类型

不同的课型、不同的学科乃至不同的教学形式,应设计成不同的教材类型,这里拟从电视具有普遍性意义的角度来分类。

1. 讲演记录型

这是指系统性课堂教学的实况录像或直播,这种类型在师生的情感交流、反馈、随机调教进程以及可视度方面显然比传统小型课堂教学的效果要差,但它仍然有以下可取之处。

第一,大教室讲授可利用电视弥补后排听讲的障碍,也可用作扩大教室规模和利用录像作补课之用。

第二,在远程教学中选择优秀教师示范讲授,一人讲演万人受益,因而成为远距离教学的基本模式。

第三,在教学中可适当穿插模型、演示、实物、外景、计算机终端显示屏幕的录像资料等,丰富了讲课的内容。

2. 专题解析型

指针对某一教学专题精心编制的一种辅助教材,它常以精湛的画面构图和精练的解说来代替教师讲授,由于它最能发挥电视的表现特长,因而在解决教学中的重难点问题、自学辅导或扩大知识面等较为有效,随着音像出版业的进展和学校制作力量的强化,这类教材软件已在各科教学中普遍丰富起来。

3. 示范纪实型

这是一种在技能技巧类训练项目中,利用录像技术现场实录的范例性教材。可供学习者观摩、对照和模仿。必要时还用特技将学习的动作进行分解或以慢动作的逐帧来显示;反之也可将个别的动作加以综合连贯和加速。

4. 情景表演型

这是用戏剧的表演形式去展示教学内容,生动活泼的表演容易唤起学习者的情感反应,使学习者印象深刻,又寓教于乐、长久不忘。这类教材一般适用于文学、艺术、语言、历史、经济等社会科学方面的课程。

5. 资料汇编型

指针对某一课程以提供生动逼真的感性材料或案例为主的电视教材,这类电视片,通常只作教学中的插播或作科学研究之用,大多以辑录电影、电视资料为主,并非要求有很强的系统性和逻辑性。文理各科都可适用。

二、电视教材的创作

电视教材的编制和创作不论是哪一种类型,都要求有专业教师的参与、编导者的构思和制作人员的摄录,在创作中还要注意课程规划的宏观控制和多媒体教材的协同问题。

(一)电视教材的编制过程

电视教材的创作编制人员应由学科专业教师、教学设计人员和编制人员三部分成员组成。专业教师根据教学的课程目标与大纲撰写稿本并参加录制的全过程;教学设计人员制定教学策略和确定电视片的类型和表现手法,以及教学建议和评估等;编制人员则首先根据文字稿改编成分镜头稿,再组织摄、录、编的运作等,具体过程如下。

1. 准备阶段

(1)选题

根据教学要求、电视特点和拍摄条件,选好、选准欲编制电视教材的主题。

(2)编稿

包括文字稿和分镜头稿,后者是拍摄和编辑电视画面和伴音的依据,或者说它是编制电视片的蓝图,应尽可能详尽和具体。

(3)分工

根据分镜头稿组织摄制人员各司其职。

(4)检查

对场景、器材、音响、灯光、美工、素材等准备工作进行检查落实,必要时进行预演(讲)。

（5）计划

制定经费预算、拍摄方法、编辑方式等的计划方案。

2. 拍摄阶段

● 导演的现场组织和指挥，专业教师的参谋和建议；

● 根据现场情况对分镜头稿本进行具体落实、修改和补充；

● 对需要声画同步的场景（讲演型教材尤然）做好同期录音；

● 做好场记，为编辑工作做好准备。

3. 后期编辑

● 审视素材，依据分镜头稿核实拍摄内容，选出适于编辑的画面；

● 确定编辑方式（组合编辑或插入编辑）；

● 在编导和专业教师指导下编辑；

● 依据稿本对画面配解说词、音乐和音响。

4. 审定发行

● 组织专业教师、创作人员与有关领导审看初样；

● 修改电视教材的画面与解说词，完成编制工作；

● 整理稿本，写出完成本与教学指导书；

● 复制发行。

（二）稿本的编写

电视教材依据分镜头稿本来拍摄，分镜头稿本又按文字稿本来编写，所以稿本的水平在很大程度上决定电视片的质量，专题片与表演型的片型尤其离不开这张施工蓝图，因此稿本的编写是电视教材编制中的一个中心环节。

1. 文字稿本

文字稿本是讲稿、教案和分镜头稿之间的过渡性文件，由专业教师编写，要完成这一桥梁作用，最好采用画面与解说相对应的文体格式。

（1）图文穿插式

由画面与解说词交替排列的文体。

（2）同步对列式

画面与解说左右对应，条理清楚、便于阅读，最为常见，例如表 4.5 所示。

表 4.5　《氧气的性质和用途》文字稿本的一部分

画　面　内　容	解　说　词
1. 标题：在一群游动呼吸的金鱼画面上，蹦出标题字《氧气的性质和用途》	氧气，是动植物生存、生长不能缺少的要素之一

（续　表）

画　面　内　容	解　说　词
2. 登山队员身背氧气袋在奋力攀登	
3. 带着氧气筒的潜水员在水下工作	
4. 飞行员在登机（空中已有刚起飞的飞机）	在我们的生活中,不管是什么人,只要是到空气稀薄的地方去都要带上氧气袋

2. 分镜头稿本

分镜头稿本要求把文字稿描述的内容用电视手法体现出来,为此需要依次分切成一个个可参照而予以实施的具体镜头,成为摄录、编辑和审片时的主要依据,它的格式如表 4.6 所示。

表 4.6　分镜头稿本格式

镜号	机　号	景　别	技　巧	时　间	画面内容	解说词	音　乐	音　效	备　注

（1）镜号

镜头的序号。由于摄录时常按时间、地点上的方便而打乱次序来拍摄,所以必须按镜头号做好场记,以方便编辑时检索。

（2）机号

摄像机编号。在多机拍摄时,明确各摄像机的拍摄任务与要求,也方便于现场调度指挥和编辑。

（3）景别

系根据教学要求与视觉规律选定被摄体的取景范围,是用摄像机代替学习者以不同的视角和位置观察事物的手段,一般分为远景、全景、中景、近景、特写和显微等,电视教材用得最多的应是近景和特写。

（4）技巧

包括各种拍摄技法:推、拉、摇、移、跟甩、升降与虚实等,还包括画面组接的方式:切变、淡变、划变、选加、键控等。

（5）画面

具体拍摄的内容,一般以文字来描述,为摄像员提供形象性摄制依据。为

此,有时以简图来表示更为明晰。

（6）解说

与画面一样均源自文字稿本,但解说词的写作应显得更为严谨、精练、通俗易懂、妙趣横生和紧扣画面,因为解说词就是画面配音时的旁白。

（7）音乐

注明配乐的内容、起始位置。音乐对画面有时可起背景烘托和情绪渲染的作用,但作为教学片应予慎用,以免转移学习者的注意力。

（8）效果

提供难以用言词表明的实际声响,富有真实感与表现力。

（9）时间

标明镜头所占用的时间（电影片通常用胶卷长度表示）,主要以解说能正确地配合好画面为准绳,一般控制在每秒 2—3 个字为宜。

（10）备注

记事用栏目。

3. 稿本结构

稿本是一种特殊形态的教案,在结构上需要有鲜明的主线,严密的逻辑性、系统性和哲理性,以及完满的风格和体裁。整个电视片大致可分为三个层次：

（1）开头部分

用以点明主题,不论是采用提出问题、形成悬念,还是采用背景画面、烘托氛围,开头部分都要求简洁明朗,扣人心弦。

（2）展开部分

是电视片的核心和主体,须循序渐进、丰满流畅、主次分明,重点突出处不惜重墨浓彩,次要问题则在保持系统性的基础上尽量做到紧凑和简化。

（3）结尾部分

应是深化主题的启发性总结,既是内容的概括,又是悬念的释疑,更是老概念的形成和升华,新概念的思考和探索。

三、电视教材的应用

（一）电视教材应用的基本环节

利用电视教材进行教学与其他媒体教学方法一样并没有一成不变的统一模式,只要认为对教学有利的都是可取的方式,但每种方式事先都应有所考虑和计划,才能有的放矢地达到预期目标,以辅助型教学为例,列举出以下一些主要环节。

1. 提示

在电视教材播放前,教师应预先说明电视教材内容的要点和应注意的方面。

进行提示相当重要,因为电视常一闪而过,只有引导学习者才不会忽视重要的细节,有针对性地视听。

2. 播映

在播映中教师也要参与观摩活动,并注意学生动态,必要时可停帧或逐帧慢放,以便教师补充说明,或提供给学习者以思考的余地,使理解更为深透。

3. 小结

播放后作出小结将有助于知识的深化、扩展和巩固,也有助于教师承上启下的讲授。

4. 课后活动

吸收学习者的反映,适当布置与电视有关的作业,进行阶段性考核,以检查教学质量。有条件的也可将录像带借给学生,让其自行复习或补课。

在课堂教学中何时播放电视教材由教师在备课时预定。一般说来,开始时播放可为这堂课的教学作好铺垫,激发学习动机和求知欲;课间播放或边讲边播放可解决教学中的"疑难杂症",促使问题迎刃而解;结束时播放可起到总结概括、巩固知识、增强记忆和拓宽视野的作用。

(二)电视教材应用方式

应用电视教材进行教学,灵活多样,并可不断创新。目前常用的有以下几种。

1. 情景展示法

用以配合课文内容展示情景,它有多种作用,如用情景来阐明文字、挂图、书本难以表达的动态场面和音响;用情景可引起学习者的一系列情感反应,获得高品位的艺术享受和提高鉴赏水平;用相互关联的多种情景让学生自行综合,发现它们之间的共同特征和内在联系。这种发现法的学习方式,有利于学生形成概念和知识的迁移。

2. 悬念释疑法

教师常利用电视片中设置的(或临场设置)悬念去激发学生的思维活动,一旦释疑,才进入下一循环,学生则在设疑——解惑——再设疑——再解惑中循序渐进最后达到预定的教学目标。在设疑之后还可以组织学生讨论,共同寻找答案,最后从电视片中找到正确结论。

3. 实验操作法

示范教学尽管不能代替学生的亲身实践,但利用示范型教材,指导学生实验操作、形体表演或先实验操作后用电视教材加以验证或边放映、边对照、边仿效等,都是技能训练中行之有效的技法。

4. 微型教学法

师资培训时为分析和提高特定的教学技能(或其他训练中的技能技巧)而使

用的方法,通常实习者用20分钟左右时间进行教学实践,着重于教学的某一特定内容,这一过程由录像进行记录,紧接着指导教师从播放录像中分析这堂"微型课",进行共同评价、反复训练,从不断反馈中促使行为规范和强化。微型教学法步子小、技能单一、思想集中,又连续性取得反馈,因而容易取得技能训练的良好效果,这类教学法可以推广到语言实验教学、模拟器教学等许多方面。

◆ **复习思考题**

1. 闭路电视系统有哪几种类型? 各有何功能?

2. 卫星广播电视系统由哪些部分组成? 试述系统的工作过程。

3. 微格教学有何特征? 其教学程序如何?

4. 微格教学音像录放系统由哪几部分组成?

5. 电视教材的编制应注意哪些设计原则?

第五章　多媒体技术教育应用

课　前　活　动			
活动目的	1. 通过参观多媒体演示教室,了解利用多媒体教室进行课堂教学的方法		
	2. 通过观摩多媒体课件,了解多媒体的基本特征		
活动内容和活动方式	1. 组织参观一个多媒体演示教室,请有关教师讲解多媒体控制平台的操作方法		
	2. 选择一个多媒体课件进行操作和演示		
参加活动后需要完成的任务	分析多媒体课件中的多媒体素材成分	素材类型	请列举其中3个实例
		文　本	
		图形、图像	
		动　画	
		视　频	
	分析多媒体课件中的超文本结构特征	超文本的链接方式	
		从	链接到
		从	链接到
		从	链接到
		从	链接到
		从	链接到
	分析多媒体课件中的交互方式	交互类型	请列举其中2个实例
		菜单式	
		按钮式	
		热字(图标)	
		键盘输入	

第一节　多媒体技术基础

一、多媒体技术

（一）什么是多媒体技术

媒体是指传递信息的中介物,它有两种含义:一是指表现信息的载体,如文字、符号、语言、声音、图形图像等;二是指存储和传递信息的实体,如书本、画册、报纸、幻灯片、投影片、录音带、电影胶片、录像带、计算机软件以及相关的播放设备等。

国际电信联盟(ITU)认为多媒体是利用计算机交互式综合技术和数字通信网络技术处理多种媒体信息(文本、图形、图像和声音等),使多种信息建立逻辑连接并集成的交互系统。多媒体是计算机技术与视频、音频和通信等技术发展的产物。

多媒体技术(multimedia technology)是指把文字、图形图像、声音、动画、视频图像等承载信息的媒体结合在一起,并通过计算机进行综合处理、控制和显示,将多媒体各个要素进行有机组合,并完成一系列随机性交互式操作的信息技术。

多媒体技术的出现,标志着信息技术一次新的革命性飞跃,它不仅改变了人类获取、处理、使用信息的方式,也将改变人类学习的方式,多媒体技术的发展将使计算机的应用深入到前所未有的广阔领域,给人类带来深刻的影响。

（二）多媒体技术的基本特征

1. 多样性

多媒体技术可使计算机处理的信息多样化,扩展了计算机处理信息的空间。利用多媒体技术对输入的信息进行变换、加工,大大丰富了信息的表现能力,增强了动态效果。借助多媒体技术,人们可以广泛采用文本、图形、图像、视频、音频等多种信息形式来传递信息。

2. 集成性

多媒体技术中的集成性是信息系统层次的一次飞跃。这种集成性包括两个方面:一是把存储信息的实体集成,即把视频设备、音响设备、存储系统和计算机集成;二是把承载信息的载体集成,即把文本、数字、图形、动画、声音和视频图像等集成。多媒体系统将多种媒体的功能集成起来以后,经过多媒体技术处理,克服了早期使用单一媒体进行获取和理解信息的不足,而使它们能够发挥综合作用。

3. 交互性

多媒体技术为用户提供了更加有效的控制和处理信息的手段。多媒体系统利用图形菜单、多窗口、图标、按钮等美观形象的图形界面作为人机交互界面,人们可以使用键盘、鼠标、触摸屏、话筒、数据手套等设备与计算机进行交互,活动本身也作为一种媒体介入了信息转变为知识的过程,多媒体技术的交互性可以增强对信息的注意和理解,延长信息存储的时间,人们可以改变信息的组织过程,可以获得更多的信息,形成了一种全新的信息传播方式。

二、多媒体信息

媒体是传递信息的中介物,客观世界存在着各种各样的媒体形式。计算机多媒体系统中的多媒体信息包括以下内容:

● 文本(text)。它是各种文字字体的集合,是用得最多的一种符号媒体形式,是人和计算机交互作用的主要形式。文本的特性包括有字体、颜色、字号等。

● 图形(graphic)和图像(image)。图形包括点、线、面到三维空间的黑白或彩色几何图形。图像包括照片、幻灯片和绘画作品等。

● 动画(animation)。包括卡通、活页动画片和计算机制作的二维、三维动画等。

● 视频(video)。主要是指自然景物的连续画面图像,包括数字化处理的录像资料、影片等。

● 音频(audio)。包括音响和音乐两类。音响(sound):包括解说旁白、自然声响(如雷声)和各种动物叫声、汽车声等。音乐(music):包括歌曲、乐曲等。

● 交互界面(interactive interface)。包括各种按钮、图标、菜单等。

三、多媒体关键技术

多媒体技术的核心是使计算机能实时地综合处理图、文、声、像等信息,它要求计算机具有表现、处理、存储多种媒体信息的综合能力。多媒体技术是一门多学科的综合技术,主要包括下列几个方面。

(一)数据压缩/解压缩技术

多媒体数据压缩技术主要包括图像声音的采集、数字化处理、压缩、存储、传输、解压、播放等几个方面的内容。由于图像、声音的信息处理量大,处理速度要求高,因此,数据压缩/解压缩技术是多媒体的关键技术,是多媒体计算机走向实用化的关键。

虽然多媒体系统要对图像和声音信息进行压缩处理,但问题的焦点主要是图像信息的压缩,特别是视频图像信息的压缩。目前最为流行的图像压缩编码的国际标准主要有彩色静止图像的压缩方式 JPEG、彩色运动图像的压缩方式

MPEG，相关内容可参见本书第三章第一节。

（二）多媒体存储技术

包括多媒体数据库技术和海量数据存储技术。近年来光存储技术的发展带动了多媒体技术及大容量存储技术的进步。光存储技术是指通过光学的方法读出或写入数据的技术。多媒体数据中的视频图像和声音都是与时间有关的信息，在很多场合要求实时处理，同时多媒体数据类型复杂、信息量大。这些都对多媒体存储技术提出了较高的要求。

（三）专用芯片技术

多媒体计算机需要快速并实时完成视频和音频压缩、解压缩，以及图像的特技效果加工、图形处理、语音信息处理等，必须使用大规模集成电路芯片。多媒体计算机专用芯片可分两类：一类是具有固定功能的芯片，它只能完成固定的压缩算法，主要用于图像的压缩处理，其成本较低，使用方便，存在功能单一的缺点；另一类是可编程的处理器，它可以通过编程来改变处理功能，实现不同的压缩算法。

（四）输入/输出技术

多媒体输入/输出技术涉及到各种外设及相关的接口技术。

1. 媒体转换技术

用于改变媒体表现形式。

2. 媒体识别技术

对信息进行一对一的映像，如语音识别技术等。

3. 媒体理解技术

对信息进行更进一步的分析，处理和理解信息内容，如自然语言理解等。

4. 媒体综合技术

把低维信息映像成高维的模式空间的过程，如利用语音合成器将语音的内部表示综合为声音输出等。

（五）多媒体网络技术

随着计算机技术和通讯技术的发展，因特网也蓬勃地发展起来。万维网作为在因特网上运行的全球性分布式信息系统，能将因特网上的包括文本、图像、声音、视频等超媒体资源通过超级链接互连起来，为人们广泛而有效地获取和利用信息开辟了广阔的空间。

目前的多媒体网络通讯技术主要包括两类：一是以文本为主的数据通信，包括文件传输、电子邮件、远程登录、网络新闻和电子商务等；二是以声音和电视图像为主的视频通信,包括流媒体、视频会议等。

四、多媒体系统的构成

多媒体技术是通信技术、电视音像技术与计算机技术相结合的产物。人们一般把具有多媒体功能的计算机称为多媒体计算机,其中最基本、最广泛的是多媒体个人计算机(multimedia personal computer,MPC)。

自 1984 年 Apple 公司推出第一台多媒体计算机 Macintosh 以来,许多国际性的大公司都在研制和开发多媒体计算机,其中有 Commodore 公司的 Amiga 系统、Philips/Sony 公司的 CD-I 系统、Apple 公司的 Hypercard 系统、Intel 公司和 IBM 公司的 DVI 系统等等。

(一)多媒体系统的基本构成

多媒体系统必须把音频、视频等媒体与计算机系统融合起来,并由计算机系统对各种媒体进行数字化处理,是一个复杂的硬件、软件有机结合的综合系统。尽管不同厂家的多媒体计算机产品的功能和结构都不尽相同,但作为一台基本的多媒体计算机,应具备一些共同的基本配置。(图 5-1)

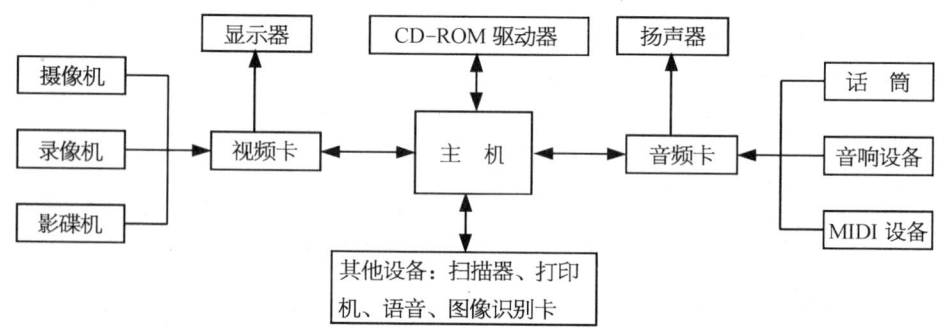

图 5-1　多媒体系统的基本组成

1. 基本主机系统

包括:CPU、内存、总线、显示系统、磁盘驱动系统、用户输入/输出系统等。由于多媒体数据量大,要求较强的实时处理能力,所以多媒体系统对计算机主机系统的要求较高。

2. 多媒体接口卡

是多媒体系统中建立制作和播放多媒体应用程序工作环境必不可少的硬件设施。用于解决各种媒体数据的输入/输出问题。常见的接口卡有视频捕捉卡、视频压缩卡、视频播放卡、VGA/TV 转换卡、声卡等。

3. CD-ROM 驱动器

是 MPC 最基本的多媒体设备。CD-ROM 驱动器既是大容量的数据存取设备,也是 CD、VCD、DVD 的播放器。

4. 多媒体外部设备

包括:

(1)视频、音频输入/输出设备

如摄像机、录像机、音响、立体声耳机等。

(2)人机交互设备

如键盘、鼠标、触摸屏、数据手套等。

(3)存储设备

如磁盘、可擦写光盘等。

5. 多媒体系统软件和应用软件

多媒体系统软件是多媒体系统运行的环境基础,具有综合使用各种媒体,灵活调动多媒体数据的传输和处理的功能。主要包括:多媒体操作系统、媒体素材制作软件及多媒体库函数、多媒体制作工具、开发环境等。

多媒体应用软件是指在多媒体创作平台上设计开发的各种应用软件程序,如多媒体课件、电子百科全书等。

(二)MPC 标准

多媒体计算机是一个具有特定多媒体功能的、由复杂的硬件、软件有机结合的综合系统。为了使不同厂家生产的产品也能方便地组成多媒体个人计算机系统,就要解决产品标准化和兼容性的问题。1990 年,以 Microsoft 公司为首的主要多媒体开发厂商组成了"多媒体个人计算机市场协会"(后改组为"多媒体计算机工作组"),以进行多媒体标准的制定和管理。该组织制定的多媒体标准就是著名的 MPC 标准。

随着计算机和多媒体产品性能的不断提高,新的 MPC 基本标准也不断推出。(表 5.1)

表 5.1 MPC 系统标准

项 目	MPC - 1	MPC - 2	MPC - 3	MPC - 4
制定时间	1990 年	1993 年 5 月	1995 年 5 月	1996 年 12 月
中央处理器(CPU)	386 SX/16 MHz	486 SX/25 MHz	Pentinum/75 MHz	Pentinum/133 MHz
内存(RAM)	2MB	4MB	8MB	16MB
硬 盘	35MB	160MB	540MB	1.6GB

项　目	MPC-1	MPC-2	MPC-3	MPC-4
CD-ROM 驱动器	单倍速 150KB/sec	双倍速 300KB/sec	四倍速 600KB/sec	十倍速 1 500KB/sec
显示卡	640×480/16色	640×480/ 65535色	800×600/1024× 768/16位增强色， 支持 MPEG-I	1280×1024/1600× 1200/1900×1200/24 位或32位真色， 支持 MPEG-I
音效卡	8bit/MIDI	16bit/MIDI	16bit/MIDI/ Wavetable	16bit/MIDI/ Wavetable

其中 MPC-1 标准现在虽已过时，但它作为多媒体计算机的第一个系统规范，在多媒体技术发展和普及过程中具有十分重要的地位。与 MPC-1 相比，MPC-2 的最大改进是增强了对声音、图像、视频、动画播放的支持。MPC-3 反映了 Petinum CPU、MPEG 视频压缩技术和 Windows95 的出现给多媒体所带来的巨大冲击的现实，MPC-3 的重要进步是使多媒体计算机能在不使用"硬解压方法"条件下，在 CD 级音响伴奏下播放全屏 MPEG 视频图像。与前三个 MPC 标准相比，MPC-4 标准对 MPC 主要配置的要求有较大的提升。

（三）配置 MPC 系统

MPC 基本标准只是界定 MPC 必备的下限功能与配置，只要符合标准，就可以灵活地提升功能与配置。配置 MPC 系统主要有两种途径。

1. 将 PC 机升级为 MPC

对于原有 486 以上并有 VGA 显示器的微机，可根据 MPC 系统的配置要求，结合个人实际需要，通过购买多媒体升级套件将普通 PC 机升级为 MPC。这对充分利用目前我国存在的大批 486 微机进行多媒体辅助教学具有十分重要的现实意义。

2. 配置新的 MPC 系统

先看下面目前一些 MPC 产品的主要配置：

PⅢ 933 微处理器、128M 内存、30G 硬盘、48 倍速光驱、15 英寸显示器……

P4 1.7G 微处理器、128M 内存、60G 硬盘、DVD、32M 显卡、15 英寸显示器……

P4 1.6G 微处理器、128M 内存、32MB 显存的 3D 显卡、40GB 硬盘、48 倍速光驱、15 英寸显示器……

可见随着现代科技发展，计算机和多媒体产品性能的不断提高，MPC 的速度越来越快,性能越来越好,超过 MPC - 4 标准的 MPC 系统已随处可见。用户可根据自己的需要选购 MPC 产品。

第二节　CD-ROM——一种理想的教学资源载体

CD - ROM 是 compact disc read-only memory 的缩写,意思是只读式紧密光盘。它是多媒体计算机使用最广泛的一种只读光盘。是一种专门存储计算机信息的外部存储设备。

一、CD - ROM 盘 片

多媒体技术需要处理文字、声音、图形、图像和视频等多种媒体信息,数据的存储量非常大,CD - ROM 光盘作为一种存储器对多媒体的应用有特别关键的意义。CD - ROM 光盘是一种只读光盘,存储的信息必须一次性的放置在光盘上。制作 CD - ROM 光盘费用虽然较昂贵,但是把主盘制作好后,大量复制光盘的费用十分低廉。因此,如果 CD - ROM 光盘的需求量很大,每张盘片的价格相对就较低,因此,它十分适用于作为一种电子出版物,在市场上大量流通。

CD - ROM 光盘作为多媒体信息的载体,可以方便地携带与流通,在商业、管理和科技、教育和出版等领域已经得到广泛的应用。

CD - ROM 技术经过十多年的发展,已经成熟。CD - ROM 光盘的数据记录有精确的规范和国际标准,任何一张符合标准的 CD - ROM 光盘可以在任何一个 CD - ROM 光盘驱动器中读出。可以说,CD - ROM 光盘(以及其他任何商品化的多媒体产品)能够推广的原因之一就是标准化。

标准 CD - ROM 盘片是由聚碳酸酯(PC)注塑而成,其直径为 120 毫米,厚度为 1.2 毫米。中心装卡孔直径为 15 毫米。

盘片的径向截面共有三层:

● 聚碳酸酯做的透明衬底;

● 铝反射层,镀在带信息坑的盘片表面,厚约 50—100 nm,目的是提供反射层,以便读出二值化的信息;

● 漆保护层,它涂在铝膜上,厚约 10—20 μm。光盘的商标和说明就印刷在保护膜上。

标准 CD - ROM 盘片的片基一面带有无数个极其微小的凹坑,代表着所记录的信息,俗称信息坑。凹坑深度约为 0.12 μm,宽度约为 0.5—0.6 μm。路径上的凹坑和非凹坑长度限制在 3T—11T(T=0.277 μm)之间。有关数据就记录存储在由内向外的带凹坑和非凹坑组成的螺旋型路径上。相邻路径之间距离为 1.6 μm。由于密度很大,因此它具有极高的存储容量,一张 CD - ROM 光盘可以存储 650MB 的数据。用户只能读取储存在光盘上的信息而不能在光盘上写入信息。

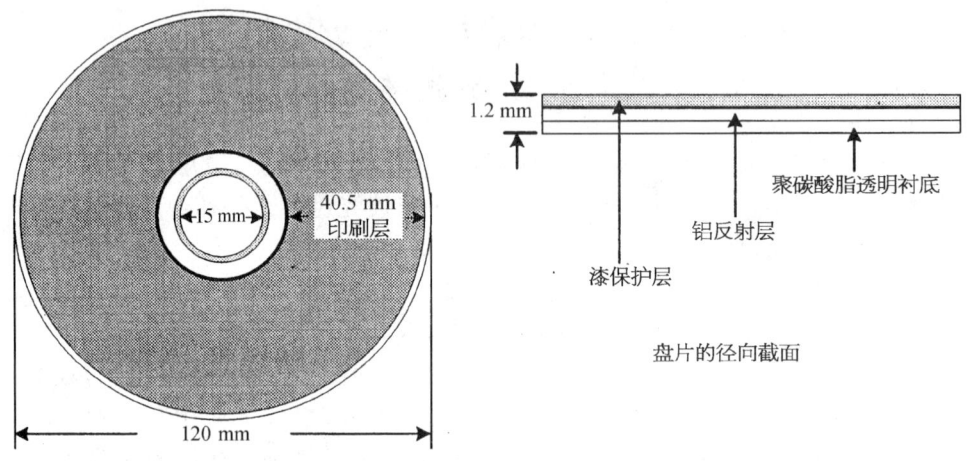

图 5 - 2　CD - ROM 盘片的结构

CD - ROM 数据读取的工作原理是利用 CD - ROM 驱动器中的低功率砷化镓半导体激光器,产生波长为 780 nm 的高能量的激光光束(0.5 mW),通过物镜聚集成直径为 0.8 μm 的光束,投射到 CD - ROM 盘片的底面上。由于激光要穿透折射率约为 r=1.5 左右的衬底,这样就使聚焦光束到达反射凹坑表面时变成直径约为1.7 μm左右的激光束。聚焦光束到达非凹坑表面时,激光几乎全部反射回来。而聚焦光束到达凹坑表面时,由于凹坑的深度约为光波波长的1/4,凹坑表面反射光束与非凹坑表面反

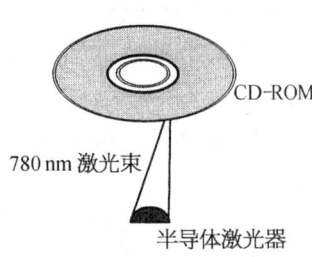

图 5 - 3　CD - ROM 数据读取的工作原理

射光束将会互相抵消,这样,通过反射回来的激光强度的变化,就可以读取 CD - ROM 盘片上的信号。(图 5 - 3)

二、超媒体信息组织结构

教学信息的组织结构有线性结构、分支结构和网状结构等多种形式。传统的文字教材(课本)、录音教材、录像教材的信息组织结构都是线性的和有顺序的。然而,存储在 CD - ROM 盘片上的教学信息组织结构经常使用一种类似人类联想记忆结构的非线性网状结构的方式组织信息的,它没有固定的顺序,也不要求读者按照一定的顺序来提取信息。这种非线性的信息的组织方式就是超媒体(hypermedia)结构。

超媒体系统是一种多媒体信息综合管理系统,是将数据库系统的结构特征、

再现知识的心理方法和支持人机交互作用过程的技术方法综合起来的软件系统。超媒体是"超文本"(hypertext)概念的推广。超媒体实际上是超文本加多媒体。

超文本这个术语是美国学者纳尔逊(J. Nelson)在 20 世纪 60 年代提出来的，它是一种新型信息管理技术。简单地说，超文本是收集、存储和浏览离散信息，以及建立和表示信息之间关系的技术。超文本结构实际上是一种由节点和链组成的信息网络。

节点(nodes)，是存储数据或信息的单元，又称为"信息块"，每个节点表达一个特定的主题，它的大小根据实际需要而定，没有严格的限制。对超媒体而言，节点中包含的数据，不但可以是传统式的数据(字符、数字、文本等)，还可以是图形、图像、声音、视频，甚至味觉、气味、触觉等。

链(links)，表示不同节点中存放信息间的联系。它是每个节点指向其他节点，或从其他节点指向该节点的指针。因为信息间的联系是丰富多彩的，因此链也是复杂多样的，有单向链(→)，双向链(←→)等。链功能的强弱，直接影响到节点的表现力，也影响到信息网络的结构。根据链的功能，可分为顺序链、结构链、交叉索引链、查询链和程序链等多种。

网络(network)，超文本的信息网络是一个有向图结构，它类似于人工智能中的语义网络，类似于人类的联想记忆结构。采用一种非线性的网状结构组织块状信息。超文本网络结构中信息块的排列没有单一的、固定的顺序，每个节点都包含有多个不同的选择，可由用户按自己的需要来选择阅读顺序。因此，超文本网络结构中信息的联系，体现了作者的思维轨迹，超文本网络结构不仅提供了知识、信息，同时还包含了对它们的分析、推理。

在由节点和链组成的非线性网络的结构中，任意两节点之间可有若干条不同的路径，具体选择哪一条路径，控制权在于学习者。在实际的超媒体系统中，信息量很大，节点非常多，学习者容易在信息海洋中"迷航"，这就需要提供导航功能。图 5-4 是一个小型的超媒体结构的例子。图中 A、B……代表含有多媒体数据的节点，a、b……代表节点之间联系的链。图中 A、B、C、D、E 和 F 都是信息块，它们可以是计算机的若干屏，也可以是若干窗口、文件或更小块的信息，这样一个信息单元就是一个节点，每个节点都有若干指向其他节点或从其他节点指向该节点的指针，这些指针就是链，它表示节点之间的关系。在图中的超文本系统中，假设从 A 节点开始，下一步用户有三条路径选择，即指针 a、b 和 c，它们分别指向节点 B、D 或 E。若选择指针 b 到达节点 B，则可从 B 继续选择指针 f 或 e 到达节点 C 或 E。从 E 又可以到 D。当然，也可以直接从 A 到 D。早期超文本系统中的节点仅仅是文字，后来在节点中引入了图形、图像或动画等，这就成为超媒体系统。

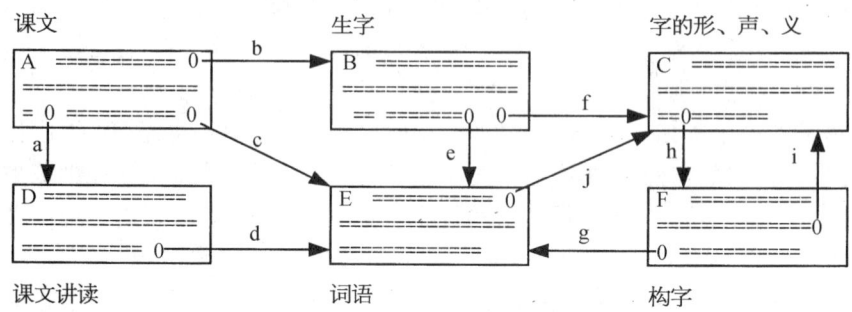

图 5 - 4　一个小型的超文本结构

三、CD - ROM 作为教学资源的特点

利用多媒体计算机进行教学,除了要有硬件环境外,还必须有多媒体计算机辅助教学软件。一些小型课题的教学内容也可以存储在软盘中,但对于大信息量的内容则应采用 CD - ROM 光盘作为教学信息载体,它是一种理想的教学软件形式。而且,它的出现已开始逐步替代了传统的印刷品。目前,许多教科书都已经配有以 CD - ROM 教学光盘形式发行。CD - ROM 教学光盘作为一种新型的教学资源具有如下特点。

(一) 具有很大的信息容量

如果每片 CD - ROM 光盘的容量为 650MB,可以存储大量的信息,如果只存文字信息,它可以存储 A4 纸文本 650 000 页,这意味着相当于 30 亿汉字;可以存储高分辨率静止图像 10 000 张;1/4 屏的动态图像 4 小时;FM 立体声 5 小时。如 *The Software Toolworks Multimedia Encyclopedia* 包含 21 卷美国百科全书的全部内容,近 33 000 篇文章,5 000 个历史事件,三十几个动画,三十多分钟的声音,3 000 幅图片,250 个地图等。

(二) 存储多媒体信息

CD - ROM 光盘可以存储大量的文字、符号、语言、声音、图形、图像等信息,并能在计算机屏幕上清楚地显示。CD - ROM 光盘上图、文、声并茂,不但有文字解释,而且能见到真实的图像,听到逼真的声音,多种感官并用,使学生获得生动形象的感性素材,大大地提高了教学效果。

(三) 具有友好的交互介面

在 CD - ROM 光盘中,通常采用图标(icon)、按钮、菜单、关键字等作为交互介面,通过鼠标器、触摸屏进行操作,使人机交互十分方便。

（四）采用非线性的信息组织结构

在 CD - ROM 光盘中存储有大量的教学信息，而这些教学信息的组织方式大多采用超文本结构，它是一种非线性结构，可提供多个不同的选择，由教师或学生按自己的需要选择阅读顺序。

四、CD - ROM 教学光盘对教育产生的影响

首先，改变了教材的表现形式和发行方式。CD - ROM 教学光盘图文并茂，其载体不是纸张，这种方式将会降低自然资源的耗费。同时由于其体积小，因此十分便于存放使用。

其次，改变对教材的阅读方式和阅读习惯。阅读 CD - ROM 教学光盘中的资料，不再是在书本上枯燥地、被动地接受知识，而是阅读者坐在计算机前，通过生动的演示和友好的交互作用，使学习者在活动过程中获得知识。另外，CD - ROM 教学光盘要求学习者拥有相应的计算机设备、光盘、声音卡等。这将对使用面有一定的限制。

第三，CD - ROM 教学光盘改变了教材的编辑方式。一般印刷的图书，编辑主要工作是文字的编辑，而对于 CD - ROM 教学光盘，文字编辑往往不再是最主要的，而需要音乐编辑、美术编辑、软件的电子编辑等专业技术人才的密切配合。

五、典型 CD - ROM 教学光盘介绍

目前市场上有很多 CD - ROM 光盘，涉及领域非常广泛。多媒体节目没有严格的分类方法，大致可分为教材类、参考类、地图和导游类、医药保健类、商业咨询类等。教育光盘又可以分为资料演示类、教导类、对话类、游戏类和探索类。下面对几种不同类型的 CD - ROM 教学光盘作简要介绍，以便对 CD - ROM 所具有的大容量、多媒体信息、超文本（非线性）、友好交互界面等特点有进一步的理解，也为设计多媒体教学软件的读者提供参考。

（一）"多媒体贝多芬第九交响乐"

微软公司的"多媒体贝多芬：第九交响曲"（*multimedia beethoven：The ninth symphony*）是当今公认最好的多媒体产品之一，在这张 CD - ROM 光盘里载有贝多芬的生平简介，他的第九交响乐和音乐领域的一些概念，甚至还有一个交互式的竞答游戏。即使对一个不熟悉音乐的学习者来说，这个 CD - ROM 光盘也是非常引人入胜又明白易懂的。在 Windows 环境下，用鼠标器打开 Beethoven 图符，屏幕上便会显示出贝多芬的塑像和程序选项菜单，同时，作为背景音乐，会播出第九交响乐。

这个 CD‐ROM 光盘共有五部分,分别以多媒体的方式生动地表现贝多芬的第九交响乐。

1. 袖珍指南(a pocket guide)

在袖珍指南这部分中,光盘可让读者欣赏第九交响乐的四个乐章中的若干片段。只要用鼠标器在要想听的片段曲谱处点一下,光盘便会演奏这些片段。

2. 贝多芬的世界(Beethoven's world)

贝多芬的世界这部分介绍了有关贝多芬的生平,他的生活对其音乐的影响,以及这些影响最终如何对第九交响曲起作用。这部分包含有 124 页不难读懂的文字,而且在许多情况下,每一页文字还包括一个音乐片段,读者可以边读边欣赏。

3. 听的艺术(the art of listening)

听的艺术这部分包括 103 页文字,介绍各种音乐术语、概念,以及各种乐器的用法。这里的许多介绍包含有照片和音乐样例,以加深您的理解。大多数乐例取自第九交响曲本身。这部分能使一个原来对音乐理论一无所知的人提高欣赏音乐的水平。

4. 精读(a close reading)

这部分详细探讨了交响乐的各个乐章,解释贝多芬对乐器和音符的选择,随着交响曲的播放,屏幕会不断地变化,向您讲解相应的乐章。

5. 游戏(the ninth game)

这部分会向您提问有关贝多芬生平和第九交响曲的问题。通过综合运用文字、声音以及视频图像,您会吃惊地发现,甚至连交响乐这样深奥的东西也不难理解。

(二)自然大百科

自然大百科(*eyewitness encyclopedia of nature*)是英国 DK(dorling kindersley)公司设计制作的优秀产品。这个 CD‐ROM 光盘在设计上具有如下特点。

1. 丰富的多媒体资料

这个 CD‐ROM 光盘包含的多媒体资料内容十分丰富,有 120 段影片与动画,700 多幅照片与解释图表,7 万多字的说明。其内容包括史前生命、生物的演化过程,海、陆、空各类生物。还可以从显微镜下观看动物、植物的细胞结构,以及生命形成的奥秘。

2. 特殊风格的主菜单

当进入主菜单后,读者看到的是一个有着 19 世纪风格的研究室,里面有精美的家具,各种各样的研究器材,地球仪、显微镜、船锚、挂在墙上的壁画、家具中的抽匣等,都是一个个菜单项,读者可以根据兴趣选项,例如,读者可以从旋转着的地球仪上,依照地理特征,找到不同特征的生态环境。在不同的生态环境的画面中,读者还可以用"放大镜"仔细观察。

3. 充分体现多媒体的特点

作为体现多媒体特点的一个实例,如在介绍鸟类时,不但可以看到各种鸟类的彩色图片和简要的说明文字,更可以听到一些著名鸟类的叫声,看到鸟类身体结构的解剖图,以及鸟类飞行原理的动画,演示这些资料时,还同时有英文解说。

4. 信息的组织与检索

这个 CD-ROM 光盘最大的特点是各种资料的有机组织。例如,在介绍鱼类时,光盘首先说明鱼类的基本特性。然后以分门别类的方式列出一些著名的鱼类,每一种鱼类都提供了一些相关的信息,包括鱼类的栖息环境、特征、习性和食物等信息。

DK 公司的 CD-ROM 产品基本上是以一页一页的方式来显示资料的,但在每一页画面中,都包含有许多的相关信息,读者可以随时查询文字说明中红色的专门术语(超文本的热键),在屏幕的下方便会列出众多的相关资料。最后还可以从索引和术语字典中查询资料的详细内容。光盘还提供了资料复制、列印与索引等功能,读者可以根据需要取得有关的学习资料。

(三) 三维地图集

三维地图集(3D Atlas)是 ABC 和 Electronic Arts 公司的产品。这个 CD-ROM光盘具有如下特点。

1. 多种形式的地图资料

所有地图都取材于人造卫星的图片,读者可以看到地表的起伏变化,其真实感远超过一般平面的地图。它既有立体图形,还有放大和缩小的功能。

2. 提供 12 种不同主题的地图

光盘从不同的角度提供不同类型的世界地图,包括生态环境、实际地形、国别疆界等 3 种世界全图。还有 9 种不同主题的世界地图,如大气层、地壳板块、大陆漂移、人造卫星拍摄的地球在景、海洋和世界时区等主题。不论哪种显示方式,在屏幕左边的地球仪上都可以任意旋转,地图上的任意地点都可以放大和缩小。

3. 提供每个国家的国情信息

光盘对每个国家都提供国名的发音朗读、国旗画面,3 张到 10 张有代表性的照片,以及土地面积、首都、人口、国名、平均生产总值、语言、宗教、政治、经济、货币等国情简介的基本信息。这些照片的总数多达 800 张,包括有美国的国会大厦、加拿大的尼亚加拉大瀑布等风景名胜。

4. 以影片方式介绍与地球相关的主题

光盘提供有许多精彩的电影片段,包括沙漠、雨林、山脉、草原等生态环境,包括环境保护的许多专题讨论,如温室效应、石油污染、水资源减少等。还提供有许多自然奇观,如火山爆发、海平面上升、喜马拉雅山等。

5. 提供大量的统计图表

光盘提供有关农业、经济、能源、环境、交通和人口等各类统计资料。一共有 4 种不同的统计图表形式。读者还可以自己加上新的资料,光盘可以画出漂亮的统计图表。

光盘还列出世界十大都市、十大最长的河流、十个最高的山脉等辅助信息。

6. 提供了一些地理知识的测验题

7. 提供了对屏幕资料的拷贝功能

(四)人体器官

"人体器官"(body works)是一个受到很高评价的 CD - ROM TITEL,是一个具有特殊功能的多媒体产品。在这个光盘里共装有 25 幅 3D 模型,165 幅全彩色图像,45 个动画,30 万字的文字说明,1 900个医学名词的发音,1 200个专有术语的定义和解释,另有 4 首使用本光盘时可以反复播放的轻音乐(也可以关闭不使用)。还设计有教学课程和一些测验问题,提供给学习者自我测试学习效果使用。这是一个对学习医学知识的学生或在职医生都具有很高参考价值的学习系统。

光盘将人体划分为骨骼、神经、健康及保健、生活等 12 大项。光盘以 Windows下拉式表格选项介绍有关知识。以甲状腺为例,光盘分别说明其大小、位置、分泌腺体的功能,以及对人体代谢的影响。又如呼吸系统分由肺泡、支气管、横隔膜一直往上到鼻腔以至整个呼吸道,大约提供了 20 个解剖结构图,每个结构图均有语音说明,还有胸腔呼吸的小动画。可以使读者清楚了解呼吸时横隔膜、肺部、骨之间的关系变化。

光盘中的器官图可以从 8 个方向旋转,并有一倍到两倍逐步放大和缩小的伸缩功能,整体设计简洁、使枯燥无味的人体解剖生动有趣,容易入门。

(五)哺乳动物

"哺乳动物"(mammals)是一部多媒体百科全书,由美国地理学会制作。此光盘载有关于各类哺乳动物的成百张照片、地图,以及全运动视频图像。启动 CD - ROM 后,屏幕上便显示一段简短的序言,接下来显示主菜单。

如果选择"Mammals A to Z"选项,屏幕会显示出各种哺乳动物名称的菜单。读者可以从菜单中挑选某种动物的名称。比方说,如果读者选定"狼",屏幕将显示一幅狼的照片以及对狼的有关描述。对多数哺乳动物,屏幕会有好几幅同一动物的不同照片。此外,光盘还载有动物叫声的录音,在狼这部分里,盘上有狼嗥的录音。对每种动物,光盘还包括一篇论文(读者可以把它打印出来)以及动物生活特性的介绍。

这个光盘给人印象最深的是存储有一大批视频图像。当读者选择某一哺乳动物的"Video"选项时,光盘会播放一段相当长的录像。

除能演示数百种哺乳动物的资料外,在光盘的末尾还有一个关于哺乳动物以及地理知识的测验游戏。游戏有不同的难度,适合不同年龄,读者可自我测试。

第三节　多媒体教学环境

多媒体教学应用就是指利用多媒体计算机,综合处理和控制符号、语言、文字、声音、图形、图像等多种媒体信息,把多媒体各个要素按教学要求,进行有机组合并显示在屏幕上,同时完成一系列随机交互式的操作,多媒体教学应用是计算机辅助教学的重要部分,也是当前世界教育技术发展的新趋向。

此外,利用多媒体网络,人们可以通过信息高速公路,以通讯的方式进行学习。这就使家长与学校、家庭与信息资源中心、家庭与社会有关部门联系起来,按一定的目标,完成某一学科的学习或训练。

多媒体教学,可以使学习者获得多重刺激,从而提高学习和记忆的效果。多媒体教学系统使学习者以交互方式进行学习,有利于学生参与,有利于激发学生的兴趣,有利于帮助学生建立新旧知识之间的联系,有利于调动学生的学习主动性和积极性,促使学生自觉地进行学习。利用多媒体进行教育和教学是教育改革的一个重要途径。

要实现多媒体教学,必须有良好的多媒体教学应用环境,它包括多媒体硬件环境的建设和多媒体软件的设计开发两个方面。

一、多媒体教学环境

多媒体教学硬件环境建设是与教学方式相联系的。在中小学,多媒体教学应用方式主要有课堂多媒体组合教学方式、个别化交互学习方式、在多媒体教室网络环境下协商学习方式和在因特网环境下的远程学习方式等。因此,相应的硬件环境建设内容有所不同。

(一) MPC 系统主机

多媒体教学的硬件环境,无论是在个别化学习方式、多媒体组合课堂教学还是多媒体网络学习方式,其基本条件首先是要有一台或多台多媒体计算机。我国大多是利用多媒体升级套件构成 MPC 系统,根据学校实际情况可按 MPC-3 或 MPC-4 等标准进行配置。但随着计算机技术的迅猛发展,为了保证教学需要,目前对于质量较高的多媒体系统的 PC 主机可考虑采用如下配置:CPU 为 Pentium Ⅲ/4、PCI 总线、128M 内存、20G 以上硬盘、配 1.44 软驱、40 倍速以上光驱，安装有真 16 位声卡、视频卡等，软件平台采用 Microsoft 公司的带多媒体扩展功能的 Windows 9. x/2000。

（二）多媒体演播系统

随着科学技术的进步及多媒体应用的广泛深入，以多媒体计算机和大屏幕投影机为主体的多媒体演播系统越来越受到学校的重视，它不仅适用于课堂教学，还广泛应用于会议室、报告厅、演示厅中。

多媒体演播系统主要由多媒体计算机、多种先进的视听设备和集成控制平台所组成。其基本配置包括：MPC 多媒体计算机；投影系统；放录像系统；音响系统；多媒体集成控制平台。

对于没有投影系统的单位，可以利用原有的电视机作为显示设备，只要通过 VGA - TV 转换卡，把计算机显示器上的内容通过此卡实时显示到 TV 或投影电视机上，使计算机屏幕与 TV 有相同内容。利用这套系统，可以把计算机显示器上的内容同时在大屏幕上显示出来，扩大显示空间，便于教学。

（三）多媒体教室网络系统

通过多媒体计算机网络进行多媒体教学是当前重要的研究领域和发展方向，也是计算机网络一个重要的应用方面。多媒体网络教学环境是基于原有的计算机网络操作系统之上，增加高速影音传输功能来实现的。多媒体教室网络系统通常需要如下基本配置：即系统服务器、网络卡、教师控制机（教师的机器必须配有 CD - ROM 光盘驱动器和声效卡）、高速影音传输器和学生工作站等。当在网络教学系统加配高速影音传输器后，就可以将传统的计算机网络教室升级成多媒体视听网络教室，使得在教师控制机中的 CD - ROM 光盘上的文字、录像、图形、动画通过该系统进行即时广播或监看。结合耳机、麦克风可进行交谈，可以进行声音、音乐的即时广播或监听，充分达到多媒体网络教学的目的。

二、学校常用的多媒体教学环境

（一）多媒体综合电教室

多媒体综合电教室，是指多种教学媒体汇集在一个教室内，以利于开展多媒体组合的教与学活动。多种媒体应包括传统教学媒体（如黑板、白板、书本、挂图、模型、标本等），还包括各种现代教学媒体（如幻灯、投影、扩音、录音、电视、录像、多媒体计算机等）。多种教学媒体按照媒体优化组合和教学设计的原则组织教学活动，多媒体综合电教室是当前许多学校开展多媒体组合教学的主要场所。

1. 多媒体综合电教室的特点

多媒体综合电教室的特点是：首先，教室内的多种教学媒体主要是供教师使用,媒体起辅助教师教学的作用,充当教师上课的教具;其次,多种教学媒体集中于讲台或讲台附近的立柜内,以方便教师操作与控制。

2. 多媒体综合电教室的类型

多媒体综合电教室根据其教学媒体数量的多少、质量的高低、教学功能的差异,可分为以下几个档次。

(1) 简易型

它是在普通课室中装配如下常用的现代教学媒体:幻灯机、投影器、录音机、扩音机、电视机、录像机和多媒体计算机等。这些教学媒体可单独放置在讲台附近或组合在讲台内,便于教师操作使用与控制。

简易型综合电教室基本能满足开展多媒体组合教学的条件。但由于采用普通电视机作为显示设备,多媒体计算机输出的 VGA 信号需经转换才能在电视屏幕上呈现,因此,影响图像清晰度。另外,普通电视机屏幕小,尽管用上 29 英寸或 33 英寸,对于计算机整屏显示的文字与图像,在清晰度上仍难满足教学要求。不过,随着数模转换技术和电视技术的发展,这个问题将有望得到解决。

(2) 标准型

标准型多媒体综合电教室克服了简易型的缺陷,因为它增加或改用了一批较高档次的设备与技术。它的主要设备包括图像、声音和控制等三个系统。(图 5-5)图像系统共用一个大屏幕投影机,多媒体计算机的文字与图像信号可直接输入投影机;录像机、影碟机、实物视频展示台等输出的视频信号通过视频切换器后也可以分别输入投影机,投影机显示面积大和清晰度高的图像。声音系统是将所有音频信号通过调音台再输入到一个共用的功率放大器,输出保真度高的声音;各种教学媒体的使用均可通过控制系统加以控制。与简易型相比,标准型综合电教室增加或改用的设备主要有以下几种:

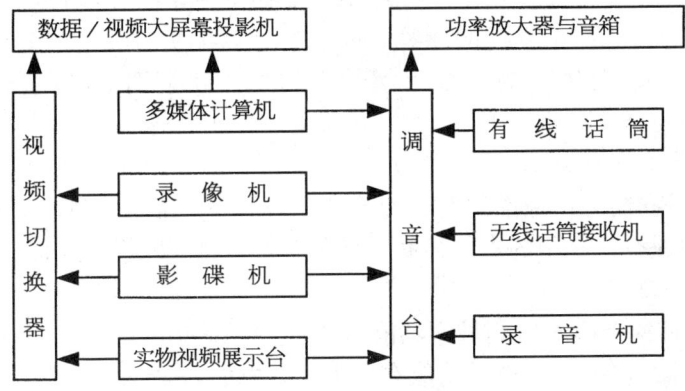

图 5-5 标准型多媒体综合电教室设备系统

大屏幕投影机 投影机按其连接设备的性能不同可分为:视频投影机,只能接录像机、影碟机、摄像机等视频信号；数字投影机,可连接视频和计算机等信号。多媒体综合电教室采用数字投影机,克服了使用普通电视机的缺陷,能直接输入计算机信号,获得清晰的画面。另外,它通过投影能获得大尺寸的画面(80 英寸至 200 英寸),能满足 50—200 人的教室或学术报告厅开展多媒体教学活动。

实物视频展示台　实物视频展示台是由一个倒挂的摄像机摄取放置于台面上物件的图像信号送至投影机呈现图像。放置的物体可以是实物、模型、标本,也可以是照片、书本,甚至是学科演示实验。由于台面有底灯照射,还可投影幻灯片和投影片的图像,在某种程度上,它还有代替幻灯机与光学投影器的功能。

多媒体集成控制系统　为了方便对多媒体综合电教室内多种教学媒体和设备设施(如银幕、灯光、窗帘等)的操作与控制,把操作与控制的功能键集中放置于讲台的一块面板上,这就需要通过集成控制系统去实施。常用的集成控制系统有以下几种控制方式。

轻触开关式：它通过控制器连接各种教学设备,并集成各种设备的控制信号,用手动轻触开关方式集中操作。其特点是简单、可靠、易于使用、价格较低。

电脑控制式：它是通过电脑去控制主控制器的信号输出,从而实现对各种教学设备与设施的操作与控制。这一方式技术先进,控制界面友好,使用方便。如果使用触摸屏方式则价格偏高,适宜在有条件的学校使用。

(3) 多功能型

它在标准型基础上增加了以下设备：

摄录像装置　在教室装配有 2—3 台带云台的摄像机,用于摄录师生的教学活动过程。摄像机信号传送到中心控制室供记录贮存,或同时传至其他教学场所供教学观摩或扩大教学规模。

学习反应信息测试分析系统　该系统能让全体学生在座位上通过应答器对教师提出的问题作选择性的回答。并通过计算机实时收集与分析学生的学习反应信息,使教师能及时全面了解学生的整体和个别情况,实现教学的个性化。

(4) 学科专业型

该类型是在简易或标准型配置的基础上增加一些某种学科教学特殊需要的设备,如生物课教学需用的彩色显微摄像装置等,这样便成为了某一学科专用的多媒体综合电教室。

3. 多媒体综合电教室的教学功能

多媒体综合电教室的教学功能有以下几个方面：

● 便于教师利用多种媒体辅助教学活动;

● 能利用多种媒体组合,优化教学过程,突破教学重点、难点,提高教学质量与效率;

- 多功能型多媒体综合电教室便于观摩示范教学，还能扩大教学规模；
- 能用于开展新型教学模式的教学试验与研究；
- 能用于多媒体学术报告、专题讲座等活动；
- 通过学习反应信息测试分析系统，能用于课堂教学效果的研究和分析。

（二）多媒体学习中心

1. 多媒体学习中心的构成

多媒体学习中心的多种媒体主要是给学生自主学习使用，媒体成为学生学习的主要工具，教师在教学活动中起指导作用；多种媒体被放置在房间的不同区域以方便学生取用。该类型环境在国内只有少数学校的少数学科开始试点建设，但在美国许多学校普遍都设置和使用这一类型的学习环境。这一类型学习环境的教学媒体设置，大致可分为下列几个区域。

（1）学生学习活动区

它一般被安排在房间中央，桌椅摆设便于个别学习和小组讨论学习。

（2）文字印刷资料区

它用于摆设学科学习需用的教科书、参考资料、图片、挂图等。

（3）模型、标本区

摆放各类实物、标本和模型等。

（4）媒体区

有幻灯投影媒体、录音媒体、电视录像媒体和联网的计算机。

（5）学生作业展示区

学生作业可写于黑（白）板上，或用纸书写后，张贴在板报栏上。

（6）教师指导学习区

备有黑板（白板）和各种呈现教学信息的媒体与工具，便于教师作指导性的讲授；另外在房间一角设有教师专用的办公桌和相应的教学资料，便于教师准备教学和接受学生咨询，指导学生进行高效的学习活动。

2. 多媒体学习中心的功能

- 为学生营造了一个优良的自主学习环境，为学生进行个别化学习和小组学习提供多种媒体的良好学习条件；
- 便于开展学生个别化自主学习的教学试验与效果研究；
- 有利于学生参与意识的培养和学习积极性、主动性的发挥；
- 有利于培养学生全面的信息能力；
- 有利于培养学生之间的合作精神；
- 有利于培养具有创新精神和创新能力的新型人才。

第四节　多媒体课件

多媒体计算机辅助教学（multimedia computer assisted instruction，以下简称 MCAI），是在计算机辅助教学的基础上发展起来的。随着教育改革的深入以及计算机、多媒体和通讯三大技术的发展，MCAI 作为现代教育技术的一个组成部分，在教学领域中得到了广泛的应用。

MCAI 系统包含三个要素：硬件、软件和多媒体课件，MCAI 系统的辅助教学功能主要由多媒体课件所决定。为保证 MCAI 能真正起辅助教学之功效，有必要对多媒体课件的分类、教学特点、设计开发作一探讨。

一、多媒体课件的概念

广义地讲，凡具备一定教学功能的多媒体软件都称为多媒体教学软件，而多媒体课件属于内容特定的多媒体教学软件。

多媒体课件，是以现代教学思想为指导，以计算机、多媒体和通讯技术为支撑，具备一定教学功能的，以学生为中心的多媒体计算机辅助教学软件。多媒体课件的规模可大可小。一个大的多媒体课件可实现一门完整课程的教学，可运行几十课时，一个小的多媒体课件只运行几分钟，用于配合课堂教学，这种小的多媒体课件也有人称之为"堂件"。一般来说，多媒体课件应包括：

● 用于向学习者展示的具体学科内容的教学信息；

● 用于对学习过程进行诊断、评价、处理和学习引导的各种信息和信息处理；

● 为了提高学习积极性、激发学习动机，用于强化学习刺激的学习评价信息；

● 用于更新学习数据，实现学习过程控制的教学策略和学习过程的控制方法。

二、多媒体课件的类型

随着多媒体技术的迅速发展和推广普及，多媒体技术已被广泛应用于学科教学，并逐渐形成各种各样的教学模式和方法。这些模式所使用的多媒体课件有很大不同并各有其应用环境和需要，下面介绍几种典型的多媒体课件的模式。

（一）课堂演示型

演示型多媒体课件针对某一特定的教学内容而设计，主要目的是解决某一学科的教学重点与教学难点，揭示教学内容的内在规律，将抽象的教学内容具体化。它注重对学生的启发、提示，反映问题解决的全过程。此类课件主要适用于知识难度偏小、表象陈述较多、规律含量不高、学生活动相对较少的教学内容,要求画面要直观,尺寸比例较大,能按教学思路逐步深入地呈现,主要用于课堂演示教学。

(二)学生自主交互学习型

这一类型多媒体课件具有完整的知识结构,能反映一定的教学过程和教学策略,提供相应的形成性练习供学生进行学习评价,并设计许多友好的界面让学习者进行人—机交互活动。学生可利用个别化系统交互学习型多媒体教学软件,在个别化的教学环境下进行自主学习。

(三)专业技能训练型

这种类型的多媒体课件主要是通过问题的形式训练,强化学生某方面的知识和能力。或在学科多媒体专用教室的环境下,利用专门的教学功能进行专业技能的示范和训练,或进行特殊情境的仿真及实验数据的分析处理等。这种类型的教学软件在设计时要保证具有一定比例的知识点覆盖率,以便全面地训练和考核学生的能力水平。另外,考核目标要分为不同等级,逐级上升,根据每级目标设计不同难易程度的题目。

(四)教学游戏型

这种类型的多媒体课件与一般的游戏软件不同,它是基于学科的知识内容,寓教于乐,通过游戏的形式,教会学生掌握学科的知识和能力,并引发学生对学习的兴趣。对于这种类型软件的设计,特别要求趣味性强、游戏规则简单。

(五)模拟实验型

这种类型的多媒体课件借助计算机仿真技术,课件提供用户与模型间某些参数的交互,能随时模拟真实对象的状态和特征,主要供学生进行模拟实验或探究发现学习使用。

(六)资料检索阅读型

这种类型的教学软件是学生在课余时间里,在多媒体电子阅览室环境下,进行资料的检索或浏览,以获取信息,扩大知识面。这种类型的软件包括各种电子工具书、电子字典以及各类图形库、动画库、声音库等,这种类型的教学软件只提供某种教学功能或某类教学资料,并不反映具体的教学过程。

三、多媒体课件的教学功能

多媒体计算机辅助教学是借助多媒体课件的教学内容和教学功能进行的,

常见的多媒体课件的教学功能有以下几方面。

(一) 复杂问题层次化

科学的概念、定理定律并非通过简单的讲授就可以解决,往往需要把所涉及内容划分为若干相互关联的问题,依照逻辑顺序进行安排,将复杂问题层次化,进行层次化教学。这样不仅减少了难点,而且易于理解掌握。多媒体课件通过控制图文显示的时间与次序,窗口切换等功能,可以达到控制教学过程,掌握教学节奏的目的,便于施行层次化教学。

(二) 静态图形动态化

教科书中有许多静态图形,用于表示某种形式与关系,其中也隐含着运动变化的因素。利用多媒体技术可对静态图形的产生与图形的构造进行动态演示;揭示静态图形的丰富内涵,使其动态化,可以挖掘问题的本质,改变参数,可实时绘制图像;设定区域,可局部放大(观察细微结构);给定不同的坐标范围,可研究图形的整体或局部性质;选择不同的变换模式,可从不同的角度观察图形。此外,还可以变换图形色彩等等。所有这些功能,在传统方式下都是无法完成的。

(三) 展示演变过程

多媒体课件充分利用计算机高速处理信息的特长,能够展示某一物理或数学的演变过程。如讲解数学问题时,配合演示几何过程或数值过程,并在此基础上分析逻辑过程。这样就能把抽象的理论按其本来面貌完整形象地展示在学生面前,有助于学生的理解和掌握。多媒体课件是实现过程教学的有力武器。

(四) 计算机模拟

计算机模拟也称为系统仿真,这是一种对问题进行数值求解的技术。它利用计算机对某一客观系统的结构与行为进行动态仿真表演。学生在模拟开始时选择初始条件,然后运行模拟程序,观察系统的动态行为,从中寻找规律(包括建立数学模型)或是检验设想,也可以变更初始条件,反复运行模拟程序,寻找解决问题的较优方案,常常用于应用问题求解的教学。

四、多媒体课件的特点

多媒体技术的引入使传统教育方式发生了深刻的变革,其在提高教育质量和教学效率方面所起的作用已被人们所认可。作为教学领域中新兴的教学媒体,多媒体课件既可支持"学"的方面,也可支持"教"的方面,它能将学习内容多感知(媒体)呈现,并具备可操作(交互)性。多媒体课件的应用和推广,为现代教育技术的发展带来了蓬勃生机。它具有如下突出的特点：

第一，集成多种媒体信息，提高学习效率。多媒体课件提供文本、图形、动画、声音、视频等多种媒体信息，图文声像并茂，给学生提供多种感官的综合刺激，使得学生在学习过程中视听觉并用，抽象思维与具体形象思维共同参与，使教学(学习)活动更加符合人的自然思维习惯，从而获得更好的教学(学习)效果和更高的教学(学习)效率。

第二，友好的交互环境，调动学生积极参与。多媒体课件能提供友好的人机交互学习环境。学生能按自己的知识基础和习惯爱好选择学习内容，在学习过程中获得及时的反馈信息。有利于充分发挥学生的主动性，真正体现学生认知主体的作用。

第三，丰富的信息资源，扩大学生知识面。多媒体课件提供大量的多媒体信息和资料，创设了丰富有效的教学情景，不仅有利于学生对知识的获取和保持，而且大大扩大了学生的知识面。

第四，超文本结构组织信息，提供多种学习路径。多媒体课件以超文本方式组织学习内容，由于超文本结构信息组织的联想式和非线性，符合人类的认知规律，所以便于学生进行联想思维。另外，由于超文本结构的信息结构的动态性，学生可以按照自己的目的和认知特点重新组织信息，按照不同的学习路径进行学习。

第五，以学生为中心，适合于个别化教学。以学生为中心，能根据学生的需要作出反应的多媒体课件使得学生可根据自身学习的情况，调整学习的进度和内容，从而使学习变得更有趣、更相关和更有效。

五、多媒体课件的发展方向

(一) 网络化

多媒体课件的发展与计算机、多媒体、通讯技术的发展息息相关。随着信息技术的发展，网络教育、虚拟教室、虚拟图书馆、虚拟实验室、虚拟校园、虚拟大学等有如雨后春笋般涌现，人们的传统教育观念正受到冲击，学习型的社会正在形成，人类的学习将不受时空的限制。与这些发展相适应，多媒体课件正不断向网络化方向发展。

(二) 智能化

尽管目前人们普遍重视对多媒体课件的图文声像并茂的追求，但目前仍有大批学者致力于智能多媒体辅助教学(ICAI)的发展，并在理论上有所发展。ICAI 将成为教育界人士追求的重要目标，多媒体课件也必将向智能化方向发展。

（三）向虚拟现实方向发展

虚拟现实技术，是一种能超越物理局限性和时空局限性的高级模拟手段。在 MCAI 系统中使用虚拟现实技术，使学生在教学和实习中获得临场的感觉，这也是多媒体课件追求的一个目标。

（四）自主性、创造性、多层次

越来越多的多媒体课件采用超媒体结构来组织教学信息。超媒体可以看作为多媒体化的超文本，是一种非线性的信息结构。基于超媒体结构的多媒体课件可以在每一个结点处提供多个不同的选择，将课件流程的控制权交给学生，为学生提供多层次的知识，易于实现"学习者控制"的个别化学习策略，学习者可以根据自己的兴趣、知识、经验、任务需求和学习风格进行自主性、创造性的学习。

六、多媒体课件的设计与开发

随着多媒体技术得到广泛应用，多媒体软件开发工具的日臻成熟，多媒体软件市场日渐繁荣。然而，纵观多媒体软件市场，优秀多媒体课件却并不多见。许多多媒体课件因不符合教学原理，忽略教学设计，忽视学科特征而不能满足教学实际需求。因此，要有效利用多媒体计算机辅助教学，必须掌握多媒体课件制作的系统方法。

（一）多媒体课件的设计原则

多媒体教学软件的编制是一项富于创造性的工作，它必须在一定的教学理论指导下，依据教学设计的原则来编制。在多媒体课件设计开发中要遵循如下原则。

1. 促进学生原有认知结构发展和优化的原则

课件设计应面向学生的认知结构而不是教材的知识结构。单纯展现教材知识结构的多媒体课件是教学资源的极大浪费，与传统教学手段相比，其优越性难以体现。

2. 激发学生学习的内在动机和兴趣的原则

课件设计应把培养学生内在动机、激发学习兴趣放在重要位置。多媒体课件在教学中的应用应该充分发挥多媒体的独特功能以及多媒体在学科教学中的强大表现力，使学生乐学、愿学。

3. 科学性、思想性、教学性的原则

多媒体课件应能科学地表达概念、原理，能够正确体现学科的特色，符合教学大纲，符合教学法。

4. 交互友好原则

课件设计中要使界面友好,可操作性强,学习气氛轻松。"教学是一门艺术,用艺术手段呈现教学过程,学习效率会成倍增加",多媒体教学尤应如此。

5. 移植性、可重用性原则

多媒体课件产品应是可供修改、装配的开放系统,具有数据维护、数据查询功能,具有输出、拷贝、打印、退出功能,同时,也要有详尽的使用说明。

(二)多媒体课件制作程序

多媒体课件制作主要包括课题确定、教学设计、系统设计、脚本创作、多媒体信息编辑加工、教学测评等几大程序。

1. 课题确定

多媒体课件的选题应考虑多方面的因素。首先,多媒体课件的选题应围绕教学的重点和难点内容,以及对于那些传统教学难以奏效的教学内容,如语言文字难以表达,学生难以理解的关系与形式、复杂的变化过程、细微结构等。这些内容通过计算机动画模拟或局部放大、过程演示等手段予以解决,能起到极好的效果。其次,多媒体课件具有运算速度快、信息存储量大的特点,在要大量练习和测试时,可考虑采用多媒体课件来学习。再有,在需要创设情境的教学(学习)中,也可采用多媒体课件来教学(学习)。总之,多媒体课件的选题一定要以满足教学需要、发挥多媒体特长为前提。

2. 课件的教学设计

多媒体课件的教学设计,就是要应用系统科学的观点和方法,按照教学目标和教学对象的特点,合理地选择和设计教学媒体信息,并在系统中有机地组合,形成优化的教学系统结构。它包括如下基本工作:教学目标与教学内容的确定、学习者特征的分析、媒体信息的选择、知识结构的设计、诊断评价的设计等。

(1)确定教学目标和教学内容

根据教学实际需要确定教学内容,这一步要注意考虑以下几个问题:

● 本教学内容的重点和难点是什么?

● 传统教学方法为什么不能或没能很好地解决教学中这一重点和难点?

● 利用多媒体教学软件的什么突出特点来解决教学中这一重点和难点?

确定教学内容后,进一步根据学科特点将教学内容分解为各知识点,并分析知识点的学习类型和各知识点应达到的目标层次。

(2)学习者特征分析

学习者的特征分析是指了解学习者的学习准备情况及其特点的活动,它包括起始能力的预估和一般特征的鉴别这两方面的工作。学习者特征分析为后续的教学设计工作提供重要依据。

学习准备包括两个方面:一是学习者对从事特定的学科内容的学习已经具

备的有关知识与技能的基础,以及对有关学习内容的认识和态度;二是学习者对从事该内容学习所产生影响的心理、生理和社会的特点,包括年龄、性别、认知成熟度、生活经验、文化背景、学习动机、个人对学习的期望等。

（3）媒体信息的选择

在多媒体课件设计中进行媒体信息的选择,首先要明确多媒体课件的使用目标是什么,接着分析各种媒体素材类型的特点,最后根据教学目标和内容的需要,选取能实现多媒体课件使用目标的各种媒体。

（4）知识结构的设计

知识结构是指知识点之间的关系与联系的一种形式。知识结构通常可分为并列结构,层次结构和网状结构等几种类型。进行知识结构的设计,要注意体现知识内容的关系,体现学科教学的规律,体现知识结构的功能。

（5）诊断评价的设计

在利用多媒体课件进行计算机辅助教学中,为了进行诊断评价,问题的设计是必不可少的。利用问题进行教学活动的过程是先向学习者提出问题,等待学习者回答,再向学习者提供反馈信息。诊断评价可以设计成游戏形式或问题问答形式,一般应包括提问、应答、反馈三部分。

3. 软件的系统设计

经过上述的教学设计工作之后,确保了多媒体课件的教学性和科学性的要求。要将这些知识内容在计算机上通过灵活多样的形式加以表达,发挥多媒体的优势,突破教学难点,突出教学重点,培养学生的能力和素质,还需要进行多媒体课件的系统设计。多媒体课件系统设计包括软件结构与功能的设计、屏幕界面的设计、交互方式的设计、导航策略的设计、超文本结构的设计等内容。

（1）软件结构与功能的设计

多媒体教学软件的系统结构是教学软件中各部分教学内容的相互关系及呈现的形式,它反映了教学软件的主要框架及其教学的功能。软件结构与功能的设计一般包括超媒体结构的设计、总体风格的设计、主要模块的划分、屏数的确定与各屏之间的关系等内容。

（2）屏幕画面的设计

屏幕画面的描述一般包括屏幕版面、颜色搭配、字体形象和修饰美化等内容。多媒体教学软件屏幕画面除了追求屏幕的美观、形象、生动之外,还要求屏幕所呈现的内容具有较强的教学性。要合理安排多媒体课件屏幕中的各种教学信息、帮助提示信息和可以进行交互作用的对象的位置及其大小。

（3）交互方式的设计

交互是指计算机与学习者之间进行信息交换。多媒体课件中的使用者存在着丰富的心理世界和社会需要,是一个个活的、时刻处于成长变化中的个体。多媒体课件中的人—机交互方式设计要求考虑视觉和听觉的模式识别问题,考虑人的感知、表象、记忆、思维和情绪等心理活动。

（4）导航策略的设计

由于超媒体系统信息量巨大,内部信息之间的关系很复杂,用户容易迷失方向,不知道自己处在信息网中的什么位置。因此,需要系统提供引导措施,这种措施就是导航。在多媒体课件中,通常包括检索导航、帮助导航、线索导航、浏览导航、演示导航、书签导航等。

（5）超文本结构的设计

多媒体课件采用超文本方式组织信息,即采用一种非线性的网状结构组织块状信息,是一种由节点和链组成的信息网络。多媒体课件的设计要注意超文本网络结构中的每个节点都应包含多个不同的选择,节点之间的联系应能体现教学（学习）内容的内在联系,学习者可根据需要选择学习顺序。

4. 脚本的编写

多媒体课件脚本主要包括文字脚本和制作脚本两类,前者是多媒体课件教学设计的体现,后者则是多媒体课件软件设计的反映。多媒体课件设计工作完成后,应在此基础上写出相应的脚本,作为制作多媒体课件的直接依据。规范的多媒体课件脚本对保证课件质量水平,提高课件开发效率具有积极的作用。

5. 多媒体信息编辑加工

多媒体课件的信息编辑加工过程是技术与艺术结合的过程,需要开发人员大量的创造性劳动。包括多媒体素材准备和多媒体课件编程两大工作。首先,开发人员要根据脚本的安排,收集、创作完成教学内容的多媒体呈现所需要的各种媒体素材,如文本编辑、录音、创作乐曲、扫描图像、制作动画、影像采集等,并以一定的格式存储文件。其次,编辑人员应根据多媒体课件表现的内容和形式,选择适当的多媒体创作工具或运用编程的方法,进行多媒体课件编制,对各种媒体素材进行剪辑、加工、合成,并连接各帧,最后在不同型号的计算机上,反复运行程序,模拟用户进行调试和试运行,发现问题及时修改。

6. 教学测评

多媒体课件编制完成后必须将课件投入实际教学,检测多媒体课件总体界面,检查资料的准确性、科学性和完整性等。根据操作中存在的问题,反复修改,直到满意为止。

最后,根据实际情况,可将数据量小的多媒体课件制成软盘,数据量大的软件刻录成光盘,并设计光盘的封面、封底,提供必要的操作指南等,进行推广应用和发行。

第五节 多媒体系统教学应用方式

随着多媒体技术的发展,多媒体技术教学应用的领域愈来愈广,不仅包括各级各类学校的学科课堂教学和个别化教学应用,还在职业训练和远距离教学等方面被广泛应用。

在包括大、中、小各级学校在内的各级各类学校的学科教学中,目前已有许多学校在语文、外语、数学、理化、社会、史地、工程、医学等科目中进行课堂多媒体教学的试验,取得了显著的效果,受到了教育界普遍的认同。与此同时,有不少学校也十分重视利用多媒体技术进行个别化交互式教学的试验,为学生提供生动的、易于自学的教材组织结构,为学习能力较强的学生提供加深加宽的教学内容以及分支跳级功能,也可以让学习能力较差的学生有自行控制学习速度或学习内容、创造逐步适应的机会。在试验中,有些还通过智能型多媒体教学系统来诊断学习者的困难,并提供精致的反馈来实施补救教学。

目前在一些企业部门,还利用多媒体节目来训练新进人员,或利用多媒体系统加强员工的在职训练,这样,可以使员工直接在工厂或公司里接受教育,不但可以减少在进修时交通与时间上的支出,更可以获得个别化教学的成效。

进行远距离教学除了利用电视节目外,还可以利用多媒体网络进行通讯学习,使教学者与学习者之间、学习者与学习者之间进行对话。这方面无论是在电视节目制作,或是利用网络对话,多媒体均可以加入成为教学的一部分,增进教学的品质,提高学习者的动机,这些都已经受到相当的肯定和关注。

但是,多媒体技术教学应用毕竟是一种新鲜事物,人们还缺乏经验,还存在着不少有待研究的问题,因此,多媒体技术教学应用必须通过开展教学试验,发现问题,研究问题,探索规律,以促进教学模式、教学方法的变革,促进教育技术

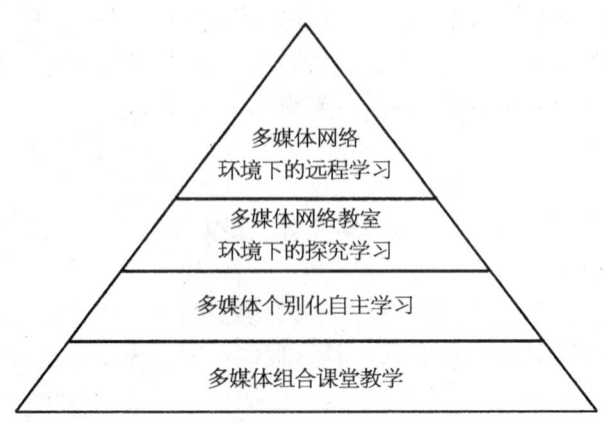

图 5 - 6　多媒体教学应用的基本方式

理论研究的深入发展。综上所述，我们可以把多媒体教学应用归纳为四种基本方式(图 5 - 6 所示)，对于这几种教学方式的作用和特点，有待我们去深入地研究和探索。

一、多媒体组合课堂教学方式

多媒体组合课堂教学方式是指利用多媒体计算机并与其他教学媒体有机组合共同参与课堂教学过程形式，以达到优化课堂教学的效果。在这种模式中，多媒体计算机主要是用于解决教学的重点、难点问题。主要使用多媒体课堂演示型软件或利用多媒体百科全书一类的资料演示。由于多媒体 CD - ROM 光盘包含有许多围绕某个专题或知识点的图形、图像、动画、视频和音频等多媒体信息，并进行了整合，使这些多媒体信息十分适合在课堂教学中演示，解决教学中的重点和难点。

在课堂教学过程中，结合教学内容，利用设置在教室里的 MPC 系统、投影电视和音响设备等，向学生展示文本、图形、图像、动画、视频和音频，使学生获得生动形象的感性材料。

对于这种多媒体教学应用方式，我们需要对如下一些问题进行研究：

首先，在多媒体参与教学的环境下，怎样设计教师的课堂活动，使教师真正发挥"主导"作用，而改变传统的教师"主讲"、"主宰"的地位。

其次，在多媒体参与教学的环境下，怎样利用多媒体的优势，设计学生的参与活动，使学生成为课堂学习中真正的主体。

再次，如何根据多媒体和非线性的特点，设计具有多媒体特色，有助于学生参与、思考、探索的多媒体学习情境。

最后，研究在多媒体课堂教学环境中，学生的认知过程、认知特点和认知规律。

二、多媒体环境下个别化自主学习方式

多媒体环境下个别化自主学习方式，是指在多媒体网络教室的集中环境下，利用系统的多媒体教学课件个别地，通过人机交互方式进行系统的学习。通常有如下方法。

(一)利用多媒体教材进行自主交互学习，系统学习知识

在 CD - ROM 教学光盘产品中，有一些是属于多媒体课程教材类。这类教材包括自然科学、外语学习、语文学习、音乐、政治、历史、地理、计算机等多方面内容，如"小学语文科学小品文"、"初中语文新诗赏析"、"中学化学实验荟萃"、"中国民乐欣赏"等，这类教材不仅提供文本、图形、图像、动画、视频，还有语音解说和各种音响效果，这种教材图、文、声并茂，具有良好的视、听觉效果，其教学内容的组织大多采用超文本结构，学习者可以通过人机交互作用进行个别化学习。这些多媒体教学软件大都包含有知识讲解、举例说明、多媒体信息的演示、提问

诊断、反馈评价等教学过程。同时，教材还提供多种形式的练习题和考试题，供学习者作学习评价。

（二）利用百科全书类的多媒体产品进行资料的浏览，扩展知识

在 CD-ROM 教学光盘产品中，有许多是属于百科全书类的，如新格罗利尔多媒体百科全书（new grolier multimedia encyclopedia）、康普顿百科全书（compton's multimedia encyclopedia）等，除传统的百科全书内容外，大多数还提供字典和地图的查询功能，同时还提供大量的图形、图像、动画、视频和音频来说明主题。

学生利用这种多媒体百科全书进行学习，主要是通过查询检索方式提取资料来达到学习的目的。而查询检索方式有多种，可分为按关键字、按名称字母、按学科类别、按媒体类型（文本、图形、图像、动画、音频、视频等）、按时间顺序进行查询检索。

（三）利用多媒体教学游戏软件，进行探索和发现学习

在多媒体教学软件中，有许多是属于教学游戏类，特别是语言学习、科学探索等有关教学内容的多媒体光盘，大多是提供有趣的教学游戏，让学生通过教学游戏等方法来学习语言和科学知识。而且，对每一次教学游戏的结果，计算机都通过声音或图像给予反馈强化。由于学生能直接参与，学生可以在一种轻松、活泼的环境下，通过自己的思考和竞争进行学习，极大地引起学生浓厚的学习兴趣并可取得十分有效的学习效果。

学习者是在多媒体的环境下个别地学习，学习过程具有如下的特点：
- 学习者接受多媒体信息的刺激；
- 学习者以人—机交互作用方式参与学习；
- 学习者在以人类思维方式组织教学信息（超文本结构）的环境下学习；
- 学习者主要依赖教学系统本身的指导和导航策略进行学习；
- 学习者依靠自我评价和反馈信息控制学习进程。

三、多媒体网络教室环境下的探究学习方式

多媒体网络课堂教学环境，彻底改变了传统的课堂教学模式，将崭新的现代教学思想及教学模式引入教学过程，它将会使教学方式与教学过程发生重要的变化，这些变化表现在以下方面。

（一）直接参与是学生学习的主要方式

在多媒体网络课堂环境下，学生进行计算机的多媒体资料的"浏览"和学生的"操练"是网络教学环境最重要的学习方式。也就是依赖学生与计算机之间的交互作用来进行学习，学习的重点在于理解、发现和练习。学生需要的学习材料，可以通过软盘从计算机中拷贝得到，或直接在打印机上打印出来。学生根据

自己的实际接受能力,掌握知识的深度和广度,充分发挥学习的主观能动性,提高学习兴趣和效果。

(二)教师的指导采用屏幕播放功能来实现

在多媒体网络环境下,教师的指导主要是通过教师控制平台的屏幕播放功能来实现的,通过教师控制平台把内容播放给全体学生或某一部分学生或一组学生,同时,借助系统提供的"教鞭"(如鼠标指针),教师可在自己的屏幕上移动"教鞭",引导学生观看重点内容。教师可以直接在计算机上备课,根据教学需要组织相关的多媒体教学材料。利用操作有关软件工具,把一些问题归纳、写入计算机中,由于不需要进行"板书",可有效地利用课堂上的时间,成倍地加大信息量。重要的内容还可以重复播放。

(三)屏幕监控有效地组织教学进程

在多媒体网络环境下,通过教师控制机可随时在屏幕上自动定时轮流监看全体学生或某些学生的屏幕。在自动监看途中,也可以将某学生的屏幕转播给其他学生看(全体学生,或某些学生,或一组学生),把计算机"演示"、教师"指导"和学生"操练"融为一体。在监控过程中,发现某些学生不按要求进行相关的学习和训练时,教师随时进行控制,使这些学生的计算机重新启动,有效地组织教学进程,实现科学的教学管理。

(四)组织协商讨论

教师可以利用多媒体网络的通讯功能,把某学生作品分发给其他学生,供分析评价或进行专题的讨论。

四、多媒体网络环境下的远程学习方式

多媒体还可以在因特网环境下进行远程教学,这种远程学习方式将使教育进入家庭。它涉及人工智能多媒体知识表示、知识库建造、学生模型和计算机通讯中的教学协议,以及协作学习等许多理论与技术问题,本节不作详细的讨论。

◆ **复习思考题**

1. 什么是多媒体技术,其主要特征是什么?

2. 什么是超媒体? 其主要特征和组成要素是什么?

3. CD－ROM 教学光盘对教学产生了哪些影响?

4. 多媒体综合电教室有哪几种类型? 他们是如何设置安装的?

5. 多媒体课件主要有哪些类型? 各有哪些特点和作用?

6. 多媒体教学应用有哪几种主要方式? 他们的作用和特点是什么?

第六章　网络环境下的教与学

课　前　活　动		
活 动 目 的	1. 通过参观校园网络管理中心,初步了解网络系统的基本组成	
	2. 通过浏览学校主页,初步了解校园网络应用系统的基本功能	
	3. 通过浏览一个典型的网络课程,初步了解网络课程的基本组成	
活动内容和 活 动 方 式	1. 参观学校校园网络管理中心或网络教室,并请有关管理人员对校园网络的基本组成作介绍	
	2. 打开学校主页,浏览有关教学信息管理系统模块和教学科研应用模块	
	3. 选择本校一门网络课程,注意分析该网络课程的系统结构	
参 加 活 动 后 需 要 完 成 的 任 务	校园网络的 基 本 组 成	组成部分的名称	组成部分的基本功能

课 前 活 动			
参 加 活 动 后 需 要 完 成 的 任 务	学校主页的基 本 组 成	主页栏目名称	栏目基本功能
	网络课程的基 本 结 构	模 块 名 称	模块内容与功能

第一节　网络技术基础

计算机网络提高了信息社会人类活动各个领域中的信息收集、传递、存贮、处理的效率,提供了一种全方位的、快速的信息存储与查询手段,因此,计算机网络技术的进步和发展,极大地推动了人类社会信息化的进程。目前,一个国家计算机网络的技术应用水平,已成为衡量其社会信息化程度的重要标志。因此,对计算机网络的研究、开发和应用受到越来越多的重视,网络的发展为教育的发展提供了崭新的机会,创造了良好的条件。本节将简要介绍计算机网络的组成、分类、基本结构等基础知识。

一、计算机网络的组成

计算机网络是将分布在不同地理位置上的具有独立功能的多台计算机、终端及其附属设备,用通信设备和通信线路连接起来,再配有相应的支撑软件,以实现计算机间的相互通信、资源共享的系统。一个计算机网络包括网络硬件和网络软件两部分。(图 6-1)

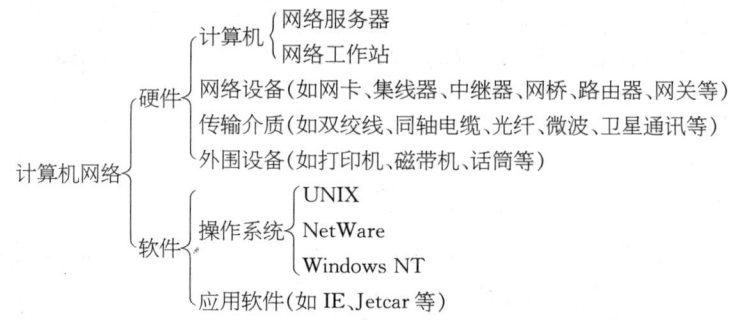

图 6-1　计算机网络的组成

(一) 硬　件

网络系统的硬件是计算机网络构成的物质基础,通常由可以独立工作的计算机、网络设备、传输介质、外围设备等组成,主要负责数据信息的传输、存储、交换。

1. 计算机

与网络相联的计算机根据其主要用途可分为网络服务器和工作站两大类,但担任服务器和工作站的计算机角色不是绝对的,是可以互换的。

(1) 网络服务器

网络服务器是局部网络中的核心设备,通常采用一台高档的微机作服务器。

它负责网络资源管理和网络通信,并按网络工作站提出的请求,为网络用户提供服务。服务器要处理来自所有工作站的请求,这些请求可能是访问服务器硬盘、申请打印排队服务和与其他设备进行通信等等。服务器对这些请求的接收、响应和处理,需花费时间,网络规模越大,用户数量越多,服务器的负荷越大,对服务器的性能(主要指内存容量、磁盘容量、速度和可靠性等)要求越高。

（2）工作站

工作站是网络用户进行信息处理的一台个人计算机,它通过网络适配器和电缆连接到服务器上,共享服务器提供的资源。工作站的配置比较灵活,普通的PC机均可用作为工作站。工作站既可作为单机使用,为用户提供本地服务,也可以向网络系统请求服务和访问资源,进行通信。

2. 网络设备

网络设备是构成网络的一些基本部件,包括网卡、网桥、中继器、集线器、路由器、网关、调制解调器等。

（1）网卡（NIC）

网卡又称为网络接口适配器,是计算机与网络连接的接口电路,插在计算机主板插槽中,其主要功能是实现网络数据格式与计算机数据格式的转换,网络数据的接收与发送等功能。

（2）网桥（bridge）

网桥一般连接具有相同通讯协议、传输介质和寻址方式的网络,将数据从一个子网络传送到另一个子网络。网桥工作时检查所有与它相连的子网络中传送的数据,若一个子网络传送的数据是到其内部的某个网络节点时,网桥就丢弃该数据；若一个子网络传送的数据是到另一个子网络时,网桥就转发该数据。由此可见,网桥在网络中具有中介和过滤的作用,能大大提高网络的性能。

（3）中继器（repeater）

中继器用于连接同一个网络的两个网段,放大在传输介质上的传输信号,起到扩展网络传输距离的作用。

（4）集线器（HUB）

集线器是一种具有多个连接端口的公共连接器,通常连接具有相同结构的网络节点,其主要作用是信号再生转发,接收来自某一个端口上的信号,对信号进行整形、放大后传送到所有其他端口上,提高网络的稳定性和可靠性。

（5）路由器（router）

路由器是用于连接多个逻辑上分开的网络。逻辑网络是指一个单独的网络或一个子网。当数据从一个子网传输到另一个子网时,可通过路由器来完成。因此,路由器具有判断网络地址和选择路径的功能,它能在多个网络互联环境中建立灵活的连接,可用完全不同的数据分组和介质访问方法连接各种子网。路由器是属于网络应用层的一种互联设备,只接收源站或其他路由器的信息,它不关心各子网使用的硬件设备,但要求运行与网络层协议相一致的软件。路由器分本地路由器和远程路由器,本地路由器是用来连接网络传输介质的,如光纤、同轴电缆和双绞线;远程路由器是用来与远程传输介质连接并要求相应的设备,如电话线要配调制解调器,无线要通过无线接收机和发射机。

（6）交换机（switch）

也称交换式集线器。它同样具备许多接口,提供多个网络节点互连。但它的性能却较共享集线器大为提高:相当于拥有多条总线,使各端口设备能独立地作数据传递而不受其他设备影响,表现在用户面前即是各端口,有独立、固定的带宽。此外,交换机还具备集线器欠缺的功能,如数据过滤、网络分段、广播控制等。

（7）网关（gateway）

网关可以把两个结构完全不同的网络连接起来,以实现网络之间不同网络协议和数据格式的转换,也可以用来提供专门的服务,如网络防火墙、电子邮件服务、传真服务等。网关一般是一台专用的计算机,该机上配置有实现网关功能的软件。

（8）调制解调器（modem）

调制解调器的主要作用是实现模拟信号和数据信号的相互转换。它的功能主要有数据传输、传真、语音。

3. 传输介质

传输介质是计算机之间传送数据信号的重要媒介,它提供了数据信号传输的物理通道。传输介质按其特征可分为有形介质和无形介质两大类,有形介质主要包括双绞线、同轴电缆和光导纤维,无形介质是指无线电、微波、卫星通信等形式。

（1）双绞线

双绞线由两条绝缘铜导线相互缠绕而成,一对或多对双绞线被包在一个塑料护套内,便形成了双绞线电缆。双绞线按照有无屏蔽层,可以分为无屏蔽双绞线（UTP）和屏蔽双绞线（STP）两类。双绞线的线路损耗较大,传输速率低,但成本低,安装容易。

（2）同轴电缆

同轴电缆由围绕同一轴线的两个导体组成,线缆中心是一根较硬的导线或多股导线,其外部有一层绝缘材料,绝缘层外被网状导体围住,电缆表面由坚硬的绝缘塑料包住。同轴电缆频带较宽,损耗小,抗干扰能力强,传输性能较高,广泛使用在局域网络。

（3）光导纤维

光导纤维,又叫光纤或光缆,内部由光导玻璃或塑料纤芯构成,纤芯外被玻璃包层包住,最外面是一层坚硬的外壳。光纤频带宽、容量大、传输速率高、抗干

扰能力强,不受外界电磁场的影响,安全保密性好,体积小重量轻,但成本较高。

4. 外围设备

外围设备一般是指与计算机相连的设备,如打印机、扫描仪、摄像机、话筒等。

(二) 软 件

网络系统应用的软件有网络操作系统、网络协议和通信软件、网络应用软件。这些软件主要用于合理地调度、分配、控制网络系统资源,并负责网络系统的安全管理,保证网络系统运行的稳定性和可靠性。

这里只简单介绍网络操作系统,网络操作系统是计算机网络系统的核心部分,通过它对各种网络资源、网络用户等进行管理。网络操作系统主要部分存放在网络服务器上。目前广泛应用的网络操作系统有 Unix、Netware、Windows NT。

Unix 操作系统是应用于微机、小型机、中型机、大型机的系统。TCP/IP 协议是 Unix 系统的核心部分。Unix 系统具有多任务、多用户、用户界面良好、可移植性好、扩展性好及运行稳定安全等特点。

Netware 是以文件服务器为中心的操作系统,它由三个基本部分组成:文件服务器内核、工作站外壳、底层通信协议。Netware 提供了文件和打印服务、数据库服务、通信服务、报文服务和开放式网络服务等功能。

Windows NT 是 Microsoft 公司开发的产品。Windows NT 操作系统已从最初的 Windows NT 3.51 版发展到现在的 Windows 2000 版,Windows 2000 版还分为 Windows 2000 Professional、Windows 2000 Server 和 Windows 2000 Advanced Server 三种类型。Windows NT 操作系统实现了集成的 Internet 服务,它能提供多种编辑工具、丰富的软件和终端服务,具有抵抗应用程序和硬件的故障、集成目录服务、强大的管理体系、灵活的企业级安全等特点。

二、计算机网络的分类

计算机网络的类型多种多样,而且有不同的分类依据。网络按交换技术可分为:线路交换网、分组交换网;按传输技术可分为:广播网、非广播多路访问网、点到点网;按拓扑结构可分为总线型、星型、环形和树形网络;按传输带宽可分为基带网和宽带网;按传输介质又可分为同轴电缆、双绞线、光纤或卫星等所连成的网络。这里我们主要讲述的是根据网络分布规模来划分的网络:局域网、城域网、广域网和网间网。

1. 局域网 LAN(local area network)

局域网是将小区域内的各种通信设备互连在一起所形成的网络,覆盖范围一般局限在房间、大楼或园区内,覆盖距离为 10 公里左右。局域网的特点是:距离短、延迟小、数据速率高、传输可靠,可采用双绞线、同轴电缆、光纤等来组建公司、校园、企事业等单位的网络信息系统。

2. 城域网 MAN(metropolitan area network)

城域网的覆盖范围限于一个城市,城域网覆盖距离为数百公里,可通过专门铺设的线路或利用已有的电话线、电视电缆(CATV)、光纤、无线电、微波等来组建城市网络。

3. 广域网 WAN(wide area network)

广域网连接地理范围较大,常常是一个国家或是一个洲。其目的是为了让分布较远的各局域网互连,其覆盖距离为数百到数千公里,可通过卫星、微波、无线电、电话线、光纤、直接数字同步(DDS)线路等连接国家网络和国际网络(如Internet)。

4. 网间网

也称互联网,即 Internetwork,是一系列局域网和广域网的组合,因此包含的技术也是现有的局域网和广域网技术的综合。Internet 便是一个当前最大也最为典型的网间网。

表 6.1 列出了各类网络的覆盖范围与典型网络。

表 6.1　各类网络的覆盖范围与典型网络

网　　络	覆盖范围	覆盖直径(数量级)	典　型　网　络
局域网	房　　间	10 m	以太网、令牌环网
	大　　楼	100 m	
	校　　园	1 km	
城域网	中小城市	10 km	分布队列双总线网、光纤分布数据接口网
广域网	中小国家	100 km	综合业务数字网分组交换网
	大国、洲	1 000 km	
网间网	地　　球	10 000 km	因　特　网

三、网络的拓扑结构

计算机网络的拓扑结构,是指网络中的通信线路和节点间的几何排序,并用来表示网络的整体结构,反映各个模块的结构关系。局域网的拓扑结构分为星型、环型、总线型三种结构;城域网采用双总线或双环结构;广域网则采用不规则的网状结构;因特网(Internet)可以视为树结构。网络的拓扑结构影响着整个网络的设计、功能、可靠性和通信费用等重要指标。以下介绍几种网络的最基本的拓扑结构。

1. 星型结构

星型网的结构框图如图6-2所示。该结构中的每个节点都用单独的线路连接到中心节点,任何两个节点的通信都要通过中心节点。这种结构的优点是建网较易,一条通道或一个节点出故障时不影响网络其他部分工作。缺点是通道线路总长较长,费用较大,此外,若中心节点出故障时,整个网瘫痪。星型结构一般用于分级的主从网络。

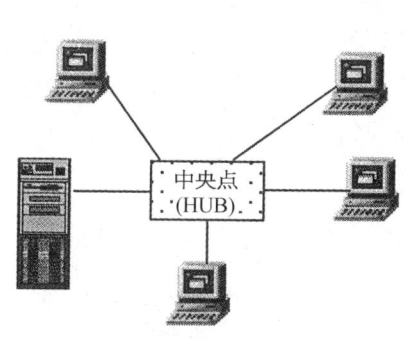

图6-2 星形结构的网络

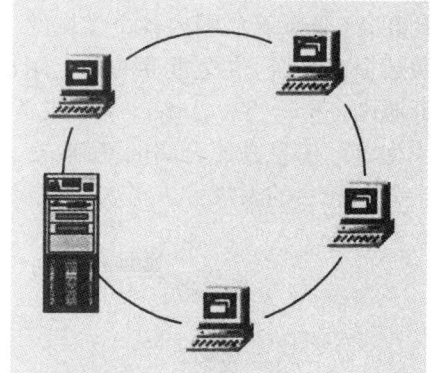

图6-3 环形结构的网络

2. 环型结构

环型网的结构框图如图6-3所示。该结构中的各个节点连接成一个封闭的环路,网络中节点之间的数据沿单一方向传输。这种结构的优点是网络管理软件比较简单,其缺点是网络的吞吐能力差,故适用于数据信息流量小和节点少的场合。

3. 总线型结构

总线型网的结构框图如图6-4所示。这种结构是将各个节点用一根总线(如同轴电缆、光缆等)挂接起来,一个节点发送数据时,所有的节点均可收。这种结构简单,易于实现,节点的接上或拆卸方便,便于网络的扩充,某个节点发生故障对整个网一般不产生影响,故网络的可靠性较高。

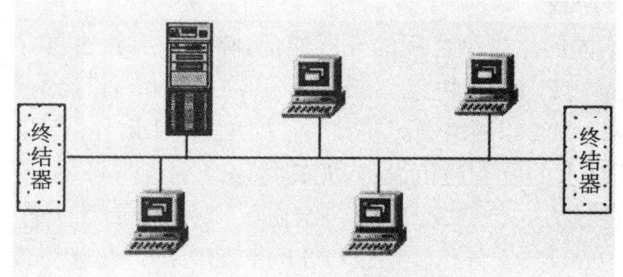

图6-4 总线型结构的网络

4. 混合型结构

混合型网的结构可以是星型和总线型的结合,也可以是星型的扩展,在实际应用中,混合型是使用比较多的一种结构。它兼有星型和总线型的优点,其缺点是管理难度大一点,也要增加网络设备集线器。

四、Internet 简介

Internet(因特网)是国际计算机互联网络,它将全世界不同国家、不同地区、不同部门和机构的不同类型的计算机及其网络通过网络互联设备"永久性"地高速互联,将全世界范围内各个领域的信息资源联为一体,组成庞大的数字化信息资源数据库系统,供全世界的网上用户共享,因此,因特网也被人们称为全球信息资源网(图6-5)。Internet 的发源地在美国,而今天,它已扩展到全球范围,并成为全球信息高速公路的基础,在许多方面获得成功。它已经和必将进一步对全人类社会的发展和人类文明建设起到巨大的推动作用。

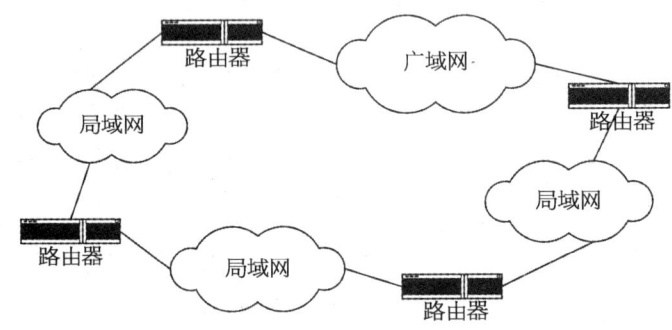

图6-5　Internet 示意图

(一) Internet 信息传送的基本原理

用户向某个地址的服务器发送请求命令,服务器收到请求信息之后,即将用户所需信息分成小的数据单元进行传输。在传输过程中,数据单元通过路由器为它寻找地址,依次从服务器经多个路由器的递交,直到传送到目的地为止。

1. TCP/IP 协议

为了实现不同网络类型之间的互联通信,除了依靠路由器寻找路由,还需要通信协议的保障。TCP/IP 协议(transfer control protocol/internet protocol 传输控制/网际协议),又叫网络通讯协议,这个协议是 Internet 国际互联网络的基础,它规范了网络上的所有通信设备,尤其是一个主机与另一个主机之间的数据往来格式以及传送方式。TCP/IP 是一组协议,它包括上百个各种功能的协议,如:远程登录(telnet)、文件传输协议(FTP)和简单邮件传输协议(SMTP)等,而 TCP 协议和 IP 协议是保证数据完整传输的两个基本的协议。

TCP/IP 协议的基本传输单位是数据包(datagram)。TCP 协议负责把数据分成若干个数据包,并给每个数据包加上包头(就像给一封信加上信封),包头上有相应的编号,以保证在数据接收端能将数据还原为原来的格式,IP协议在每个包头上再加上接收端主机地址,这样数据找到自己要去的地方(就像信封上要写明地址一样),如果传输过程中出现数据丢失、数据失真等情况,TCP协议会自动要求数据重新传输,并重新组包。总之,IP协议保证数据的传输,TCP协议保证数据传输的质量。TCP和IP两个协议是协同工作的,两者结合在一起,为Internet进行可靠的数据传输创造了条件。

2. IP地址

IP(internet protocol address)地址是Internet上计算机的标识,每台入网的主机都至少有一个IP地址,作为发出信息和接受信息的目的地,以备进行数据的传输。

TCP/IP协议规定IP地址长4个字节,共32比特,通常把IP地址表示为XXX. XXX. XXX. XXX的形式,即写成用句点"."隔开的4个十进制数,如177. 111. 1. 77即10100110 01101111 00000001 01000010,前几位是网络地址,后面是主机地址,地址类别不同其网络地址和主机地址位数比也不同,根据IP地址的前几位可以确定其类别:

地址第一位是0,则为A类,其网络地址和主机地址位数比为1:3,A类地址分配给超大型网络使用;

地址前2位是10,则为B类,其网络地址和主机地址位数比为2:2,B类地址分配给一般的大型网络使用;

地址前3位是111,则为C类,其网络地址和主机地址位数比为3:1,C类地址分配给小型网络,如大量的局域网和校园网。

基本的IP地址分为A、B、C三类,另外还有D类地址的前四位为1110,用于支持多点发送地址,E类地址的前四位为1111,留给地址扩充使用。

3. 域名

由于IP地址是一串数字,对于用户来说很难记忆,就又采用了一种简单明了的、便于用户记忆和理解主机地址的方法,人们称其为域名。TCP/IP协议规定了一套对每一台主机域名命名的一般规则,其结构可表示为:

计算机主机名. 机构名. 机构性质. 最高层域名

这是一个分层的树状结构,从域名上人们可以知道主机所属机构的性质和类别。例如,华南师范大学主机的域名为www. scnu. edu. cn,它的最高级域名cn代表中国,二级域名edu代表教育和科研计算机网,scnu表示华南师范大学,www则表示主机是WWW服务器。这里的域名与IP地址在形式上有些相似,都是用圆点隔开各个部分,但是域名与IP地址的各个部分并无直接对应关系。对于Internet中的每一台主机,域名更便于人们记忆并访问网络上每一台主机的资源,但域名却不能被Internet所识别,Internet内部计算机与计算机之间则是通过IP地址进行识别和操作的。所以,当你在"地址"栏输入了某一个主机的域名以后,必须将域名转换成网络内部能够识别的 IP 地址,这样才能找到与域名对应的主机。将域名转换成 IP 地址是由域名服务器(DNS:domain name server)来完成的。如华南师范大学学校主页 www. scnu. edu. cn 对应的 IP 地址是 202.117.32.5,你只要在网络浏览器的地址栏输入华南师范大学的域名地址,域名服务器(DNS)就会将其转换成网络内部识别的 IP 地址,这样我们就可以访问到该主机。因此,使用者一般只需记住要访问的主机域名即可。

在域名结构中,最高级域名一般为国家或地区的代码。美国很多早期加入 Internet 的网络不用美国的代码 us,而直接用机构性质代码,例如联合国的域名为 www. un. org。Internet 中最高级域名及机构的性质代码如表 6.2 所示。

表 6.2　Internet 最高域名和机构性质代码

域　名	含　义	域　名	含　义
com	商业部门	us	美　　国
edu	教育部门	uk	英　　国
net	大型网络	cn	中　　国
mil	军事部门	tw	中国台湾
gov	政府部门	hk	中国香港
org	组织部门	sg	新　加　坡
int	国际组织	fr	法　　国

(二) 接入 Internet 的方式

Internet 的接入技术,表示从最终用户到本地电信服务商之间的一段连接,不同类型的用户可以通过不同的方式与 Internet 相连(如图 6-6),近几年接入技术发展迅猛,目前比较常见的有以下几种。

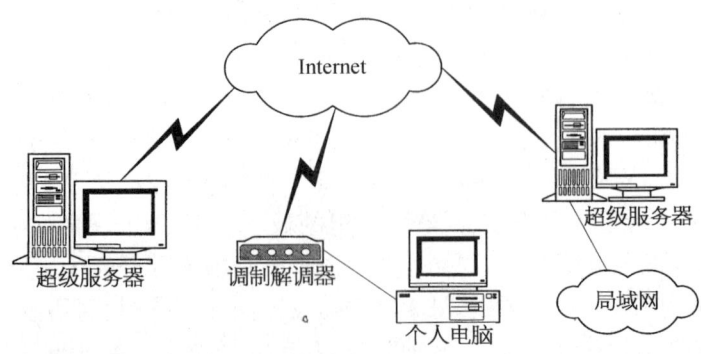

图 6-6　接入 Internet 的基本方式

1. 公共电话网

公共电话网,即 PSTN(public swithed telephone network),速度 9 700 bps—27.7 kbps,经压缩后最高可达 115.2 kbps,传输介质是普通电话线。这是一般个人用户采用最多的接入方式,依靠调制解调器通过电话线接入 Internet。它的特点是费用低,易于建立,且分布广泛。

2. 公用数字数据网

公用数字数据网即 DDN(digital date network),是一种点到点的连接方式,用户和 ISP 间通过物理实线相连接来传输数字数据,速度一般选择 74 kbps—2.047 Mbps。这种方式的特点是通信效率高,带宽恒定,误码率低,较适合大业务量的网络用户使用;但价格昂贵,而且点到点的结构不够灵活。

3. 综合业务数字网(ISDN)

综合业务数字网,即 ISDN(integrated service digital network),也是一种拨号连接方式。低速接口为 127 kbps(高速可达 2 M),它使用 ISDN 线路或通过电信局在普通电话线上加装 ISDN 业务。ISDN 为数字传输方式,具有连接迅速、传输可靠等特点,并支持对方号码识别。ISDN 话费较普通电话略高,但它的双通道使其能同时支持两路独立的应用,是一项对个人或小型办公室较适合的网络接入方式。

4. 非对称用户专线(ADSL)

非对称数字用户专线,即 ADSL(asymmetric digital subscriber line),是 DSL 家族系列技术(HDSL、VDSL、IDSL 等)中应用最广的一种,是一种高速的 Internet 解决方案。它的最大好处是利用现有的电话双绞线作为传输介质,因此成本较低;接入带宽却相对电话线传输的 PSTN(目前最高 115.2 kbps)快了许多,从局端到用户的下行速率理论上最高可达 9 M,实际使用的下行速率一般为 1.5—2 Mbps,从用户到局端的上行速率为 1 M,这也比 PSTN 有了很大提高;ADSL 的非对称性与终端用户的网络访问特点是相一致的——个人用户多数应用都是以客户方式从网上去获取数据,如 WWW、FTP,只在个别时候才向网络大量发送数据,如发送附带多媒体信息的电子邮件,因此下行数据量大、上行数据量小,也为非对称方式。

5. 线缆调制解调器

线缆调制解调器(cable modem)是一项非常适宜于家庭用户的接入技术。它在电缆电视的基础上,将分配网络的主干部分改为光缆,在各个服务节点处完成光电转换,再由同轴电缆将传输信号送到用户家里,可有效地实现 Internet 访问、电视点播和数据电话等业务,市场前景广阔。线缆传输也是非对称方式,每服务节点下行速率高达 10—30 Mbps,上行速率可达 2M 左右,但与 ADSL 不同,它是一个共享网络,实际用户可用带宽与节点所连的上网用户数成反比,即便如此,用户能享用的带宽也是相当可观的。

线缆调制解调器应用发展的最大障碍是电缆线路的双向改造——传统的有线电视大多是单向传输，而数据的访问是双向进行的，因此必须实施线路改造以适应这项新的应用。在改造完成之前也有一种暂时的解决办法：即下行数据传递采用电视线缆，上行数据则采用电话线回传。

6. 无线接入

作为有线接入的补充，在不便有线接入的地区，如贫困山区的中小学，通过微波专线、卫星通信或移动通信系统等方式接入 Internet 都属于无线接入方式。工作在 2.4—2.47 GHz 频段的扩频微波产品，因为采用了码分多址（CDMA）技术，既能够满足城市中数据传输要求的抗干扰能力强、隐蔽性好、保密性强的要求，又以其发射功率小的特点，无需专门向无线电管理部门申请使用频点，成为微波专线接入 Internet 的最佳选择。微波专线的接入方式具有建设周期短、费用低、传输速率高、方便、可调等不可替代的优点。卫星通信接入方式适用于大单位、大用户。用户端除路由器外，还需建立卫星小站，卫星小站分室内单元和室外单元，用户接入又有共享和专线两种方式。共享方式下，若干分站共享一个频道的带宽与主站进行通信，专线方式下，一个分站独占一个频道的带宽。

接入技术的发展充分体现了"三网合一"的应用趋势：ADSL 是利用原来的语音载体电话线传递数据，线缆调制解调器则利用原有的图像载体有线电视传递数据，大家熟悉的 IP 电话则是通过各类数据载体传送语音。因此，今后的数据网、电视网和电话网将不再相互隔离，共同承揽数据、语音、图像集成的业务，缓解了 Internet 的带宽压力。

五、我国 Internet 的发展

1977 年 9 月 20 日，钱天白教授发出我国第一封电子邮件，揭开了中国人使用 Internet 的序幕；20 世纪 90 年代初，中科院高能物理所最先连入了 Internet，首开中国接入 Internet 的先河；

1994 年 4 月，中国科学技术计算机网（CSTNET）建成；

1995 年，中国教育和科研计算机网（CERNET）建成；

1995 年 5 月，中国公用计算机互联网（CHINANET）建成开通；

1997 年，第四个国家级工程——金桥网（CHINAGBN）建成开通，至此，中国的 Internet 已形成了四大主流网络体系：中国教育和科研计算机网（CERNET）、中国科学技术计算机网（CSTNET）、中国公用计算机互联网（CHINANET）和中国金桥信息网（CHINAGBN）。

1. 中国教育和科研计算机网（CERNET）

CERNET 是中国第一个覆盖全国的、由国内科技人员自行设计和建设的国家级大型计算机网络。中国教育和科研计算机网由教育部主管；整个网络分为

主干网、地区网和校园网三个层次(如图 6－7 所示),全国网络中心设在清华大学,八个地区网点分别设立在北京、上海、南京、西安、广州、武汉、成都、沈阳,主要为学校、科研和学术机构以及非盈利性的政府部门服务。

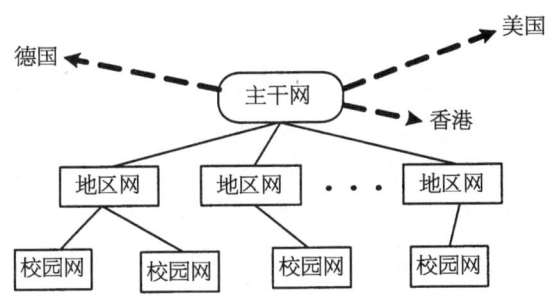

图 6－7　CERNET 三层次结构

2. 中国公用计算机互联网(CHINANET)

CHINANET 是由中国电信经营管理的我国第一个商业化的全国性计算机网络。它分为核心层、区域层和接入层,主干网已经覆盖全国 31 个省市,用户入网方式灵活简便,个人可采用拨号的方式入网,也可以通过租用专线的方式通过局域网接入。CHINANET 还允许国内 Internet 服务提供商(ISP)作为接入单位连入,发展网络用户。这些 Internet 服务提供商各自建立的中文信息网站都能为用户提供多种信息服务。

3. 中国科学技术计算机网(CSTNET)

CSTNET 是由中国互联网络中心管理的,主要为中科院在全国的研究所和其他相关研究机构提供科学数据库和超级计算机资源。

4. 中国金桥信息网(CHINAGBN)

CHINAGBN 是原中国电子工业部建设的"三金"(金卡、金关、金桥)网络工程。它建于 1994 年,覆盖全国,主要是与国内数万个企业连接起来,同时对社会提供开发的 Internet 接入服务。中国金桥网现在的管理者是中国吉通通信公司。

第二节　校园网络系统

在信息社会里,人类活动的各个领域中,大量的活动和应用是分散式的,人们迫切需要加快数据信息的收集、传递、存贮、处理与配给,要求数据通信和资源共享,要求提供一种全方位的、快速的信息存储与查询手段,把多媒体技术与网络通讯技术紧密结合,可以极大地扩展单机多媒体系统的教育功能,使得多媒体信息的综合处理及交互功能得以充分发挥,实现多媒体信息资源的共享,拓宽受教育者接受知识的渠道。校园网络系统就是在校园范围内,把多媒体技术与网络通信技术紧密结合的现代教育应用系统。

一、校园网络系统的特点和功能

（一）校园网络系统的技术特点

1. 大容量的多媒体信息储存

教学信息和教学过程数字化首先要解决海量多媒体信息储存问题，因此，在校园网络系统中采用超大容量存储介质硬盘阵列保存和处理数据；使用移动介质保存外部数据，并通过光盘塔来读取；采用大中型数据库来储存和管理各种媒体数据，可以选用如 Microsoft SQL Server 等数据库产品作为校园网的数据库平台；使用群集（cluster）数据处理技术，通过服务器群使不同的数据能对不同的应用进行分布处理。

2. 高速度的数据流量传输

教学活动和教学过程的大量视频和音频数据的传输是校园网络系统应用的关键问题，因此，在校园网络系统中，采用了高速以太网、光纤建立校园网络，千兆交换，百兆传输，十兆到桌面；采用视频点播技术 VOD（video on-demand）技术是视频数字信息多点实时回播的关键技术，也是实现远距离实时教学的保证；使用流媒体（streaming media）和多媒体数据压缩技术使有限带宽多路输送高精度数据。

3. 方便高效的信息管理和检索

为了方便高效地进行信息管理和检索，在校园网络系统中通常都会建立数字媒体数据库以存贮各种多媒体教学信息；建立教学信息资源管理中心，进行各种教学信息的采集、组织和管理；建立信息通用搜索引擎并提供各种环境的分布检索服务；采用教学内容实时点播和回播服务；用户可操作的分类目录管理和可视化的组织应用工具；用户端超媒体的浏览方式和面向 Web 浏览器作为资源信息浏览应用。

（二）校园网络系统的基本功能

校园网络具有教学（科研）、管理和通讯三大基本功能。

1. 校园网络的教学科研功能

利用教学信息资源库实现各类教育、教学和管理信息资源的共享、交流和利用，促进教学管理、教学过程高效有序进行，提高教学效率。校园网络能为教学、科研提供先进的信息化教学（学习）环境：能及时、准确、可靠地收集、处理、存储、传输多媒体教育信息资源；能实现学校内部教育资源的高度共享，为教学、科研、管理提供服务；能为教师提供基于网络的备课、课件制作、课堂演示、教学测试、评价等教学环境（通过各种教学应用软件包实现）；能为学生提供自主、交互、个别化学习和协商学习的环境（要有相应的应用软件系统）；能实现远程教学,扩大教育规模;通过实时视频广播,可以实现跨越地区,同时对多点进行授课;通过视频会议方式,实现多点同时进行交互教学、咨询或研讨等。

2. 校园网络的管理功能

校园网络能提供校长办公系统、学校财务管理、财产/物资管理、图书管理、学籍管理、成绩管理以及其他学校信息资源管理服务,为学校管理者提供信息化、自动化办公环境,具有教务、行政和总务管理等功能。

3. 校园网络的信息通讯功能

校园网络不仅能提供区域性的教育资源传输和共享,还能实现与因特网的连接,实现基于因特网的通讯与资源共享;提供与教育部门、学校、家庭之间进行联结的通信接口,实现三者之间的相互沟通;提供电子邮件、电子公告牌、电子白板等网络信息服务,包括因特网服务和教育卫星、电子公告和视频会议、IC卡服务及校外服务(PSTN)等。

(三)校园网络系统的作用

校园网络在学校的教学(学习)、科研和管理生活中起着越来越重要的作用,主要表现在以下几个方面。

1. 资源共享　促进教学

利用教学信息资源库实现各类教育、教学和管理信息资源的共享、交流和利用,促进教学管理、教学过程高效有序进行,提高教学效率。

2. 网络教育　教学双长

网络备课:利用计算机的图文编辑功能,教师可以直接利用网络信息资源进行备课;

课件制作:教师利用资源制作适合自身教学特点和教学方法的课件CAI;

网络课堂:教师将网络备课内容和计算机课件通过网络教室应用于实际的教学过程;

电子阅览室:师生可以浏览到校园网和Internet上的各种多媒体教学资源和信息,课外知识等。

3. 信息交流　协同教学

电子邮件:电子邮件将广泛应用教学活动和教学管理过程。信息发布,信息传达,学习交流,疑难解答,网上作业等;

教育论坛:在线的教学专题讨论,疑难解答,小组交流学习等;

公布板:信息发布,公文传达等;

个人空间:教师可以将自己制作的课件放到校园网。学生可以将自己创作的个人主页或学习心得在网上发布,促进了学生学习的能动性和创造性。

4. 远程教学　扩大规模

实时视频广播:跨越地区,同时对多点进行授课;

视频会议：多点同时进行交互教学、咨询或研讨等。

二、校园网络的基本组成

校园网络系统是指在校园范围内，能以相互共享资源（硬件、软件和数据）的方式连接起来，又各自具有独立进行教学、管理和信息服务功能的宽带多媒体计算机系统的集合。校园网是校园教育的延伸，是提高教学质量和管理效率的重要手段。

如图6-8所示，校园网络系统包括基础设施和网络教育应用系统两大部分。

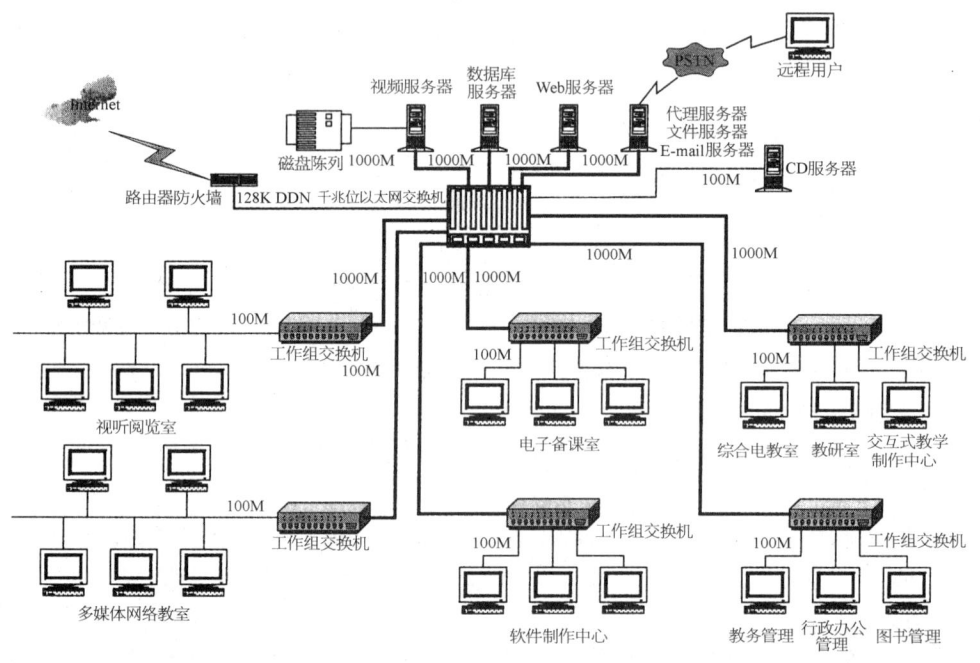

图 6-8　校园网络拓扑结构示意图

（一）基础设施部分

校园网络基础设施主要包括网络设备和网络结构两个方面。

1. 网络设备

校园网络常用设备包括：服务器、工作站、传输介质、网络接口卡、调制解调器、连接器件、交换机和其他互联设备等。

服务器是网络中可提供某种类型网络服务的实体。网络服务可以是对文件或设备、传输或转换设备的访问。从服务器提供网络功能的角度，可以将服务器划分为文件服务器与专门应用服务器两大类。其中专门应用服务器在网络中可以提供某种特殊应用服务。在校园网络系统中,常见的专门应用服务器有数据库(资源)服务器、Web 服务器、视频服务器和网关服务器等。网络服务器是网络系统的核心部分,要选用可靠性高、稳定性强、兼容性好,具有良好的性能价格比的优质服务器。各种功能的服务器,可以由一台高性能的台式 PC 机担当,或由一些由计算机制造商专门设计的专用设备担当。前者称简易服务器,后者称为专用服务器。

工作站是一台客户机,即网络服务的一个用户。但有时也将工作站当作一台特殊应用服务器使用,如作为打印机或备份磁带机的专用工作站。作为客户机的工作站需要一块网络接口卡实现与网络的连接,并运行一种可以访问网络资源的专用程序。工作站的主要功能是向各种服务器发出服务请求并从网络上接收传送给用户的数据。工作站有普通工作站和无盘工作站两种类型:普通工作站是一台安装有网络接口卡的完整计算机,其性能比用作服务器的计算机要低,单机运行可以完成用户的基本工作,接入网络可以访问网络资源;无盘工作站是便于在网络中使用而特别设计的工作站。它不包括磁盘驱动器,只包括键盘、显示器、内存和 CPU 等部件,并安装了含有自启动 ROM 的网络接口卡。使用无盘工作站可以提高网络的安全性,如防止计算机病毒侵袭及随意复制数据等。

2. 网络结构

校园网络是由主干网络和子网络组成,主干网络提供校园网的关键功能,一般采用光纤介质,以交换技术为特征,它互连所有的子网络资源,提供访问 Internet网络资源及远程访问的通道。目前主干网络主要是以高速以太网交换机为主要设备和以高速 ATM 交换机为主要设备的主干网络。

主干网络通常是由交换机、路由器、传输介质等,与分布在各教学楼、办公楼、宿舍楼的多媒体教学系统、学校管理系统、远程联网系统的节点交换机相连构成的网络部分,再通过双绞线及其他连接器件,连入多媒体网络教室、教研组办公室、行政办公室等教学管理场所,经过网络接口卡接入计算机,形成一个覆盖全校的计算机网络,通过与 Internet 的连接,可实现全国乃至全球的信息资源共享。

(二)与 Internet 的接入

Internet 是覆盖全球的信息资源网络,用户可以利用 Internet 来实现全球范围的电子邮件(E-mail)、万维网(WWW)信息查询与浏览、文件传输、语音与图像通信服务等,因此与 Internet 连接是校园网的一个重要组成部分。

1. 校园网与 Internet 连接时所起的作用

(1) 校园网内合法用户可以访问 Internet

这是最基本的要求,校园网内合法用户应该不但能继续使用校园网原有的功能,而且可以同时访问 Internet。

（2）禁止 Internet 上的用户非法访问校园网内部

这是最低限度的安全保证，若 Internet 上的用户可以任意访问校园网中的各服务器、工作站，后果可能不堪设想。

（3）支持各种通用的 Internet 服务

应可以支持 Internet 上的各种常用服务：HTTP、HTTP Cache、FTP、Telnet、SMTP、POP3、DNS 等。

（4）尽量低的 Internet 访问费用

Internet 的访问费用应尽量降低，应只用一个连接就能实现整个校园网均能访问 Internet，例如一条 ISDN 线路。

（5）完善的访问控制

管理员可以根据系统提供的选项，设定访问控制政策。例如，可以限制校园网内部用户只能使用接收 E-mail 服务，而限制所有的发送 E-mail 服务。

（6）内容过滤

可以由网络管理人员根据实际情况进行设置，过滤掉含有反动、暴力、色情等内容的网站。

（7）可选的"代理加速"功能

由于现在国内 Internet 的速度还比较慢，因此可以由管理人员根据实际情况设置使用"Proxy Cache"功能，令用户在访问相同的 URL 时可以直接从防火墙的缓存中直接取得，不用每次均访问 Internet，提高网络使用效率。

（8）可以支持远程管理

可选的远程管理支持，当管理员不在防火墙旁，但又要进行远程维护，应该有可选的远程管理可以支持。

（9）客户端应支持各种不同的操作系统

应该能支持不同的操作系统，例如 Windows 97/2000/XP、Windows NT、Linux、UNIX 等各种操作系统，以利于以后系统的扩展。

2. 校园网与 Internet 接入方式

从接入规模看与 Internet 的接入方式有两种：校园网整体接入和单机用户接入。校园网整体接入需要配备路由器等设备，租用电信部门的 DDN 专线或帧中继专线，并向中国教育和科研计算机网（CERNET）管理部门或其他类似机构申请一组网络地址（IP 地址）及注册域名，以较高的速率接入 Internet。这种方式是今后校园网采用的主要方式。

（三）网络教育应用系统部分

校园网络教育应用系统部分是一组软件，主要包括：教学信息资源管理系统、教学科研系统、学校行政和教学管理系统、通讯服务系统和网络管理系统等基本组成部分。

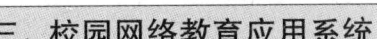

三、校园网络教育应用系统

　　校园网络教育应用系统是一组软件,根据校园网教育应用系统实现模型,将其分为:教学信息资源管理系统、教学科研系统、学校行政和教学管理系统、通讯服务系统和网络管理系统等子系统,每个子系统以相应的工作主干网为基础,并建成相应的资源中心数据库。在每个子系统下,根据其具体用途,又分出许多应用模块,直接服务于校园网中的各级用户,从而充分体现出校园网集成系统的针对性、集成化和优越性。校园网应用系统主要内容如图6-9所示。

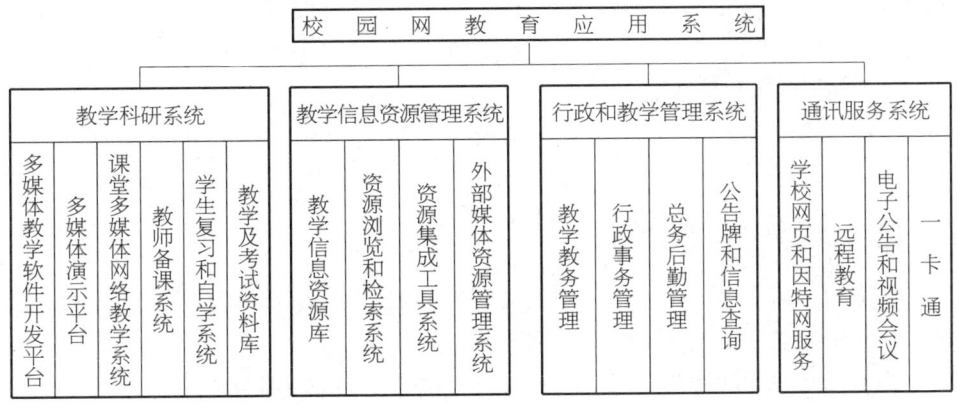

图6-9　校园网教育应用系统

(一)教学信息资源管理系统

1. 教学信息资源库

　　教学信息资源建设是校园网建设和应用的核心,它包括教育资料、教学素材和资源、教学过程、教学交流、信息发布等信息以及学校各种管理数据的综合体,它是整个校园网应用和运作的根本保证。

　　从教学内容性质上看,校园网络资源库应包括:教学内容性信息资源,包括教学内容库、教学信息素材库、微教学单元库和课件库、教学软件库、第二课堂知识库等;教学过程性信息资源,如教学测试相关库(试题库、试卷库)、教学评估相关库(统计信息库)、学习反应信息相关库(成绩库)等。

　　校园网教学资源中心数据库是学校各种教学活动的数据和过程的整体记录。它为各种教学信息,特别是多媒体教学信息在全球信息网络中提供现代化的表现形式。它不仅提供了传统教学上的文字、图片和数据,还将各种视频、音频、动画和计算机数字信息包括在其中。

　　从媒体内容性质上看,校园网络资源中心有:计算机数据信息库、计算机多媒体资源库、VOD视频资源库、Web全球信息资源库、外部介质库和光盘库等表现形式。

此外,资源中心还包括各种学校办公管理信息库,它包括了教务、人事、设备等各种管理的数据资料。校园网教学信息资源中心将这些数据和信息科学直观地管理起来,为校园网的应用提供信息内容。

2. 外部媒体资源管理系统

用于管理外部资源,如存放在光盘塔中的各种教学光盘的入库管理等。

3. 资源浏览和检索系统

用户可以使用 Web 方式来对各种教学信息和资源进行浏览和检索资源。在用户权限允许的范围内,教师和学生可以只使用一个浏览器就可以随时随地地浏览他们感兴趣的教育信息。系统还提供了分类目录检索和关键字检索两种方式,使得用户方便地在校园网上找到他们需要的信息和资料。

4. 资源集成工具系统

实际是教师备课系统。教师利用资源集成工具系统进行电子备课和课件设计。

(二) 教学科研系统

校园网中的教学科研系统可以满足学校师生在教学科研活动中的基本要求。教学科研系统主要包括以下内容:

● 多媒体教学软件开发平台,包括非线性编辑、课件制作、光盘刻录等软件;

● 多媒体演示平台,可以进行资料搜索、视频广播、VOD 点播等功能;

● 课堂多媒体网络教学系统,提供课堂多媒体网络环境中多种新型教学(学习)模式探索的系统平台,包括小组协商学习、教师监控个别辅导、学习信息反应分析系统等;

● 教师备课系统,可以让教师在课前准备多媒体教学软件或素材;

● 学生复习和自学系统,提供网上的学习环境;

● 教学及考试资料库,包括视频、音频、图片资料库及题库等。

(三) 行政和教学管理系统

采用校园网中的行政和教学管理系统可以实现学校各项管理工作。管理系统主要包括以下内容:

1. 教学教务管理

包括课程管理、实验室管理、学生成绩与学籍管理、图书资料管理和德育教育管理等。

2. 行政事务管理

包括行政党务管理(会议、文件、资料等)、档案管理(人事、科研成果、固定资产、账务等)、各处室行政管理和各院系(教研室)行政管理等。

3. 总务后勤管理

包括财务管理(工资、经费、拨款等)和资产管理(设备、房产等)等。

4. 公告牌及信息查询

(四) 通讯服务系统

校园网内的通讯服务系统主要用来保证与远程教育网和 Internet 网的通讯,一般可以包括以下几个部分。

1. 学校网页和 Internet 服务

校园网页系统是学校宣传的最好窗口,可以介绍学校、介绍教职员工、介绍学生,也可以进行远程教学,提供各种 Internet 服务,如 E-mail、电子公告板(BBS)、聊天室(Chat)等。

2. 远程教育服务

利用计算机以及计算机网络进行教学,使得老师和学生可以异地完成教学活动。教师在课堂进行的教学过程可以通过校园网实时传输到校园的其他学习课堂、小组,甚至通过校际网传输到其他学校的课堂。而这些学习者也可以通过网络即时反馈学习信息,包括应答、提问、讨论等。

远程教学包括:通过 Web 方式进行接受式学习和讨论式教学,通过视频点播(VOD)和视频广播(VOB)功能进行单向教与学,通过视频会议进行实时双向交互式教学等几种实现方式。

3. 电子公告和视频会议服务

电子公告具有两个主要功能,一是允许师生就某问题自由发表意见,张贴一些公共信息或回复他人的公告;二是提供多用户间的实时双向对话、讨论。

视频会议可实现多点、异地同时进行交互教学、咨询或研讨等。

4. 一卡通服务

校园一卡通包括的基本数据有:保存在类似 IC 卡中的学生学号和在学校范围内消费的预交经费等。一卡通能实现:师生就餐、在校内购物、交书本费和图书过期罚款等 IC 卡记帐和结算;用 IC 卡代替借书证,作为借书的身份识别;可将师生彩色照片以特定格式显示在 IC 卡上,作为工作证或学生证使用;特殊地点的通行证识别等功能。

四、基于校园网络的教学环境

(一) 基于 Web 的综合教室

基于 Web 的综合教室是指通过校园网与 Internet 连接,实现共享校园网内教学信息资源、浏览远程教学资料、调用远程终端的教学信息资源,并同时以高质量的画面和高保真的音质在大屏幕上播放出来。也可以通过摄像头、电子白板、实物投影仪等设备和工具软件将本地教师的教学内容发送到远程终端,甚至可以与远程终端进行交互式教学(学习)活动。

基于 Web 的综合教室系统配置如图 6-10 所示,其中投影机是重要设备,要求其亮度分辨率及其他技术参数达到较高水准。

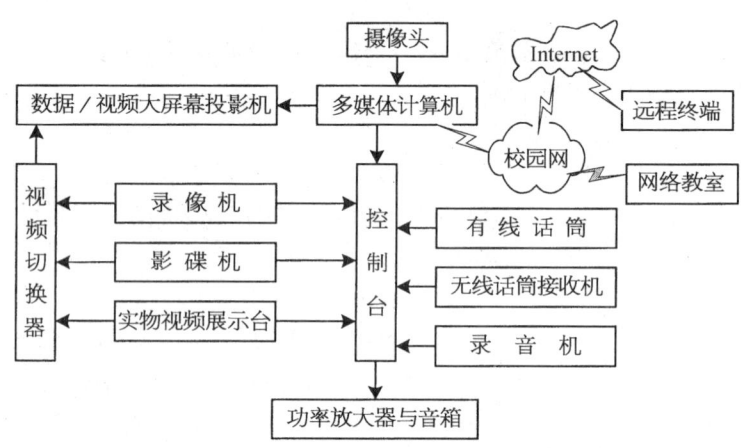

图 6-10　基于 Web 的综合教室结构示意图

(二)基于 Web 的多媒体网络教室

基于 Web 的多媒体网络教室是指安装于教室范围内的一种具有多媒体教学功能的局域网,通过校园网与 Internet 相连。多媒体网络教室系统便于师生进行学习任务的分配,实现教学资源的共享,并能够监控整个教与学的过程。在网络教室中,计算机终端一般是 30 到 70 台,学生机可以是无盘工作站,用以节省投资。同时,每个工作站可以共享安装在服务器上的各种软件,而且可以对服务器的硬盘空间进行规划,并限定学生的使用权限,进而防止初学者误删重要软件以及一些保密的重要信息。多媒体网络教室适应了信息化时代教学(学习)的要求,它可以提供多种网络化的教学(学习)环境,帮助教师有效应用多媒体教材,进行多元化教学,以及多形式、方便快捷的教学活动。

基于 Web 的多媒体网络教室能够灵活地适应学生个体学习、分组讨论和集体学习的需要,为学生构造一种学习的情境,使学生能够利用校园网的资源或 Internet 上的资源,进行主动探索学习,教师则成为学习过程的指导者。当用于支持个别化学习时,网络的主要作用是支持教学资源共享和个别化的学习管理;当用于群体教学时,网络的主要作用是加强课堂中的教学交互和教学控制功能,实行教学资源的集中管理,为教师在课堂上实时监控与学生参与教学过程提供强有力的手段。此类系统的用户之间以实时通讯为主并涉及屏幕共享和语音对话,因此要求计算机网络具有多媒体交互和控制功能。

　　基于 Web 的多媒体网络教室的布局(如图 6-11)和辅助设备有一定的要求。一般计算机后面有很多连接线,连接线要隐藏,使学生不易碰到这些连接线,做到既美观又安全。多媒体网络教室的辅助设施还有桌椅、电源、UPS(不间断电源)、教科书、应用软件等。辅助硬件中需要特别注意的是电源,要保证动力电源的容量(一般每台微机的功率按 200 W—300 W 计算),同时,还要注意整个教学网络系统的良好接地,以保证网络的正常运行,免除因接地不良或没有接地而导致器件损坏。

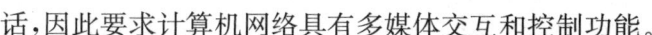

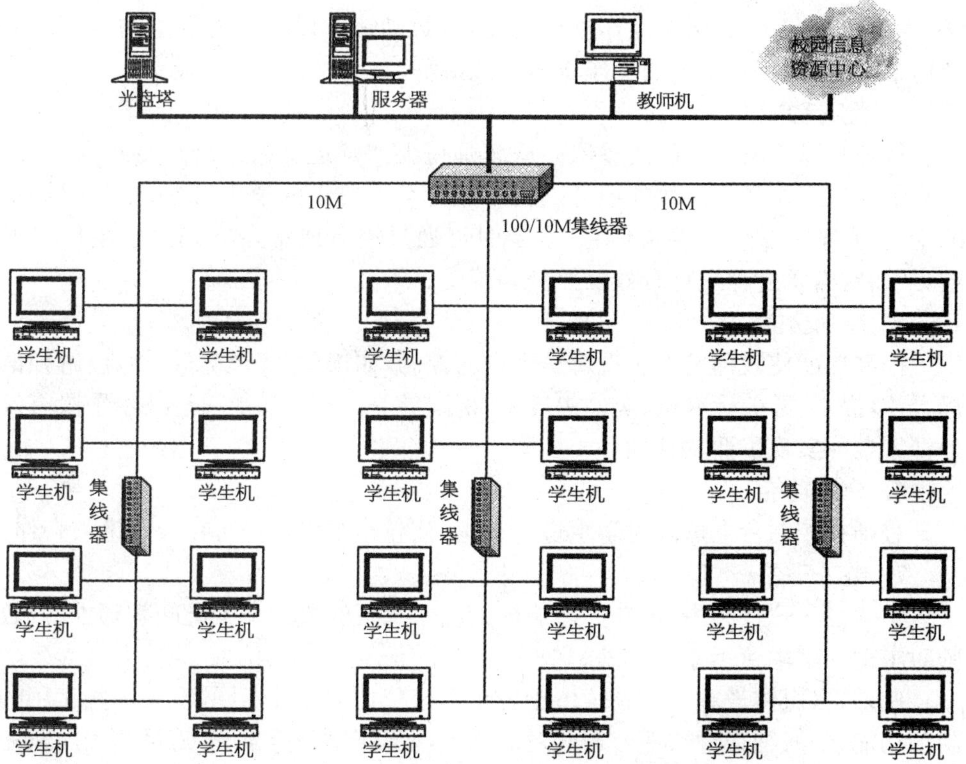

图 6-11　基于 Web 的多媒体网络教室"星型"拓扑图

　　基于 Web 的多媒体教室网络系统首先应具备网络学习的一般功能。

1. 资源共享

　　学生可共享校园网络服务器上的教学资源,下载软件、浏览电子图书信息、点播视频信息等,进行个别化自主学习;也可以接国际互联网,教师和所有学生均可轻松进入 Internet。学生可通过网络共享服务器上的多媒体教学资源(如多媒体素材、多媒体课件、网上教程、教学设计方案、试题库等),并可在教师的授权下进行个别化自主学习。

2. 文件传输

通过文件传输功能,使在网络上的用户可以向(或从)其他用户发送(或接收)文件或目录,即可以把文件或目录传送到远地用户的硬盘上,或从一个远地用户的硬盘上读取文件和目录到本地硬盘上。这样在不同用户之间方便地交流、传输文件和目录。

多媒体教室网络系统至少还应具有广播、监看、控制、分组、举手五部分的教学功能。

3. 广播功能

可将教师工作站的画面同步传输到每个学生工作站的屏幕上,从而使每个学生可以同步看到教师的操作过程。此外,教师还可以将某个学生的屏幕画面转播给全体学生,用学生的操作作为示范讲解。

4. 监看功能

教师可以不离开自己的座位而从教师机上清楚地掌握系统运行状况,并及时显示实时工作状态。教师还可以实时监看某一群组的学生(也可是临时编组的学生)和某一学生的屏幕信息,必要时可通过语音或键盘方式对学生作出辅导,从而对教学过程进行有效的控制和调度。

5. 控制功能

控制功能使教师可以实现对学生机的控制,如锁定/解锁键盘、锁定/解锁鼠标、屏幕提示、开关计算机、全体黑屏、个别辅导等。控制功能通过技术手段有效地帮助教师实现了课堂管理。

6. 分组功能

教师在控制台上可以对学生进行编组,让各小组成员进行在线讨论与合作。

7. 电子举手

学生在学习过程中,可在不影响他人的情况下通过按举手键向教师求助,教师对求助的学生给予逐一帮助。

此外,多媒体教室网络系统由于各个厂家公司的设计不同,也有一些实用的附加功能,如海纳智囊软件公司开发的网上应答测试分析系统,是目前国内较完善的学习信息反应分析工具软件,教师可在教师机建立考试卷;学生通过应答界面答题,完成同步或异步测试;教师机可以利用学习信息反应分析系统即时对学生考试成绩进行分析,进行教学(学习)评价,有助于学校开展教研活动和无纸考试的推广。

(三) 基于 Web 的电子阅览室

基于 Web 的电子阅览室是为满足师生浏览网络学习资源、CD、VCD 等多媒体电子教学信息而提供的视听阅览的场所与设施。将大量的图书资料以数字化的形式存储在光盘、磁盘或校园网服务器上,大大方便学生和老师对资料的查询、检索、复制和利用,也降低了学校拥有图书资料的成本,简化了图书资料的保存、管理工作。师生还可以通过电子阅览室的网络服务访问外校的图书馆,或浏览和利用因特网上丰富的信息资源。基于 Web 的电子阅览室还具有多媒体阅览,书目介绍,网上预借,网上交流等功能。

基于 Web 的电子阅览室是信息时代学生自主学习的主要场所,其主要功能和作用包括:

1. 多种检索方式,缩短查询时间

电子阅览室提供了联机检索、网络检索等多种检索系统和多种资源检索方式,有效地缩短了查询时间,提高了效率。

2. 多媒体素材浏览和下载

经过检索查询,教师和学生可以实时浏览所需的多媒体素材(包括:文本、图形图像、动画、音频和视频),也可以将其下载。

3. 多媒体课件的点播和实时调用

无论课件是光盘,还是可执行文件,浏览器都可方便地进行实时执行远程调用。

4. 实现视频点播(VOD)

由于在标准浏览器中植入了 VOD 内核,所以在任何一台联网的计算机上可以很方便查找到所需要的视频资源,并实现多点并发播放。

5. 电子图书阅览

通过将"中国期刊网"、"中国数字图书馆"等光盘数据库在校园网服务器上建立镜像等方法,检索查询各种学科专业数据库,并实现网上阅览或下载图书、期刊、论文等。

6. 网上教程浏览和远程站点联结

教师和学生可以通过资源库查询、浏览本地 Web 服务器上的各学科网上教材(以网页形式存在),也可通过 Web 服务器浏览远端站点的教学资源。

7. 配合通讯软件如 Netmeeting 等,实现网上协商学习

8. 配合视频会议,支持远程教学

此外,校园网络教学环境还包括教师备课室、信息化办公室等系统。备课室是给教师提供利用网络资源和工具进行备课的场所,使教师获取素材方便而又丰富,大大地提高了备课效率,还可以进行集体备课或协作备课;利用计算机硬件设备和网络环境建立的信息化办公室通过校园网进行办公、管理和获取校内外信息,能够通过网络进行及时通讯和协同工作,校长可以在其办公室管理和控制整个学校的日常教学工作,提高整个学校的教学和管理的运作效率。

第三节 基于因特网的学习工具

Internet 功能强大,它既是一个庞大的信息资源库,又是一个理想的信息交流媒介。目前,Internet 的应用范围已经非常广泛,技术也日臻成熟。而且 Internet 的许多功能已被广泛地应用到教育上,对整个学习资源、学习过程、学习模式产生了重要的影响。Internet 包含了丰富的、功能强大的学习工具,并被人们广泛使用。

一、WWW 服务

WWW(world wide web)是一个基于 Internet 的、全球性、分布的、动态的、多平台的交互式图形超文本信息系统。它遵循 HTTP 协议,采用客户机/服务器(C/S)的分布控制结构,该结构能使信息资源获得最大限度的共享。已成为 Internet 上最受欢迎的应用方式之一,WWW 具有以下特点:

首先,WWW 是一种交互的超文本结构、采用图形化界面的信息系统。

WWW 的交互性表现在用户通过"请求—回应"方式获得动态信息,即用户通过浏览器向服务器提交请求,服务器可以根据用户的请求返回相应信息。同时,用户的浏览顺序和所到站点完全由他自己决定。WWW 上的信息并非只有文本形式,Web 将图形、音频、视频信息集合于一体,这也是 Web 非常流行的一个很重要原因。

其次,WWW 是借助浏览器来获取和浏览信息的。

浏览器是客户端软件,如 Netscape 或 Explorer,它们通过超文本传输协议(HTTP)向对应的服务器发送和调用特定的信息资源;服务器接受客户机请求后,利用公共网关接口(CGI)实现对服务器上信息资源的动态检索,调出指定文件,并向客户机送回指定资源,由客户端的浏览器显示结果。

第三,WWW 的信息存储是分布式的。

在 Internet 上运行着大量的图形、音频和视频信息,对于 WWW 来说并非所有信息都放在一起,信息可以放在不同的站点上,只需要在浏览器中指明某个站点的地址就可以了,使在物理上并不一定在同一站点的信息能够在同一用户中形成在逻辑上的一体化。

第四,WWW 信息的应用与平台无关。

浏览 WWW 对用户的系统平台没有什么限制,无论从 Windows 平台、UNIX 平台、Machintosh 还是别的平台都可以访问 WWW。

WWW 的上述几个特点符合学生的认知规律,其超文本结构非常易于导航,多媒体特性使学习资源生动活泼更有利于激发学生的学习兴趣,因此,WWW 是一种重要的在线学习工具。

二、信息资源服务

（一）FTP

　　FTP（文件传送协议）是因特网上历史最为悠久、应用最广泛的网络工具。FTP 的方法很简单，通过 FTP 客户端程序连入 FTP 服务器，相当于在网络上两个主机间传送文档，传送的文件可以是文本、图像、声音、多媒体视频、数据库和可执行的二进制代码，利用 FTP 下载、上传教育信息资源更简单快捷。登录 FTP 的方法有两种，一种需要账号和密码，即用户需要具有特定访问服务器的权限；另一种是"匿名登录"，帐号为 anonymous，密码为 anonymous 或 E-mail 地址。FTP 是因特网上重要的信息源之一，拥有大量的 FTP 资源库，目前有些搜索引擎（如天网中英文搜索引擎等）也提供 FTP 检索功能。常见的 FTP 客户端软件有 CuteFTP、Ws-FTP 等。

（二）Telnet

　　Telnet 是因特网的远程登录协议，允许用户把本地主机作为远程主机的虚拟终端与该主机相连，从而使用该主机的硬件、软件和信息资源。Telnet 采用客户/服务器工作模式，其应用由两部分软件组成，一部分是客户机程序，运行在提出服务请求的计算机上，另一部分是服务器程序，运行在提供服务的计算机上，它们之间可以通过 TCP 和 UDP 协议进行通信。许多机构都建立了 Telnet 信息系统，如各类图书馆的公共目录系统（如图 6-12 所示），信息服务结构的综合信息系统等，目前我们运用最多的 Telnet 在线服务是 BBS（公告牌系统）。

　　Telnet 的使用方法与 FTP 类似，也有两种登录方法：一种需要用户名和密码；一种输入通用用户名"public"或"guest"，不需要密码即可登录，但一些服务权限会受到限制。登录 BBS 的方法一般可以通过 Windows 命令"开始/运行/telnet〈主机地址〉"，如输入 innopac. lib. tsinghua. edu. cn 即可直接通过 Windows9x/Windows2000 自带的 Telnet 程序进入清华大学图书馆公共检索系统；输入 bbs. tsinghua. edu. cn 即可进入水木清华 BBS。还可以通过专门的 Telnet 软件如 NetTerm 等进入 BBS 等系统，使用也很方便。

（三）USENET/Newsgroup

　　USENET 是因特网上的一种应用软件，用于提供 Newsgroup（新闻组）服务。在这个服务体系中，有众多的新闻服务器作为因特网主机运行的服务器（News Server）软件，接收与存储有关主题的消息，供用户查阅。用户申请加入某个新闻组，只需连入新闻组服务器即可开通，用户即可从服务器中读取新闻组消息或将自己的意见发送到新闻组中。用户可查阅别人的意见并予以回复,由此可形成讨论,所以新闻组又称"电子论坛"。因特网有上万个新闻组,并有一套规则区分各自动主题范围,通常名称的第一部分用于确定新闻组的类别,如biz——商业、comp——计算机、news——新闻、sci——科学、soc——社会等。常用的新闻组阅读软件有 Outlook Express 等。

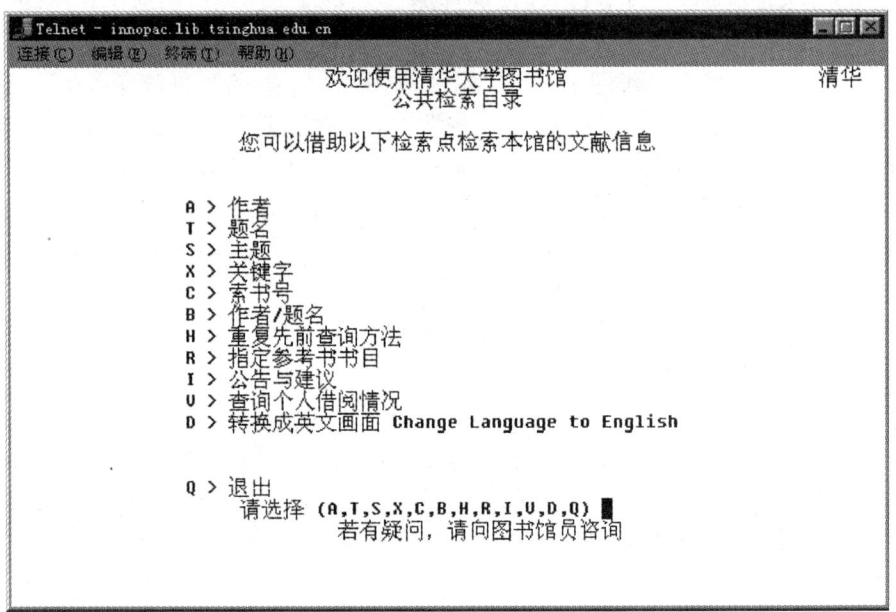

图 6 - 12 Telnet 方式的清华大学图书馆公共检索目录

(四) Gopher

Gopher 是一种类似 WWW 的分布式客户机/服务器形式的信息资源体系。众多的 Gopher 服务器上建立了一系列的资源目录,它们可以直接连接到某个具体的数据文件或检索系统中,也可以连接到另一个 Gopher 服务器的资源目录和文件中。现在,可以通过 IE 等浏览器连接 Gopher 服务器,只需在地址栏输入以 Gopher 作为传输协议的 URL 即可。

(五) WAIS

WAIS(广域信息服务器)是一种双层客户机/服务器结构的网络全文检索系统。WAIS 检索时,客户机首先检索目录服务器,获得相关数据服务器名称;再从中选择适当的数据库服务器;修改后重新执行原有检索,获得按检索词出现次数降序排列的相关数据文件名称,用户可以直接调用和浏览这些文件。现在,同样也可以用浏览器访问 WAIS 服务器的 URL。

三、信息搜索与获取的工具——搜索引擎

Internet 是一个全球性的开放的信息资源网,包含无数各种各样的信息资源。面对一个浩瀚的知识海洋,要想及时准确地找到自己需要的网站和信息也是非常重要的一个问题。搜索引擎(search engine)就是帮助学习者提供 Internet信息查询、搜索的站点,它通过后台搜索服务器对网络信息资源进行管理和检索,为用户提供一种查找信息的服务,是一种在 Internet 网上查找信息的常用工具。搜索引擎将各站点按主题内容组织成等级结构,用户可以依照这个目录逐层深入,直至找到所需信息;也可以在它们的各种程序中键入要查找的关键词,引擎就会在自己的数据库中找出与该词相匹配的 URL,并将结果显示给用户,用户可根据显示的结果选择并访问相关的站点。比较常用的中文搜索引擎有雅虎中国(http://cn. yahoo. com)、搜狐(http://www. sohu. com)、Google(http://www. google. com)和新浪(http://www. sina. com. cn)等。

根据组织信息的方式可将搜索引擎分为:目录式分类搜索引擎、全文搜索引擎、分类全文搜索引擎、智能搜索引擎等。关于搜索引擎的分类与使用详见第八章第二节。

四、信息交流工具

在 Internet 中提供了多种为远距离学习者进行交流的手段,其中不但有双方不需同步的非实时交流,也有双方同步的实时交流。下面介绍几种基于 Internet的非实时和实时交流工具。

(一) 电子邮件(E-mail)

电子邮件(E-mail,或 Electronic mail)是指 Internet 中各个计算机用户之间通过电子信件的形式进行信息交流的方式。E-mail 具有如下几个特点。

1. 发送速度快

电子邮件通常在数秒钟内即可送达至全球任意位置的收件人信箱中,其速度比电话通信更为高效快捷。

2. 信息多样化

电子邮件发送的信件内容除普通文字内容外,还可以是软件、数据,甚至是语音、动画、视频等文件信息。

3. 收发方便

E-mail 采取的是异步工作方式,用户可以在任意时间、任意地点发送或收取 E-mail,从而跨越了时间和空间的限制。同时,同一个信件可以通过网络同时发送给网上指定的一个或多个成员,甚至召开网上会议进行互相讨论,这些成员

可以分布在世界各地,但发送速度则与地域无关。

4. 安全性高

电子邮件的传送采用安全可靠的高速信件递送机制,如果收信人计算机处于关机状态或暂时从 Internet 断开,E-mail 软件会每隔一段时间自动重发;如果电子邮件在一段时间之内无法递交,电子邮件也会自动通知发信人。

这种交流工具有利于在线学习的学生与身处不同地域的教师或同学进行异步交流沟通和协作学习。

(二) BBS

通常把通过 Telnet 方式登录进行在线讨论工具称为 BBS(bulletin board system 电子公告板),它是专门进行学习讨论的场所,国内许多大学都设立了 BBS 站点,如清华大学的"水木清华"(bbs. tsinghua. edu. cn,IP:202. 112. 57. 200,如图 6 - 13 所示)、北京邮电大学的"鸿雁传情"(nk1. ubpt. edu. cn,IP:202. 112. 101. 44)、北京大学的"北京大学未名站"(bbs. pku. edu. cn,IP:172. 105. 177. 202)、复旦大学的"日月光华"(bbs. fudan. sh. cn,IP:202. 120. 224. 9)等。

图 6 - 13 水木清华 BBS

这些站点都是通过专线连接到 Internet 上，用户只要连接到 Internet 上，通过 Telnet 就可以进入这些 BBS。

为了满足日益增长的 Web 用户的需求，基于 Web 的各种功能讨论区也应运而生，甚至许多 BBS 也建立了基于 Web 的讨论区，用户只要连接到 Internet 上，直接利用浏览器就可以使用 BBS，阅读其他用户的留言，发表自己的意见。通过 Web 浏览器登录的讨论区，通常是一些专业学术网站在提供其他各类服务的基础上提供的在线讨论工具，如人教网提供的人教论坛（http://chat.pep.com.cn）等。

在线讨论工具一般包括精华区、分类专题讨论区、系统信息区和闲聊区等内容，上站的用户可以在讨论区留下自己想要与别人交流的信件，也可以发布信息以供用户共享，包括发表文章、意见、建议或提出需求等。目前许多讨论区还提供了信息查询、发送短信等功能。在线讨论工具为学习者提供了实时或非实时交流的空间，不同时间、不同地点上网的任何人都可以进行交流，而且这种交流不限于几个人之间，即可能同时有许多人一起讨论问题。你可以随意发表自己的意见，补充修改别人的观点，甚至组织一次讨论、主持一个论坛。你的任何问题都会有人回答，使你尽快解决自己的难题。在这里，你可以学到其他地方无法学到的知识，解决一些十分棘手的问题。任何人都可能成为你的老师，你也可能成为任何人的老师，大家互相切磋，共同提高。网上论坛是一个交互式电子论坛，是获取信息的非常直接有效的工具。

（三）网上聊天室（chatroom）

网上聊天室是近年来网上流行的一种实时在线交流方式，综观各大网站，聊天室已经成了必备的一个交流工具。其主要的优点就是能让遍布世界的人们能够欢聚一堂，在网络空间之中畅所欲言。

聊天室也有一些基本的术语，去聊天室聊过天的用户都会很熟悉它们。"房间"（频道）是指管理员或者用户创建的一个主题性的区间，用户可寻找自己感兴趣的主题房间进入，与志趣相投的朋友畅所欲言。"管理员"是指拥有高于一般用户权限的用户，他们可以有特殊的权利，如授权（将普通用户升级为管理员或撤消）、踢人（将不守"规矩"的用户赶出聊天室）、封杀（拒绝某人进入聊天室，一般是根据用户的 IP 地址进行封杀的）等。

其中聊天室的主界面通常包括三大功能区域：讲话内容区域、在线聊友列表、讲话区域。用户进入时可进行注册将自己的基本信息写入服务器或作为客人进入，进去之后，你的昵称将列入不断刷新的在线列表，还会在讲话内容区域提示所有人你的到来。接着，你可以选择对象（所有人或单个聊友），以秘密的方式（只有你和对方看到）或公开（所有人都能看到讲话内容）

两种方式讲话。另外,为了使聊天更加人性化,一些聊天室还设计了许多表情,用户可以选择适当的表情表达自己的感情。另外,聊天室还有查询用户等等许多功能。

现在许多学习网站中也利用了聊天室即时、方便交流的特点,为身处不同区域的学习者提供一个实时交流的环境,特别是一些英语聊天室和计算机技术等的专业性聊天室深受广大大中小学生的欢迎。

(四) 网络会议

网络会议系统是通信业和计算机业相结合的产物,在远程协商学习和群组工作(team work)等方面均有较为广泛的应用。NetMeeting、Internet Phone 等是目前较为流行的网络会议软件,它们允许在 Internet 上进行实时的视频、音频传输和数据通讯,能够提供在线呼叫、交谈(包括文字、语音、视频)、应用文件共享、电子白板、文件传输、电子邮件等功能。(图 6-14、图 6-15)

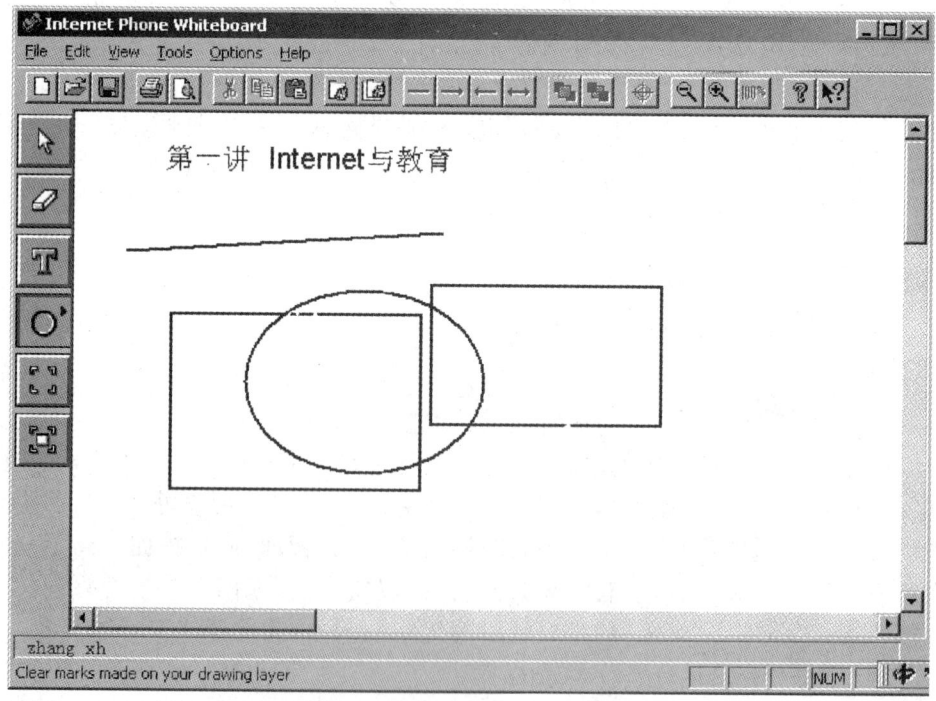

图 6-14　功能强大的电子白板

图 6 – 15　Internet Phone 视频在线交流操作平台

（五）超级网络寻呼机（ICQ）

网络寻呼机 ICQ 是英文"I seek you"的简称，是近几年兴起的一种功能强大、使用方便的网络交流工具。QQ 也叫 OICQ，是中文的 ICQ，是深圳腾迅公司根据国内用户网络速度和费用的局限而设计的，功能和 ICQ 差不多。即时性是 ICQ 最大的特点，即时交谈、即时信息传输以及即时的文件传递是它的最主要功能；通过对方的用户号码，在网上可以传呼他，进行文字或信息的沟通，无论对方在世界的哪个角落。我们可以将不同的用户作为好友，进行长期联系，还可随时查看聊天记录。整个 QQ 就像你的一个小秘书，将你的个人信息、好友信息、聊天信息、聊天记录等管理得有条不紊。QQ 还支持群组传呼发送，可以将信息同时发送给多人，实现多线交谈功能；QQ 目前还开发出手机短信、视频会议等功能服务。QQ 的便捷性能已为成千上万的网友接受，也已逐渐被应用到教育行业来。许多教学平台都支持即时调用 QQ 的功能。

随着信息网络技术的不断发展，相信会有更多、更方便、更实用、更能发挥网络功能的网络学习工具不断涌现，服务于我们的学习生活。

第四节　网络环境下的学习模式

网络技术是现代信息技术的典型代表,它不仅大大推动了社会的信息化过程,对教育改革也带来了有力的支持与挑战。伴随着信息高速公路的开通,人们获得了新的认知与学习方式的可能性,每个人都可以根据自己的兴趣和需要,随时随地从网络这一巨大的学习资源库中获取知识信息。网络不仅仅为学习者提供利用网络或计算机作为学习资料的传输和储存的工具,更重要的是它可以作为学习者的认知工具和知识重构工具。网络技术在教学(学习)中具有下列相当良好的特性:

- 同步与非同步:老师与学生可以在线交流,也可以非同时沟通;
- 多方向:老师与学生,学生与学生都可以形成群体,并进行双向的沟通;
- 个别化:学生可以依其需要选择合适的进度或教材来学习;
- 自动记录:网络的任何学习行为或沟通交流都可以留下记录,利于查寻与追踪。

这些特性为网络环境下的学习带来了以下的优势:

一是便利性:学生可以"随选",不必因时空限制而影响学习,任何人可以在任何时候、任何地点、以基本的计算机配备即可进行同步或异步的教学活动。

二是主动性:学生可以依其实际需要和个人兴趣来选择课程,并依其自身程度、意愿、能力、学习状况,来决定教学内容与进度,不受固定课程安排的限制,完全采取主动式的学习,给予学生在学习行为上更多的主控权。

三是交互性:在网络上的交互性是一种"群播"状态,学习不再处在被动、单向的状态,而是多元互动,甚至是弹性的、有选择性的互动,进而能提高学习的乐趣。

四是协作性:借助网络通讯可以突破时空局限性,使分散在不同地区的学生交换学习资料和学习经验,或是共同针对某个主题进行研讨,在线上合作完成项目。

五是多样式:由于 Internet 支持各类多媒体教材的展现,能让老师与学生用各种形式表现其作品,并留存于网络,网络能扮演在线数据库的角色,提供老师与学生各式各样可供利用的资料。

六是开放性:网络上的学习是开放式的,网络提供了一个非强迫性与无"阶级性"的学习环境,所有参与者都可以同时扮演"教"与"学"的角色,打破师生隶属关系,提供了平等的沟通机会。

基于网络环境的学习作为一种新型的学习形式已涉及到教育内容、教育结构乃至整个教育体制的变革,与此相适应,教育教学理论、教学系统设计和教材建设等都要进行相应变化以适应新形势变化,人们的生活与工作方式,尤其是自我教育、自我学习的方式也将发生重大的改变。本节我们将讨论基于因特网环境下的讲授型、自主学习型、协作学习型以及远程教学四种模式。

一、网上讲授型学习模式

传统的经典教学模式是讲授型教学模式,它以教师讲授为主,学生只是被动地听,被动地接受知识,是一种单向沟通的教学模式。尽管这种模式在课堂教学中正在被各种新的教学模式所取代,但这种教学模式在网络教育方面却具有广泛的用途。在 Internet 上实现这种教学方式的最大优点在于它突破了传统课堂教学中人数、时间和空间的限制。在 Internet 上进行讲授型教学,其学习人数可以大幅度增加,而且学习空间可扩展到世界各地。它对于平衡教育资源具有重要作用,特别是对解决贫困地区的教育落后状况、发挥发达地区名师的作用,具有非常重要的意义。当然它也存在一个很大的弊病就是缺乏在课堂上教师与学生的面对面交流,学习情景的真实性不强,这是在 Internet 讲授型教学中应该加强和改进的方面。这种通过网络进行的传统教学模式,可分为同步讲授式和异步讲授式。

(一)同步讲授式

同步讲授式教学模式教师和学生在不同的地点上课,教师在配有摄像机、话筒、电子白板、投影仪的授课教室中讲课,不同地点学生可以在同一时间聆听同一教师的教学,师生之间也可以有一些简单的交流。这种教学模式的基本结构见图 6-16,目前主要运用网络视频会议等系统来实现这种授课方式。

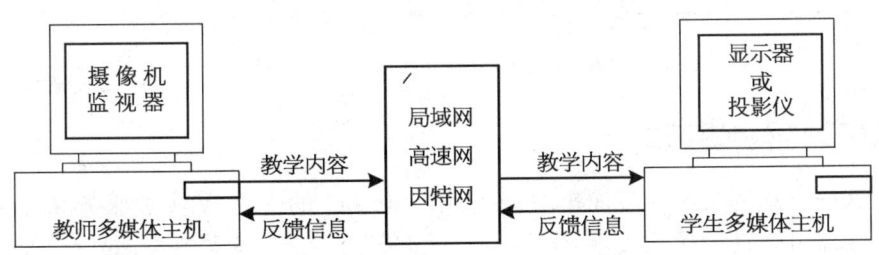

图 6-16 同步式网络学习系统

这种教学模式要求教师课前把要讲授的内容、材料(包括计算机内的文本文件、图形、动画及多媒体课件、音频素材、视频素材等信息)以超文本形式组织并存放在 Web 服务器上,教师通过多媒体电脑和 Web 服务器对这些内容进行讲解。异地学生通过 WWW 浏览器和多媒体电脑同步浏览上述内容,并可将简短的信息反馈给教师,以求得教师给予学习上的帮助。

这种基于 Internet 的同步讲授学习系统的最大优点是技术简单易行,容易实现,价格低廉;缺点是师生间的交互性差,缺乏感情上的交流。要解决这一问题,就要采用实时交互式远程教学系统,该系统将网络、多媒体及虚拟现实技术结合起来,达到师生双方或多方实时交互。因要传送音频、视频信号,所以需要较宽的网带,而且在向本校园网之外传送时,要将视频、音频信号进行压缩转变成数字信息流。这类系统一般适用于专用高速网或局域网。其结构模式见图6-17。

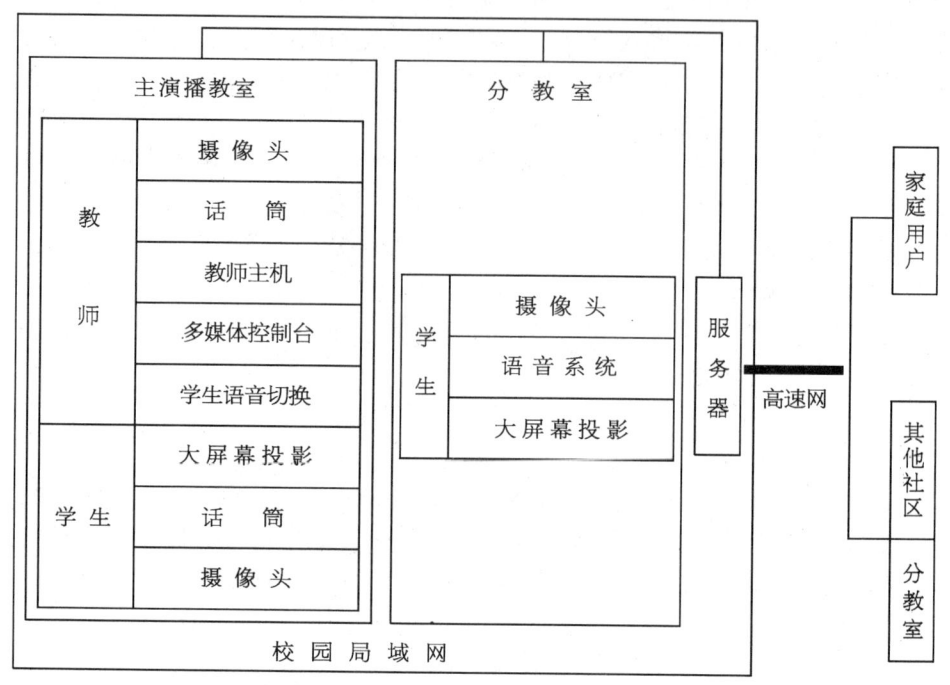

图6-17 实时交互式远程教学系统

(二)异步讲授式

这一方式的实现比较简单,只要利用 Internet 的 WWW 主页服务和电子邮件服务即可。这种模式要求教师将准备好的教学要求、教学内容、课后作业等素材编制成 Web 网页,或者将事先在演播室录制好的老师上课录像,运用流媒体等技术进行加工,与讲稿一起存放在网络服务器上,学生通过网络浏览器浏览教学内容,以达到相应的教学目的。当学生遇到问题时可通过主页提供的链接阅读教师提供的参考资料予以解决,也可以发电子邮件给教师,教师再以电子邮件的形式将帮助或指导信息发给学生。北京大学的英语网络课堂如图6-18所示。

这种学习模式的特点在于:学习活动可以全天进行,每个学生都可以根据自己的实际情况确定学习时间、学习内容和学习进度,也可以随时从 Internet 上

图 6－18　异步网络讲授型教学

下载相关的学习材料或向教师提出问题。网上异步式讲授与同步讲授的不同之处主要在于时间上的自由度,但异步式要求学习者有更强的自觉性;异步式与同步讲授的共同点是它们都没有改变传统的教学模式中以教师为主体的讲授模式。目前我国在网上开设的网校,如:北京国联网校、北京 101 远程教育教学网、联想网校、万恒远程教育网、北京四中网校等等,都属于这种方式。这种方式缺乏即时的交互性,对学生的自觉性和主动性要求较高。因此,这种学习模式要取得较好的学习效果,必须有一套能够充分体现学生特点,并适合网上信息表达与传输的图、声、文并茂的优秀电子教材,供学生学习;要为学习者提供与所学课程有关的大量辅助信息资料或索引,拓宽学生的知识面;要及时通过电子邮件解答学生的疑难问题,还要建立一套能完整地对学生的学习效果做出即时评价的反馈系统,时刻激励学习者。

网络教学由于缺乏课堂上教师与学生面对面进行教学的氛围,师生情感上的交流缺乏,也就是我们常说的"教学场"不强,正如我们在家里观看精彩足球比赛的实况转播时的气氛远不如在比赛场地实际观看时的那种气氛一样。因此,教师或网校在提供各种知识素材的同时,应积极组织网上沙龙,让网上的学习者通过"沙龙"互相交流学习体会,进行网上讨论或网上协作攻关,并为他们提供集体活动机会,促进学生之间、师生之间的情感交流,保证学生完整人格的形成。

二、基于因特网的自主学习模式

(一) 基于网络课程的自主学习模式

网络课程是通过在网络环境下运行的软件来表现的某门学科的教学内容及

实施的教学活动的总和,它包括两个组成部分:按一定的教学目标、教学策略组织起来的教学内容和网络教学支撑环境,其中网络教学支撑环境特指支持网络教学的软件工具、教学资源以及实施教学活动的网络教学平台。我们这里所指的网络课程不同于某些网校所提供的"书本搬家＋题库"式的网上教材,网络课程应是一个遵循自主学习"提出问题——情境创设——学生自学——协商讨论——评价——总结——练习巩固"设计模式的开放性系统。一个完整的网络课程采用教师为主导、学生为主体的教学设计思路,由课程信息、课程学习、学习工具、案例示范、资源库、在线测试等模块组成。(图6-19)

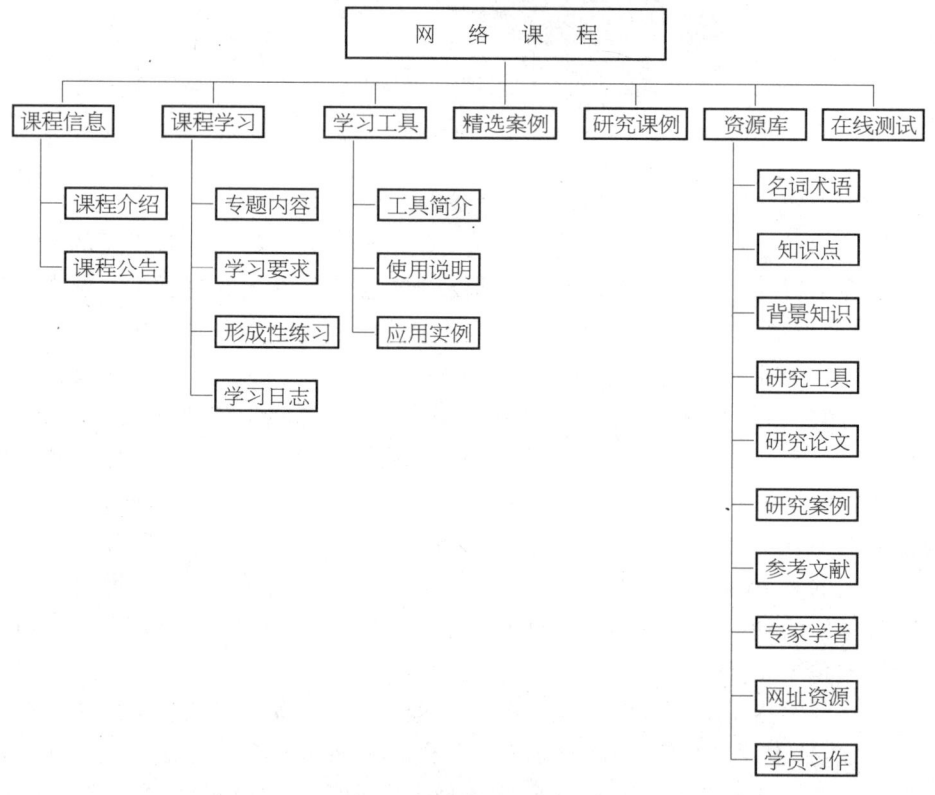

图6-19 网络课程的主要模块

网络课程的设计应充分体现教师为主导、学生为主体的思想,克服强调以教为主和以学为主的片面性。一方面要根据接受学习的特点,充分发挥教师的主导作用,网络课程的组织者和设计者,首先要确定课程目标,设计选择媒体和相关资源、设计教学内容组织策略、设计形成性练习;另一方面还要根据发现学习的特点,充分发挥学习者的主体作用,按照创设情境、提供信息资源、设计自主学习和协作学习策略、设计学习效果评价方法、设计综合实践内容的步骤进行教学设计。网络课程的设计还要注意将课程的主要模块与课程的教学内容、教学过程、教学策略、教学评价有机结合在一起。

基于网络课程的自主学习者,首先要明确课程学习目标和要求,通过浏览课程内容,理解内容并从中发现问题,提出问题并努力解决问题。在问题解决过程中,学习者要充分利用资源库中的资源来帮助和寻找解决问题的途径;要积极与教师、同学通过网络进行通讯协商讨论,充分利用信息工具对所学知识进行重构,并形成相关作品供教师评阅,获取反馈信息,以提高对课程内容的理解与应用水平。

(二)基于网络课件和网络通讯的自主学习模式

网络课件主要有三种应用方式。

1. 在公共 FTP 文件服务器中提供网络课件资料库

教师可以将各种网络课件存放于 Internet 的 FTP 文件服务器上。学习者可根据自己知识建构的需要,选择教学软件并下载到自己的计算机上,然后运行该程序,进行个别化学习。这种教学模式的缺点是交互性差,但学习者在学习时间上可以有很大的自主权。

2. 在 WWW 浏览器中运行网络课件

教师将用 Java 等语言编写的各种网络课件内嵌到 WWW 网页中,当学习者访问网页时则可直接运行其中的网络课件。这样可以大大地增强教学材料的交互性和实时性。教师可将多媒体信息引进网络课件中并与单机课件工作模式结合,从而真正地建立基于 Internet 的个别化学习系统。这种教学模式的最大优点,还在于它有很高的性能价格比,一次编制的网络课件可以跨越所有平台运行,成千上万的学习者几乎可以同时使用该软件。显然,这将极大地提高网络课件的利用效率。

3. 网上个别辅导学习模式

个别辅导模式中教师对学生的个别化指导既可以通过电子邮件异步实现,也可以通过网络在线交谈工具同步实施。前者的优点在于学生可以随时通过网络向教师请教,但不能马上得到教师的辅导;而后者可以得到教师的即时辅导,就像面对面一样,但它要求师生必须同时上网,难以解决远距离的教师和学生对时间同步性的要求。

基于网络的自主学习应防止由于学习者拥有过多的"控制权"和"自主权"而导致其在知识的"迷宫"中失去方向,不知怎样才能循序渐进地学习这些知识点,从而耗费过多的精力与时间来选择自己的学习内容或学习路径,甚至出现遗漏掉重要的学习内容的情况发生。因此,学习导航的设计显得非常重要,是自主学习成功的一个重要方面。网络课程的设计者和学习网站的开发者应该按照教学规律、教学策略和具体的教学内容设计好教学信息的适应性导航策略,从而尽量减少学习者在学习过程中"迷航"的可能性,时刻为学习者着想,为学习者创造良好的条件,帮助学习者获得良好的学习效果。

(三) 基于网络自主学习模式的特点

1. 学习具有较强的针对性

学习者按照自己的知识结构和需求来进行学习,能够选择自己认为相关或有用的知识,他们在学习中的角色可以是学习信息的接受者,也可能是学习信息的提供者,在学习中更多地进行主动的学习和思维,除了消化和吸收前人知识与经验,更重要的是根据自己和社会的需要加以应用,解决自己和他人生活、学习、工作中的实际问题。

2. 学习具有较强的自由度

学习者能很大程度上对自己的学习时间、过程和空间具有较大的支配权和决定权。这也要求学习者具有较高的组织和自我控制能力,学习者面对的是整个网络世界提供海量信息,身处的是网络灵活链接的立体环境,身边没有教师和各种规章制度的监督,学习者的学习活动完全得在自身的管理和制约下进行,学会处理庞大流量信息是当务之急。从众多的信息中找出相关部分,进行组织和管理,然后用来帮助自己增加知识,进行决策,从而使这些信息变成自己头脑中的知识财富,因此学习者在网络学习中应该学会管理和利用知识。

3. 学习具有一定交互性

学习者在学习过程中不但能灵活、适时地与教师和学习同伴及相关人士进行交流,还能方便、及时地对自己所学知识和掌握的技能进行测试,并得到及时的反馈。

4. 学习具有较强的创造性

学习者的学习过程不再由教师统一控制,不再强调集中思维、求同思维、正向思维,学习者可以进行多向思维、发散思维;教者的活动不再是控制和统一进行学科理论体系和基本概念的知识灌输,而是组织学习资源和设计引导学生学习的方法,这些给予学习者很大的自由度,因此学习者的学习活动是多方向、多维度的,也有利于培养学习者的创造精神。

5. 学习者能不断提高学习能力

心理学研究发现学习过程中的自我计划和自学方法都是属于元认知,这并不是人人都能具备的能力,但是在网络自主学习过程中,学习者必须针对学习方式的个体差异,努力培养自己自学的能力,这样才会提高学习效率,使学习完成得顺利和轻松。因此在网络学习中,学习者的自学能力于自觉不自觉中得到促进和发展。

三、基于因特网的协作学习模式

基于因特网的协作式学习,是指利用计算机网络及多媒体技术,由多个学习者针对同一学习内容彼此交互和合作,结成若干个协作学习小组,以达到对教学内容更深的理解与掌握的过程。与个别化学习相比较,协作学习有利于促进学生认知能力的发展,有利于学生健康情感的形成,是当今较流行的一种学习模式。协作学习模式有两种形式:一是以协作、互助学习小组身份登录网络,参与协作学习;二是以个体身份登录网络,参与协作式学习。

(一)基于网络环境的协作学习的基本要素

1. 协作小组

是协作学习模式的基本组成部分,小组划分方式不同将直接影响到协作学习的效果。通常情况下,协作小组的人数不要太多,一般以 2—4 人为宜。

2. 成员

指学习者,一般按照其学习成绩、知识结构、认知能力、认知风格、认知方式等互补的原则,分派到各协作小组中。

3. 辅导教师

在协作学习中并非可有可无,由于辅导教师的存在,协作学习的组织、学习者对学习目标的实现效率、协作学习的效率等都可以得到有效的控制和保证。

4. 协作学习环境

主要包括协作学习的组织环境、空间环境、硬件环境和资源环境。组织环境是指协作学习成员的组织结构,包括小组的划分、小组成员功能分配等。空间环境是指协作学习的场所,如班级课堂、互联网环境等。硬件环境指协作学习所使用的硬件条件,如计算机支持的协作学习、基于互联网的协作学习等。资源环境是指协作学习所利用的资源,如虚拟图书馆、互联网等。

(二)计算机支持的协作学习的特点

基于因特网的协作学习本质上是计算机支持的协作学习。计算机支持的协作学习(computer-supported cooperative learning,简称 CSCL)是指利用计算机技术(尤其是多媒体和网络技术)来辅助和支持协作学习的一种学习模式。

多媒体技术能为学习者提供形象直观的、界面友好的学习环境,网络技术打破了时空的限制,并为学习者提供了信息获取与传输的通道,通过计算机支持的协作学习,身处不同地域的学习者可通过计算机网络进行交流和沟通,并通过计算机组成学习小组,在共同协商和互助的气氛中完成共同的学习目标。

要实现计算机支持的协作学习,当然也要求包含协作学习实现的机制,也就是说要包含协作学习的相关理念,要体现协作学习的组成要素,因此,这样就要考虑一个计算机支持的协作学习系统如何让学习者进行充分的交互并在交互的基础上实现协作学习。另外,从系统框架结构来看,一个计算机支持的协作学习系统可依层次划分为协作链路层、协作控制层和交互学习层三个层面。所以,交互性和协作性是实现计算机支持的协作学习系统最关键的两个问题。

1. 计算机支持的协作学习系统的交互性

人—机交互、机—机交互可以在计算机网络间实现人与人之间的信息交流,多媒体网络信息的多样性不仅为网络间的人们提供了形象生动的符号与信息,同时它还能以多种交互方式实现有效的学习协作。为使协作学习在网络中实现得更充分有效,计算机支持的协作学习系统其交互性总体来讲应具有以下几个特点。

（1）传输信息丰富

随着传输光缆的大面积铺开,网络的运行速度得到极大提高,网络传输的信息也逐渐由原来的纯文本信息向多媒体信息转变,在计算机支持的协作学习系统中的交互信息不仅包含文字信息,还包含视频、图像、程序软件等多种形式特点的信息类型,这保证了学习者之间进行有效协作所需的必要交互。

（2）人与人交互方式多样

通过计算机网络进行的协作学习可进行一对一、一对多,也可以进行多对一、多对多的人—人交互方式。

（3）交互控制权灵活性高

计算机支持的协作学习环境中的交互控制权既可以均衡分配,也可以是高度集中的。

（4）交互时空的灵活性

对于计算机支持的协作学习系统可支持同步交互、异步交互,同时交互双方还可以在一个虚拟时空进行交互。

（5）交互的间接性

在网络环境中进行的交互不像面对面的交互具有直接性与全面性的特点,由于人与人之间必须要通过网络作为中介来进行信息交流,因此计算机支持下的协作学习具有间接性与片面性的缺点,但由于其间接性的交互特色,使学习者可进行匿名交互,学生在进行匿名交互时不必去顾忌他人的想法而畅所欲言,并将学习关注的焦点从内容的效果转到内容本身上。另外,利用网络环境中交互的间接性,学习者可建立公共交互中的私人通道。在共同空间下,学生可通过网络以非顺序方式发言,多位学生可在同一时间向教师和协作者提出自己的见解而互不干扰,这是网络环境中交互的间接性给协作学习带来的一个优势。

2. 计算机支持的协作学习系统的协作性

交互性是计算机支持的协作学习实现协作学习所必要的条件,但要使学习者之间产生协作学习行为还必须提供适当的协作机制。计算机支持的协作学习系统能提供的协作学习机制主要应包含下面几个方面。

（1）支持共享信息

信息资源的丰富程度影响着协作成员及整体目标的实现。提供共享信息的功能,不仅可以使成员个体获得更广、更多、更新的信息,而且也使协作组成为信息接受的整体,加强集体的凝聚力。

（2）支持共享活动

协作学习目标的实现都是通过一系列共享活动和集体讨论、轮流发言、流线操作等来实现的。

（3）支持角色扮演

协作学习中学生各司其职,共担荣辱,即在网络环境下支持的协作学习要包含相互依赖性、个体职责等要素,而且像调停者、指导者、组织者等也是复杂协作系统成功的重要因素。

（4）支持创造行为

协作学习的最终目标是明确的,但学习过程却是多维的。协作学习过程由于形式灵活多样,因此协作学习过程本身会促进学习个体自身学习观、学习方法等知识结构、技能结构的极大丰富,所以新的观点、思路、策略等常常涌现出来,有时甚至超过预定的小组学习目标,实现"超额目标"的效果。因此,协作过程设计合理必然对学习者创造性培养具有极大帮助。

（5）支持控制管理

由于学生在学习过程中交互形式多样化而且极为复杂,各个成员的学习行为也不大一样,为使协作和谐一致,需要完善的控制管理策略。

（三）计算机支持的协作学习的优越性

与课堂环境下的协作学习相比,计算机支持的协作学习主要具有以下几个优点。

1. 学习群体范围广阔

在网络环境下,进行学习的学生个体可根据自己的意愿选择自己的网络学习伙伴,这种网络伙伴可跨越地域的限制,学生可在共同学习过程中接触和了解与自己的民族和文化完全不同的人群,这对促进人类多元化学习具有极其深远的意义;另外,由于网络学习伙伴来源广泛,一个学习小组的每一位网络伙伴也许具有不同的教育背景和思维层次,这样在进行共同学习过程中,小组的总体智慧水平与课堂环境下的 PBL(基于问题的学习)的学习小组相比显然会有所提高,这对提高小组的总体创造性思维是极具帮助的。

2. 资源获取途径多样,资源内容生动丰富

网络作为传输信息的载体,可以突破地理区域的限制,只要用户联入了Internet网络,就可以使用上面的各种教学资源。网络环境下的协作学习,学生可通过搜索引擎查询到他所需要的资料,也可以通过给教师或相关专家发送E-mail,询问他所需要的信息,当然这种老师与专家并不只局限于他们学校或课堂的教师,他们可扩充到世界上任何一个相关专家与学者。随着动态网页技术逐渐趋向成熟,网络信息的交互性功能也变得越来越强大,学习者不仅在网络上可获得大量的学习资源,而且学习资源的形式也变得越来越生动、感性,学生在获取这一类信息时,不仅学习兴趣剧增,而且对知识的掌握也会更为牢固。

3. 群体教师共同参与教学过程

课堂环境下的协作学习,指导教学的教师主要是学生的任课教师,但在进行教学时对教师的要求较高,教师不仅是学科专家,而且还应是一个学习专家,问题求解专家等,而作为单个教师能力极为有限,在指导学生时往往会觉得心有余而力不足。网络可以把世界上每一角落的人们连接起来,因此利用网络进行协作学习,教师马上由单个教师扩展成一个庞大的教师群体,学生可在这个群体中选择他所需要的指导教师,而学生从这一群体教师中获得的指导价值将是无法估量的。

4. 评价方式多样

协作学习中学生的学习评价质量的好坏主要由评价教师综合素质能力的高低决定,课堂环境中的协作学习,参与评价的教师主要是学生的任课教师,教师的总体能力有限,所得到的也主要以主观评价为主。网络将教师队伍扩大,学生可从各方面获取高质量的评价信息,同时利用计算机对交互过程的记忆功能,计算机可将学生在解决问题时的有效与无效过程进行记忆统计,从而获得数量化的客观评价信息。

(四) 网上协作学习的作用

1. 网上协作学习有助于学习个体的自我发展

网上协作学习为学习者提供了一个能使学习过程生动而丰富的环境。这种环境有助于维持学生的兴趣,而且可以提供一个更加自然的学习场所。在这个场所中,系统与某个学生交互作用,而且尽量根据学生的需要将教学个性化。协作学习是让学生在相对真实的环境里学习,以此激发认知,使学习内容社会化地丰富。因此,协作学习对于促进学习个体的特性发展提供了广阔的场所,为学习个体创造性思维的发展提供了广阔而丰富的空间。

2. 网上协作学习有助于学习者高级认知能力发展

皮亚杰指出,协作学习在认知建构发展中扮演了一个很重要的角色。在协作学习中,学习者对自己的学习行为负责,因此,80%的学习者能进行自我批评(反馈),而非协作学习中只有20%的学习者会有自我反馈行为。除此之外,协作学习中学习者的角色并不是单一的,这对于增加学习者的社会角色体验大有益处。如何处理好协作学习过程中与伙伴的关系,如何及时地从教师那里、协作伙伴那里得到帮助,如何对他人的工作给予肯定和评判,如何看待权威等等,在学习者协作学习过程中,这些问题会自然而然地得到解决,而学生的协作能力、批判思维能力会潜移默化地提高。

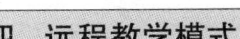

四、远程教学模式

远程教学(distance education)指通过电子媒介突破空间限制而实施的教学,它同时包括远程的"教"与"学"两个部分,不过,一般常用"远程教学"来涵盖两者,指的是由老师提供丰富的学习资源,供远程的学习者学习。

(一)远程教学模式的主要特点

● 师生活动在时间和空间上是分离的;
● 利用教学媒介来联系师生,传授课程内容;
● 教师、学生、校方三者两两之间都能双向沟通。

(二)基于 Internet 远程教学的实现方式

网上远程教学打破了时间、地域的限制,充分利用高校的师资力量,是一种利用公众多媒体通信网进行远距离教学的集语音、图像、数据于一体的交互式教学模式。一般来说,网上远程教学主要有以下几种形式。

1. 交互式远程授课

该模式主要利用公众多媒体通信网,对图像及语音文字信息进行编码,实现一点对多点的远程交互式教育。老师与学生虽天各一方,但借助多媒体通信网相互可视,并可交互,即可在课间时由学生向老师提问,老师即时解答。

2. 点播式授课

学生利用公众多媒体通信网,在学校、单位或家庭,以视频点播或网上浏览的方式,随时调用以视频、语音、文字等形式存放于信息服务器中的课程进行学习。

3. 教学资料检索式

该模式主要是学生通过必要的网络工具和手段从网络获取学习信息和资料的学习方式,这种学习方式一般来讲主要有以下两种。

(1)疑难解答

学生利用公众多媒体通信网发 E-mail 或通过 BBS 站向指定教师进行疑难咨询解答和学习体会交流。

(2)名师指导

老师通过多媒体通信网指导学生,也可将指导资料存放于信息服务器供学生调用。学生可利用公众多媒体通信网的 E-mail 提交作业供教师进行批改。

关于远程教学我们将在第七章专门讲述。最后,所要强调的是以上几种网络学习模式并非只能单独存在,随着科技进步,现代教学与学习理论的发展,还有更多的网络学习模式等待我们去探索和实践。

第五节　在线学习

在线学习是指学习者在 Internet 的环境下，利用网上提供教育教学服务系统获取学习资源，解决学习问题的一种学习方式。

Internet 为学习者提供了丰富的在线学习资源、方便的在线学习工具和广阔的在线学习空间，使得基于 Internet 的在线学习成为可能。在线学习的学习内容、学习进度、学习方式、学习伙伴等可以由学习者根据自己的情况进行选择，具有很强的自主性。

学习者在 Internet 环境下获得学习的机会和途径很多，其中主要包括有如下几种。

一、网上学校

网上学校是指通过 Internet 进行各级、各类学历和非学历教育或培训的远程教育网，包括教育部批准的几十所高等教育远程教育试点、面向基础教育的中小学远程教育网以及一些企事业单位提供的网上岗位培训、继续教育的站点等。

网上学校突破了传统校园围墙的限制，在计算机网络的基础上利用多媒体技术提供了具有个性化的教与学环境。它通过网络的信息集成与管理功能，在线管理学校事务；通过网络的交互功能，提供在线学籍注册、同步或异步的在线课堂讲授、在线答疑、在线讨论、网上交作业以及与学校教学同步的教学辅导和练习等教学服务；通过超媒体的知识组织结构将文字、图像和声音等学习内容有机地融为一体并通过 Web 页面加以呈现，将以往在传统课堂上所进行的、在黑板上所表达的及在试卷上所测试的内容，呈现在一台上网的微机上。这样学习者坐在家中就可以"聆听"老师的教导、进行测试、完成学业或与其他同学进行交流。（图 6 - 20）

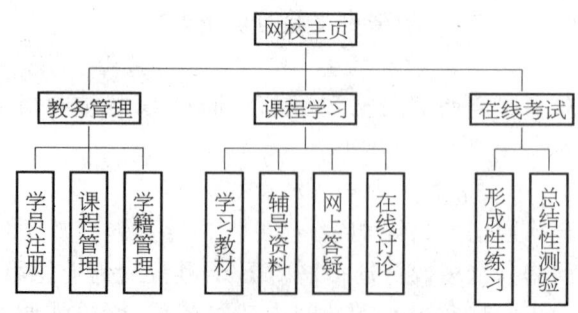

图 6 - 20　网上学校系统结构图

网上学校可以用于远程学历与非学历教育，可以用于课堂教学的辅助学习，也可以进行继续教育、岗位培训，它促进了学习向社会化、终身化、现代化的转变。一个完全意义上的网上学校应该不仅能够提供系统的网上课程、完善的网上考试系统,而且能够提供在线教学管理等服务。

(一) 教务管理

网上学校的教务管理包括学生学籍档案管理、学生在线选课、在线考试等,具有如下特点。

1. 教务管理的自动性与开放性

网上报名、网上选课、作业上缴、网上考试、缓考申请等工作均可在该网络系统自动完成,关于授课教师、所修课程、学生个人信息、学生选课、考试成绩等方面的各种信息也可在教务信息查询站点查询到。远程网络系统不仅使教务信息透明化,而且也方便了同学们随时随地查询。

2. 经济高效的办学方式

由于网上学校的自动化程度高,"容量"大,学校能节省教学设施费用、教学管理费用,可以减少教师数量,从而大大减少了办学成本。由于学生随时可以进入网上课程学习,学习者可在实际需要的情况下去选择学习相应的课程,学到的知识马上就能得到运用,使得学习的有效性大大提高。

(二) 网上课程

网上课程主要基于超文本标识语言(HTML),采用超媒体技术连接各种媒体信息,系统地表达一门或多门课程知识。完全的网上课程,其主要的教学资料、教学及辅导(或答疑)过程,学生的练习及作业的批改以及考试等均通过网络以同步或异步方式进行。有人将网上课程称为继印刷、音像教材之后的第三代课程,但网上课程和教材决不能是传统课程的"书本搬家",也决不能取代传统的书本,它更注重多媒体和交互特征,是将学习内容、学习过程、学习评价与管理有机整合的一个课程软件系统。

网上课程提供了良好的个性化学习环境,灵活的学习方式。行动不便的学生可以在自己家里相对舒适和方便的环境里学习;网上课程提供各种形式的学习教材,允许每个学生可以有不同的学习风格、不同的学习步调,按自己喜欢的学习方式进行学习、在线测试等。而且,学生也可以随时随地进入虚拟教室学习,不论白天黑夜,只要有兴趣和时间,你就可以上课。

网上课程与传统教材不同,它可以缩短教材生产周期;教材具有交互性,包括交互式评估工具、实验模拟以及动画,能够激发学生主动性,能够增加教材的生动性、灵活性,扩展更新方便,易于与学生交流并获得反馈。

(三) 在线考试

在线考试系统是一个基于数据库和WWW的在线实时测试系统,包括试卷自动生成、自动发卷收卷、计算机自动阅卷、考试成绩统计等功能,教师在考试过程可对学生进行灵活有效的控制。它使教师从传统人工出考卷、人工批改考卷等繁琐劳动中解放出来,使老师有更多的精力放在教学上,加强学习结果的反馈,提高了教学效率。以上海交通大学远程教育中心的远程考试系统(http://www. dlc. sjtu. edu. cn/webtest/)为例(图 6-21),在线考试系统从功能逻辑上可分为以下四部分:

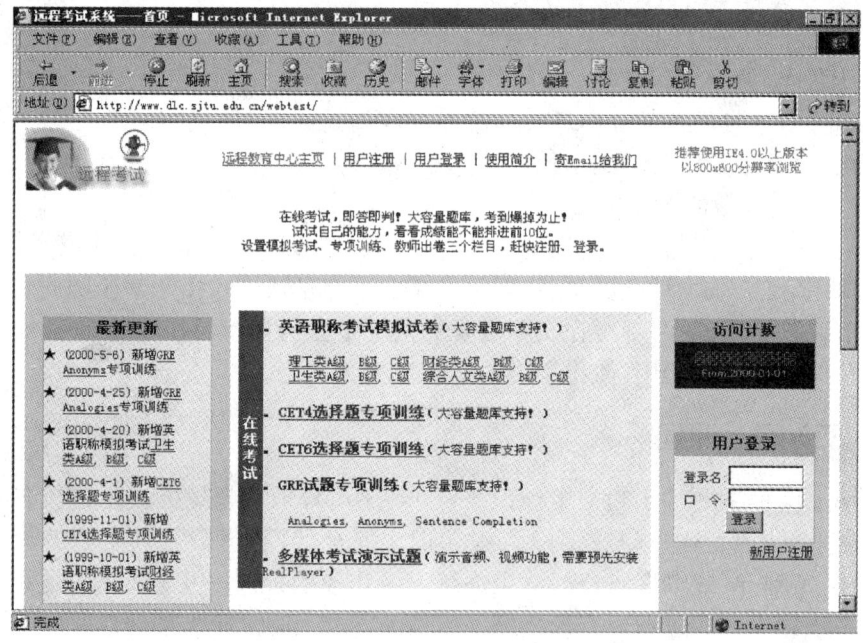

图 6-21　上海交通大学远程教育中心的远程考试系统

1. 考生考试系统

考生输入自己的用户名和口令后,进入考试系统。

2. 教师批阅系统

教师批阅试卷、查看分数、统计成绩、管理试卷和学生分班等功能。

3. 管理系统

系统管理员对系统中的用户、试卷进行管理、添加、删除、修改等操作。

4. 题库管理系统

主要用于试题库的维护,包括新建、修改、删除等功能,同时还可以定义考试中的试卷模板,以便于管理系统根据此模板自动生成试卷。题库管理系统还可以自动进行安全性、完整性检查。

二、网上图书馆

随着计算机和通讯网络技术的普及,人们希望以电子的方式共享图书馆巨大的信息资源,网上图书馆应运而生。网上图书馆主要包括公共图书馆(如中国国家图书馆 http://www.nlc.gov.cn,如图 6-22)和大学图书馆(如清华大学图书馆 http://net.lib.tsinghua.edu.cn)两大类。以中国国家图书馆为例,网上图书馆一般包括读者指南、数据库检索、书刊信息、特色服务等栏目,提供网上预约、免费图书信息查询等服务。网上图书馆利用因特网大大扩展了自己的服务范围,由于有专业人员对信息进行筛选和组织,信息质量比较高,具有很高参考价值,在满足网上信息需求方面,发挥着越来越重要的作用。

图 6-22 中国国家图书馆主页

　　网上图书馆与传统图书馆相比有如下特点与优势:

　　首先,查询方便。网上图书馆以其大信息量、高流通速度、方便的查询手段著称于世。其中最引人注目的就是图书查询服务,它能利用各种查询方式方便地帮读者查询图书,如果不知道书名,还可用作者查询,或模糊查询,当然还有主题、关键字索书号等其他查询方式,查询结果会以尽可能详细的分条目形式展现给读者。如果这家图书馆没有所需资料,重新输入一个 URL,即可到另一家图书馆查找,这些都极大地方便了读者,为他们节省了时间和精力。

　　其次,打破了时空的局限。网上图书馆是基于网络的系统,只要在网络上就可以使用,无论何人何时何地。也就是说所有网上图书馆均可为所有人服务,没有人数、开放时间的限制,只要接入网络,就可以使用这些资源。读者可以在远方进行续借、预约、查询个人借阅情况等等操作,使网上图书馆具有无限的扩充能力,成为世界上最大的图书馆。

第三,数字化的管理方式。网上图书馆是计算机管理与网络管理的有机结合,每一个图书馆使用者都具有一个对应号码,每一本图书,每一份资料都具有一个对应号码,这样利用数字就可以管理所有的使用者以及所有的图书馆资源。这样,网络上每一个人,网络上的每一样东西都有一个对应的数字化接口,这些接口使网上的所有事物成为可管理的事物。利用数字化管理图书不仅能方便地管理图书馆各种各样的资源,还可以减少图书馆工作人员的工作量,使用计算机管理可以记录书籍的所有情况。

第四,信息的及时性。网上图书馆与实物图书馆最大的不同在于:网上图书馆可以让读者了解到最新的科技动态,学习最新的科技内容,而实物图书馆则因为图书出版、图书装订等问题往往使读者不能及时了解最新的发展动态。

目前网上图书馆大多仅提供图书的在线查询、预约等功能,一般不提供在线浏览图书的服务,随着超高速信息高速公路进化的迫切需求,新一代网络资源组织模式——数字图书馆迅速发展起来。数字图书馆是由现代高新技术所支持的数字信息资源系统,是下一代因特网上信息资源的管理模式,将从根本上改变目前因特网上信息分散不便使用的现状。通俗地说,数字图书馆是没有时空限制的、便于使用的、超大规模的知识中心。数字图书馆将成为捕捉和整理信息的专家,借助网络环境和高性能计算机等实现信息资源的有效利用和共享,读者可以在世界各地通过网络阅览数字图书馆中的丰富信息。数字图书馆将成为世界上最大的学习资源库,成为实现公民终身教育的大课堂。数字化图书馆是我们国家信息基础设施中的重要应用工程,已经引起有关部门的高度重视。

目前网上还有一类专门的读书站点或称网上阅览室,如超星图书馆(http://www.ssreader.com.cn)等,这类站点的一些服务是收费的,有些大众化、娱乐性的图书在线浏览也是免费服务。此外,还有一些网络期刊杂志的站点如索易(http://www.soim.com),通过 E-mail 等方式进行订阅感兴趣的主题期刊,如英语学习、时事论坛、电脑科技等,站点会定期按时寄给用户。

三、网上实验室

网上实验室也叫做网上合作实验室(collaboratory),是一种虚拟实验室。(参见图 6-23)它是利用虚拟现实仿真技术,构筑在 Internet 上的科研环境,展示了信息时代科研环境变革的趋势。网上实验室可以方便而经济地提供昂贵的实验设备、复杂的数据处理硬件、必要的文献资料、编排有方的教材、经验丰富的指导教师,不仅给缺乏实验条件的自学者提供了良好的实验环境,而且方便广大在校学生预习和复习。网上合作实验室是对真实实验环境和虚拟实验平台的集成,它实现了基于网络的问题求解过程,为合作的科学研究和教学提供了有效的工作平台。

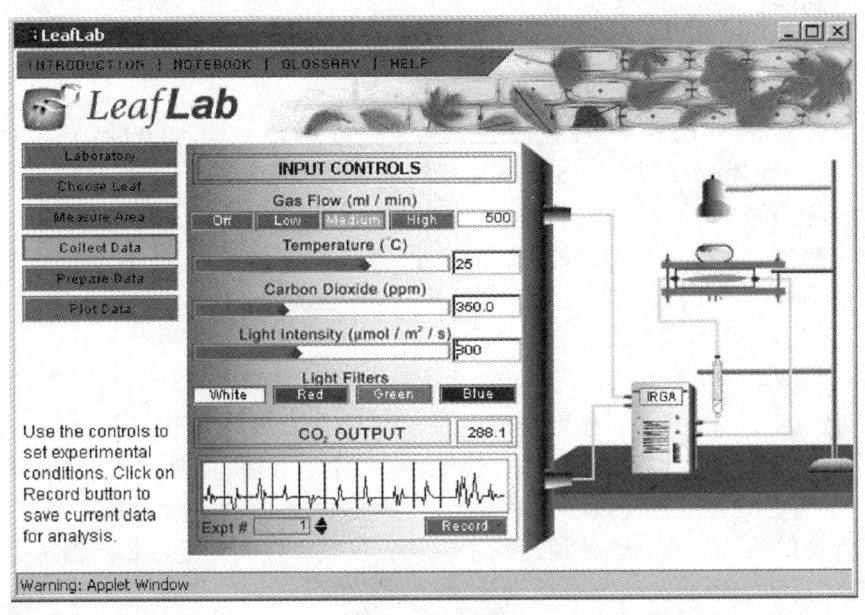

图 6-23 在线生物实验室

网上实验室提供的支持科研活动的工具主要有：视频会议及远程访问工具、访问及提取信息工具、开发合作及数据共享工具、用于远程观察的可视化软件、网络下的设备控制软件等。如绿叶实验室（http://vcourseware4.calsta-tela.edu/BLOL/LeafLab.html）提供了测量叶绿素进行光合作用时氧气、二氧化碳含量与光的强度、空气温度、植物种类等关系的工具平台，使学生能在网上利用平台改变光照效果，及时测量和计算出叶绿素成分的变化，从而探索出光合作用的规律。

有人形象地把网上实验室称为"无墙的研究中心"。应用网上实验室，不管科研人员的地理位置分布如何，都能共同从事研究——与同事们相互交流，共享实验仪器，共享数据和资源，在网上图书馆中存取信息，共同撰写研究报告等。网上实验室实质上是一个分布式计算机系统。在系统中，配置有具有遥控遥测能力的网络化研究设备和数据采集平台，有支持协作活动的各种工具，建有可以支持大规模数据共享的数字式图书馆。网上实验室的所有技术支持都旨在增强科学家、仪器设备和数据等资源之间的交互交融，以提高科研效率，降低科研成本，为发展高新科学技术提供强有力的技术保障，最终促进人类社会的进步。

四、网 上 书 店

随着个人电脑的日益普及，因特网正步步渗入我们生活的方方面面。网上书店的出现，已为购书者提供了新的买书途径，想要买书，只需在电脑上简单操作一番，不出家门，就能随时浏览国内、乃至世界各国网上书店所展示的最新图书和资料的目录,以及所要选择图书的封面和内容提要,并且可以方便地买到想要的图书。网上书店的诞生虽然只有短短几年时间,却已在图书流通过程中扮演着举足轻重的角色。

世界上最大的网上图书销售公司——亚马逊(Amazon)http://www.amazon.com 建立于 1995 年 7 月,它的名字与世界上流量最大的河同名。Amazon拥有 310 万册在销图书,1998 年第四季度的销售额已达 2.5 亿美元,相当于 150 多家大型书店,其股票价格在两年半直线攀升了近 30 倍。亚马逊书店的图书一般以低于图书价 30% 的价格出售,在全美范围内免费运送,两天之内送货上门。

亚马逊书店为顾客提供了和在图书馆查书相似的作者、主题、出版检索方式。(图 6 - 24)在界面上还有详细的使用说明。方便购书是亚马逊的最大特色。通过网络,顾客可以任意检索、预览、购买任何书籍,只要轻点鼠标,就可等书上门,不必为在大商场找车位而发愁。为确定顾客收到书籍,书店会随后发电子邮件加以确认。亚马逊公司还利用软件收集顾客在购物爱好和购物历史方面的信息,随时为顾客购买图书提供建议。亚马逊网还有一个诱人的特色服务就是客户书评栏目,迄今已存有 80 万份书评,有时还邀请作者上网聊天,并引导顾客进行生动活泼的辩论。现在的亚马逊已经不是一个单纯的网上图书销售公

图 6 - 24 亚马逊书店主页

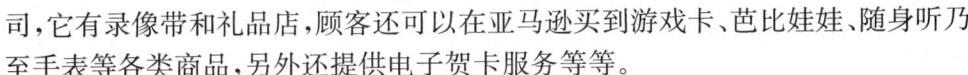

司,它有录像带和礼品店,顾客还可以在亚马逊买到游戏卡、芭比娃娃、随身听乃至手表等各类商品,另外还提供电子贺卡服务等等。

(一) 网上书店的特点

1. 方便快捷的查询功能

网上书店提供分类查找和关键词等查找书籍的方式,网上书店里的书一般都有简单的介绍,以方便顾客选购,不至于出现面对茫茫书海无所适从的情况。

2. 灵活多样的送货付款方式

只要顾客看中了一本图书,就可以在网上填写定单,进行预定,付款手段多样,可以输入信用卡号码进行网上付款,也可以汇款到相关书店,还可以货到付款等。

3. 周到的个性化服务

网上书店不受上下班时间限制,你随时可以查找订购需要的图书,如果没有找到,只要填一份缺书登记单,网上书店会很快将您所要图书的信息发送到您的电子邮箱。

(二) 购书的一般步骤

在网上书店所购买的图书资料可分为两种,第一种是我们比较常见的印刷图书,第二种是可以从网上直接收到的电子图书,如果选中了第二种图书资料,从索取定单到付款以及收到图书资料仅需几秒钟的时间。网上不管购买哪种读物都有以下三个步骤:

首先,用电脑在网上浏览各地书店提供的图书、资料的目录,通过提要了解图书、资料的主要内容和参考定价,从而确定所要购买的图书和资料。

其次,将所要购买的图书、资料的名称、编号以及数量和本人的姓名、地址、信用卡的编号或记账用户身份证的编号等输入电脑定单。为安全起见,信用卡与记账用户身份证的编号要进行密码处理,以防止被窃取。对于使用信用卡的定购者每次购买读物都需输入信用卡的编号,而对于记账的定购者只需输入一次编号即可。

最后,在用电脑从网上取回所定购的图书、资料时,可将这些读物的内容记录在纸上,也可存入 CD - ROM 存储器或缩微胶片上。当然,如果需要,书店也会根据订单送书上门。

五、网上资源库

基于网上资源库的学习是一种学习者通过对众多的学习资源的开发和利用来完成课程目标和信息文化目标的学习,也就是一种自我更新知识和拓展知识的学习。基于资源的网上学习具有灵活性和自主性两个基本特点,它有助于增进学生学习的主动性,有助于培养学生自学能力和创造性思维,有助于培养学生的个性。

网上教育资源库应包括丰富的学科学习与教学资料、学习工具软件等内容,应提供快捷的查询功能,是一个可以方便上传与下载的开放的网络数据库。例如,中鸿网(http://www.zhnet.com.cn)的教学资源库是目前国内较大的专业网上教育资源库,包括全国众多名校试卷库、提供在线智能组卷功能的最新试题库、独特周到的各科教师备课资料库、丰富的课件素材和成品库、分类详细的教师教学及学校管理软件库、完备丰富的教育政策法规库、分类细致的教育网址库、提供千所高校信息的高校库;并同时开设了其他各种互动栏目,以形成学校、教师、学生、家长多方互动的沟通平台。(图6-26)

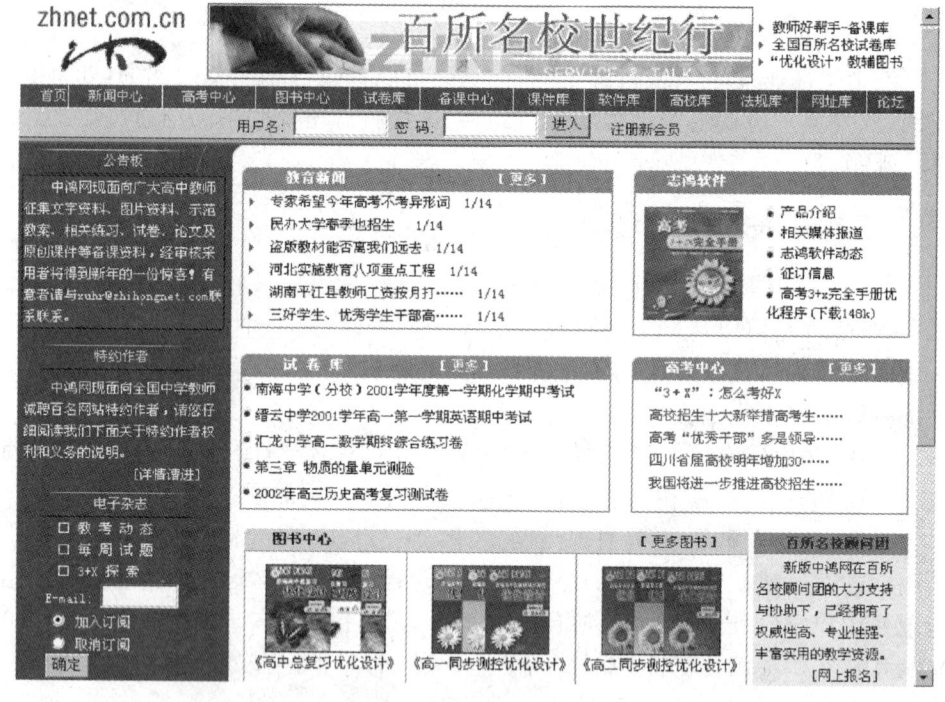

图6-26 中鸿网主页

目前全国各地的教育机构已充分认识到了学科数据库的重要性,他们在不同层次上进行了联合开发,形成了一批有特色的学科数据库,如《K12智囊教育信息资源库》等,应用在校园网乃至Internet上,为学校的教学工作建立了丰富的资源。为促进现代远程教育的开展,教育部正在组织实施"现代远程教育工程"。实施现代远程教育工程的总方针是"统筹规划、需求推动、扩大开放、提高质量"。发展现代远程教育,网络建设是基础,资源建设是核心,教学应用是目的,管理服务是保证。其中的资源建设是现代远程教育工程的重要组成部分。

◆ **复习思考题**

1. 常见的 Internet 接入方式有哪些？各有什么特点？

2. 校园网络有哪些基本功能和技术特点？

3. 简述 Internet 向用户提供了哪些基本服务。

4. 什么是电子邮件，与通过传统邮局发送的信件比较，电子邮件有哪些优点？

5. 联系自己的亲身体验谈谈你通过因特网获得了哪些学习机会和途径。

第七章　现代远程教育

课　前　活　动	
活 动 目 的	通过浏览"电大在线"网站(http：//www. open-edu. com. cn)了解我国现代远程教育的开展情况
活动内容和 活 动 方 式	1. 上网浏览"电大在线"网站
	2. 浏览本书配套光盘有关 IP 课件的相关内容
参 加 活 动 后 需 要 完 成 的 任 务	点击"主页/学习过程演示/自主学习",浏览相关内容,回答下面问题：
	1. 电大课程学习资源有哪些,如何获取
	2. 电大课程的学习资源类型
	3. 学习方法有哪些

第一节 远程教育概述

一、远程教育的定义

远程教育也称为远距离教育（distance education），是指教师和学生依赖远程传播技术而进行的非面对面的教育形式。远程教育是相对于课堂教学而言的，课堂教学是一种师生双方面对面进行交流的教育形式，而远程教育由于有远程传播技术的支持，教师和学生双方是不直接见面的，相互的交流只能依靠于传播手段，超越了教育的时间和空间的限制。中外学者普遍认为远程教育是指学生与教师、学生与教育组织之间主要采用多种媒体方法进行系统教学和通信联系的教育形式。

国际著名远程教育专家德斯蒙德·基（Desmond Keegan）在《远距离教育基础》一书中，曾经给出远程教育的定义：远程教育"是一种具有以下特征的教育形式：在整个学习过程期间，教师和学生处于准永久性分离状态（以此与常规面授教育相区别）；教学组织受材料计划准备和学生支持服务准备两方面的影响（以此与个别学习和自教计划相区别）；技术媒体——印刷媒体、视听媒体或计算机媒体的使用——把教师与学生联系起来并成为课程内容的载体；提供双向通信，使学生可以主动对话并从对话中受益（以此与教育技术的其他应用相区别）；在整个学习过程期间，准永久性地不设学习集体，结果人们通常不在集体中而是作为个人在自学，（但）为了教学和社会两方面的目的，有可能召开必要的会议。"

由此可见，远程教育与传统课堂的师生面对面的教育不同，这种不同就决定了实施远程教育的特点。如远程教育是以学生的自主学习为主，教师及远程教育工作者主要为学生的学习提供方便，创建学生自主学习的条件，所以远程教育过程注重对学生学习材料的开发。而且，远程教育由于教师与学生不直接见面，难以及时地对学生的学习提供指导，情感教育方面存在欠缺，所以，远程教育重视对学生教育环境的创建，特别重视对学生提供实时帮助服务和非实时帮助服务。基于计算机网络技术的现代远程教育正是满足了远程教育的这些需求，为远程教育的现代化发展提供了有效的教育环境。

二、远程教育的发展

远程教育的发展与教育技术的发展紧密相联。学术界一般认为，远程教育从其最初出现到现在，一共经历了三个阶段的发展：

第一阶段是函授教育，它主要采用文字、印刷品等邮寄形式传播知识，其主要特征是邮政通信和印刷技术在教育中的应用。

第二阶段是广播电视教育,它主要运用广播电视、录音、电视录像等多种媒体,以模拟信号传播知识,其主要形式是把印刷材料、录音、录像和计算机软件整合,总体设计成优化的"教学包"或"学习包"分发给学员,结合广播电视的收视综合地加以应用进行学习。

这一阶段远程教育的特征是单向传输。主要是老师向学生传递信息。这种传递模式没能起到学生之间沟通的作用,仅实现了师生之间有限的交流。在录像机尚未发明和普及以前,这种广播教育方式的远程学习还受到时间的限制,学生收听收音机和收看电视节目的时间是预先安排好的。20世纪60年代,录像机和有线电视的出现,通过将录制好课程内容的录像带发给学生使他们可以随时观看,大大改进了远程学习对时间的依赖性。但学生之间、师生之间的交流还是比较缺乏。

第三阶段是现代远程教育,又称基于网络的远程教育,它是随着计算机技术、多媒体技术、通信技术,特别是因特网技术的高速发展而出现的。它是在利用印刷教材、录音、录像教材和卫星电视广播的同时,将计算机通信网络引入了远程教育领域。这一阶段的远程教育可以实现师生之间及学生之间双向通信的实时交互。

基于网络的远程教育的形成和发展与以前的远程教育方式相比发生了质的飞跃:

第一,打破了时空的限制,学习者可以在世界上的任何一个地方,在任何时间进行交互式的学习。

第二,改变了学习模式,打破过去学员只是接受教师讲授的单一学习方式,学员可以根据学习者的自身特点和需要进行个别自主学习和协作学习。

第三,大大扩大了学习群体,使受教育者扩展到了全社会。

远程教育在我国也经历了同样的三个发展阶段。

1936年我国就开始了有组织、有计划地播放有声节目,并且在当时的教育部成立了"播音教育委员会"。但很长时间里,远程教育主要采用函授教育方式。

1960年,我国开始利用中央电视台播放教育节目。1978年,邓小平同志提出:要制定加速发展电视、广播等现代化教育手段的措施,这是多快好省发展教育事业的重要途径,必须引起充分的重视。此后,我国广播电视教育事业得到了迅速的发展。1979年,我国建立了中央广播电视大学。目前,除西藏正在筹建广播电视大学外,全国各省、自治区、直辖市都建有广播电视大学。1986年,开通卫星电视教育频道并建立了中国教育电视台,目前已有三个C频段卫星频道,全国拥有省、地市级教育电视台104个,上万个卫星地面接收站,六万多个放像点,70%以上的有线电视台转播卫星电视教育节目。已经形成了一个覆盖全国、世界上最大的、以卫星电视传播为主要媒体的远程教育体系。20世纪90年代中期,我国已经基本形成了世界上在本土范围内规模最大、以广播和卫星电视传播为主要媒体的远程教育体系。

1998 年，我国提出实施现代远程教育工程，利用宽带卫星通信技术对原有卫星电视教育传输网络进行改造，将过去只能单向播出模拟电视的系统，改造成为师范、职教、高校、各种继续教育提供数字电视和多媒体数据广播通道。另外，把卫星电视传输系统与中国教育和科研计算机网（CERNET）和地面通信网结合，提供实时、非实时交互方式的教学环境，为众多教学单位和部门及个人快速获取教育资源提供便捷的途径，加快贫困边远地区中小学教育信息化的进程。随着 CERNET 等计算机网络技术和卫星数字压缩技术的发展和普及，远程教育正在向多媒体、交互式的方向发展，将对各级各类教育的教学内容、教学方式产生革命性的影响。信息技术的发展使远程教育从以广播电视为主体，以个人自学集中辅导为主要学习方式，转化为以多媒体和计算机网络技术为主体，以自主的个别化学习与交互式的集体协作学习相结合为主要学习方式的现代远程教育。

总之，现代远程教育已成为构筑知识经济时代人才终身学习的主要手段，受到我国政府的高度重视。

三、现代远程教育的特点

现代远程教育是一种新型教育模式，它顺应了终身教育体系和学习社会化的潮流。它具有和传统教育模式不同的特点，其特点表现在如下几个方面。

（一）教育手段和方法的先进性

远程教育的出现是与通讯技术、视听技术、计算机技术的发展紧密相连的，因此，现代远程教育是以现代高新科技为物质依托的，总是不断追踪世界高新技术和教育理论潮流并运用于教学过程，如直播室、网络技术、CAI 软件、虚拟大学、现代学习理论等的应用。由此也带来了教育教学方法上的深刻革命。远程教育从函授教育到广播电视教育再发展到网络教育，都与传播媒体的发展存在着紧密的依赖关系，几乎远程教育的每一次进步都是以传播技术的革新为依托的，从而引发了教育教学方法上的革命，即产生了现在的"个别化教学理论"、"协商学习理论"等新的教育教学方法。由此，又引发了教育技术学中的"教学设计理论"的发展。

（二）教学形式的多样性

现代远程教育采用集语音、图像、数据于一体的交互式教学模式。老师与学生虽天各一方，但借助多媒体通信网相互可视，并可交互，即可以在课间时由学生向老师提问，老师即时解答，类似传统教学。基于多媒体技术、网络技术的远程教育可以根据学生的学习需要，选择学习内容、学习资源，甚至可以选择教师，与教师、同学进行"面对面""对话"。良好的交互性是远程教育的一个鲜明的特点。

（三）教育对象的广泛性

现代远程教育借助卫星及网络通信技术，其教学覆盖面非常广。从城市到偏远的乡村，都可以有效共享远程教育资源。远程教育还打破了时间、地域的限制，接受教育的对象被分散在各地的多媒体教室听课，无须来校学习；授课老师在本校的多媒体教室授课，无须去各地讲学；而且，这样一位老师可同时给几百人乃至几千人授课。接受远程教育的学生，可以不必局限于学校内部，也不必局限于固定的教师。有些学生可能一次也没有见过"面对面"的老师，就已完成学习过程。这种教育方式可以节约大量的人力、物力、财力，同时，教学效率又非常高。

（四）教育的对象、内容、层次和形式的开放性

即远程教育面向所有人，而不像常规教育那样仅仅将教育对象限定于青少年。在教育内容上无所不包，只要教育对象需要的东西，都可以组织学习；在教育层次上包括各种层次的学历教育，也包括各种层次的非学历教育；在教育形式上的开放，如与政府机构、普通高校、工商业界进行跨行业、跨领域的各种形式的合作办学，以及采用取消入学考试的办学方式等等。

四、远程教育的作用

（一）有利于扩大教育规模

我国是一个人口大国，需要接受教育的人数也十分巨大。由于现有的经济条件等因素的限制，我国学校的数量及规模不可能超过自己的经济承受能力，尤其是高等教育远远不能满足社会的需要。发展远程教育可以缓解这一矛盾。

（二）有利于构建终身学习体系和学习化社会

终身学习是 21 世纪的生存概念，如果没有终身学习的意识和能力就难以在 21世纪生存。1996 年，联合国教科文组织 21 世纪委员会发布的报告《学习：内在的财富》中指出：终身学习是打开 21 世纪光明之门的钥匙。江泽民同志在第三次全国教育工作会议上指出："终身学习是当今社会发展的必然趋势。要逐步建立和完善有利于终身学习的教育制度。"党的十五届五中全会再次提出：完善继续教育制度，逐步建立终身学习体系。以信息技术为基础的现代远程教育，为终身学习的实现提供了时空平台，必将使教育发生深刻变化，加速教育现代化进程。

（三）有利于跨越数字鸿沟，支持西部地区教育发展

数字化时代的到来，给人类带来了广泛而复杂的影响。发达地区与欠发达

地区的差距在新时代又发展成为数字化的差距。远程教育手段可以使全国各地的学生都能够接受一流水平教师的教导,接受最先进的教学方法,享有更丰富的教学信息资源,有利于提高我国大中小学教育的整体质量和效益。因此,现代远程教育不仅可以大大加快经济发达地区的教育信息化进程,也能切实推进边远贫困地区中小学教育进步,改善他们的办学条件。发展现代远程教育还有利于推动西部偏远地区教师的继续教育,提高西部教师队伍的整体素质,满足支持西部地区教育发展、跨越数字鸿沟的需要。

(四) 有利于实现个别化学习

现代远程教育以学生自学为主,充分发挥学生自主学习的主动性、积极性及创造性。学生能够根据自己的需要自主安排学习时间和地点,自由选择学习内容,自行安排学习计划。教师的讲授和学生的学习虽然在不同的地点进行,但师生之间可以进行充分的交流,学生随时提出学习中的问题并能及时地得到解答。

总之,现代远程教育给教与学的概念赋予了新的内涵,将给教育带来深刻的变革,推动教育观念、教育思想、教育模式和教学方法的更新。

第二节 我国"现代远程教育工程"的实施

国务院批准实施的《面向 21 世纪教育振兴行动计划》中指出:现代远程教育是随着现代信息技术的发展而产生的一种新型教育方式。它是构筑知识经济时代人们终身学习体系的主要手段。充分利用现代信息技术,在原有远程教育的基础上,实施"现代远程教育工程"可以有效地发挥现有各种教育资源的优势,符合世界科技教育发展的潮流,是在我国教育资源短缺的条件下办好大教育的战略措施,因此,必须作为重要的基础设施而加大建设力度。

一、实施"现代远程教育工程"的战略意义[①]

在我国实施"现代远程教育工程"是在我国教育资源短缺的条件下办好大教育的一项重要战略措施。

在我国社会主义初级阶段,教育需求不断增长,教育资源相对短缺。虽然近年来我国各级各类教育取得了很大成绩,但教育发展不能满足现代化建设需要的状况并没有根本性改变。按现有我国各级各类教育学生人均经费,用增加投入、扩大现有学校规模的办法,显然是很难缓解这种供需矛盾的。而世纪之交,面临知识经济的挑战,我们必须努力扩大教育规模,提高教育质量,使人力资源的结构和数量与社会所需要的知识创新人才相适应,构建终身学习和不断更新

---

① 摘自:中华人民共和国教育部网站 http://www.moe.edu.cn。

知识和技能的教育体系,消除专门人才短缺和人口素质不高对各项事业发展的制约,解决地区发展不平衡的矛盾,切实推进科教兴国战略。

现代远程教育是 20 世纪 80 年代以来国际教育发展的共同趋势。到目前为止,世界上已有 100 多个国家开展了现代远程教育,他们中有发达国家,也有发展中国家;办学模式有独立设置的开放大学,也有在普通大学中开办的远程教育;还出现了在竞争中合作,结成网络化联合体的模式。随着卫星、光缆和电视以及各种双向交互式电子通信技术的发展和应用,特别是随着全球计算机网络和多媒体技术的进步,发达国家和许多发展中国家政府都在采取措施,支持本国现代远程教育发展。以电子信息技术为基础的现代远程教育的发展向世人昭示,它将突破传统教育时空的限制,推进教育大众化和终身化。它将以覆盖面广、全方位地为各类社会成员提供教育服务的优势,对人力资源开发产生强大的推动作用。它将使教育领域产生深刻变革,促进教育现代化。与此同时它将会推动我国信息产业发展,进一步扩大信息产品和信息服务的需求,促进优秀软件的开发和应用,带动一批高新技术产业的发展和高校科研成果的转化,成为国家信息产业发展以及整个经济社会发展的新的生长点,推动知识经济的形成和发展。因此,我们要把发展现代远程教育作为一种新型的教育方式,作为构筑 21 世纪终身学习体系的主要手段。

二、我国实施"现代远程教育工程"的主要内容①

第一,提高中国教育和科研计算机网(CERNET)国家主干网速率。在教育部的归口管理下,利用国家光纤基础设施,建设连接中国教育和科研计算机网八大地区网络中心和主节点的高速(大于等于 155 M)CERNET 国家主干网。

第二,建设 CERNET 中高速地区网。以国家投资为主,与地方投资相结合,利用国家光纤基础设施和卫星信道,建设通达全国中心城市 60 所高校的中高速(大于等于 34 M)CERNET 地区网。利用国家投资和地方投资,支持贫困地区中小学利用各种方式与 CERNET 联网,建立现代化教育环境。

第三,建立卫星视频广播与 CERNET 相结合的远程教育系统。对现有的 1 个 C 波段卫星视频广播设备进行更新改造,支持中央广播电视大学与 CERNET 以 10—100 M 速率联网,支持广播电视大学各地的办学点与 CERNET 联网,为建设卫星视频广播和 CERNET 相结合的交互式远程教育系统提供保证。

第四,建设现代远程教育信息资源。改变目前低水平的课件开发制作模式,发挥政府宏观调控作用,利用各类学校教育资源的优势,运用市场运作机制,开发高质量的、符合素质教育要求的现代网络教育课件。现代远程教育资源建设的主要内容是:建立覆盖面广、功能齐全的资源库。开发高质量的远程教育资

---

① 摘自:中华人民共和国教育部网站 http://www. moe. edu. cn。

源,形成现代远程教育模式及管理完善的服务体系。资源库包括中央远程教育资源信息中心和学科门类资源库、地区资源中心及学校资源库。中央远程教育资源信息中心是全国现代远程教育资源信息枢纽,负责管理所有资源库的资源信息,指导各信息资源库的业务工作,其具体任务有编制信息资源目录、征集各类资源信息、资源查询、资源信息筛选、资源信息整理和储存、发布资源信息等。它符合现代远程教育信息管理的要求,能适应多媒体信息高速下载。学科门类包括资源库分工学、法学、经济学等 11 个学科门类建设的数字化教学素材库或称之为积件库,包括存储综合性的先进音像教材、多媒体软件。现代远程教育资源包括网上课程、教学软件、数字化卫星电视教学片、学科门类教育资源、教育资源信息等,当然文字教材仍是最基本的。其中网上课程还要有网络教学环境来支持。

在 21 世纪初,将开发一批网络版的教学软件,编制一批数字化卫星电视教学片,建设一批网上课程,构建若干个专业的网上系列专业课程,初步建立教育信息中心和学科门类资源库。通过试点,探索现代远程高等教育信息资源开发的模式和运行机制。到 2010 年,基本建成各类高等远程教育所需要的远程教育教学和课程体系。

三、中国教育和科研计算机网的发展[①]

"中国教育和科研计算机网(CERNET)高速主干网建设项目",是我国"面向 21 世纪教育振兴行动计划"中"现代远程教育工程"的重要组成部分,是我国教育领域重大信息基础设施建设项目。其主要建设内容包括建设 CERNET 高速传输网,在此基础上建设 CERNET 高速主干网、中高速地区网和高速城域接入网,并建设高速网络服务平台。

(一) 中国教育和科研计算机网的设计原则和建设策略

1. 独立设计、自主实施

中国教育和科研计算机网(CERNET)是中国教育和科研领域的重要信息基础设施。必须依靠中国人自己的力量进行设计和建设实施,并且掌握其中的关键技术和培养人才,为建设中国自己的信息基础设施作好各种准备。

2. 统一规划、分步实施、近期目标明确

对于一项系统工程来说,其总体设计的确定,不仅要考虑到近期目标,还要为系统的进一步发展和扩充留有余地,因为要真正建立覆盖全国的计算机网络绝不是一朝一夕可以实现的,必须分步实施。我们考虑到它的长远发展,进行统一规划和设计,并采用分步实施的建设策略。

---

① 摘自:中国教育和科研计算机网 http://www.edu.cn。

3. 坚持先进性、开放性、标准化的原则

建立这样一个大规模的全国教育和科研计算机网，应该尽可能采用先进成熟的技术。选购具有 20 世纪 90 年代先进技术水平的计算机系统和网络设备，这些设备应该在相当长的时间内保证其先进性。开发或选购的各种网络应用软件也尽可能先进，并有相当长时间的可用性。现代计算机网络的一个最显著特点是具有极好的开放性。这种开放性靠标准化实现，使得符合这些标准的计算机系统很容易进行网络互联。为此，应制定全网统一的网络体系结构，并遵循统一的通信协议标准。网络体系结构和通信协议应选择广泛使用的国际工业标准，使得中国教育和科研计算机网成为一个完全开放式的网络计算环境。

4. 调动各方面的积极性

建立这样一个大型计算机网络工程，必须调动各方面的积极性才能完成，尤其是全国各高校的自身积极性。国家首先投资建设网络中心、地区网点以及主干网和地区网。各高校校园网的主要经费来源靠自筹解决。

5. 短期支持，长期自立

根据国外计算机教育科研计算机网建设的成功经验，政府应在相当长的一段时间内提供经费，支持网络的建设和运行。等到网络逐步成为高等学校教学和科研活动必不可少的一部分时，再逐步收费，网络的运行和发展才有可能做到自立。

6. 强调应用和服务

网络应用和服务在整个网络建设中应置于非常重要的地位，应该组织专门的队伍来抓网络应用，边建设边使用，使网络的建设和网络的应用及服务同步进行，防止只重视网络建设轻视网络应用和服务的情况发生。

7. 坚持国际合作的基本原则

充分发挥国外有关团体、机构、公司对 CERNET 建设的积极性，多方获得经济和技术上的支持，以加速 CERNET 的建设进程。

8. 严格管理

根据国际惯例，"中国教育和科研计算机网"特别注意制定严格的用户使用原则和违约处理原则，采用先进的技术手段，以确保网络上的各种活动遵守国家法律和法令，保护用户的合法权益和知识产权。对于违反中国教育和科研计算机网网络政策的组织和用户，中国教育和科研计算机网将停止对其进行服务，必要时将诉诸法律。

（二）中国教育和科研计算机网的功能结构

中国教育和科研计算机网（CERNET）是我国开展现代远程教育的重要平台。为了适应国家《面向 21 世纪教育振兴行动计划》中远程教育工程的要求，1999 年，CERNET 开始建设自己的高速主干网。利用国家现有光纤资源，在国家

和地方共同投入下,到 2001 年底,CERNET 已经建成 20 000 千米的 DWDM/ SDH 高速传输网,覆盖我国近 30 个主要城市,主干总容量可达 40 Gbps;在此基础上,CERNET 高速主干网已经升级到 2.5 Gpbs,155 M 的 CERNET 中高速地区网已经连接到我国 35 个重点城市;全国已经有 100 多所高校的校园网以 100—1 000 Mbps 速率接入 CERNET。这些建设成果解决了长期困扰 CER-NET 发展的通信线路问题,也为中国教育信息化铺平了基础传输问题。高速主干网大大缓解了主干线路的网络拥塞现象,为我国高校开展跨地区的远程教育、网上招生、网上合作研究以及国际交流等网络应用打下了良好的基础。CERNET 中高速地区网的建成,解决了从省节点接入 CERNET 主干网的瓶颈,为分布在我国东部和中西部的近百所著名高校高速接入 Internet 创造了有利条件。

　　CERNET 分四级管理,分别是全国网络中心、地区网络中心和地区主结点、省教育科研网、校园网。CERNET 全国网络中心设在清华大学,负责全国主干网的运行管理。地区网络中心和地区主结点分别设在清华大学、北京大学、北京邮电大学、上海交通大学、西安交通大学、华中科技大学、华南理工大学、电子科技大学、东南大学、东北大学 10 所高校,负责地区网的运行管理和规划建设。CERNET 省级结点设在 36 个城市的 38 所大学,分布于全国除台湾省外的所有省、市、自治区,已有 28 条国际和地区性信道,与美国、加拿大、英国、德国、日本和中国香港特别行政区联网,总带宽达到 250 Mbps。与 CERNET 联网的大学、中小学等教育和科研单位达 900 多家(其中高等学校 800 所以上),联网主机120 万台,个人用户达到 800 多万。CERNET 拓扑结构如图 7 - 1 所示。

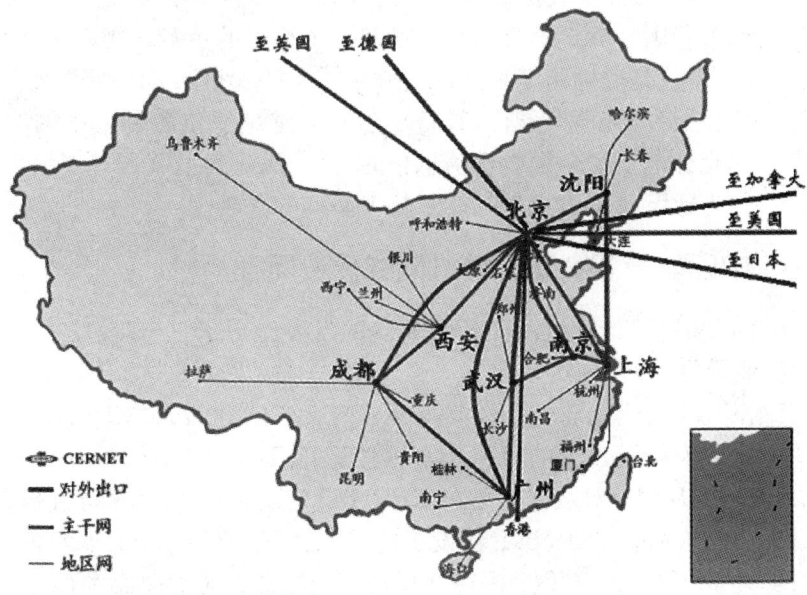

图 7 - 1　CERNET 拓扑结构

目前 CERNET 已初步建成高速网络服务平台。已经提供的网络服务包括网络资源目录服务、CCERT 安全服务、时间服务、网管服务、与国际联网的组播服务等，为充分发挥 CERNET 高速网络的投资效益、提高网络运行性能、支持大规模的网络教育应用等提供了支撑环境。

CERNET 已基本具备了连接全国大多数高等学校的联网能力，建成了一个大型的中国教育信息搜索系统；建成了系统容量为 150 万页的中英文全文检索系统和涵盖 100 万个文件的文件检索系统；建成了总容量达 800 GB 的全世界主要大学和著名国际学术组织的 10 个信息资源镜像系统和 12 个重点学科的信息资源镜像系统，以及一批国内知名的学术网站。

1999 年 CERNET 建成国内第一个网络紧急响应中心 CCERT，并提供服务。迄今为止 CCERT 已经先后处理了 2 000 多个网络安全事件的报告，有效地保证了 CERNET 正常的网络运行秩序，促进了 CERNET 网络管理水平的进一步提高。

CERNET 还是中国开展下一代互联网研究的试验网络，它以现有的网络设施和技术力量为依托，建立了全国规模的 IPV6 试验床。1998 年 CERNET 正式参加下一代 IP 协议（IPv6）试验网 6BONE，同年 11 月成为其骨干网成员。CERNET 在全国第一个实现了与国际下一代高速网 INTERNET2 的互联，目前国内仅有 CERNET 的用户可以顺利地直接访问 INTERNET2。

CERNET 还支持和保障了一批国家重要的网络应用项目。例如，全国网上招生录取系统在 2000 年普通高等学校招生和录取工作中发挥了相当好的作用。CERNET 的建设，加强了我国信息基础建设，缩小了与国外先进国家在信息领域的差距，也为我国计算机信息网络建设起到了积极的示范作用。

通过这一系列基础网络工程及配套服务体系的建设，CERNET 网络资源已经覆盖到全国除台湾外所有省市，具备了独立完整地提供各种基础网络服务的能力，可以更充分地支持全国教育信息化的发展，满足目前我国开展现代远程教育的需要，并为建设我国终身教育体系打下坚实的基础。

（三）中国教育和科研计算机网的建设历程

中国教育和科研计算机网（CERNET）的发展经历了三个阶段。

1. 创业阶段（1994—1995）

CERNET 的创业始于"CERNET 示范工程"的建设。"CERNET 示范工程"是由我国政府投资建设的第一个全国性运行 TCP/IP 协议的计算机互联网络。1994 年 11 月国家计委正式批准 CERNET 示范工程项目可行性研究报告。在此后的一年时间内，CERNET 建设了连接八大城市的全国主干网，并实现了国际联网，建成了 CERNET 全国网络中心、八大地区网络中心和两个主节点，初步建成了较为完善的网络管理和运行体系，开发与研制了一批网络资源和应用系统。1995 年底"CERNET 示范工程"项目鉴定验收时,CERNET 的联网高等院校已经达到 108 个,范围已覆盖了除港澳台地区和西藏自治区以外的所有省市自治区,网络用户达到 3 万多,是当时中国最大的计算机互联网络。这个网络完全由我国自行设计、自行实施建设完成的,对推动我国计算机互联网络及其应用的发展起到了重要的示范作用。

2. 发展阶段(1996—1999)

从 1996 年开始,CERNET 的发展进入了巩固、提高和发展的阶段。这一阶段 CERNET 进行了三个项目的建设:计算机信息网络及其应用关键技术研究、CERNET 主干网升级工程、CERNET 地区主干网和重点学科信息服务体系。

由教育部主持,清华大学等 14 个高等院校和科研单位承担的"九五"重点科技攻关项目——"计算机信息网络及其应用关键技术研究",1996 年由国家计委批准立项。建设内容涉及先进网络管理与运行技术、网络及信息安全技术、网络互联和路由技术、网络设计和测试技术、中文网络应用环境和网络信息发现技术以及典型计算机网络应用技术等。1998 年 12 月该项目通过了国家鉴定验收。该项目取得了科研成果 30 多项,大部分都已达到国内领先的技术水平,部分甚至达到国际先进水平。该项目所取得的研究成果,在用于大型复杂网络运行管理的工作流程模型、路由器的快速转发、基于 TTCN 的 TCP/IP 协议一致性测试技术等方面有重要突破,建立在这些技术基础上开发完成的应用成果达到国际先进水平,对我国信息网络的发展和信息资源的应用具有重要的意义。目前该项目的研究成果已广泛应用于 CERNET 的建设,直接为我国国民经济信息化建设提供服务。

随着联网用户不断增多,规模不断扩大,到 1997 年,CERNET 原有的 64 Kbps 的主干网信道的利用率已经接近饱和。CERNET 主干网的升级工作势在必行。正是基于这一情况,国家计委 1998 年正式批复"CERNET 主干网升级工程"立项建设。项目建设的主要目的是根据各地的实际情况,组成由 DDN 信道和卫星信道联合使用的主干网,配套建设全国网络中心卫星通信系统和地区网络中心卫星通信系统,配套建设边远地区节点和卫星通信移动系统,同时建设一批网络管理和网络安全系统。项目的完成使 CERNET 的主干网速率提升到 4 M,并且开通了 CERNET 到兰州、银川、西宁、乌鲁木齐、昆明、贵阳、重庆等城市的卫星信道,从而及时解决了 CERNET 发展过程中通信线路严重不足的问题,对 CERNET 的发展起到了"雪中送炭"的作用。

国家"211 工程"中的"CERNET 地区主干网和重点学科信息服务体系"项目。建设时间为 1998—2000 年。项目主要致力于八大地区网络中心升级,扩容建设 24—26 个地区网络主节点;建设一个大型中国教育信息搜索系统、建设 10—20 个重点学科信息服务系统。该项目使 CERNET 将具有连接全国所有高等学校入网的能力,同时建成 CERNET 的基本体系和构架。目前项目内容基本建设完成。

3. 现状与发展(2000—)

从 1999 年开始,CERNET 在发展与应用方面迈出了重要一步。根据中共中央国务院《关于深化教育改革、全面推进素质教育的决定》的精神,以及国务院批准实施的《面向 21 世纪中国教育振兴行动计划》和教育部"现代远程教育工程"规划的要求,结合 CERNET 的发展现状,由教育部组织实施"中国教育和科研计算机网高速主干网建设"工程。

现代远程教育工程"中国教育和科研计算机网高速主干网建设"项目,1999年 9 月由国家正式批复立项并开始实施。该项目建设时间为 1999 年 9 月至2000 年 12 月,由清华大学等几十所高校共同承担建设。该项目将充分利用先进的现代信息网络技术和国家已有的通信基础设施资源,建设 CERNET 高速传输网,并在此基础上建设 CERNET 高速主干网和中高速地区网,扩大网络传输容量,提高网络的接入能力和管理水平,以适应开展现代远程教育的需要,为远程教育提供长远的和高质量的网络服务,为我国的现代远程教育体系的建立打下坚实的基础。CERNET 将与中国广播电视教育系统相配合,改善我国高等教育、普通教育和成人教育的教学环境和条件,为培养面向世界、面向未来、面向现代化的各种人才服务。该项目的具体内容包括:建设 CERNET 高速传输网、CERNET 高速主干网、中高速地区网、CERNET 城市高速接入网、CERNET 高速网络服务平台。

目前现代远程教育工程高速主干网的建设工作正在紧张的进行之中。CERNET 将建设成为我国教育和科研应用的高速网络服务平台,可以更充分地支持全国教育信息化的发展,满足我国开展现代远程教育的需要,实现我国高校开展跨地区的远程教育、网上招生、网上合作研究以及国际交流等网络应用,发挥 CERNET 高速网络的投资效益、提高网络运行性能、支持大规模网络教育,并为建设我国终身教育体系打下坚实的基础。

第三节 实现远程教育的几种方式

现代远程教育的实现需要解决两个基本问题,即远程教育信息的传输手段和远程教育中的交互技术问题。目前,国内外实现远程教育主要采用三种方式:

基于视频会议系统的方式。这种方式采用 H. 320 标准,通过租用 ISDN、DDN 专线,实现教学现场的直播。这种方式存在时空限制及学生无法自主按需点播学习等不足。

基于卫星数字广播电视的方式。这种方式具有技术成熟、覆盖面广的特点,但存在单向、时空限制、不适合自主学习等不足。

基于因特网的方式。这种方式是目前研究的热点和重点。这是因为 Internet 是一个双向交互式网络,没有时空限制,可以满足学生自主学习的需求,并可以有效地实现同步实时授课、异步按需点播、辅教工具、教学资源管理等应用的有机集成,形成一个完整的远程教学系统。目前存在的主要问题是,地面 IP 网的覆盖面以及网络的带宽还远不能满足远程教育的需求。

现代化远程教育体系是建立在现代远程教育网络之上的,必须把教与学有效地结合起来,把各种教育资源有效地利用起来。对于我国,东西部基础信息设施发展不平衡,特别是西部地区幅员辽阔,基础信息设施落后,自然环境恶劣。这三种方式各有优势及其局限性,开展现代远程教育必须综合考虑各种现代远程教育方式的优缺点,扬长避短。在我国,目前主要采用视频会议系统与 IP 网相结合,或采用基于卫星传输与 IP 网络相结合,或采用基于 Web 网的远程教育方式。

一、基于视频会议系统与因特网相结合的现代远程教育方式

视频会议系统是利用电视技术设备和通信网络技术,通过传输信道在两地或多个地点之间举行会议的一种通信系统。将视频会议技术应用于远程教育,需要利用摄像机和话筒将教师的讲课实况传送到学生端,同时学生端的学习情况也可以传送到教师端,它是利用一条信道同时传递图像、语音、数据等信息。目前,应用于远程教学的视频会议系统大都是桌面视频会议系统,采用国际电信联盟(ITU-T)推出的 H. 323 协议、H. 320 等国际标准协议。

由于 Internet 是一个双向交互网络,它没有时空限制,因此在基于视频会议系统的远程教育方式中结合因特网可以弥补其时空限制及学生无法按需自主点播学习资源的不足。

(一)教学方式

基于视频会议系统与因特网相结合的远程教学方式,教师在教学中心实时播出教师在课堂上的讲课内容,通过公用通信网络如 ISDN 网络传输,学生在多媒体教室收视;另外,学生可以将在学习中遇到的问题及时反馈到教学中心,在教学中心老师通过公用通信网络实时对学生进行辅导和答疑。师生之间既可以进行实时的双向视频教学与交流,也可通过 Internet 网络与远程教育 Web 网站相连,采用视频点播(VOD)方式,下载课件进行播放,实现非实时(异步)的教学,进行非实时的交流与反馈。

(二)系统基本组成

基于视频会议系统与因特网相结合的远程教学系统主要由同步(实时)教学系统和异步(非实时)教学系统组成。(图 7-2)

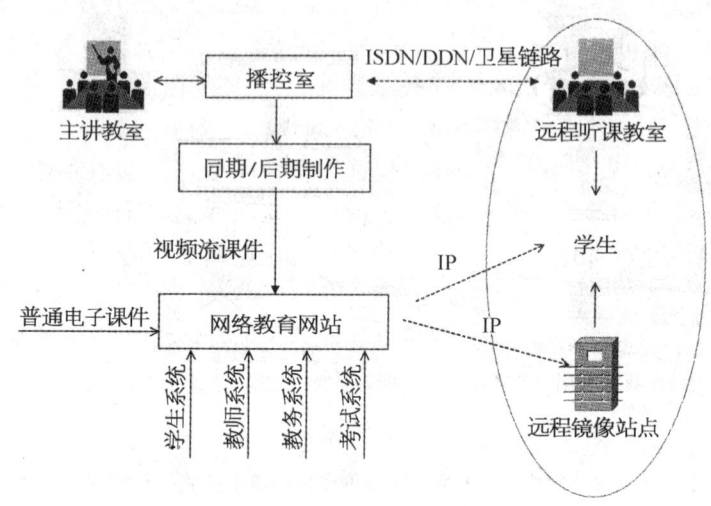

图7-2 基于视频会议系统与因特网相结合的远程教育系统

1. 同步教学系统

同步教学系统由视频会议系统实现,主要由四部分组成:本地主讲教室(演播室)、远程听课教室、多点控制单元(MCU,位于演播室内)及连接本地及远端视频授课终端的通信链路等,采用一点到多点的教学模式。

(1)本地主讲教室

主讲教室在基于视频会议系统的远程教育支撑环境中占据相当重要的地位,主讲教室必须对音、视频信号进行前期处理,保证较高的品质,提供给学生的影像应尽量接近实际的课堂情境,以适应远程教学的需要。同时,也可利用同步制作系统(或后期制作系统),运用专门的多媒体课件制作系统与教师的教案脚本合成,生成供学生课后点播的视频流课件。

(2)远程听课教室

远程听课教室可根据当地教学站的实际情况进行配置,一般必须配置如下设备:① 视频会议终端,用于接收主讲教室发送的授课实况,同时可用于与主讲教室进行交互;② 显示器/投影仪,负责显示授课内容;③ 摄像机,采集听课教室的情况,根据需要传回主讲教室;④ 功放机、音箱可根据学生人数、教室大小灵活配置;⑤ 教室的吸音、光线处理视具体情况而定。

(3)多点控制单元(MCU)

多点控制单元由多点控制器(MC)和多点处理器(MP)组成。主要用于实时授课系统的控制、组织,支持点对多点方式,即一个主讲教室的教师可以同时对多个听课教室的学生授课,任何一个教室的学生都可以向主讲教师发问或回答问题。

(4)通信链路

传输通道则借助于公用通信网络来实现。实时视频会议系统支持多种通信链路,其性能各具特点,价格各有不同。由于在整个远程教学总支出中通信成本占据相当的比例,所以必须重点考虑。目前常用的通信链路主要有:

DDN 专线连接方式 这种方式性能稳定,但价格高昂,远程教学站大多分布在外省市,采用此方式需租用长途 DDN 专线。

卫星传送方式 这种方式初期投资巨大,适合远程教学站比较多的情况使用,可以采用双向传输,但运行费用非常高,适宜的解决方案是授课采用单向广播,如需交互(如答疑)则采用 ISDN 拨号方式解决。

窄带 N-ISDN 传输方式 采用这种方式成本可控性较强,除基本月租费外,只在通信过程中才计费,因此,我们在实际教学规划中,可根据教学效果和教学成本综合考虑每门课程实时授课的比例。但这种方案的致命弱点是线路稳定性较差。

在我国利用 ISDN 建立视频会议系统并应用于远程教育的院校主要有清华大学和北京邮电大学等。

2. 异步教学系统

异步教学系统一般是指基于 Web 服务的多媒体教学系统,即常说的教学网站和当地远程教学站的镜像系统及学员客户端。在客户端的学员可通过教学网站、远程镜像站点进行诸如采用视频点播、网络课件、网上讨论等非实时方式的学习。

异步系统一般以浏览 Web 网页的形式提供远程教学服务,学生、教师和管理员可以通过浏览器访问远程教学 Web 服务器,进行远程教学活动。在实时授课过程中,播控室播出的教学内容除送往远程教学站外,可以同时经同步制作系统(或后期制作系统)生成视频流课件提供给网络教学网站供学生点播使用。

网络教学网站上装载着大量的各学科专业的电子课件(包括基于 Web 的普通电子课件、视频流课件),同时运行着远程教育支撑平台,给学生提供一个完备的网络教学环境。

远程教学站具备自己的局域网,可以利用自己的镜像服务器对网络教学服务器进行镜像传输,学生能通过当地远程教学站点播其镜像服务器上的教学内容,这样可以有效解决由于 Internet 带宽受限而影响学生正常学习的问题。

基于视频会议系统和因特网的远程教学系统其目的就是要体现"面对面"的情形,因此远程教学系统必须要能确保:

● 提供高质量的音频、视频,能完美地再现说话者的声音,能逼真地再现远端学生的图像,使得学员感觉他们就在身边一样,从而提高学员的兴趣。

● 友好的用户界面,系统应具有用户界面友好的多媒体程序,能够实现共用电子白板、应用共享、文件传送、电子书写以及播放多媒体演示文稿等功能。

● 能够提供各种网络接口,使系统易于升级或改变。

● 通畅的反馈通道,除实时交流反馈外,系统应借助因特网为师生异步交流反馈提供保障。

（三）基于视频会议系统与因特网相结合的远程教育方式的特点

基于视频会议系统与因特网的远程教育方式解决了远程教育单纯采用基于视频会议或基于因特网方式的不足，将两者的优势结合起来，形成了一个较为完整的远程教学系统，具有如下一些特点。

1. 实时性

主播教室的多种媒体信息可以及时传输到异地的听课教室中，分隔在不同地域的师生如同身处一地可以实时交流。

2. 交互性

主播教室的教师可以及时了解各个远程教室中学生的听课情况，可以提问学生，学生也可以向主播教室中的教师提问。主讲教师与远端学生可以利用视频会议系统的电子白板自由讨论，相互传递多媒体信息，实现真正意义上的交互。

3. 多媒体性

视频会议系统能同时提供声音、视频流以及其他多媒体信息，极大地丰富了教学内容。

4. 共享性

只要接通基于视频会议系统的远程教学系统，任何人都可以在同一时间听同一门课。这使得更多的人有机会接受高质量教育。此外，基于视频会议的远程教学系统还能提供视频点播（VOD）、教学记录以及课件素材库等等，以满足学生自学、复习的需要。

5. 自主性

借助于地面 IP 网，实现异步按需点播，没有时空限制，可以满足学生自主学习的需求。

二、基于卫星传输系统与因特网相结合的远程教育方式

如前所述，基于卫星数字广播电视（天网）的远程教育方式与基于 IP 网（地网）的远程教育方式各有自身的优势与不足。我国幅员辽阔，地理环境复杂，经济和教育不平衡。在今后的 5—10 年时间内，电视教育是解决覆盖全国，特别是农村和老少边穷地区的最有效手段。而计算机网络具有交互性的优势，两者的有机结合不仅能有效发挥各自的资源优势，提高现代教学的覆盖率，而且可以提高教育质量，更好地满足学习者的需要，满足远程教育交互性、自主性以及多媒体性的要求，也有利于完善资源服务体系，实现全国优秀教育资源、科技信息资源的共享。

基于卫星传输与因特网相结合的远程教育主要包括卫星广播电视、有线广播电视网和因特网相结合的远程教育以及 VSAT 远程教育网络或 VSAT 网与 IP 网络相结合的远程教育等方式。

（一）卫星广播电视、有线广播电视网和因特网相结合的远程教育

这种远程教育方式是指在交互过程中，下行通过卫星信道，上行通过其他信道（如互联网）来实现的远程交互式教学，故也称为外交互式卫星通信教学。

1. 教学方式

这种远程教育方式首先将教学节目通过卫星上行站播出，学生通过有线广播电视台或卫星电视接收站收看；学生在学习中遇到的问题通过计算机网络反馈到教学中心；教师通过计算机网络对学生进行辅导和答疑、批改作业。目前，应用此方式开展远程教育的有中央广播电视大学、北京广播学院和浙江大学等。

在这种方式中使用计算机网络能弥补卫星电视远程教育单向传输的不足，实现学习过程的反馈。也有部分高校采用教育电视台播放远程教育课程的方法，如四川电大即在四川教育电视台播出大量电大课程。若不具备计算机网络，必须考虑其他反馈方式以保证远程教育质量。

2. 系统结构

整个系统由主站（远程教学中心）和若干小站（远程学习中心）及互联网、电信网、卫星转发器等组成。（图 7 – 3）

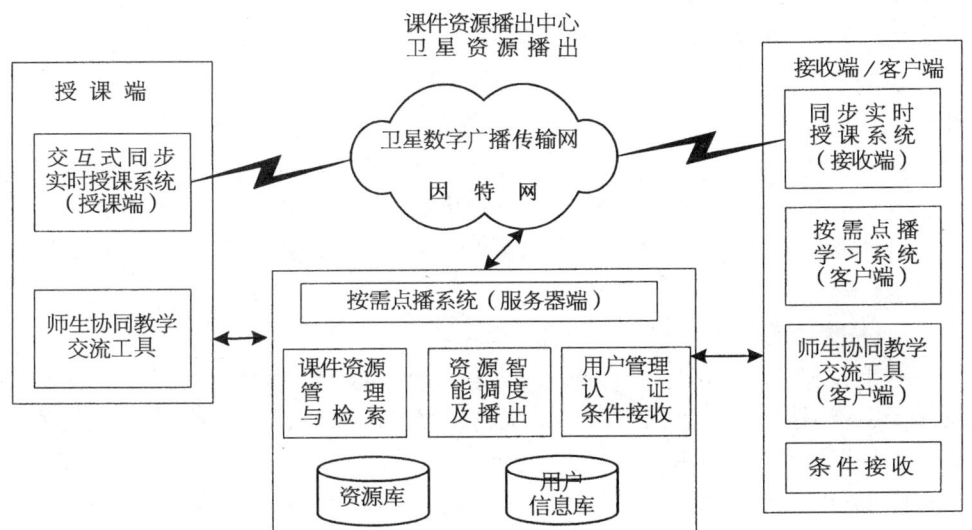

图 7 – 3 基于卫星传输系统与因特网相结合的远程教育系统

应用这种方式实现远程教育时必须考虑如下几方面因素：

● 节目制作能力和质量：它是保证卫星电视远程教育教学质量的关键。

● 节目播出条件：有无所需的卫星上行站。

● 节目接收条件：学生如何收视到卫星电视教育节目。

● 保证地面 IP 网络能提供有效反馈，以保证远程教育质量。

（二）VSAT远程教育网络或 VSAT 网与因特网相结合的远程教育

甚小天线地面站 VSAT 网络系统指由天线口径小，并用软件控制的大量地面站构成的小型卫星传输通信系统。VSAT 系统由一个主站和若干小站及卫星转发器组成，可以根据需要选择星形或网形网络拓扑结构，能采集和监视数据、图像、音频和视频，并能将其广播和分发，能进行计算机间的双向交互、数据库查询和语音通讯等业务，特别适合于答疑、辅导等实时交互式教学。

1. 教学方式

（1）双向 VSAT 远程教育网络

这种教学网络首先在教学中心实时播出教师在课堂上的讲课内容，通过卫星上行站（HUB）发射到 VSAT 接收站，学生在 VSAT 接收站收视，学生将在听课过程中遇到的问题实时反馈到教学中心，在教学中心教师通过 VSAT 网络实时对学生进行辅导和答疑。双向 VSAT 远程教育网络与因特网相结合也可实现 VSAT 远程教育同步实时授课与因特网异步按需点播、辅教工具、教学资源管理等应用的有机集成，形成一个完整的远程教学系统。目前，国内清华大学应用这种方式开展远程教育。

（2）单向 VSAT 网与计算机网相结合的远程教育网络

如果受条件所限无法建立双向 VSAT 网络，也可以建立单向 VSAT 网和计算机网相结合的远程教育网络。

这种教学网络首先在教学中心实时或录像播出教师在课堂上的讲课内容；通过卫星上行站（HUB）发射到 VSAT 接收站；学生在 VSAT 接收站收视；学生通过计算机网将在学习中遇到的问题反馈到教学中心；教师通过计算机网对学生进行辅导和答疑。

2. 系统结构

基于 VSAT 网与 IP 网相结合的远程教育系统从功能上来分，主要由同步授课子系统、异步按需点播学习子系统、教学现场实时录制子系统及师生交流与讨论工具组成，其结构图如图 7 - 4 所示。

同步实时授课功能由卫星数字广播网来实现，它主要由卫星主站、远程教学接收点、用户端组成。各部分的功能如下。

（1）卫星主站

它是整个系统的核心部分，包括 MPEG -I/MPEG -IV 编码器、教师工作台、媒体服务器、文件服务器、数据库服务器、网管工作站、流控网管、卫星调制器以及 ODU（室外数据单元）、发射天线等组成部分。其主要功能是卫星播出节目的定制、小站接收管理、频道设置和资源维护，特别是实现多媒体课件资源的卫星传输和教学现场的实时直播。教学现场以 MPEG -I/MPEG -IV 的流媒体方

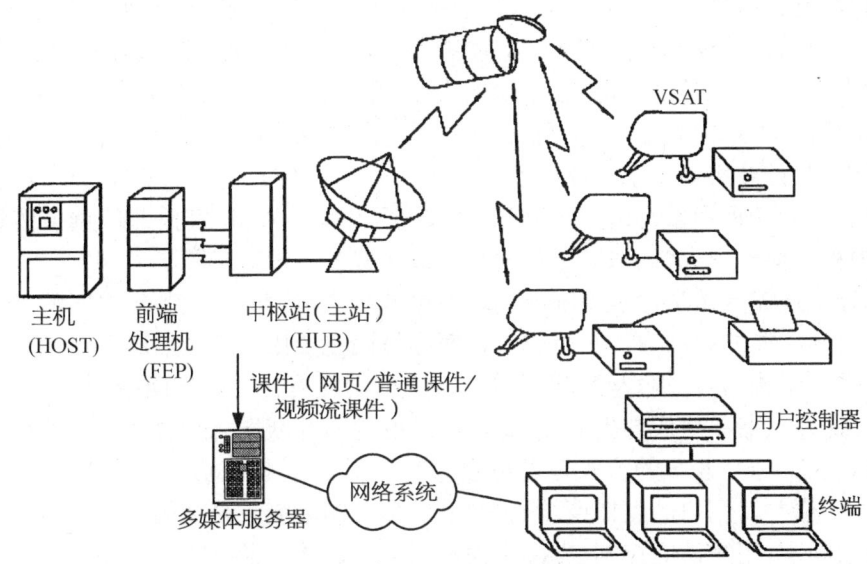

主机 (HOST)　前端处理机 (FEP)　中枢站(主站) (HUB)

课件（网页/普通课件/视频流课件）

多媒体服务器　网络系统　用户控制器　终端

图 7 - 4　基于 VSAT 网络与因特网相结合的远程教育网络

式录制并通过流控网关这一实时多媒体数据流转换成 DVB 数据流,最后调制成为行射频信号后,发射到转发卫星。

（2）远程教学接收点

系统应支持三种类型的用户接收教育资源：一是单机用户通过 PCVSAT 卡接收；二是局域网服务器接收方式,即通过 PCVSAT 卡首先将教育资源接收到局域网服务器上,然后通过组播技术（multi casting）将教育资源转发到各个局域网的工作站上,从而使得局域网内的用户都可以同时收看教育节目；三是通过有线电视台及有线电视网进行转发,最终的家庭用户可以通过 DVB-C 的方式接收教育资源或节目。

（3）用户端

用户端通过安装播放卡和多媒体视音频设备,实现教育资源的播放和后期处理。

目前卫星数据广播主要有以下几种方式：① 图文电视数据广播；② DAB 与 DVB 中的数据广播；③ IP 数据广播。

IP 数据广播是利用电视节目场的正程进行传输,需要占用专门的卫星通道。其传输速率可达到 330 K/s,传输的数据、文件、图像质量高。接收 IP 广播,在具备卫星接收条件的情况下,只要在计算机中插入一块 PC 卡即可接收 IP 广播。2000 年 7 月建成并运行的中国现代远程教育卫星宽带多媒体传输平台系统,具备播出 8 套电视、8 套语音、20 套以上 IP 数据广播的能力。IP 数据广播在远程教育中有很好的发展前景,目前我国的 IP 数据主要分为三类：① 信息类：包括教育部信息、扶贫信息、星空放送、绿网工程、青少年教育和数字图书馆等内容,是在原来 CETV1 的 VBI 信息的基础上发展起来的;② IP 节目类:包括外语、科普、中学教育、中国农业大学、小学教育等内容;③ IP 课件类:包括北京大学、北京大学医学部、北京邮电大学、中央广播电视大学、东南大学、信息技术教育和培训等频道,涉及到法学、国际经济与贸易、医学、数学、英语、金融、教育管理、计算机等多个专业的不同课程。

北京大学远程教育试点通过"鑫诺 1 号"卫星采用 IP 广播课件点播传输技术,中央广播电视大学于 2001 年 9 月 6 日正式开通 IP 广播。

异步按需点播学习子系统由实现卫星数字广播网和解决师生之间的互动交流与讨论功能的地面因特网组成。地面因特网主要由按需点播服务器端和按需点播学习系统(客户端)及互联网组成。主要功能有:用户访问控制、资源目录浏览、课件点播单生成与提交、多媒体课件的检索与获取、流式传输、课件播放及控制,支持不同 QOS 的流媒体的分层传输等。需要解决资源的分布镜像与管理、大规模并发用户的点播请求响应、适应多种网络接入带宽的自适应内容发布与点播问题、用户访问控制、支持多种不同的多媒体课件格式的点播等等。

教学现场实时录制子系统负责对音、视频信号进行前期处理,供同步实时授课子系统播出;制作视频流课件提供给异步按需点播学习子系统供学生按需点播。

师生交流与讨论工具用于师生进行反馈、交流与讨论以保证远程教学的质量。

3. 特点

(1)覆盖面广

外交互卫星广播远程教育方式,主要适于覆盖面大的(如面向全国的)远程教育。与单向 VSAT 网络与因特网相结合的远程教育方式均属非实时交互式教学。

(2)实时性

双向 VSAT 网络与因特网相结合的远程教育方式具备实时交互性。同步授课时师生间可以通过语音、图像进行实时交流,便于师生间的直接沟通、交流,增强现场感、亲近感。

(3)自主性

基于卫星传输与因特网相结合的远程教育方式没有时空限制,课后学生借助视频点播,辅教工具等满足自主学习的需求,与教师及其他学生之间进行交流讨论。

三、基于 Web 技术的远程教育方式

目前,远程教学系统已经在一些发达国家蓬勃发展起来,利用计算机网络开展远程教育是计算机技术、计算机多媒体技术和计算机网络技术在现代远程教育的具体应用。在我国,随着中国教育和科研计算机网(CERNET)以及各高校校园网的逐步完善,通过 Internet 技术和计算机多媒体技术进行远程网络教学

将成为跨世纪教育技术研究实践的重点。目前,利用计算机网络开展远程教育的院校主要有湖南大学、清华大学、浙江大学等。

1. 教学方式

基于 Web 技术的远程教学主要是采取异步网页浏览和视频点播与广播的形式,利用 WWW 服务器具有的各种功能,教师进行视频广播或把教学内容制作成网页、课件和流媒体形式,用户在客户端接受教师的视频广播或向服务器提出视频点播(包括网页浏览)请求,流媒体从服务器端,以流式传输的方式传送到客户机,在客户机上 Web 浏览器通过播放插件(Plug-in)或流媒体播放器便可实现视/音频流的回放。

在基于 Internet 的远程教育中,目前主要有如下几种教学模式。

(1) 传授式教学

主要有两种形式:同步讲授和异步讲授。

同步讲授教学必须采用实时交互式远程教学系统,一般适合于专用高速网络或者是局域网,在 Internet 上实施代价较为昂贵。目前,我国几所高校(清华、北邮、浙大、湖大等)开设的远距离教育,基本都采用这种同步教学形式。

异步式讲授模式要求把制作完成的课件(这里所说的课件包括网页及视频流课件等)存放在点播服务器上,经过授权的学生通过浏览网页和视频流课件点播来达到学习的目的。师生、生生之间可以通过 E-mail 或 BBS 等手段进行交流。

(2) 探索式教学

该模式由某个教育机构(如中学、大学或研究机构)设立一些适合由特定的学生对象来解决的问题,并通过 Internet 向学生发布,要求学生解答。与此同时提供大量的、与问题相关的信息资源供学生在解决问题过程中查阅。另外,还有专家负责对学生学习过程中的疑难问题提供帮助。这种模式只要利用电子邮件功能即可,在 Internet 上的应用范围很广。

(3) 协作式学习

基于网络的协作学习是指利用计算机网络以及多媒体等相关技术,由多个学习者针对同一学习内容彼此交互和合作,以达到对教学内容比较深刻的理解与掌握的过程。在基于 Internet 网络的协作学习过程中,基本的协作式策略有四种:竞争、协同、伙伴与角色扮演。

2. 基本组成

基于 Internet 的远程教育系统采用客户机/服务器结构,如图 7-5 所示,包括以下四部分。

(1) 系统服务器

一个具有特定功能的 Web 服务器,实现系统的中央控制,发布系统教学信

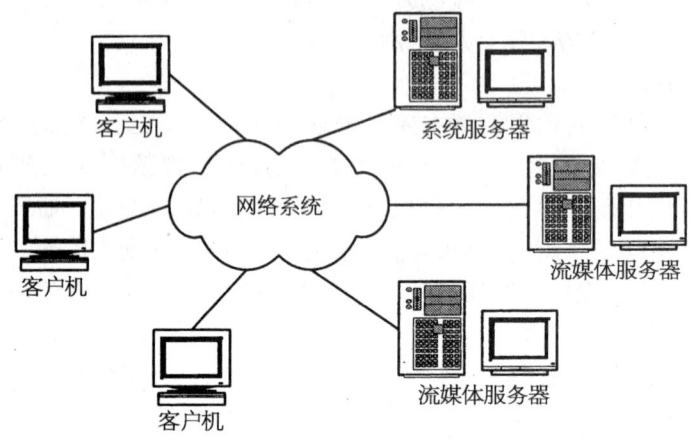

图 7-5　基于 Internet 的远程教育系统

息,负责注册和验证客户的身份。根据客户请求和注册信息,为客户机定位流媒体服务器,选取流媒体文件。

（2）流媒体服务器

负责从存储设备获取流媒体文件,使用网络接口建立与客户机之间的流媒体通道,并向客户机传送流媒体。

（3）客户机

利用基于 Web 浏览器的应用程序,通过点播提出媒体请求,并接收来自流媒体服务器的视频流或音频流,同时对视/音频具有回绕、暂停、重播等功能。

（4）网络系统

除使用 TCP/IP 协议外,并使用 RTP/ RTCP/ RTSP 流媒体传输的网络协议。保障用户可靠带宽,以保证高质量、平滑的声音和画面的实时播放。

基于 Internet 的远程教学系统是一个由硬件、软件、教学内容、教学管理机构组成的一体化有机的系统,包括:

硬件结构　一般具有:接入模块（电话拨号和 Internet 接入）、交换模块、服务器模块、网络管理与计费模块、课件制作与开发模块、双向交互式同步教学模块等。

软件结构　除系统软件之外,还包括:① 适应性超媒体学习系统,能够针对不同能力的学生,提供不同形式的教学;② 多媒体授课系统,从功能上可以分成两个部分:一个是课件点播系统,一个是同步广播授课系统;③ 师生交互工具,包括软件共享白板、语音交互、视频交互、传统文本交谈、同步浏览机制、树状课程内容索引机制、教师端管理工具集合;④ 网络题库管理系统,用于支持教师和学生通过网络进行组卷并进行各种类型的测试;⑤ 考试与评价系统;

⑥ 教学资源库管理系统,主要功能是对各种教学资源进行采集、管理、检索和利用。它由两部分组成:课件库和学习资源库;⑦ 自动答疑系统;⑧ 教学与学习管理系统;⑨ 作业批阅系统;⑩ 网络课件写作系统。

信息组织结构　主要完成教学信息的组织与管理,包括课件库、论坛、虚拟图书馆等。

教学管理结构　主要进行日常研究、管理和教学工作。

目前,我国众多高校选用了运用计算机互联网进行远程教学,其中有公众计算机互联网和专用网等。基于 Internet 的远程教育模式,是目前国内常用的一种模式,但由于目前我国的因特网带宽还不够宽,使一些对网络要求较高的教学模式难以实现,如同步讲授型、实时交互型等,而异步讲授、个别化学习、非实时交互等学习模式则适于在因特网上运行。利用 Web 技术开展远程教育时应充分利用超媒体结构的多媒体,它具有表现力丰富,交互性强,可以网上运行的优点,是远程教育最理想的媒体。要明确网上课程的定位,综合考虑网络带宽,确保网上课程、课件的质量。

3. 特点

(1) 灵活方便,交互性强

利用 Internet 进行的远程教育,采用的是一种主动的、协作的、开放的学习模式,采取有提问、有反馈、有交流的教学方法。教师可以方便地从事诸如制作课件、备课、回答学生问题、批改学生作业等教学活动。视/音频流下载时间短,不需全部下载到客户端就可播放,延时时间很短,且与流媒体文件的大小无关,既可以用流媒体播放器播放,又能嵌入在 Web 的网页中播放,并提供回绕、快进或暂停等交互操作,直观方便。

(2) 自主性强

学生可以方便地通过上自习课、视频点播、做作业、参加测试等进行自主学习。

(3) 有效性

通过网络上的电子题库和自动评价系统,可使学生及时得到有关自己学习过程的反馈及有针对性的诊断,使得学生能够及时调整其学习步骤、方法。从而保证远程教学的质量。

(4) 资源共享,不受时空限制

各种供点播的媒体存放在流媒体服务器中,可以从网络上的任何地点、在任何时候都可以从流媒体服务器上获取视/音频流文件,而不必保存、携带这些媒体文件。

(5) 客户端操作简单,系统使用方便

客户端只需要一台多媒体 PC 电脑,用户只要会使用 Web 浏览器,无需与更多的软/硬件打交道。

（6）安全性高

系统具有可靠的安全性，各级用户权限严格限制，每个用户只能访问他有权访问的内容。系统提供完善的用户管理、课件内容管理功能。系统可根据每个学生的要求和特点，推出适合每个学生的个性化的学习环境。

以上介绍了目前我国现代远程教育的三种主要实现方式，随着现代科学技术的发展，必将会产生新的远程教育方式。我们应当认识到每一种远程教育方式都有其各自适用的条件和环境，我们应该综合实现远程教育的方式，以达到现代远程教育的最佳效果。

◆ **复习思考题**

1. 什么是现代远程教育？

2. 现代远程教育有哪些特点和作用？

3. 实施"现代远程教育工程"的主要内容有哪些？

4. 为什么说实施"现代远程教育工程"是在我国教育资源短缺的条件下办好大教育的战略措施？

阅读材料　　　　　　中国网络教育发展大事记

■ 1994 年底，在当时国家教委的主持下，"中国教育和科研计算机网示范工程"由清华大学等 10 所高校共同承建。

■ 1996 年，清华大学校长王大中率先提出发展现代远程教育即网络教育；1997 年，湖南大学与湖南电信合作，第一个建起了网上大学。

■ 1998 年 9 月 9 日，国家教育部正式批准清华大学、北京邮电大学、浙江大学和湖南大学 4 所高校和中央广播电视大学为国家现代远程教育第一批试点院校。不久北京大学也被批准从事远程教育试点工作。

■ 1999 年 1 月，国家教育部制定《关于发展我国现代远程教育的意见》。

■ 2000 年 7 月，国家教育部颁布《教育网站和网校暂行管理方法》，加强对教育网站和网校的管理。

■ 2000 年 7 月，国家教育部批准中国人民大学等 15 所高校为开展现代远程教育第二批试点院校。同月又批准北京师范大学等 11 所高校开展现代远程教育试点。

■ 2000 年 7 月，国家教育部颁布《关于支持若干所高等院校建设网络教育学院，开展现代远程教育试点工作的几点意见》。根据文件，31 所试点院校可自己制定招生标准并决定招生数量，可开设专业目录之外的专业，有权发放国家承认的学历文凭。

根据新华网站

第八章　教育信息资源的获取与开发

课　前　活　动		
活 动 目 的	1. 通过使用联机检索系统和网络搜索引擎,学会查找学习信息资源的一般方法	
	2. 通过浏览使用多媒体教学演示文稿和教学软件,理解软件的多媒体、交互性、超文本的含义和作用	
	3. 通过观看一部电视教材,理解画面与声音的作用	
活 动 内 容 与 方 式	1. 利用联机检索系统,查找本校图书馆库存的你所学专业的参考书	
	2. 利用搜索引擎查找教育网站	
	3. 播放一篇 Powerpoint 多媒体演示文稿,找出其中所包含媒体的类型	
	4. 浏览一盘多媒体教学软件光盘,理解交互的作用,并找出它包含了几种交互类型	
	5. 观看一部教学录像片,判断它是属于哪种类型的教育电视教材,并注意其声音和画面的关系与作用	
参 加 活 动 后 需 要 完 成 的 任 务		输入的关键词	查询结果(描述)
	联机检索查　询		

课　前　活　动			
参 加 活 动 后 需 要 完 成 的 任 务	搜索引擎		
	Powerpoint 多媒体演示 文 稿	媒体的类型	媒体 作 用
	多媒体教学 软 件	软 件 名 称	交 互 类 型
	电视教材	电视教材名称	教材类型	
		画面的作用		
		声音的作用		

第一节 教育信息资源概述

一、教育信息资源的含义

教育技术研究的核心是教与学的资源和过程。教育资源是指支持学习的资源，包括支持学与教的系统和教学材料与环境。它不仅指用于学与教过程的设备和材料，还包括人员、预算和设施，包括能帮助个人有效学习和操作的任何东西。信息技术教育资源是指在以网络和计算机为主要特征的信息技术环境下，为教学目的而专门设计的或者能被用于为教育目的的服务的各种资源，包括教育环境资源、教育人力资源和教育信息资源。

教育环境资源：指构成教育教学系统的各种硬件设备，如计算机设备、网络设备、通信设备等，以及维持教育教学系统正常运行的各类系统软件、应用软件、工具软件、教学软件等。

教育人力资源：包括教育教学机构人员、任课教师、教辅人员、行政管理者，以及能通过互联网等现代通讯工具联系到的各个领域的专家、学者。

教育信息资源：指经过数字化处理，可以在多媒体计算机上或网络环境下运行的多媒体信息材料，它能够激发学生通过自主、合作、创造的方式来寻找和处理信息，从而使数字化学习成为可能。

而我们通常把教育信息资源理解为信息技术环境下的教育信息资源，以及为达到某种教学目的的教学支撑系统软件与资源管理软件系统等，包括数字视频、数字音频、多媒体教学软件、教育网站、电子邮件、在线学习管理系统、计算机模拟、在线讨论、数据文件、数据库等等。本章我们着重介绍教育信息资源，如不特别指出，本章的教育信息资源均指这种广义的教育信息资源。

二、教育信息资源的类型

（一）按资源提供的功能服务分类

教育信息资源可分为三类：学习资源、备课资源和科研资源。

1. 学习资源

供学习者使用，包括各个学科的课程、讨论组、试题库、教学软件、网上教程、招生就业信息等。

2. 备课资源

供教师备课使用，包括各种课程资料、教学软件、教案、指导刊物、学术会议资料、交流心得等。教师在教学准备过程中，需要搜集大量的资料，Internet 为教师制作各种类型的教材提供了丰富的教学资源，有助于优化教学设计，提高备课效率。

3. 科研资源

供教育管理部门、教育科研人员使用，包括教育方面的政策法规、各种教育新闻、教育统计信息等。

（二）按资源的组织形式分类

教育信息资源主要包括媒体素材、试题库、案例、教学软件、网络课程、网络教学支撑环境、教学资源管理系统等类型。

1. 媒体素材

指承载教学信息的载体，是构成各种资源的基础，包括五大类：文本类素材、图形（图像）类素材、音频类素材、动画类素材、视频类素材。

2. 题库

按照一定的教育测量理论，在网络系统中实现的某个学科题目的集合，题库是一种有效的教育测量工具。

3. 案例

指网上具有现实指导意义和教学实践意义的代表性事件或现象。

4. 教学软件

实现信息技术与学科课程整合教学活动过程的工具软件，根据运行平台可分为网络版教学软件和单机版教学软件，网络版教学软件需要标准浏览器环境的支持。

5. 网络课程

通过网络环境表现的某门学科的教学内容及实施的教学活动的总和，它包括按一定的教学目标、教学策略组织起来的教学内容和网络教学管理系统。

6. 网络教学支撑环境

是网络教学正常开展的保障，可为网上教育的施教者和学习者提供完整的教学辅助、教学管理与学习指导工具，包括网络课件写作工具、多媒体素材集成软件、网上答疑、网上讨论、在线测试等系统软件、工具软件以及应用软件等。

7. 教学资源管理系统

是对网上各类教学资源以及各类教学活动进行统一管理的数据库管理系统软件等，如网上注册以及教师以网络管理员身份登录到远程服务器进行教学资源管理与数据收集都需要教学资源管理系统的支持。

三、教育信息资源的特点

教育信息资源是人们从事教育活动的条件和产物。与传统的教科书相比，数字化学习资源作为一种信息资源除了具备一般信息资源的属性，如依附性（即

媒介性)、转换性、传递性、共享性、增值性、可选择性等外,由于其具有多媒体、超文本、友好交互、虚拟仿真、远程共享等特性,教育信息资源还表现出以下几个特点:

第一,信息形式的多样性。Internet信息内容以超媒体形式组织,其超媒体界面不仅可以通过网络的超链接直接得到与主题相关的其他资源,还包含精美的画面、优美的音乐、逼真的动画和视频图像,极大地丰富了信息内容的表现力,有助于人们知识结构的更新和重构。

第二,信息获取的便捷性。Internet信息检索简单、快捷、方便,可通过网络终端随时随地获取,这就避免了其他媒体信息在查找时所必须的时间、空间等因素的限制。比如我们可以通过Internet查询各在线图书馆的图书资料信息,免去了奔波于图书馆,特别是外地图书馆之间的时间和资金的浪费。

第三,信息资源的共享性。Internet信息除了具备一般意义上的信息资源的共享性外,还表现为一个Internet网页可供所有的Internet用户随时访问,不存在传统媒体信息由于复本数量的限制所产生的信息不能获取现象。Internet还提供了大量的免费检索工具、免费下载软件、免费信息资料。

第四,信息传播的时效性。网络信息的时效性远远超过其他任何一种信息,网络媒体的信息传播速度及影响范围使得信息的时效性增强。同时网络信息增长速度快,更新频率高也是其他媒体信息所不能及的。因此,在教育技术研究过程中,查找最新信息资料,Internet是首选。

第五,信息传递的互动性。交互性是网络的主要特点之一。网络信息一改以往书籍报刊等印刷信息以及广播电视等电子信息的单向传递方式,网络信息具备同步与异步双向传递功能,用户在接收到相关的网络信息后可针对该信息随时向该信源提供反馈,网络用户既是网络信息的使用者也可以是网络信息的发布者。

第六,信息内容的广泛性。网络教育资源内容丰富广泛,可为各个学科领域的学者提供参考。网上的教育资源更是丰富,如最新的教学大纲与构思、教学资料、众多模式的教学软件、网上教程、丰富的课程参考文献、课程开发工具和图像资料、一线教师的教学经验,以及世界各地的各级学校的概况、各国各地教育管理部门的各种教育政策、措施、研究项目、网上期刊、各级印刷物以及各种动态性信息如每日新闻、快讯、动态报道、会议通知、各种消息等等。

第七,信息资源的创造性。数字化信息资源具有切合实际、即时可信,可用于多层次的探究,可以通过计算机网络工具对其直接进行操纵处理,富有创造性。

第二节　教育信息资源的检索与获取

一、教育信息资源检索的起源与发展

教育信息检索是指学习者或教师查找、识别、获取学习资料、参考文献的活动及过程。

信息检索研究是伴随着科学技术的发展和信息数量的剧增而兴起的研究领域。英国科学家詹姆斯·马丁认为,人类的科学知识在19世纪是每50年增加一倍,20世纪中叶每10年增加一倍,70年代就已经缩短到每5年增加一倍。同时,信息发表分散,交叉引用频繁,人类信息的产生能力超过了人类对信息的处理、组织和吸收能力,从而产生了信息爆炸的危机。人们越来越关注如何从浩如烟海的信息中迅速而准确地查找到学习和研究所需要的资料,因而,信息检索的战略地位也就显得日益重要。

20世纪中叶以前,信息存储和传播主要是以纸质介质为载体,信息检索活动也围绕着文献的获取和控制展开。随着计算机技术的应用和普及,特别是因特网和其中海量信息资源的出现,教育者对各种资源的接触和利用机会不断增加,信息检索经历了从手工检索到机械检索再到计算机和网络检索的发展过程。

(一)手工检索

手工检索是指仅用手工的方式来处理和查找文献工具,如文献、索引、目录、参考工具书等。它是一种传统而又基础的检索手段。

手工检索的主要优点有:几乎不需要特殊设备,查找方法简单、灵活,检索费用低。主要缺点是:效率低,检索速度慢,特别是进行专题检索和回溯检索时需要查阅大量工具书,费时较多,查全率也较低。

(二)脱机批处理检索

20世纪50至60年代,计算机硬件发展迅速,但还没有连接通讯网,也没有远程终端装置,只能用计算机进行现刊文献的定期检索(SDI)和过期文献的追溯检索(RS)。所谓脱机批处理检索是指由专职检索人员定期批量处理用户的提问要求并把结果提供给用户。有些脱机批处理检索系统已经可以进行逻辑"与""或""非"多种运算,并可以从多种途径检索文献。但脱机批处理不能及时获得检索结果,用户在检索过程中不能与主机进行"对话"和浏览文献。

(三)联机信息检索

联机信息检索随着计算机分时系统的出现,随着数据库、通讯网络技术的发展而迅猛发展。所谓联机信息检索,即用户通过通讯网络直接与远程检索终端相连,检索远程数据库内文献信息,检索过程中是"人—机对话"式,可以及时修改检索策略,及时显示、浏览文献信息;可根据用户的不同需求进行各种输出,及时取得检索结果。

随着联机检索的发展,现在已改变了过去依靠专线与联机检索中心联机的方式,人们可以通过 Web 和 Telnet 对联机检索中心的数据库进行检索。目前大型的国际联机检索系统有:Dialog 系统、Orbit 系统、ESA/IRS 系统、STN 系统等。其中美国的 Dialog 联机检索系统拥有 500 多个数据库,内容覆盖自然科学、工程技术、社会科学、艺术与人文科学、商业经济等各个领域。

(四)光盘数据库检索

20 世纪 80 年代在计算机技术、激光技术等现代新科技成果的基础上发展起来的 CD-ROM 光盘是一种新型电子出版物,由于光盘的数据存储容量大、制作方便、检索简单,一些大型信息服务机构纷纷将其数据库制成光盘产品出售或租赁给信息用户。随着光盘塔和光盘网络的出现更提高了单张光盘的利用率,使光盘的多用户检索和共享成为现实。光盘检索系统是一个相对独立的计算机检索系统,它在检索过程中不涉及远程通信网络问题,避免了国际联机检索通信费用昂贵等不利因素,适用于在通信不发达地区、联网较困难地方。有些出版商出于保密、版权及控制等方面的考虑,不愿将收费信息产品上网,这样 CD-ROM就成为获取这类资源的最佳途径。此外,光盘检索系统还具有软件功能比较齐全、操作简单易学,不受检索时间的限制等优势,所以国内许多高校租赁或购买了多种光盘数据库并将其挂在校园网上,供校内用户使用。

(五)网络信息检索

20 世纪 90 年代以来,随着以 Internet 为雏形的信息高速公路的兴建,网络信息如潮水般涌来。由于电信网、卫星电视网、公共数据通信网等都可以为信息检索传输数据,世界各大检索系统纷纷进入各种通信网络,每个系统的计算机成为网络上的节点,每个节点联接多个检索终端,网络上的任何一个终端都可检索所有数据库的数据,使得网络信息检索成为可能。

网络信息检索可以使人们在很短的时间里查遍全球的信息资料,使人类实现信息资源共享成为可能。网络使得网上信息资源的利用率提高,信息组织更为有序和高效。随着信息网络技术的发展,信息检索技术将向着标准化、自动化、智能化、专业化的方向发展。

二、教育信息资源检索的方法与策略

教育信息资源数据库中信息的查找是通过一定的检索方法来实现的,一般通过提供关键词就可以进行查询,但是结果常常不能准确定位,所以,在查询中通常要附加语法规则以有效、准确地进行搜索。

(一) 布尔逻辑运算符

不管您是通过校园网联机检索学校的图书资料、教学信息,还是通过国际联机检索系统查询各类专业数据库,或者是通过网络搜索引擎查找网络教育信息资源,布尔检索都是应用最广泛,使用最简单,也是最基本的检索方法。几乎所有的搜索引擎都将布尔逻辑操作符作为最基本的语法规则。一般布尔逻辑操作符包括 AND、OR、NOT 等。

1. AND

AND 表示逻辑"与",也可用"&"或"*"表示,它表示要查询的结果要同时满足用户给出的所有关键词。例如:

"教育学 AND 心理学",表示查找的资料中必须同时包含"教育学",也同时包含"心理学"的信息。

2. OR

OR 表示逻辑"或",也可以用"|"或"+"表示,它表示查询结果只要满足关键词中的一个即可。例如:

"信息 OR 技术",表示查找的资料中凡有"信息"或"技术"其中之一或者同时包含两者的资料都是符合搜索意图的信息。

3. NOT

NOT 表示逻辑"非",也可以用"!"或"—"表示,它表示搜索含有 NOT 之前的关键词的资料,但是排除里面含有 NOT 之后的关键词的资料。例如:

"计算机—硬件",表示查找包含有"计算机",但没有"硬件"的所有资料。

(二) 教育信息搜索的基本技巧与方法

要成功地搜索到自己需要的教育信息资源,基本技巧与方法有如下几种。

1. 确定搜索对象

信息的分类是查询的基础,在查询之前应该对所要查询的信息进行分类。分类的主要内容有:所查询的信息是中文还是英文、是网站还是文章、是政府组织还是学校或学术团体等,然后根据自己的需求,运用符合自己搜索需求的检索工具。严格的分类对于信息的有效查询非常有帮助。

2. 选用准确的关键词,构造恰当的检索表达式

确定问题中的重要概念,选择查询关键词,并运用布尔运算符等符号构造恰当的检索表达式。关键词的选择是信息搜索中的重要技巧,为了提高结果的相关性,查询中应尽可能使用那些只在所需内容中存在的、较特殊的短句或单词,避免使用那些非常常见的词,否则将引来数以万计的无用响应。为了提高查全

率,应扩大检索范围,使用同义词、近义词等方法。因此,要进行有效的搜索,还应根据查询返回结果及时调整查询。

3. 确定搜索途径

检索工具提供两种搜索途径:分类浏览与主题检索。首先应了解检索工具的工作特点和方法,然后确定自己查询的途径。如:了解到查询工具的主题目录分类清楚、详细,可直接找到与自己所需信息有关的条目,则可以通过浏览进行检索;当自己可清楚、仔细地界定所需要信息的特点时,可以通过输入查询命令进行查询。

4. 利用进阶检索功能

进阶检索是指利用前一次检索的结果作为后一次检索的范围,逐步缩小检索范围。例如:要检索语文与信息技术课程整合的有关资料,在天网中英文搜索引擎(http://e. pku. edu. cn)中输入"课程整合",返回 5 242 个相关信息,在进阶检索框中输入"语文",可得到 566 个结果。

三、搜索引擎

为了帮助学习者及时准确地找到自己需要的网站和信息,Internet 有许多提供信息查询、搜索的站点,这些网站就称作搜索引擎(search engine)。搜索引擎是用来对网络信息资源管理和检索的一系列软件,是一种在 Internet 网上查找信息的工具。它将各站点按主题内容组织成等级结构,用户可以依照这个目录逐层深入,直至找到所需信息;也可以在它们的各种程序中键入要查找的关键词,引擎就会在自己的数据库中找出与该词相匹配的 URL,并将结果显示给用户,用户可根据显示的结果选择并访问相关的站点。

(一)搜索引擎的产生与发展

1993 年以前,大多数 WWW 用户查找信息的方法是利用超链接(hyperlink),从一个 WWW 服务器的某一 URL 连接到其他 URL。有的服务站点为了方便用户浏览阅读,将手工收集到的信息编成 HTML 文件,按某种次序排列组织制成索引,或者将这些 URL 文件输入到数据库中可以提供查询功能的站点,如 WAIS 等检索查询工具。这个时期的索引服务系统生成方法是用手工键入新的 URL 地址,由系统管理员将数据输入到数据库中去,需要大量的人力来进行搜集、排序、编成 HTML 文件并进行维护,因此更新周期也较长,可以说是"费时费力"。

随着 WWW 上的信息量日新月异地增加,人们迫切希望有一个 Web 发现服务系统,能够在指定的范围内自动地发现新的信息,并对其所覆盖的资料进行自动更新。于是 1994 年出现了 robot、spider 等计算机搜索程序,用户通过在这些计算机程序中输入需查询的信息的关键词,经过其检索服务器在内部数据库找到相关的资料并按一定的规则整理后再输出传到本地主机。这样的检索工具就是搜索引擎。

1995 年前后，以 Yahoo、Alta Vista 和 Infoseek 为代表的第一代搜索引擎上网。1996 年 Internet 网上只有十几个大型综合性搜索引擎，而如今搜索引擎的数量已经达到数千家，还出现一批专用性的搜索引擎。1998 年，以 Google 和 Direct Hit 为代表的第二代搜索引擎出现在 Internet 上，随着信息技术的不断发展，网络信息的爆炸式发展，搜索引擎技术也将飞速发展，并将朝着智能化、个性化、专业化、标准化等方向发展。

（二）搜索引擎的分类

根据组织信息的方式可将搜索引擎分为以下几种。

1. 目录式分类搜索引擎（网站级）

利用传统的信息分类（directory）方式来组织信息，按照分层排序的方法组织版面，即首页具有网站类别总目录，总类目录下包含各级子目录，最后一级子目录下边排列着属于这一类别的查询路径、网站站名、网址链接和简要的内容提要。用户按类来查找信息。有较高的查准率，但其查全率低。雅虎、搜狐和网络指南针等都属于分类目录检索。

雅虎中国（http://cn.yahoo.com）将所有网站归入 14 个"最高级"雅虎类目之中：艺术与人文、商业与经济、电脑与因特网、教育、娱乐、政府与政治、健康与医药、新闻与媒体、休闲与运动、参考资料、区域、科学、社会科学、社会与文化。例如，查找幼儿教育方面的信息，可以先找到"教育"的主题目录，再选择"幼儿教育"，则返回"托儿所与幼稚园"和"小学"两个子目录，以及相关站点的链接和简介，你可以继续点击子目录，也可以点击站点浏览相关网站。当然你也可以在页面顶端的搜索栏中直接键入"幼儿教育"，单击搜索键，即可返回 108 个相关网站分类，并以目录结构的形式显示；还有 337 个相关网站，也有网站所属目录结构位置的显示。（图 8-1）

2. 全文搜索引擎（网页级）

全文检索搜索引擎的资料库中，搜索保存的是互联网上各站点的每一个网页的全部内容，能够对网站的每个网页中的每个单字进行搜索（full-text search），查全率高，查准率低，搜索范围较广，提供信息多而全，但缺乏清晰的层次结构，查询结果中重复链接多。

例如，利用天网中英文搜索引擎（http://e.pku.edu.cn）查找有关信息推送技术的资料，可以在搜索栏内输入关键词"信息推送"，点击"搜索 WWW 网页"，即可返回17 196篇文档，每一条结果显示有序号、标题、URL、编码方式（如 GB）、文件大小、时间、摘要等相关信息。由于返回内容较多，你还可以选择在"结果中查询"，以缩小查询范围，迅速找到所需信息。（图 8-2）

 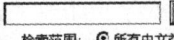

图 8-1　雅虎中国搜索引擎主页

3. 分类全文搜索引擎

针对全文搜索引擎和目录式搜索引擎的缺点而设计的,通常在分类的基础上再进一步进行全文检索。现在大多数的搜索引擎都属于此类。如 21cn 网站（http://www.21cn.com）等。

4. 智能搜索引擎

具备符合用户实际需要的知识库,搜索时,可以根据已有的知识库来理解检索词的意义并以此产生联想,从而找到相关的网站或网页。

图 8-2　天网搜索引擎主页

同时,智能搜索引擎还具有一定的推理能力,它能根据知识库的知识,运用人工智能方法进行推理,大大提高了查全率和查准率。较成功的有 FSA、FAQFinder 等。

四、网络教育信息资源

Internet 是世界上最大的信息网络系统,是人类智慧的海洋、知识的宝库,也是最大的教育信息资源库。网络教育资源是指经过数字化处理的文字、图像、声音、动画等多种形式的教育信息存放在光磁等非印刷质的载体中,并通过网络通讯、计算机或终端等方式再现出来的教育信息资源。

(一) 网络信息资源的分类

网络信息资源丰富多彩,根据不同的分类方案可以获得不同的分类结果。按其遵循不同网络传输协议与网络传输工具,网络信息资源主要包括:
- WWW 教育信息资源;
- FTP 教育信息资源;
- Telnet 教育信息资源;
- USENET/Newsgroup 教育信息资源;
- Gopher 教育信息资源;
- WAIS 教育信息资源。

有关内容详见第六章第三节。

按信息的存取方式分,有:

1. 邮件型

以电子邮件和邮件列表为代表。

2. 交互型

以 IRC(internet relay chat)为代表,在网络上通过文字实现即时信息传递。

3. 公告牌型

以 BBS、网络新闻、匿名 FTP 为代表的非即时信息传播方式。

4. 广播型

在网络上向特定用户即时提供图像和声音的信息传播方式。

5. 图书馆型

以 Gopher、WWW 为代表的,主要提供一次文献的,并通过信息的有系统的组织来提供信息的方式。

6. 书目型

包括查询人物机构团体的 Finger 和 Whois、查询 FTP 文档的 Archie 和 WAIS,以及集成于 WWW 技术之上的综合型检索工具 Yahoo、Altavista 等。

(二) 教育网站

教育网站是网络环境下教育资源的主要体现形式,是指通过收集、加工、存

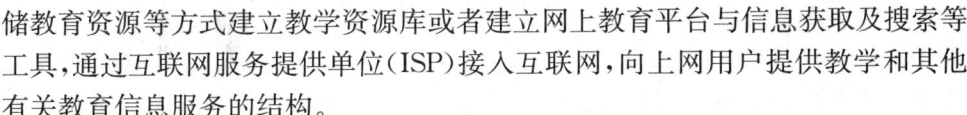

储教育资源等方式建立教学资源库或者建立网上教育平台与信息获取及搜索等工具,通过互联网服务提供单位(ISP)接入互联网,向上网用户提供教学和其他有关教育信息服务的结构。

我国的教育网站已经形成一定规模,呈现百花齐放的态势。网站的建设有政府投资的、公司建设的、教学部门建立的、个人建立的、社会组织提供的,以及多方合作建设的等;从网站的用户角度来看,有儿童的、学生的、教师的、继续教育、岗位培训以及综合性的网站等;从教育站点功能来看可分为教育职能部门网站、门户性教育网站、专业/专题网站、网上学校、电子图书杂志、教育电子商务等。下面根据教育站点的功能来探讨一下教育资源的分布。

1. 教育职能部门

目前国内许多教育行政部门,从中国教育部(http://www.moe.edu.cn)及其各司署,到各地市教育行政管理部门,相继建立了自己的网站。我们可以通过这些网站浏览国家及地方的教育方针政策,了解最新的教育动态,指导我们日常的教育研究和教学活动。

2. 综合性教育网站

提供综合性的服务,服务内容比较全面。一般是教育科研单位与一些热衷于教育的公司企业联合创办,如中国教育信息网(http://www.chinaedu.com)是教育部信息管理中心与新宇集团联合创建的,通过提供教育资讯、教研天地、学生社区、家长时段、海外视窗等栏目为学生、教师、家庭、学校提供全方位的服务;网大(http://www.netbig.com),提供的教育服务内容也比较全面;还有面向基础教育的中国基础教育网(http://www.cbe21cn.com)、K12(http://www.k12.com.cn)等等。

3. 专业/专题研究网站

专业或专题研究网站主要针对教学的某一方面提供丰富的信息资源。国内中小学学科专业网站逐渐增多,语文、数学、化学等学科资源网站层出不穷,其中,有教育权威机构建立的,但更多的是学科教师个人或教研组、教学研究会等建立的。这些网站的建立不仅为任课教师的备课提供大量的素材资源,也为学生提供了更广阔的学习空间。随着我国专题学习、研究性学习、网络协作学习等新型网络学习模式的不断成熟与发展,进行研究性学习、创新教育的网站也逐渐发展起来,如大眼睛科技教育网(http://www.eyecn.com)、优异研究院(http://www.uestudy.com)等。

4. 网上学校

网上学校(网校)是指进行各级、各类学历和学位教育或者通过培训颁发各种证书的教育网站,包括中小学的远程教育网和教育部批准的一些大学的远程教育网,以及一些企事业单位提供的网上岗位培训、继续教育的一些站点。网校不仅提供系统的网络课程,还提供在线注册、在线答疑、在线讨论、网上交作业以及与学校教学同步的教学辅导和练习等教学服务。网校可以用于课堂教学的辅助学习,也可以进行继续教育、岗位培训,还可以用来攻读学位,信息网络使学习实现了社会化、终身化、现代化。这类网站有 101 网校(http://www.chinaedu.com)、华南师大附中网校(http://www.futureedu.com)、清华大学远程教育(http://166.111.18.8/yuanch.htm)、中国中小学教师继续教育网(http://www.jxjy.edu.cn)等。

特别要提出的是,大、中、小学的主页是各个学校校园网的一部分,它不但能为学校内部的教学活动提供各种信息服务,更是学校对外信息交流的一个窗口。

5. 电子图书杂志

网上有许多图书、报刊、杂志供我们浏览和利用,如中国期刊网,许多大学都建立了自己的镜像点,以方便师生的查询和利用。国家图书馆(http://www.nlc.gov.cn)、北京大学图书馆(http://www.lib.pku.edu.cn)等各大学、各地市图书馆均建立了网上联机检索、读者指南、电子资源等服务。此外还有许多免费的图书站点,如超星图书馆(http://www.ssreader.com)等。网络版的报刊杂志也有许多,如中国教育报(http://www.jyb.com.cn)、中国日报(http://www.chinadaily.com.cn),还有一些网上免费的电子期刊,如上海的索易电子刊物(http://www.soim.com)等,都为我们的学习和生活提供了丰富的信息资源。

6. 教育电子商务

网上有许多与教育相关的电子商务服务,您可以足不出户购买教学软件、教学文具、教学器材等。如乐友网上购物中心(http://www.leyou.com.cn),是中国规模较大、服务较完善的网上购物中心,有近万种图书、音像制品、教育软件,其优点是强调教育性、保健性及高质量、低价格;大洋网上书城(http://www.dayoo.com)价格优惠、送货上门、付款方式多样,深受广大用户的欢迎,在广州、北京、上海等地均开设了分店。

(三) 网上教育资源的获取

查询到了这么多有用的资源,我们怎样把它们从网上下载下来呢? 以下给出几种常用的方式。

1. 通过 Web 浏览器

可经 Web 浏览器的文件菜单中"另存为"命令,将需要的页面存到本地机上,也可直接在页面上选取所需要的文字或图片,运用 Windows9x/Windows2000 的基本操作复制、粘贴,即可将所选内容保存到本地机上。

2. 通过网络工具软件离线浏览

离线浏览,就是将因特网上的网站内容整体或部分复制到本机的硬盘,这样可以随时查看,不但可以节省上网的费用,而且还可以保存网页信息以供随时调用。现在有很多专用的离线浏览器，功能强大，下载速度快，使用也很方便，常用的工具软件有 Teleport、WebZip 等。

3. 使用 FTP 进行文件传输

目前许多大学网站都提供 FTP 服务，如北京大学（ftp. pku. edu. cn），登录到 FTP 站点上，可以直接查看服务器文件夹，可以利用复制、粘贴等操作下载需要的应用软件和一些电子教材、图书资料等。

4. 使用电子邮件

我们可以通过电子邮件进行网上协作学习，师生之间、学习伙伴之间进行信息沟通和交流，在网上订阅电子期刊。电子邮件是获取网上教育信息资源的重要形式，它比其他获取方式更具有保密性、针对性强等优点。收取电子邮件可以通过 Web 方式登录邮箱，也可利用 Foxmail、Outlook 等工具直接将邮件收取保存到本地主机。

5. 使用多线程下载工具

目前流行许多网络下载工具不但支持 HTTP 和 FTP 下载，也支持多线程、多文件下载，如网络蚂蚁 NetAnts、下载专家 DownLoadExpert 等，它们安装简单、使用方便，支持断点续传，能大大加快网络下载速度。

6. 利用网络通讯工具

目前常用的网络通讯工具有 NetMeeting、ICQ、QQ、Internet Phone 等，它们一般都具有呼叫、文本、语音、视频对话功能，有些还具有文件传输、共享白板等功能，可以通过网络实现信息的交换与获取。

第三节 教育信息资源的开发

一、教育信息资源开发的类型

教育信息资源的开发涉及到多媒体素材的制作和多媒体信息资源的编辑整合两部分工作。多媒体教学信息资源包含文本、图形图像、动画、声音和视频影像等多种媒体信息，这些信息素材大多先通过多媒体开发工具进行数字化处理，然后再利用多媒体创作工具进行集成与创作，编辑成适用于各种学习模式的各式学习资源。教学素材的准备与制作是数字化学习资源开发的基础和关键环节。多媒体教育信息资源的编辑整合主要分为多媒体演示文稿的制作、多媒体教学软件的制作、多媒体网上课件的制作和教育电视的制作等几种类型。这些工作都是在资源开发工具的支持下完成的。教育信息资源开发的类型我们可以用表 8.1 来表示。

表 8.1 教育信息资源的开发类型

资源的开发类型	特 点	作 用	常用开发工具
多媒体素材	教育信息资源开发的基础和关键环节；具有开放性和可重用性	为教育信息资源的开发与编辑提供各种多媒体素材；可以直接作为学习资源	根据素材的不同类型，有不同的开发工具，如开发文本的Word，开发图像的Photoshop等
多媒体演示文稿	制作简单、直观形象，交互性不强，一般仅用来演示	用于工作汇报、电子教案、教学文稿和教学软件等场合应用项目制作与演示	PowerPoint 等
多媒体教学软件	制作较简单，交互性能强；但系统开放性不强，一般很难二次开发	用于课堂演示、课外自学等多种学习形式	Authorware、Director、Toolbook、方正奥思等
网上教学软件	静态页面制作较简单，但具有交互功能的动态页面需要有一定的编程经验；通过网络浏览器运行浏览；可以通过网络传输、下载、共享；系统开放性较强	用于网络环境下的各种教学模式	Frontpage、Dreamweaver 等
数字电视教材	通过一系列活动图像按一定顺序串接起来表达教学内容；有利于调动视觉、听觉等多种感官的学习参与；开发制作过程较为复杂，一般需要一个开发小组协同工作；压缩后可以在网络上使用	利用电视表现手段呈现事物现象的本质特征；贮存再现，克服时空局限性；传送方式多样化，适宜多种教学方式	Premiere 等

二、多媒体素材的制作

多媒体素材按照媒体类型可分为五大类：文本、图形图像、音频、动画、视频，素材的准备与制作是一项十分繁重而细致的工作。

(一) 文本素材

文本主要指字母、数字和符号等。学习内容的表达，如：概念、定义、原理的阐述、问题的表述等都离不开文本,文本是传播教学信息的重要媒体元素。文本一般可分为纯文本(文本)和图形文本。

1. 文本输入与处理

常用的文本文件格式有 TXT、RTF、DOC、DOT、WPS 和 PDF 等。通过计算机文本编辑软件,可以很方便地利用键盘输入文件。键盘是文本输入的最主要手段之一,随着科技的进步,近年来也出现了语音输入、手写输入等手段。对于现成的印刷品,人们还常通过扫描仪将印刷文稿转化为由像素组成的图像,利用光学字符识别(OCR)技术,将图像识别成为可任意编辑处理的文本文件,扫描输入适合于文本的规模制作。

2. 图形文本

在图形处理软件中输入文本,可以将文本做成图形格式。其优点是可以对文字进行一些特殊效果处理,如渐变字、透视字、变形字、立体字等。教学软件制作时运用图形文本,显示时可以不受字库、文本样式等因素的制约。

(二)图形图像素材

图形图像是信息技术教学中表达教学信息的最有力的手段之一,对于帮助学习者分析、理解教材及解释观念或现象都有重要的意义。

1. 图形图像的类型

图形图像可分为两种类型,一种是矢量图(vector graphic);另一种是位图(bitmap)。其区别见下表所示:

	基本单位	显示过程	变换	存储空间	表现较复杂图画
矢量图形	图元	依照图元顺序	无失真	较小	不适于
位图图像	像素点	按照像素顺序	有失真	较大	适用于表示真实照片图像和包含复杂细节的绘画等

2. 图形图像文件格式

了解有关图形图像的文件格式,对于正确选择、使用、制作图形图像文件至关重要。常用的图形图像文件格式见表8.2。

表8.2 图形图像文件格式

格式	来源
BMP	位图文件格式(Microsoft Windows DIB)

（续　表）

格　式	来　　源
GIF	无损压缩图像，图像最多只能达到 256 色，可对图像进行交织处理，将图像做成透明、动画等形式，常用于制作网页图像文件
PCX	最早的位图格式之一，能支持 24 位彩色图像
TGA	支持 32 位色，包括 8 位 ALPHA 通道显示实况电视能力
EPS	公共输出标准，为 PostScript 打印机和图像照排机上打印图形文件而开发
JPEG	有损压缩图像格式，可以很好地再现全彩色图像，较适合摄影图像的存储，常用于制作网页图像文件
TIFF	Macintosh 和 PC 机上广泛支持的位图格式
DCS	按 CMYK 分色的格式
PICT	Macintosh 系统中自身图形格式，支持任何深度、任何尺寸和任何分辨率的图像
WMF	Windows 元文件
DXF	Auto CAD 2 - D 格式
PAL	调色板文件
PCD	Photo CD 格式

提示：还有一类文件格式是图形图像制作工具提供的特殊格式，一般只在本身的制作环境中使用，例如：Photoshop 中的.PSD，Core Draw 中的. CDR 等。

3. 图形图像的制作

（1）利用专门图形图像制作工具

如 PhotoShop、Corel Draw、Firework、Auto CAD、3D Max 等，它们的优点是"即见即所得"，非常直观，且都提供了各种各样的绘图工具与处理手段，可以制作专业级的图形对象。

（2）屏幕捕捉或屏幕硬拷贝

利用 CapPicture、SnapIt、HyperSnap 等截图软件，可以捕捉当前屏幕上显示的任何内容，操作简单、使用方便，图像的色彩与清晰度都能满足需求。Windows 也提供了直接拷贝屏幕的功能，如按下 Alt＋PrintScreen 即可将当前的活动窗口显示画面置入剪贴板，按下 PrintScreen 即可全屏幕拷贝，并置入剪贴板。

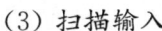

（3）扫描输入

利用扫描仪可将一些现成的照片、图画、图片等素材通过光电转换变成数字图像输入计算机中。

（4）利用数码照相机

数码照相机具有将依赖空间、时间的图像转化成数字图像，暂存到相机的存储卡中，再利用输入转换工具可直接导入到电脑中，且输入的图像清晰度高、色彩鲜艳、输入速度快，因此这是多媒体图像制作的一种重要途径。

（5）视频帧捕获

利用 Video for Windows、超级解霸、金山影霸等视频播放软件，可以将屏幕上显示的视频图像进行单帧捕捉，变成静止图像储存起来。但由于视频图像本身已经过压缩，因此在色彩、清晰度方面都相对较差。所以抓取下来的图像文件分辨率较低，不适于制作大尺寸画面。

（6）引用或购买，甚至下载现成的图像库

已有相当一批商品化的图像光盘素材库进入市场，如底纹、花卉、壁纸等专集，用户可以根据需要选择购买。这些图像素材有些可以直接在多媒体教学软件中使用，有些只需适当处理即可使用。当然，从网上下载也不失为一个好途径。

4. 图像处理的一般步骤与方法

所谓图像处理，是指利用图像处理软件在图像上进行色彩校正、修补、合成等各种操作，最终使图像达到最佳效果。图像处理的一般步骤与方法如下。

（1）输入

在图像处理软件中导入需要加工的图像。

（2）图像的调整、校正与增强

如调整亮度、对比度、色彩平衡、色相、图像尺寸、画布尺寸、分辨率、色彩模式等。校正是纠正数字图像颜色和灰度，使之与原图一样。

（3）选择与屏蔽

标记图像上的一块特别区域，使编辑操作保证对标记出的区域进行，而不影响其他部分。

（4）修描

擦除一些缺陷或修改一些细节，使图形看上去更完美。

（5）绘画及艺术化处理

根据软件提供的多种工具，以改变图形上某些部分的色彩。还可利用软件提供的各种滤镜实现不同的艺术效果，或对图像进行变形处理等。

（6）图像合成

把两幅或多幅图像的一部分像素合并、定义单一的图案或在图像中进行剪切和粘贴来修改图像的内容。

（7）输出

保存文件，也可通过打印机或绘图仪等将经过处理的图像输出到纸张上。

（三）动画素材

动画可用来模拟事物的变化过程、规律，说明科学原理，能够增强学习内容的直观性、生动性、趣味性。动画是利用人类视觉暂留的特性，通过把一连串微小变化的画面按照一定的时间间隔显示在屏幕上，从而产生画面中物体运动的效果，只要以每秒 24 帧（幅）以上的速度播放连续的静态画面，就使人感觉不到画面的切换而只是看到画面中物体的连续运动。动画也包括缩放、旋转、扫换、淡出淡入等画面显示的特殊效果。

1. 动画的类型

动画从其制作动画的画面效果上分，主要有两大类：一类是二维（平面）动画，其主要特点是：色彩鲜艳、清晰度高、容易掌握和使用；另一类是三维（立体）动画制作，其主要特点是立体感强、动画效果逼真。常见的动画格式有 GIF、FLI、FLC、SWF、AVI、MOV、PIS 等。

2. 动画的制作

（1）利用多媒体著作工具所提供的动画工具

多媒体著作工具一般都提供了一些简单的二维动画制作功能。如 Author-ware，它提供了固定目的地、固定轨迹、刻度轨迹、线性刻度轨迹和 X-Y 刻度五种位移动画效果。此外，利用著作工具本身的一些特殊效果显示功能，如划变、百叶窗等也可以产生一些有趣的简单动画。

（2）利用专门的动画创作软件

如果要创作逼真的、专业级的动画，必须考虑选用专门的动画创作软件，如 Animator Pro、Animator Studio、3D Studio、3D Max、Flash 等。利用专门动画创作软件的优点是制作周期短、修改方便、动感逼真，可以制作出比较复杂、立体感非常强的动画。

（四）音频素材

声音在信息技术教学中的主要作用，一是通过语音增强画面的表现效果以及起到辅助说明的功效；二是通过背景音乐，对画面内容起到烘托作用。当然，对于语言及音乐类的教学软件，音频则成为主要的媒体对象了。多媒体教学软件的数字化音频主要包括语音、音乐、效果声。

1. 音频的种类

（1）数字化波形音频（wave audio）

它是对模拟声波按照一定的频率进行数字化采样所形成的波形文件，其格式以 .wav 文件最为常见。它是声音的实际表达，波形数据代表声音的瞬时能量

或响度。波形音频的最大优势在于它重放时声音质量的一致性,它很容易编辑,不需要专门的乐理知识,但波形音频却需占用大量存储空间。

(2) CD-DA 激光唱盘音频

它是一种特殊的数字音频,其质量要求较高,采样频率固定为 44.1 kHz,每个采样使用 16 位存储,CD 音频在播放处理时不是由计算机的 CPU 处理的,而是由 CD-ROM 中特定的芯片处理的,因而在播放 CD 音频时,CD-ROM 不能传送其他数据。它只能由用户读出,仅用于播放。

(3) MIDI 音频

即 musical instrument digital interface(乐器数字接口),是一种专门用于音乐数字化的国际标准。与数字化波形音频不同的是,MIDI 音频并不直接记录声音,它只记录发送给 MIDI 设备的一系列指令,实际发声的是合成器或音源。它不是像数字音频那样对连续的模拟乐声进行数字化,而是对产生乐音的音符进行数字化。它用一些特定的数字表达产生音符的键号、通道号、持续时间、音量和力度等。Mac 机和 PC 机都能使用 MIDI 文件,并且其长度比 CD 级数字化波形音频文件小 200—1 000 倍,不会占用很多的内存、硬盘空间和中央处理器资源,比较适合于大量乐器声的应用。

在多媒体教学软件中,MIDI 一般用来制作各种电子音乐素材及部分音效素材,如教学软件的背景音乐。而波形音频的应用较广,不但可以制作成音乐、音效素材,更多的是用来制作语音素材。

(4) MP3 音频

采用压缩技术的音频格式,可以将 CD 质量的音频文件压缩至原来的1/10,甚至更小,且声音质量的损失非常小。在 Internet 上用得比较多,可用于给主页加上主题音乐等方面。

2. 音频制作的硬件条件

多媒体教学软件中音频素材的制作需要一定的硬件条件。硬件用于声音的输入、输出及压缩、存储等,主要包括声效卡、话筒、CD 播放机、CD-ROM 驱动器、电子琴等,专业一些的设备还有 DAT 数码录音机、MD 机等。

3. 音频制作的软件

音频素材制作所需的编辑软件主要用于录制、编辑、合成和特殊效果等音频数据处理。常用的音频处理软件有:Windows 系统本身提供的录音机、声卡本身附带的软件包、Creative Wave Studio(录音大师)、CoolEdit、Macromedia Sound Edit 等。MIDI 音乐创作方面有 Twelev 公司的 Cake Walk 等工具软件。

4. 音频素材制作的途径

(1) 引用或购买现成的音频素材

在不至于引起版权争议的情况下,使用一些现成的.WAV、.MID 和 MP3 格式的声音库(主要是音乐和音效)是最直接、最方便的方法。而且这些声音素材都是经过专业人员精心制作而成的,既具有较高的质量,又可以节省时间。

（2）自行制作、录音编辑、MIDI 合成等

通过麦克风等音频输入设备利用音频编辑软件进行编辑合成。

（3）现有音频的格式转换

由于多媒体创作工具对音频格式的支持有差异,为了得到符合要求的格式,常利用一些转换工具进行转换。如把 AIF 声音文件通过 CoolEdit、Goldwave 等软件转换成 WAV 格式,供 Authorware 等软件调用。

5. CREATIVE SB 简介

Creative Wave Studio 录音大师是随 SB Creative 16/32/64AWE 等系列声卡所附带的声音制作软件。录音大师可在 Windows9x/Windows2000 环境下录制、播放和编辑 8 位(磁带质量)和 16 位(CD 质量)的波形数据。录音大师不但可以执行简单的录音,还可以运用众多特殊效果和编辑方式,例如反向、添加回音等制作出独一无二的声音效果。此外,录音大师还能够同时打开多个波形文件,使编辑波形文件的过程更为简单方便。它还可让你输入及输出声音(VOC)格式文件和原始(RAW)数据文件。

录音大师的窗口操作界面分为六个区域:标题栏、菜单栏、工具栏、编辑窗口、预览窗口以及状态栏。工具栏是一组用于快捷操作的图标按钮,用户只要将鼠标光标移至相应的图标上停留约 1 秒钟即可出现相应图标功能的提示。编辑窗口是显示声音波形的地方,可以同时打开多个编辑窗口,以使编辑工作易于进行。预览窗口显示当前活动编辑窗口中波形的全部数据。在预览窗口中可以通过鼠标拖曳的方式选择波形中的一段数据。速度指示器(在左下角,播放时才显示,呈黄色)指示波形文件播放的进度。

录音时,应根据实际连入声卡的声音源,在混音器中设置录音源以及音量或电平的大小。混音器的设置是否合适,可以在播放声音的同时查看录音对话框中录制电平的大小。多媒体计算机中的光驱可以在软件驱动下直接播放 CD 光盘的语言或音乐,通过录音大师可以直接将 CD 盘中的声音采集存储成 WAV 格式的文件到磁盘中。有些播放器软件还允许你将其压缩存贮为高质量的 MP3 格式的文件(例如"超级解霸"等)。

（五）数字视频素材

视频影像表现的是真实景物,又是完全活动的,图、文、声并茂,因此,适宜地运用视频可以增强教学资源的表现力与感染力。用电视摄录设备制作的视频信号一般都是模拟信号,如果我们要在电脑中使用这些视频,首先要将这些视频信号数字化。用以实现把模拟视频信号转换成数字视频信号的设备称为视频压缩卡或视频捕获卡。通过视频压缩卡,配合专门的视频处理软件,便可以把一般的录像带等的视频信号转换到电脑中,供课件制作使用。

常用的视频文件格式有：VCD 的文件一般为 DAT 格式,MPEG 压缩标准

的 MPG 格式,Windows 系统的 AVI 格式,Quicktime for Windows 的 MOV 格式,以及网页上常用的流媒体 RM 等格式。

一般而言,如果视频资源主要应用于 PC 平台的 CAI 软件,则采用 AVI 格式;如果主要应用于苹果机的 CAI 软件,则采用 QuickTime 格式;用于单独欣赏的视频资源,最好制成 MPEG 格式;对于需要在网络上实时传播的视频最好采用流媒体格式。视频资源数字化时,色彩等级数应该大于 256。

1. 视频卡和视频制作软件

为完成视频资料的录入和编辑任务,用户通常采用视频卡和视频制作软件来共同完成。常用的视频卡有 Creative Video Blaster 系列等。在进行多媒体视频制作中,由于广播级的视频卡比较贵,因此视频卡一般选用一些支持 VCD、非编辑性编辑及一些视频叠加的中低档类。如 Creative 公司的 Video Blaster SE100、FS200 或 RT300。

常用的视频制作软件包括视频卡附带的软件包和其他通用类视频制作软件。在视频素材制作时,用户可以使用视频卡附带的软件包,也可以使用一些通用类视频制作软件,如 Premiere、Ulead Media Studio 等。Premiere 是 Adobe 公司提供的 Windows9x/Windows2000 环境下功能强大的视频图像动态捕获与制作软件,它可以同时制作图像和声音,目前已被许多视频卡所支持。

2. Premiere 简介

在数字视频影像制作中,Adobe 公司的 Premiere 是一个功能十分强大的专业的视频影像集成制作软件,可以在各种操作系统平台下与硬件配合使用。Premiere 是在 Windows9x/Windows2000 下利用"Microsoft Video"和"Quick Time"技术,用图片、图像、声音、动画、视频和其他的素材来创作、记录和播放数字化视频影像。一般的用户只要掌握了 Premiere 软件的制作基本技术,就可以制作出优秀的视频影像作品来。

Premiere 的主要功能包括:实时采集视频信号;将多种媒体数据综合制作为一个视频文件;具有多种活动图像的特技制作功能;可以配音或叠加文字和图像等;可以编辑 MPG 格式的视频文件。Premiere 的主界面主要是由不同用途的窗口和菜单栏命令项及其下拉式菜单命令组成的。在 Premiere 的显示界面中一共可以出现十几个不同的窗口,如 Project Window(项目窗口)、Monitor Window(监视器窗口)、Timeline Window(时序窗口)窗口等。

Premiere 影像素材制作主要包含视频影像素材(MOV,AVI 等)的采集,视频影像的剪辑,音频的编配,影片播放速度的改变,视频影像的字幕制作,直接叠放的效果制作等。

三、多媒体演示文稿的制作与 PowerPoint 2000

PowerPoint 是美国 Microsoft 公司推出的办公自动化系列软件 Office 家族

中的一员,是专门用来制作演示文稿的优秀工具,我们可以利用 PowerPoint 进行课堂演讲、汇报小组课题、展示图表与表格、显示调查与问卷结果、以图形化的组织形式显示数据、创建非线性项目等等。它可以通过计算机播放文字、图形图像、声音、动画和视频影像等多媒体信息,并可以加入交互以实现超媒体链接功能,也可以制作成网上使用的 Web 页。从媒体的组织特性来看,PowerPoint 是基于帧面创作的,与当前流行的可视化开发工具(VB、Delphi 等)和 ToolBook 类似。到目前为止,Microsoft 公司已前后推出 PowerPoint 4.0、PowerPoint 97、PowerPoint 2000 和 PowerPoint 2002 等版本。关于 PowerPoint 2000 的制作与实践请参考本书技能实践。

四、多媒体教学软件的制作

　　Authorware、Director 和 ToolBook 等是目前应用较为广泛的多媒体创作工具,这里仅以 Authorware 为例,讲解多媒体软件的创作一般过程和方法。

　　Authorware 是美国 Marcromedia 公司推出的优秀的多媒体创作工具,在多媒体工具市场上处于领先地位,广泛用于多媒体产品制作、教学软件制作、教育培训和交互式电子教程创作等,是一种使用方便、功能强大的多媒体节目创作工具。它基于可视化开发平台,以流程线为节目结构设计方式,以图标为设计构件,大大提高了多媒体节目制作的可视化和趣味性。Authorware 的出现被称为是创作工具的一场革命,它使非专业人士开发多媒体产品成为现实。即使是一个初学者,经过入门学习后,也可以比较轻松地利用 Authorware 创作出像样的多媒体教学应用软件来。

　　Authorware 是跨 Windows 和 Macintosh 平台的创作工具,已被全球大多数多媒体开发厂家采用。目前的主要应用版本有 Authorware 4.0、Authorware 5.0 和 Authorware 6.0。

　　每一种多媒体创作工具都有其自身的设计思想,用户在学习它之前,熟悉其设计思想及其在具体创作中的表现,即所谓的创作思想,是大有裨益的。Authorware 是一种基于流程图符的创作工具,自然也有其自身的创作思路。图 8-3 给出了利用 Authorware 进行多媒体软件创作的基本流程。

　　有关 Authorware 创作工具的使用,请参考本书技能实践。

五、网上教学软件的开发

　　网上教学软件主要是指网络课程,也包括专门针对网络环境开发的网页形式的教学软件。能用来开发网上教学软件的工具很多,其实,Windows 自带的记事本、写字板等工具都能用来开发网上教学软件,只是各自的侧重点不同而已。目前较常用的网页创作工具主要是 Dreamweaver 和 FrontPage,这里仅以 FrontPage 2000 为例说明网上教学软件的开发的一般过程。

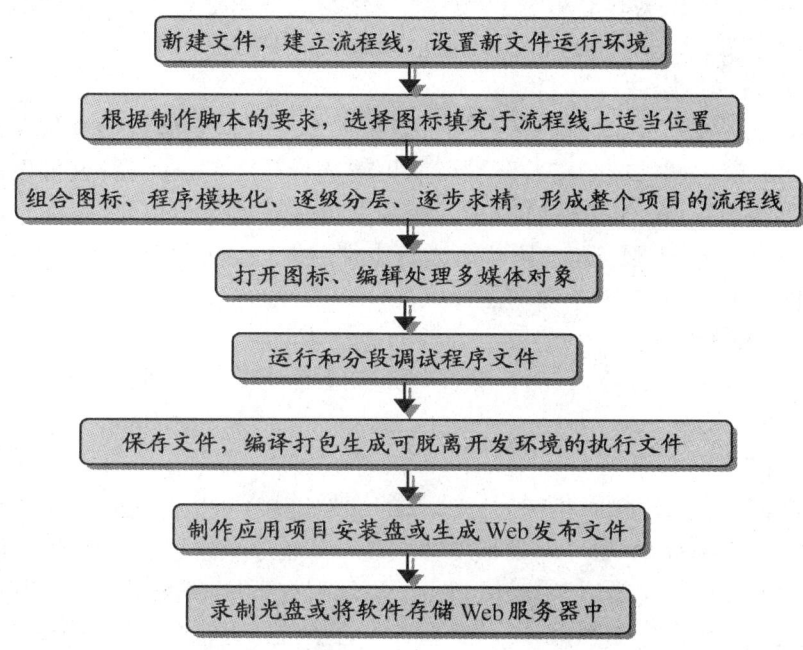

新建文件，建立流程线，设置新文件运行环境

根据制作脚本的要求，选择图标填充于流程线上适当位置

组合图标、程序模块化、逐级分层、逐步求精，形成整个项目的流程线

打开图标、编辑处理多媒体对象

运行和分段调试程序文件

保存文件，编译打包生成可脱离开发环境的执行文件

制作应用项目安装盘或生成 Web 发布文件

录制光盘或将软件存储 Web 服务器中

图 8-3 Authorware 创作多媒体软件的流程

FrontPage 2000 是微软继 FrontPage 98 后推出的一个全新的所见即所得的网页编辑器。它把 FrontPage 98 中的网页管理器和网页编辑器合二为一，使得编辑过程更为智能化，你可以在一个应用程序中创建和管理站点。FrontPage 2000 制作的网页支持最新的网页标准，如 XML、CSS2 等，利用 FrontPage 2000 你还可以作出 DHTML 网页。

FrontPage 2000 中提供了六种查看方式：网页、文件夹、报表、导航、超链接、任务。还提供了普通、HTML、预览三种窗口（在用了帧的情况下是五种窗口），我们在设计的过程中随时可以切换到预览窗口，查看制作效果。

首次启动 FrontPage 2000 时程序会自动引导你创建一个站点。如果你以前曾经制作过网站，可以点击菜单栏上的"文件→打开站点"命令，从"打开站点"对话框中选择站点所在路径，单击打开，就可以对站点进行编辑。

一个典型的制作网页的步骤如下。

1. 新建网页

打开站点后，点击菜单栏上的"文件→新建→网页"命令，在对话框中有"常规"、"框架网页"、"样式表"三个标签，可根据自己的需要选择。框架网页即将浏览器视窗分为不同的框架，每个框架都包含一个网页，框架中的网页存在着链接关系。

2. 应用主题

FrontPage 2000 内置的主题较多，分为各种不同的类型。点击菜单栏上的格式/主题,可从提供的十几种主题样式中选择。如果这些主题都不满意,可以安装附加主题。FrontPage 2000 还可以修改主题中的各种元素。

3. 设置网页属性

在页面任意处点击鼠标右键,从快捷菜单中选择网页属性命令。在常规标签的标题后输入网站的名称。背景音乐下输入音乐文件的路径,就可以在主页加载后听到音乐,在不限次数前打勾,可使音乐循环播放。但要注意,选择的声音文件不要太大,一般选择 MIDI 格式的文件,10 K 左右为宜。点击背景标签,在背景图片前打勾,选择本地的图片文件。

4. 插入图片

点击菜单栏上的插入/图片菜单项,可以插入图片。图片一般为 GIF 和 JPEG 格式。

5. 超链接的使用

超链接是从一个网页指向另一个目的端的链接,如指向另一个网页或者相同网页上的不同位置,也可以是邮件地址或一个程序。选定需链接的对象,点击工具栏上的超链接图标,如果链接到一个网站就在 URL 后输入网址;如果链接到正在制作的站点中的网页,可以在列表中直接选择;如果链接一个邮件地址,就输入 E-mail 地址;如果链接到一个新网页,就选择网页的样式,单击确定;如果要链接本地计算机上的文件,就点击资源管理器图标,选择文件;也可以链接到书签(本页或其他网页均可)。

6. 插入表格

表格在网页中的应用最为广泛,表格可以使网页内容的定位更准确,层次更清晰。制作表格的操作主要是:创建表格,插入行或列,插入单元格,插入标题,删除表格各元素,设置表格属性,表格的嵌套,表格与文本的相互转换等。

FrontPage 2000 还提供了一些制作网页的高级功能,这些功能主要有层叠样式表(CSS)、动态网页(DHTML)、共享边框等。

六、电视教材的制作

电视教材是根据课程教学大纲的培养目标要求,用视频图像与声音去呈现教学内容,用视频录像技术进行记录贮存与重放的视听教材。

(一)电视教材的制作过程

编写文字稿本和分镜头稿本是电视教材编制的准备阶段,电视教材的制作是一项集体的创造性劳动,其工作过程可概括为摄像、编辑、配音和评审四个阶段。

1. 摄像阶段

摄像阶段就是根据分镜头稿本对每个镜头画面内容、景别与拍摄技巧的要求,分别摄录在磁带上。这些未经编辑的镜头画面称为录像素材。

摄像可以按分镜头稿本的镜号顺序拍摄,但更多的是将同一地点或同一场景的镜头集中在一起拍摄,这样可以省时省力。摄像一般分为外景拍摄和演播室内拍摄两种。当要表现自然景观、动植物生态、生产和施工现场以及记录新闻事件等,采用外景实地拍摄更为真实,而要拍摄教师的讲授、实验演示操作、剧情需要的表演,以及字幕、图表、图片、动画特技等,在演播室内进行则更方便。演播室内通常可用几台摄像机摄像,通过特技机可以进行分割画面、迭化、淡变、加字幕等多种多样图像制作。

整个拍摄过程要做好拍摄记录,这个工作称为"场记",它是把拍下的每个镜头处于哪一盒录像带、镜头所处的圈数、是分镜头稿本的第几个镜头等事项,在拍摄现场及时记录下来,使编辑时更容易查找素材。

2. 编辑阶段

编辑是按照分镜头稿本的序号、长度和技巧,将录像素材上的镜头画面逐一串接复制,一般是通过电子编辑系统来完成。

编辑前要做好准备工作,首先把录制的素材全部观看一遍,对照分镜头稿本检查,看看是否有漏拍,增拍、删改的镜头有否注明在稿本内。核对场记表上的镜号、录像带圈数等与画面内容是否相符。比较、选择相同的镜头,并记录在场记表上。然后根据已拍的素材,对分镜头稿本进行修改和重新整理,缺少的镜头还要考虑补拍。

在做好编辑准备工作后,便可进行具体的编辑,应根据素材带具体情况和质量要求合理选择编辑方式,如果制作素材带的设备和重放的录像机稳定性好,在编辑时又是逐个镜头汇集,可以采用组合编辑方式。如果素材来源较杂,稳定性难保证,或者需要在已编好的节目中插入素材内容,则宜采用插入编辑。插入编辑时为了保证编辑的稳定性,应在编辑带上预先录好稳定的控制磁迹信号,如黑场信号或彩条信号等。

在编辑过程中,要严格按照新整理的分镜头稿本进行编辑,正确操作编辑录放像机,选择好每一镜头的入点和出点,防止编辑点的图像跳动和视觉跳动。完成编辑后,还要通过重放已编辑的图像,检查编辑点的衔接是否准确、稳定、平滑、自然。

3. 配音阶段

图像编辑工作完成之后,就进入配音阶段,视频节目的声音由三部分组成:解说词、效果声和音乐。三者中解说又是最重要的一种,因此,在配音时要注意安排好主次关系。

讲授型和表演型视频节目的解说多采用同期配音,而图解型视频节目的解说则采用后期配音,配解说要注意与画面密切配合,旁白解说的速度要适中,一般以每秒三个字为宜。音响效果声既可以在现场录制,也可以在后期选用专门的效果声录音带配音。音乐配音时,乐曲多选自现成的录音带,应根据画面内容需要合理地选用,配音音乐要控制好音量,绝不能让音乐掩盖解说词。

在具体配音时,三种声音往往是先个别录制,然后用调音台将其混合为一路信号记录在已编辑好画面的录像带的第二声道。如果用录像机配音和混音,可以先在录像带的第一声道配解说,第二声道配音乐和效果声,然后利用录像机的相应功能,将两路信号混合后转录到已编辑好画面的录像带的第二声道,这样,一部视频节目就基本完成了编制工作。

4. 评审阶段

电视教材编制完毕后都要组织有关学科专家和有经验的教师、教材编导和制作人员对视频节目的质量进行评议和审查,然后才投入使用和发行。通常从视频节目的教育性、科学性、技术性、艺术性几方面进行评审。

(二)电视教材的数字化

电视教材根据其记录方式的不同可分为数字视频教材和模拟视频教材两大类。其中数字视频教材经压缩后可以直接在网络上使用,并且具有易存储、传输复制无信号衰减等优点,而模拟视频信号则必须经过数字化处理之后才能在网络上使用,其保存期限受录像带等介质的影响,传输、复制过程中也有信号衰减,所以数字电视教材的编制与开发是今后电视教材的发展方向。图8-4描述了模拟视频教材的数字化流程。图8-5为数字视频电视教材制作设备简图。

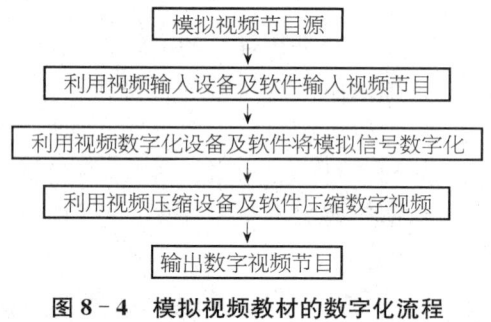

图8-4 模拟视频教材的数字化流程

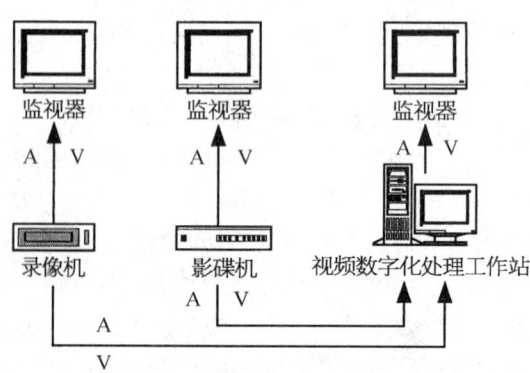

图8-5 数字视频电视教材制作设备简图

◆ 复习思考题

1. 简述教育信息资源的类型与特点。

2. 什么叫搜索引擎？举例说明常用的几个搜索引擎的类别与特点。

3. 简述网络教育信息资源包括哪些类型。

4. 说明多媒体素材制作工具与多媒体软件创作工具的不同与联系。

第九章　教学设计的原理和方法

课　前　活　动	
活动目的	1. 通过阅读资料，了解教学设计理论的发展趋势
	2. 通过分析典型课例的教学流程，学习信息技术在教学中的应用
活动内容和 活动方式	1. 阅读何克抗教授论文《教学设计理论的新发展》
	2. 观摩本书配套光盘优秀录像课例，分析其教学流程
参加活动 后需要完 成的任务	课例名称	
	学科、年级	
	信息技术 环境类型	
	教学内容的 知识结构	
	课堂教学过程 结构流程图	
	教学模式类型	
	学生协作学习 活动类型	

第一节 教学设计的基本概念

一、教学设计的定义

教学设计是教育技术学的核心内容,也是教育技术领域中较为重要的分支。

教学设计是一种以认知学习理论为基础,以教育传播过程为对象,应用系统科学的方法分析研究教学问题和需求,确立解决问题的方法和步骤,并对教学结果作出评价的一种计划过程和操作程序。

在理解教学设计的定义时,应注意如下几点:① 教学设计是以分析教学需求为基础,以形成解决教学问题的步骤和方案为目的;② 教学设计在形成解决教学问题的过程中,是一个综合运用现代学习理论、教学理论、教育传播理论、教学媒体理论和系统科学理论等相关学科的理论和方法的过程;③ 教学设计是一个系统计划的过程,有一套具体的操作程序;④ 教学设计形成方案或产物,必须按照程序进行检验评价;⑤ 教学设计过程的具体产物是经过验证的教学系统,这个系统是一种包含多种要素的,能实现某种目标的,具有一定功能的不同层次的综合体。它可能是一门课程、一个教学方案、一种教学软件或一组教学资源等。

二、教学设计的基本原理

根据认知学习理论、教育传播过程的特点和系统科学的原理,我们把教学设计过程中的分析教学问题和需求、确立解决问题的方法和步骤的基本原理归纳为目标控制原理、要素分析原理、优先选择原理和反馈评价原理。

(一)目标控制原理

在教学过程中,教师是教学信息的传播者,学生是教学信息的接受者,媒体和信息资源是教学信息的载体。但教师的活动、媒体和信息资源的选择、学生的反应都是要受到教学目标控制的,它们之间的关系如图 9-1 所示。

从图中我们可以看到:

第一,教学目标控制教师的教学活动。它规定了教师教学活动的内容和方式,规定了教师的教学活动必须符合教学目标的要求。

第二,教学目标控制学生的学习活动和学习反应。教学目标指导学生对知识的选择吸收,同时也是评价学生学习效果的标准。

第三,教学目标控制媒体和信息资源的选择。在教学过程中,教师通过媒体传递教学信息,学生通过媒体接受教学信息。媒体的选择必须根据教学目

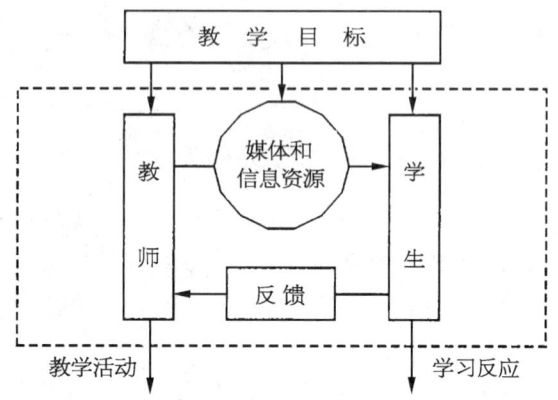

图 9-1 教学目标控制原理

标的需要,确定有效传递教学信息的媒体类型、媒体内容,以使媒体发挥最大的效能。

第四,学生通过考试、回答提问等途径进行反馈,教师以教学目标为标准,评价学生学习状况,从而调节和控制整个教学过程。

根据这一原理,教学设计必须首先确定教学目标。它包括总体目标和具体目标两个层次,总体目标就是优化教学的总要求,而具体目标则依各门学科、各个教学单元的内容和学生的原有状态而确定。

(二)要素分析原理

我们把教学过程可以看作是一个开放系统,环境对学习者作用(输入),使学习者对环境作出反应(输出)。在教学设计时,必须对构成这个系统的各个组成部分进行分析,找出哪些是对系统性质、功能、发展、变化有决定性影响的部分并作为系统的要素加以研究,而把次要的因素忽略。

在如图 9-2 中,我们把刺激输入部分(X)、学习者(O)及反应输出部分(Y)看作为三个子系统,而每个子系统又各自由不同的要素构成。输入部分(X)包括教师、学科内容、媒体、资源、方法等要素;学习反应(Y)则包括学习态度、学习行为和认知效果等要素;学习者(O)则属于一个"灰色系统",我们无法完全了解其内部结构和思维过程,但应对其心理结构、基础知识水平两项要素有部分了解。

由于学习者是一个灰色系统,因此对于该系统的输入与输出的关系,不可能是一种确定性的关系,即如果输入方式(包括输入的因素及其联结方式)是已知,也未必能精确地知道其输出状态。但这并非表示系统的输入—输出关系是完全不可知的,我们可以作出某种预计,并以概率统计的方式显示预期的输出结果。

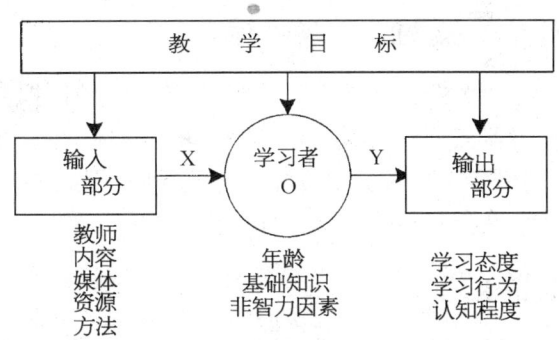

图 9 - 2 教学过程系统要素

根据这一原理,教学设计的一项重要内容,就是教学策略的设计,这实际上是对输入部分(X)这一子系统的设计,包括媒体、信息资源的选择与教学过程结构的设计。教学过程结构的设计实际就是这一子系统中各个要素的组成及其联系方式的分析与设计。

(三)优先选择原理

教学设计是以分析教学需求为基础,以确立解决教学问题的步骤为目的。解决教学问题的步骤就是教学策略,主要包括媒体、信息资源的选择与教学过程结构的设计。在教学策略设计过程中,必须使用系统方法中的模型化方法、优选方法与决策技术等具体方法,对各种设计方案进行分析、比较、评价,从而选取最佳的策略。

根据这一原理,在教学设计的实际操作中,使用了媒体选择几率公式、媒体选择坐标判定决策模型、流程选择方法、等级综合评判方法等优选决策方法,使教学策略更能符合教学目标的需要。

(四)反馈评价原理

反馈控制是系统科学的重要方法,就是利用反馈信息,使系统的反应输出状态与预期目标相比较,然后根据比较的结果,对输入值进行修正,以达到系统输出状态与目标要求相一致的目的。

根据这一原理,教学设计必须重视反馈信息的收集,即必须进行学习评价,设计各种输出反应的测量工具,确立学习评价指标体系,以获得反馈信息,控制和调整教学过程。

三、教学设计的基本内容

教学设计的基本内容可以概括为三个部分。

（一）分析教学需求，确定教学目标

即明确学生学习什么内容。教学目标的确定主要是依据社会需要、学生特征及具体学科学习内容三方面因素决定，对不同的具体学科、不同的学习阶段、不同的社会环境和学习对象，其教学目标是有差异的，因此必须认真分析教学的需求，确定切实可行、符合实际的教学目标要求。

（二）设计教学策略

即为达到预期目标，打算如何进行教学？也就是在具体条件下，选择要达到预期目标所需要的资源、程序和方法。因此，教学策略主要体现在媒体、信息资源的选择和教学过程结构的策划上。

（三）进行学习评价

即及时获取反馈信息，检查是否达到预期的目标。

学习评价依据教学目标，采用科学的方法，收集学习过程中的学生反应资料，通过量化分析，以获得反馈信息，检查是否达到预期目标，以便及时调整教学目标或修正教学策略。

以上内容可用图9-3表示。

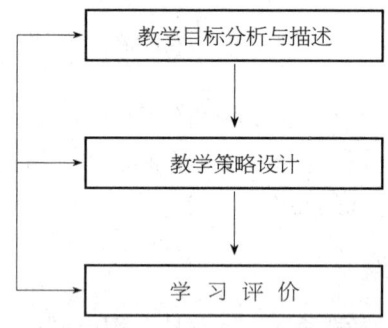

图9-3 教学设计的基本内容

第二节 基于课堂教学的多媒体组合教学设计

一、多媒体组合教学的基本思想

所谓多媒体组合教学，是指在以班组授课形式的课堂教学过程中，根据教学内容与教学目标的需要，合理地选择和应用现代教学媒体，继承传统教学媒体的有效成分,使两者有机地结合起来,各展所长,互为补充,相辅相成,构成教学信息传输及反馈调节的优化教学媒体群,共同参与课堂教学的全过程,达到教学过程的优化。

二、课堂多媒体组合教学设计的基本内容

根据教学设计的基本内容,基于课堂教学的多媒体组合教学设计内容主要包括:

● 分析教学目标,对教学内容进行分解,明确学习内容要求达到的学习水平;

● 确定教学策略,也就是选择要达到预期目标所需要的资源、程序和方法。包括教学媒体的选择,教学过程结构的设计等;

● 进行学习评价,重点在形成性练习的设计,以便能及时获取反馈信息,检查是否达到预期的目标。

以上内容,可用图9-4表示。

图9-4中,虚线框内表示的是每一节课堂教学活动的四项具体设计内容。通过实施教学活动,对教学效果进行评价分析,借助反馈信息不断修改和完善原定的教学方案,最后才能形成优化的教学设计方案。下面将详细说明多媒体组合教学设计中的每一项内容的基本方法。

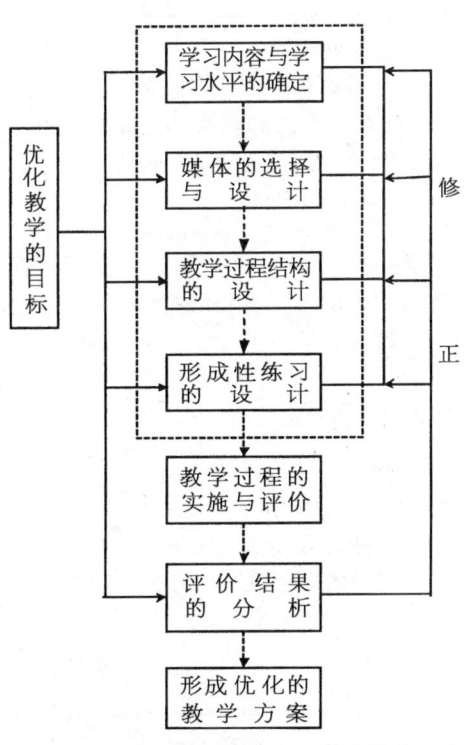

图9-4 多媒体组合教学设计的基本内容

三、学习内容与教学目标的分析

教学设计是以分析教学需求为基础,需求就是指要学习什么(即学习内容)、预期达到的水平(即教学目标)。因此,教学设计的第一步就是要分析学习内容,确定教学目标。

教学目标是指希望通过教学过程,使学生在思维、情感和行为上发生改变的明确阐述。教学目标是教学活动的导向,也是学习评价的依据。

布卢姆(B. S. Bloom)等美国学者将教育目标分成三个领域,即认知领域、情感领域和动作技能领域。其中认知领域按智能特性的复杂程度分为知识、理解、

应用、分析、综合、评价六个等级,情感领域分为注意、反应、价值判断、组织化和价值五个等级,动作技能领域则按肌肉与神经所要求的动作协调程度分为模仿、操作、精确和联接等四个等级。表9.1是认知领域中六个水平等级相应的目标范围和常用行为动词的情况。

表9.1 认知领域的教学目标分类

目标层次	相应一般目标范围	常用行为的动词
1. 知识(*knowledge*) 对个别事物和同类事物的记忆,对有关方法和过程的记忆,或对形式、结构和背景的记忆	知道普通名词、知道具体事实、知道方法与过程、知道基本概念、知道原则	定义、描述、指出、标明、列举、选择、说明、配合、背诵
2. 理解(*comprehension*) 对知识的掌握,将知识内在化和系统化	了解事实与原理、解释文字资料、解释图表、转译文字资料为另一资料形式、估计资料中可能获取的结果、验证方法与过程	转换、辩护、区别、估计、解释、引申、归纳、猜测、举例说明、摘要、预测、重写
3. 应用(*application*) 在各种特定的、具体的情景中使用抽象的概念、原则和理论	应用概念及原理于新的情况、应用定律及学说于实际情况、解答数学应用问题、制作图表、正确使用表现方法与过程	改变、计算、示范、表现、发现、操纵、修饰、操作、准备、产生、列举、解答、运用
4. 分析(*analysis*) 将知识分解为各个因素或部分,使得各相关层次更为清楚,各部分关系更为明白	认出未知的假说、认出在推理上的逻辑错误、区别真正事实与推理意见、评判资料的相关性、分析一项作品的组织结构	分析、图示、细述理由、分辨好坏、区别、指明、举例说明、猜测、选择、分开、再分
5. 综合(*synthesis*) 将各个元素或部分加以组合形成一个整体,包括安排和结合各个片段、部分或元素以构成一种更清楚的形式或结构	写出一份结构完善的论文纲要、作一次结构严密的演讲、写出一份富有创作意义的作品、提出一项实验计划	联合、组成、创造、计划、归纳、修饰、组成、重建、重新安排、重组、重改、重写、总结

(续 表)

目 标 层 次	相应一般目标范围	常用行为的动词
6. 评价(*evaluation*) 能对于用来达到特定目标的材料和方法,给予价值的判断	判定所写材料逻辑的一贯性、判断材料论证结论的正确性、运用内在标准评判一作品的价值、运用外在标准评判一作品的价值	评价、比较、结论、对比、检讨、分辨好坏、解释指明、总结、证明

教学目标的确定主要依据社会需要、学生特征及具体学科的特点等三方面因素决定。大多数的学习都包含了三个领域的目标成分,但一般对于具体学科的学习,可以着重考虑的是认知领域的智能目标。

分析学习内容与教学目标可通过如下步骤完成。

(一) 对学科内容进行分类并将单元内容划分成若干个知识点

1. 学科学习内容的分类

从学生不同的智能活动出发,可将学习分为三大类,这就是知识学习(包括事实、概念和原理的学习)、技能学习、问题解决学习。不同的学习类型,反映了学习由简单到复杂的层次递进,要求达到认知水平层次也由低水平上升到高水平。

对于具体学科,可根据实际情况,结合学科的具体特点进行知识内容的分类。例如,物理学科的知识内容可分解为如下。

(1) 物理知识

包括现象与事实、概念(名称、术语、物理量、重要常数)、原理(定律、定理、定则、公式)等。

(2) 物理技能

主要指实验、观察技能,包括仪器的使用、安装,辨认实验对象,准确观察测量,数据处理等。

(3) 解决问题的方法

主要方法有实验方法、数学方法、逻辑方法、系统方法等。

2. 学习单元知识点的划分

根据知识内容的类型并考虑知识总体的结构,将每一单元内容划分成若干个知识点,如图 9 - 5 所示。

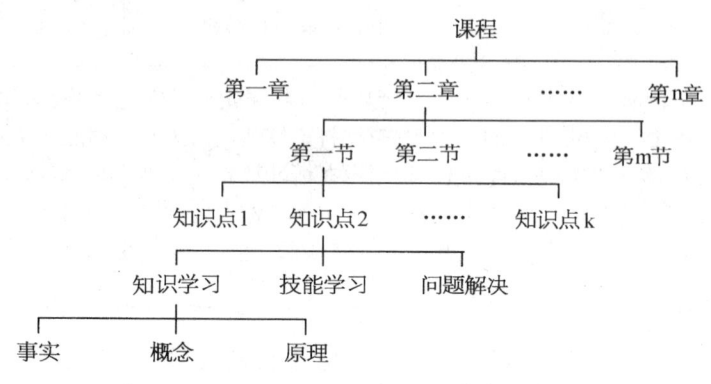

图 9-5 知识点的划分示意图

（二）依据二维层次模型确定各个知识点预期的学习水平

学习内容与教学目标的关系可用图 9-6 所示的学习内容/教学目标二维层次模型来表示，这一模型是确定具体教学目标的主要工具。

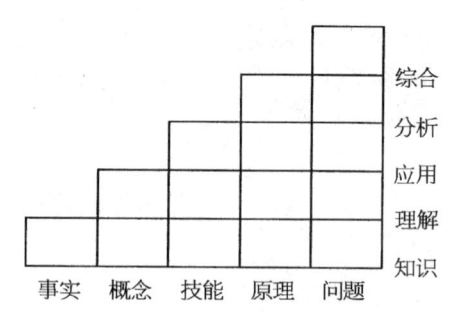

图 9-6 学习内容/教学目标二维层次模型

根据二维层次模型，由各个知识点所属的类型性质确定预期的学习水平，如：属于事实类型的知识点学习水平为知识，属于概念类型的知识点学习水平为理解，属于技能类型的知识点学习水平为应用，以此类推。

表 9.2 显示了初中物理《运动和力》这一单元的学习内容和学习水平的分析情况。对于不同的具体学科，不同的学习阶段，其学习内容与学习水平的要求是有所差异的。

表 9.2 《运动和力》学习内容和学习水平的分析

节　　次	知　识　要　点	学　习　水　平		
		知识	理解	应用
六、牛顿第一运动定律	1. 历史上对物体做各种运动的原因的研究	√		
	2. 牛顿第一运动定律	√	√	
七、惯性、惯性的作用	3. 物体的惯性	√	√	
	4. 生活和生产中的惯性现象			√

（续　表）

节　次	知　识　要　点	学 习 水 平		
		知识	理解	应用
八、运动和力	5. 物体运动状态的改变	✓		
	6. 改变物体运动状态的原因	✓	✓	
九、物体在平衡的力的作用下的运动	7. 物体在平衡力作用下的运动	✓	✓	✓
	8. 牛顿第一运动定律只是一种理想情况		✓	

（三）利用操作性行为动词具体描述各个知识点的学习水平

表9.1中已显示出认知领域中六个水平层次常用的操作性行为动词,现以表9.2中"物体在平衡力作用下的运动"这个知识要点为例,说明如何使用不同的操作性行为动词,来描述学习水平分别是达到了"知识"层次、"理解"层次还是"应用"层次,如表9.3所示。

表 9.3　"物体在平衡力作用下的运动"学习水平的具体描述

知识要点	学习水平	描　述　语　句	行为动词
物体在平衡力作用下的运动	知　识	描述原来是静止或原来是运动的物体,在平衡力的作用下仍保持原来的静止状态或运动状态	描　述
	理　解	举例说明物体在平衡力作用下它的运动状态是不会改变的	举例说明
	应　用	根据物体在平衡力作用下处于静止状态或匀速直线运动的情况,当一个力已知时,求解另一个力	求　解
		对于保持静止状态或匀速直线运动的物体,能正确表明它受到哪些相互平衡的力的作用	表　明

四、教学媒体的选择

媒体的选择,就是根据教学内容和教学目标的要求,选择存贮和传递相应教学信息,并能直接介入教学活动过程中的载体。通常包括传统媒体(如模型、挂图)、电声媒体、光学投影媒体、电视媒体及各类数字化媒体。

图9-7给出了媒体最优选择的决策模型。

图中的纵坐标表示使用媒体需付出的代价,包括制作成本、维护条件、耗费

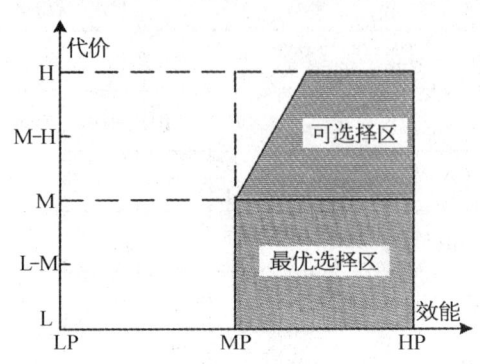

图 9-7　媒体最优选择决策模型

时间等。L 表示最低，M 表示中等，H 表示代价最高。图中的横坐标表示媒体的功效，即媒体在完成教学目标中所能起作用的大小程度，LP 表示低效能，MP 表示中等效能，HP 表示高效能。图中的斜线区域表示以较低的代价（由 L 到 M）可获得较高的效能（由 MP 到 HP）的优选范围。横线区域表示虽然代价较大（由 M 到 H），但其效能也较高（由 MP 到 HP），属可选范围。

五、课堂教学过程结构的设计

　　课堂教学系统是由教师、学生、教学内容及教学媒体等要素组成。根据系统科学理论，要使课堂教学取得良好的教学效果，必须注重教师、学生、教学内容及教学媒体这些要素之间的相互联系，以形成最佳的组织结构。

　　对课堂教学过程结构进行设计，其中教师是一个最重要的因素，它引导着学生的活动，并进行教学内容的组织以及教学媒体的运用，如图 9-8 所示。充分发挥教师的主导作用，是提高课堂教学效果的有效途径，也是设计课堂教学过程应注意的问题。

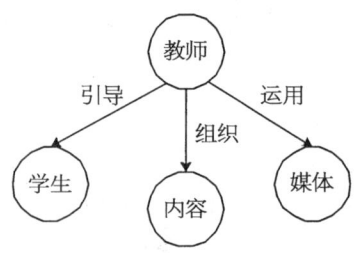

图 9-8　课堂教学中教师与
其他要素的关系图

　　由于课堂教学过程结构是教师、学生、教学内容及教学媒体等要素的相互关系及其联系，所以，课堂教学过程结构的设计必须考虑教师的主导活动、学生的参与活动、教学内容的组织、教学媒体的运用等方面，以及它们之间的相互联系，而形成性练习也是课堂教学中重要的一环，所以课堂教学过程结构的设计可用图 9-9 来描述，它表示先对教师、学生、内容、媒体和练习进行设计，再通过流程图将各个部分有机结合起来。

　　因此，课堂教学过程结构的设计可采用如下方法进行。

1. 设计教师的主导活动

　　教师的主导活动主要有：交代目标、激发动机、提出问题、组织观察、引导思考、总结归纳、评价分析、解答疑问、强化记忆、促进迁移等。

2. 设计学生的参与活动

　　学生的参与活动主要有注意观察、实际操作、重复描述、讨论争辩、动作模仿、练习巩固、积极思考（如判断、辨别、比较、分析、综合）等。

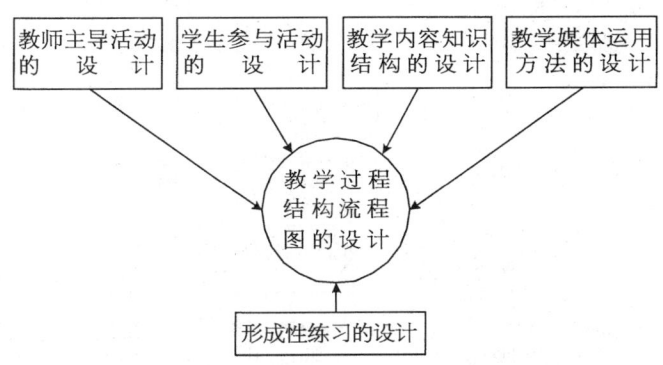

图9－9 课堂教学过程结构的设计内容

3. 设计教学内容知识结构

教学内容知识结构是各个知识点的相互关系及其联系，教学内容知识结构的设计要清晰、完整、逻辑性强。

4. 设计媒体的运用方法

在课堂教学中，媒体的运用是一个关键的问题。通常媒体的运用是结合具体的知识点进行的，可采用先讲后放，边讲边放，先放后讲的方式将知识点的讲解与媒体的运用结合起来。

5. 设计课堂教学过程结构流程图

为使课堂教学中教师、学生、教学内容及教学媒体等具有有机联系，形成最佳的课堂教学结构，可借助一些如图9－10所示的图形符号，设计课堂教学结构流程图并作为实施课堂教学活动的蓝图。图9－11是初二物理《杠杆》的课堂教学过程结构的一种方案。

符 号	表 示 的 意 义
▭	教学内容与教师的活动
▱(symbol)	媒 体 的 应 用
▱	学 生 的 活 动
◇	教师进行逻辑判断

图9－10 几种符号及其意义

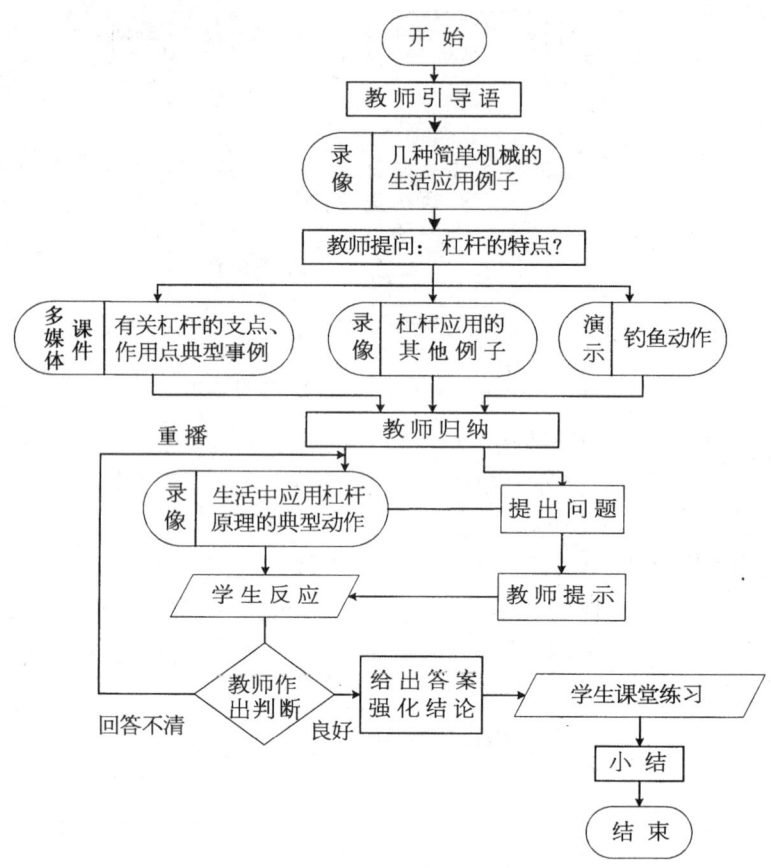

图9-11 课堂教学过程结构描述事例——中学物理《杠杆》设计方案

六、进行学习评价

根据反馈评价原理,教学设计必须重视对学习反应信息的收集和分析,通过学习评价来检验教学计划实施的效果,以便调整和控制教学过程。

详见本章第四节。

第三节 建构主义学习环境下的教学设计

建构主义学习理论强调以学生为中心,不仅要求学生由外部刺激的被动接受者和知识的灌输对象转变为信息加工的主体、知识意义的主动建构者,而且要求教师要由知识的传授者、灌输者转变为学生主动建构意义的帮助者、促进者。可见在建构主义学习环境下,教师和学生的地位、作用和传统教学相比已发生了很大变化。这就意味着教师应当在教学过程中彻底摒弃以教师为中心、单纯强调知识传授、把学生当作知识灌输对象的传统教学模式,采用全新的教学模式、全新的教学方法和全新的教学设计思想。何克抗教授认为①,建构主义学习环境下的教学设计是以学为中心的教学设计,并提出了以学为主的教学设计方法和步骤,对发展我国教学设计理论产生了重要的影响。本节是在何克抗教授的观点基础上,结合我们近年来在中小学进行试验研究的实践,提出了基于"学"的教学设计操作模型(如图 9-12),其设计的步骤和方法说明如下。

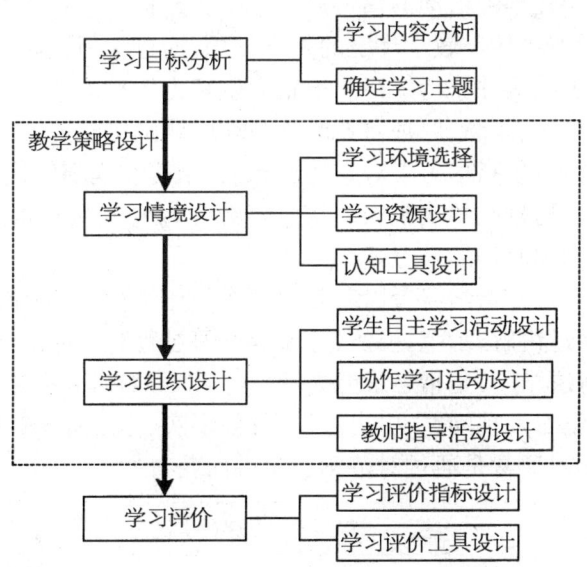

图 9-12 基于"学"的教学设计操作模型

一、学习目标分析

基于"学"的学习目标分析,包括两项工作,即学习内容分析和确定学习主题。在教学设计基本原理中,教学目标既是教学过程的出发点,又是教学过程的归宿。通过教学目标分析可以确定所需的教学内容和教学内容的安排次序。教学目标还是检查最终教学效果和进行教学评估的依据。对于建构主义环境下的学习,需要学生对当前所学知识进行意义建构,进行教学目标分析就是要在对学生面对的学习内容进行分析的基础上,选出当前所学知识中的有关基本概念、基本原理、基本方法和基本过程作为当前所学知识的"主题"(或称"基本内容"),然后再围绕这个主题进行意义建构。这样建构的"意义"才是真正有意义的,才是符合教学要求的。

在基于"教"的多媒体组合教学设计中,进行教学目标分析的方法是从教学

---

① 何克抗:《建构主义学习环境下的教学设计》,"教育技术通讯"网站 http://etc. elec. bnu. edu. cn。

大纲所规定的总的教学目标出发,逐步确定出各级子目标并画出它们之间的形成关系图。由形成关系图即可确定为达到规定的教学目标所需的教学内容。基于建构主义环境下的教学设计中,进行教学目标分析的目的是为了确定所要学习知识内容的"主题"。而这些主题就包含在学习者面对的学习内容之中,通过对学习内容的分解与分析,即可确定当前所学知识的主题或问题。

学习内容是学生学习的对象,学习内容是通过选择的教材和各种教学资源体现出来,并贯穿在学习活动的整个过程之中。建构主义环境下的学习,其学习内容必须通过学习主体与教学环境的相互作用,通过学习主体的意义建构,形成明确、清晰的知识结构并获得知识。根据学生智力活动的特点,可以把学习内容分为知识学习(事实、概念、原理)、技能学习和问题解决学习。

所谓知识学习,是指学习者对事物的意义、结构和规则的认知。知识学习是掌握前人的经验,通过教材或多媒体信息资源作媒介间接获得的。知识学习又可分为事实、概念和原理的学习。

所谓技能学习,是指学习者以一系列动作的连锁化,使动作达到协调与熟练反应。技能是通过讲解、示范、模仿、练习等学习过程获得的。

所谓问题解决学习,是指思维能力的学习,学习如何应用先前学过的知识去解决新的问题,学习发现问题、提出假设、收集事实、作出解释和论证的程序和方法。问题解决学习通常是通过对范例的学习而获得的。

二、学习情境的设计

学习情境的设计是一种教学策略的设计。基于"学"的教学设计中,学习情境设计实际上包括学习资源的设计、学习环境的选择以及认知工具的选择与设计。

建构主义认为,学习总是与一定的社会文化背景即"情境"相联系的,在实际情境下或通过多媒体创设的接近实际的情境下进行学习,可以利用生动、直观的形象有效地激发联想,唤醒长期记忆中有关的知识、经验或表象,从而使学习者能利用自己原有认知结构中的有关知识与经验去同化当前学习到的新知识,赋予新知识以某种意义;如果原有知识与经验不能同化新知识,则引起"顺应"过程,即对原有认知结构进行改造与重组。总之,通过"同化"与"顺应"才能达到对新知识意义的建构。而同化与顺应离不开原有认知结构中的知识、经验与表象,情境创设则为提取长时记忆中的这些知识、经验与表象创造了有利条件。在传统的课堂讲授中,由于不能提供实际情境所具有的生动性、丰富性,不能激发联想,难以提取长时记忆中的有关内容,因而将使学习者对知识的意义建构发生困难。

应用现代教育技术创设学习情境,首先是设计学习环境,通过设计或选择多媒体教学资源展示社会文化背景,提供适当的工具帮助学生进行意义建构。

（一）学习环境的选择

现代教育技术应用环境通常包括：适合于课堂多媒体组合教学方式用的多媒体综合教室、适合于个别化学习的以 CAI 网络为基础的电子阅览室、适合于协作学习的多媒体计算机网络教室、适合于资源共享的开放式的学校闭路电视系统、校园计算机网络系统以及地区性内联网络系统和基于英特网的远程教学系统等。在这里我们要强调的是关注"学"的环境的设计，而不是"教"的环境的设计。

（二）学习资源的设计

在基于"学"的环境系统中，关键还必须选择使用教与学所使用的学习资源，这些学习资源主要包括：常规音像教材、数字化音像资料（CD、VCD、DVD、LD等音像材料）、CAI 课件、多媒体教学软件、基于网络的软件等。我们在利用这些环境和资源时，不能只停留在演示播放的水平上，还必须根据教学目标的要求，依据建构主义理论的基本原理，设计这些环境资源的应用方式，使学习环境资源更有效地促进学习者的意义建构。

1. 学习环境资源的应用方式

（1）提供多媒体情境性的学习资源

要使学生全身心投入学习活动，就必须让学生面临对他们个人有意义的或有关的问题。传统的学校教育，往往把学生与生活中的现实问题隔绝开来，这种隔绝对意义学习构成了一种障碍。利用多媒体技术，创设一些对学生来说是现实的，同时又与所学主题相关的问题，这些问题与情境包含有多种形式：

事实性情境——应用现代教育技术，提供有关科学现象、形态结构，或者是史料、文献等客观、真实的事实，使学习者获得真实的事实性材料，以便于识记。

意境性情境——应用现代教育技术，根据学习的课程内容，提供一些有关情节、景色、现象的真实的或者是模拟、相近的画面（如古诗词的意境画面），使教师和学生之间建立共同经验，使学生通过观察、感知，形成表象。

示范性情境——应用现代教育技术，提供一系列标准的行为模式（如语言、动作、书写或操作性行为），以供学习者通过模仿和练习进行技能的学习。

原理性情境——应用现代教育技术，提供某一典型事物的运行、生长和发展的完整过程，并借助语言的描述，帮助学习者对该典型事物的特性、发生和发展的原因和规律有所了解，帮助学习者突破学习的难点，掌握科学原理。

探究性情境——应用现代教育技术，提供某一事物的现象和过程，利用文字或语言，设置疑点和提出问题。

（2）提供多样化的信息资源

信息资源是指与问题解决有关的各种信息资源（包括文本、图形、声音、视频和动画等)以及通过 WWW 从 Internet 上获取的各种有关资源,与问题相关的实例或个案(如法律、医疗、或社会调查等方面的实例或个案),这些信息资源生动活泼、内容丰富、信息量大,具有交互功能,供学习者查询、检索、探究问题,供学习者作为分析、思考、探究、发现的对象,以帮助学习者理解原理并掌握分析和解决问题的步骤。

(3)建立模拟实验情境

计算机技术可以设计许多仿真实验,通过输入必要的参数,或者通过学生交互操作,进行模拟实验,通过实验进行科学探究。

2. 设计学习环境资源时的注意事项

第一,要明确在学习本主题时,需要哪些种类的学习资源(包括课本、多媒体教学软件和网上信息资源),以及每种学习资源在学习本主题的过程中能起什么样的作用。

第二,要明确能用何种途径获取这些学习资源。即应从何处获取有关的信息资源,如何去获取(用何种手段、方法去获取)。事实上,这些资源并非都由教师准备,应更多地引导学生学会自己获取。

第三,要指导学生学习如何有效地利用这些资源,去回答问题和解决问题。

(三)认知工具的设计与选择

认知工具是指在计算机上生成的、用于帮助和促进认知过程的工具。认知工具的设计包括:

● 选择能帮助学生进行知识重构的工具,如文字处理、表格处理、电子幻灯片制作、网页制作等工具软件等。

● 选择或设计一些可视化的智能信息处理软件,如知识库、语义网络、几何图形证明树、专家系统等。

三、学习组织设计

学习组织的设计也是一种教学策略的设计,它包括学生自主学习活动的设计、协作学习活动的设计和教师指导性活动的设计。

(一)学生自主学习活动的设计

基于建构主义学习环境的学习所追求的最终目标,就是让学生能建构知识的意义。但是"意义的建构"不是由别人(例如教师或辅导员)而是要由学习者自己完成,是要由学习者在适当的学习环境下通过主动探索、主动发现,即通过"自主学习"才能完成。学习者是认知的主体,学习者的自主学习才是对所学知识实现意义建构的"内因",学习环境只是促进学习者主动建构知识意义的外部条件,是一种"外因"。外因要通过内因才能起作用。设计理想的学习环境是必要的,因为这有利于促进学习者的意义建构,但是更应重视学习者自主学习的设计,因为缺少这种自主学习,即使有很理想的学习环境,意义建构也无从说起。

1. 根据选择基于建构主义的不同的教学方法,设计不同的自主学习方式

在建构主义学习环境中常用的教学方法有"支架式教学法"、"抛锚式教学法"和"随机进入教学法"等。根据所选择的不同教学方法,对学生的自主学习应作不同的设计。(如表9.4)

表 9.4 基于建构主义的自主学习活动设计

基于建构主义的教学方法	教学设计的重点	学生自主学习的活动方式
支架式教学法	围绕事先确定的学习主题,建立一个相关的概念框架。框架的建立应遵循维果斯基的"最邻近发展区"理论,且要因人而异	围绕"概念框架"进行自主学习 由于每个学生的最邻近发展区具有差异,教师指导学生通过概念框架逐步构建知识的意义,把学生的智力发展从一个水平引导到另一个更高的水平,就像沿着脚手架那样一步步向上攀升
抛锚式教学法	根据事先确定的学习主题,在相关的实际情境中去选定某个典型的真实事件或真实问题("抛锚"),然后围绕该问题展开进一步的学习	围绕"真实问题"的自主学习 学习者对给定问题进行假设,通过查询各种信息资料和逻辑推理对假设进行论证,根据论证的结果制定解决问题的行动计划,实施该计划并根据实施过程中的反馈,补充和完善原有认识
随机进入教学法	围绕事先确定的学习主题,创设能从不同侧面、不同角度表现学习主题的多种情境	围绕"事物多面性"的自主学习 学生在自主探索过程中随意进入其中任一种情境去学习

2. 根据学生的特征组织学生进行的一些自主参与性行为活动

主要有以下几种:

第一是观察情境,对教学资源提供的情境进行积极的观察,并根据教师所提出的问题进行思考反应。

第二是实际操作,通过人机交互操作,对教师提供的教学资源进行查询检索、对所得资料信息进行分析比较、选择取舍、加工处理。

第三是通过对教学情境的观察,对学习资源选择分析后,深入思考,发现并提出进一步探索的问题。

第四是通过对学习资源进一步的研究,或进行仿真实验,对有关问题进行深入的思考探索。

第五是围绕待探索的问题,与教师、同学进行协商讨论。

第六是在协商过程中,积极通过语言文字(计算机汉字输入)表述观点。

第七是通过语言文字(计算机汉字输入),进行意义建构,即对学习过的内容中有关事物的性质、特征、现象进行概括,对事物之间的内在联系和规律进行归纳。

通过自主学习活动的设计,我们将可以营造一种学习者可参与的教学环境,建构一种能充分发挥学生的主体作用,能把传授知识和发展智能与素质培养统一起来的新型的教学模式。这种教学模式对学生学习方法或认知方法的培养有很大帮助,它能使学生学会通过信息获取、加工处理、问题探究和意义建构的途径获取知识,使现代教育技术在推进素质教育中发挥作用。

(二) 协作学习活动方式的设计

协作学习活动的设计是让学习者在个人自主学习的基础上,通过小组讨论、协商活动,进一步完善和深化对主题意义的认识。

协作学习活动的基本方式主要有六种,分别是竞争、辩论、伙伴、设计、问题解决和角色扮演。

1. 竞争

其协作活动方式如下:① 辅导教师根据学习目标与学习内容对学习任务进行分解;② 辅导教师把任务分配给不同的学习者并要求"单独"完成,看谁完成得最快最好;③ 组织学习者对其他学习者任务完成情况、质量发表意见;④ 各自任务完成后,就意味着总任务的完成,辅导教师对各学习者的任务完成情况进行评论。

2. 辩论

其协作活动方式如下:① 确定辩论主题,各学习者对主题问题进行思考,并在一定的时间内借助因特网查询资料,以形成自己的观点;② 辅导教师对他们的观点进行甄别,选出正方组、反方组和中立组,并组成正方协作小组和反方协作小组,同方协作组成员交流资料,互相充实,设计辩论策略;中立协作组则讨论辩论评判标准;③ 辅导教师组织双方围绕主题展开辩论,辩论对立的双方先各自论述自己的观点,然后针对对方的观点进行辩驳;④ 最后由中立者对双方的观点进行裁决,观点论证充分的一方获胜。

3. 伙伴

其协作活动方式如下:① 辅导教师根据学习任务要求,提出一系列的学习问题,组织学习者一一结成学习伙伴,或两三人为一组,每两组构成一对伙伴;② 伙伴分别充当"指导者"和"学习者",先由"学习者"解答问题,然后"指导者"负责对"学习者"的解答进行判别和分析。如果"学习者"在解答问题过程中遇到困难,则由"指导者"帮助学习者解决;③ 在进一步学习过程中,伙伴扮演的角色进行互相转换。伙伴之间也可以对共同关心的问题展开讨论与协商,并从对方那里获得问题解决的思路与灵感。

4. 设计

其协作活动方式如下：① 由辅导教师给定设计主题，该主题强调学习者对相关知识的运用能力，如问题解决过程设计、科学实验设计、基于知识的创新设计等；② 在给定设计主题的解决过程中，学习者充分运用已掌握的知识，相互之间进行分工、协作，并在一定的时间内借助因特网查询资料，搜查与设计主题相关的案例，通过案例分析，提出设计思路，通过协商讨论，共同完成设计方案；③ 辅导教师及时发现并总结学习者在设计过程中所显示的新思想和新思路，以利于提高全体学生的知识综合运用能力。

5. 问题解决

其协作活动方式如下：① 辅导教师组织学生通过调查，结合所学学科知识和其兴趣确定需要研究解决的问题；② 辅导教师根据有待研究解决问题的需要及学习者的兴趣，组织协作小组，让协作组成员分工合作，共同解决问题。协作小组根据学习任务的性质进行分工协作，协作者之间互相配合、相互帮助、相互促进；③ 协作组成员利用图书馆或互联网查阅资料，为问题解决提供材料和依据。问题解决的最终成果可以是电子演示文稿、多媒体和网络作品，图表、论文、调查报告等；④ 辅导教师组织各协作小组展示其问题解决的成果，并组织其他协作组对成果进行评价和提出完善的意见。

6. 角色扮演

其协作活动方式如下：① 对于涉及由多种要素组成或多种成分相联系的学习主题，如我们如何面对中国进入 WTO 这类问题，辅导教师根据学习者的特征，让学习者分别扮演不同的角色，站在不同的立场上发表意见；② 辅导教师根据学习主题，提供相应的背景资料索引（或有关网址），不同"角色"通过对背景资料的搜索查找，对学习主题进行分析，选择与"角色"相关的资料，作为发表意见的依据；③ 辅导教师组织学习者分别从本角色出发，对不同角色的意见提出看法，甚至可以进行辩论。最后辅导教师要求学习者能把各方面意见归纳形成整体认识。

（三）教师指导策略和指导活动的设计

建构主义强调学生是认知过程的主体，是知识意义的主动建构者，但我们不能忽视教师的指导作用，教师应是教学过程的组织者、指导者，教师要对学生的意义建构过程起促进和帮助作用。因此在建构主义学习环境的教学设计过程中，在充分考虑如何体现学生主体作用、用各种手段促进学生主动建构知识意义的同时，绝不能忘记教师作为指导者和协作学习组织者的责任，不能忽视在这过程中教师的指导作用。教师的指导作用体现在他在学习活动中所担任的角色之中。

1. 信息海洋的导航者

由于学习资源十分丰富，教师需要根据学习主题，筛选学习资源、组织学习资源、传递学习资源,担负网络知识海洋中的"导航者"的责任。

2. 情境观察的指导者

● 交代教学目标,引起学生注意,明确具体观察的要求;

● 通过语言和动作指导观察的重点、特征部位等;

● 提出具有思考性的问题,引导学生再次观察和思考;

● 组织学生通过语言文字的表述对观察结果加以评论。

3. 协作学习问题的设计者

协作学习问题的设计通常有两种不同情况:一是学习的主题事先已知;二是学习主题事先未知。多数的协作学习是在第一种情况下,围绕已确定的主题,根据不同进度设计不同的学习问题:

● 设计能引起争论的初始问题;

● 设计能将讨论一步步引向深入的后续问题;

● 设计稍稍超前于学生智力发展边界的提问性问题,引导作更深入的讨论。

4. 协作学习过程的辅导者

对于一些事先并不知道主题的学习过程,例如,对一些作品的评价(如作文、美术作品、音乐作品)和社会现象的评论等,这类协作学习方式的设计没有固定的模式,对这种情况,教师的随机应变和临场的掌握以及辅导就显得十分重要。这时候,教师可以起到如下作用:

● 教师要关注学生在协作学习过程中的表现,要善于发现每位学生发言中的积极因素(哪怕只是萌芽),并及时给予肯定和鼓励;

● 教师能根据学生在协作学习活动中的发言情况及其对其他学生发言的反应,及时对他提出问题或对他进行正确的引导。对发言中暴露出来的关于某个概念(或认识)的模糊或不正确之处,及时用学生乐于接受的方式予以指出;

● 讨论开始偏离教学内容或纠缠于枝节问题时,要及时加以正确的引导;

● 教师要适时地对学生在讨论过程中的表现,作出恰如其分的评价,在讨论的末尾,应由教师(或引导学生自己)对整个协作学习过程作出小结。

四、学习效果评价设计

包括小组对个人的评价和学生本人的自我评价。评价内容主要围绕三个方面:

● 自主学习能力;

● 协作学习过程中作出的贡献;

● 是否达到意义建构的要求。

应设计出使学生不感到任何压力、乐意去进行,又能客观地、确切地反映出每个学生学习效果的评价方法。

根据小组评价和自我评价的结果,应为学生设计出一套可供选择并有一定针对性的补充学习材料和强化练习。这类材料和练习应经过精心的挑选,既要反映基本概念、基本原理,又要能适应不同学生的要求,以便通过强化练习纠正原有的错误理解或片面认识,最终达到符合要求的意义建构。

第四节 学习评价

教学设计要以评价反馈为途径来检验计划实施的效果,并不断修订以完善计划方案。要进行学习评价,必须取得反馈信息。因此,科学的学习评价过程包括资料的收集、资料的量化处理和对资料作出价值性判断等步骤,本节将分别介绍有关的具体方法。

一、学习评价的基本概念

(一) 学习评价的特征

学习评价,即根据明确的目标,采用科学的方法,对测量数据按照一定的标准进行量化所得出的结果作出价值性的判断。

从这里,我们可以看出学习评价具有如下特征。

1. 以教学目标为依据

教学目标是学习评价的组织准备与方案制定的依据,它决定了评价中应评价什么或不评价什么,它影响到评价指标体系的建立和评价活动的实施。

2. 以客观资料为基础

学习评价必须对学生的学习反应状况有一个客观的了解,要掌握学生在参与教学活动之后,所表现的行为、态度以及对学习内容的理解程度等有关资料,才能进行评价,而不能以主观的判断来代替客观的评价。

3. 采用科学的量化方法

学习评价过程包括两次量化过程,一次是资料收集时,采用数量方式来表达;另一次是通过指标体系中的权重,按标准评等的方式量化。通过这两次量化过程,使评价结果更为准确。

4. 作出价值性判断

学习评价的最终目的是要作出学习是否达到预期的目标,是否有所进步,是否与其他途径的学习存在差异等方面的结论,从而为今后的学习作出决策。

(二) 学习评价的作用

客观的、真实的学习评价,具有以下两种作用。

1. 反馈作用

在教学过程中,通过对学生的测验、作业及日常观察的结果进行评价,可以将信息反馈给教师和学生,从而调整教与学的活动。通过学习评价,及时发现存在的问题,如视听教材的编排是否合理、有序？内容难度是否适当？课堂安排是否合理？作业分量如何？复习效果怎样等等。通过评价分析,从而调整教学方式和步骤,以取得更好的教学效果。

2. 决策作用

在教学结束以后,通过学习评价,教师可以将学生的学习结果与最初目标作比较,从而找出差距,并为以后学习所采用的教与学策略、措施提供有价值的参考。

(三) 学习评价的类型

按教学阶段可以将学习评价类型划分为诊断性评价、形成性评价和总结性评价三种类型。

1. 诊断性评价

诊断性评价是指教师在教学前进行的评价。其目的在于了解学生在教学前是否具有新的教学单元目标所必须具备的基本能力和技能。根据诊断性评价的结果,教师可确定教学的起点,安排教学计划。

诊断性评价不是为了给学生评分数或排名次,而是以发现错误为目的,以便分析、诊断学习状况,采取补救措施,使学生更加顺利地学习。

2. 形成性评价

形成性评价是指教学过程中实施的教学评价,是在学生学习了一段时间之后进行的,它是评价的主要形式,形成性评价的目的在于了解教学的效果,了解学生学习的情况及所存在的问题或缺陷。通过形成性评价,教师可知道哪些教学目标尚未达到,哪些方面还存在难点,从而对教学工作进行调整,使所有学生都达到教学目标的要求。通常,形成性评价具有以下三方面的作用:

● 通过形成性测验调节学习活动;

● 通过学习成果的确认而进行进一步的强化,使学生在完成学习目的后得到一种满足感,对学生的学习起促进作用;

● 可判断学习上的难点,提供矫正学习的方法,使今后的学习方向更为明确。

形成性评价一般可分为教学过程的形成性评价,以单元为单位的形成性评价和以学期(学年)为单位的形成性评价,这种评价暂时不下结论,只作了解情况用。

3. 总结性评价

总结性评价是指在教学结束时进行的教学评价,这种评价的目的主要用于评定学生对一学年、一学期或一个学习单元的教学目标达到的程度,判断教师所用的教学方法是否有效,并全面评价学生的学习结果。

总结性评价一般是在学期末进行的,根据学期末和学年末各科学习测验与考试的结果进行评定。这种评定除了了解学生学习结果外,还对学生以后的学习有预测、评估的作用。

总结性评价是全面、具体地对所研究开发的教学系统的有效性评定,采用这种评价之后,要下结论,根据目标衡量教学情况,帮助教师修订教学计划,对学生进行分级评等。

(四) 学习评价的内容和步骤

教学设计中的学习评价包括如下基本内容:

一是通过结构化观察、问卷调查、形成性练习、总结性测验等途径,收集学习者在学习态度、学习行为和认知效果等方面的量化数据资料,作为分析学习者的学习状态及其变化的客观基础。

二是以教学目标为依据,建立各门学科的学习评价指标体系。体系包括评价指标项目、评价标准、权重系数和评判等级。利用评价指标体系,对收集到的客观资料进行第二次量化处理。

三是对二次量化的结果作出价值性的判断,包括作出达标程度、相对水平、差异对比和发展状况等方面的评价结果的描述。

我们可以把上述内容概括为如表 9.5 所示。

表 9.5　学习评价的基本内容

收集资料	通过结构化观察、问卷调查、形成性练习及总结性测验的途径	收集有关学习行为、学习态度及认知效果的信息	得到数量化的客观资料
等级评判,二次量化	通过建立评价指标体系(包括指标项目、评价标准、权重系数)	对客观资料进行等级评判	取得第二次量化的资料
价值性判断	按照价值分类,即达标程度、相对水平、差异对比、发展状况	进行归类判断	得到评价结果的价值性描述

关于学习评价的内容和步骤,我们还可以用图 9-13 来表示。

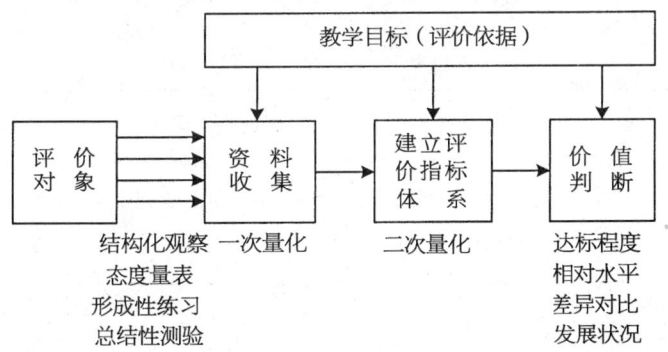

图 9-13　学习评价的步骤

二、学习评价资料的收集

学习评价是以客观资料为基础,因此必须首先做好学习评价资料的收集工作,资料收集必须遵循两项原则,一是要具有客观性,即资料必须来源于学习者的学习反应,而不能是以教师、研究者的主观印象、推测作为评价资料。二是资料要采用数量化方式来表述。在学习评价中,客观资料的收集,主要有结构化观察、态度量表(问卷)、形成性练习和总结性测验等途径,它们的适用范围如表9.6所示。

表 9.6　资料收集的方法与范围

资料收集的方法	资料收集范围	资料收集的方法	资料收集范围
结构化观察	学习行为反应信息	形成性练习	认 知 效 果
态度量表(问卷)	学习态度反应信息	总结性测验	认 知 效 果

(一)结构化观察

结构化观察是人们为认识事物的本质和规律,通过感觉器官或借助一定的仪器,有目的、有计划地对自然发生条件下出现的现象进行考察的一种方法。

"自然发生"的条件就是说人们对发生的情景不加控制,不加干扰。

在进行结构化观察时,必须注意两个问题,即观察的客观性和全面性。

观察的客观性就是说观察要有实事求是的态度,不要有偏见,不能人为地增加或减少因素,既不要夸大,也不能缩小,更不能臆造不存在的事实。

观察的全面性就是要观察事物整体的各个组成部分,记录事物发展的全过程。

科学的结构化观察不同于日常生活的观察,这两者的区别,可以用表9.7表示。

表 9.7　结构化观察与日常观察的差别

结 构 化 观 察	日常生活观察	结 构 化 观 察	日常生活观察
有预定计划、有目的 有选择对象、有重点	自发性、无目的 偶然性、无重点	要作严格详细的记录	不要求严格记录

1. 观察的内容

借助结构化观察的方法,主要是为了收集学生学习行为反应的信息。学生

学习行为反应可分为语言行为、特殊语言行为和非语言行为等。

（1）语言行为

即学生在受到媒体刺激后的语言反应及表达用词。

（2）特殊语言行为

即学生在受到媒体刺激后，语言音调、音量、持续时间、节奏及特殊词汇的反应，如喝彩、哄堂大笑等等。

（3）非语言行为

即学生在受到媒体刺激后，形体所作的反应以及动作行为的变化。

2. 观察方法

结构化观察包括有直接观察和间接观察两大类。

（1）直接观察

就是借助研究者的感觉器官（包括眼睛、耳朵等）去感知对象，获得感性材料的方法。如现场参观、观摩教学、列席会议等。

（2）间接观察

就是借助现代化科学仪器设备，如照相机、闭路电视装置、录像机、电影摄影机等现代技术手段进行观察。它可以克服人感官的局限性，增强了感官的认识能力，提高了效率，使获得的观察材料更加客观化，更加精确化。

间接观察的另一种是通过对一些记录材料，如照片、录像片、电影片、幻灯片、印刷品、谈话录音或别人已观察的描述笔记进行分析，从而获得所需的材料。

3. 观察范围的取样

进行结构化观察，不可能包罗万象，面面俱到，除了通过抽样，选择观察对象外，还要在时间、空间上加以取样，限制一定的范围。表9.8列出了几种不同的取样方法。

表9.8 观察取样方法及其特点

取样方法	特 点
时间取样	考察在特定时间内所发生的行为现象
场面取样	有意识选择一个自然场面，考察场面中出现的行为现象
阶段取样	选择某一阶段的时间范围进行有重点的考察
追踪观察	对对象进行长期、系统全面的考察，了解其发展的全过程

4. 观察的记录

结构化观察必须作详细的记录，以便积累资料。科学的记录方式有多种，其特点如表9.9所示。

表 9.9 观察记录方法及其特点

记录方式	特 点
频数记录	在规定的观察项目栏上,以符号"√"记录对象在该项目所指的行为现象上出现的次数
评等记录	在规定的观察项目栏中,再划分若干等级,对现象所表现的特征按所属等级在表格中划上记号
描述记录	以笔记方式描述多种现象的特征
连续记录	利用录音机、录像机把观察到的现象全过程加以记录

例如,为了研究分析某一教学录像片的教学效果,除了进行知识掌握程度的测验外,还应观察学生在观看该录像片时的行为表现,即学生的注意力是否集中,以及他们的情绪表现,为此,我们可以利用场面采样,选择其中某一区位若干名学生作为对象,观察他们的行为表现,并在预先制定的观察记录表(表 9.10)中作出观察记录。这一观察记录表,是把频数记录和评等记录相结合,它更能反映学生的表现以及对教学录像片效果的评价。

通过上述的观察记录,我们便可以了解到某一个学生对该录像片的注意程度,也可以看到学生总体对该片行为反应的分布情况,并得到定量数据。

在进行多媒体组合教学过程中,是否能调动学生的学习主动性和积极性,活跃课堂上教师与学生的双边活动,对此,我们可借助结构化观察方法,对学生在课堂中的一些行为表现进行观察,观察的内容主要有:

● 学生在课堂上的注意程度;

● 学生在课堂上回答问题的积极性和正确性;

● 学生参与课堂讨论的积极性;

● 学生在课堂上完成形成性练习的独立性与正确性。

表 9.10 观察记录表格

时间采样 \ 观察对象 行为表现	场 面 采 样				
	1	2	…	n−1	n
第一段时间间隔 集中注意					
比较注意					
一 般					
不 专 心					

（续　表）

时间采样 ╲ 观察对象 行为表现	场面采样				
	1	2	…	n−1	n
第 k 段时间间隔　集中注意					
比较注意					
一　般					
不　专　心					

为方便观察，我们通常只对注意程度和回答问题的积极性两方面进行观察。

我们事前设计好如表 9.11 和表 9.12 所示的观察记录表格。表 9.11 可用于观察学生在课堂中出现注意力不集中的行为，如在课堂中乱讲话，做小动作，看其他读物等行为。表 9.12 是用于观察学生对教师发问时所作出的反应行为。如举手、回答、提出疑问等行为。表 9.11 中符号"√"表示行为出现的次数记录，表 9.12 中符号"＋"或"－"表示响应回答的正和误的情况。

表 9.11　学生出现不集中注意行为的观察记录表

学生 ╲ 时间段（分钟）	0—5	5—10	10—15	15—20	20—25	25—30	30—35	35—40	40—45
S_1									
S_2									
S_3				√					
S_4									
S_5						√			
S_6									
⋮									
S_m									

表 9.12 学生对教师提问响应行为的观察记录表

教师提问　　学生	提问 1	提问 2	提问 3	提问 4	……	提问 n
S_1	√＋	√＋		√－		
S_2		√＋	√－			
S_3	√＋					√＋
S_4			√－			
S_5		√＋				
S_6		√＋	√－			√－
⋮						
S_m						

例如,我们选择了某一节课的设计方案,分别对同一年级的 6 个教学班进行施教试验,在课堂教学过程中,有 4 位教师分别对每个班中的 16 名学生(抽样样本)的学习行为进行观察,并利用表 9.11,对这些观察对象在课堂中出现的不集中行为作次数记录,获得如表 9.13 所示的统计结果。

表 9.13 观察记录统计结果

不集中注意人数　时间段(分钟)　试验班	0—5	5—10	10—15	15—20	20—25	25—30	30—35	35—40	40—45
1	0	1	2	0	0	2	2	0	1
2	1	2	0	1	1	3	4	1	2
3	1	1	1	2	3	1	5	2	3
4	0	0	2	1	2	0	1	0	0
5	1	0	3	2	0	2	4	5	6
6	1	1	1	1	2	0	3	2	0
合计	4	5	9	7	8	8	19	10	12
注意人数	92	91	87	89	88	88	77	86	84
注意率(%)	96	95	91	93	92	92	80	90	88

$$注意率 = \frac{实际注意人数}{理论应注意人数} \times 100\%$$

理论应注意人数　$N = 6 \times 16 = 96$（人）

根据表 9.13 中的数据，可画出学生的注意率分布曲线，如图 9-14 所示。

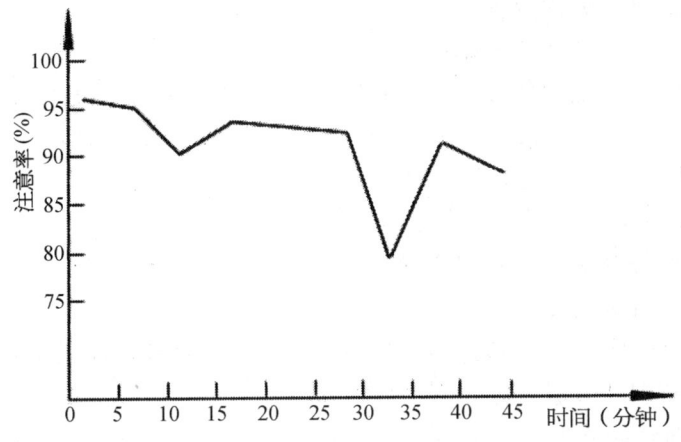

图 9-14　学生的注意率分布曲线图

从曲线上看，采用这一方案进行教学，学生的注意率在整节课的 45 分钟中都比较高（最低为 80%），这说明这种教学方法能保持学生的注意力。从曲线的形状，可以知道在这一节课的前半部分，学生的注意率一直都很高，且很平稳。但在 30-35 分钟的时间段，出现了最低点，接着又慢慢回升至结束。这是为什么呢？通过进一步分析得知，前半节课学生的积极性很高，但由于人的注意力保持是有限的，经过前半节课后，学生开始感到疲惫。此时，教师能即时地转用了另外一些媒体进行讲课，如放录像、放投影、进行演示实验，或让学生自己动手做实验、做练习等等，转移了学生的视线，使学生的注意力得以唤起。

（二）态度量表（问卷调查）

态度是人对某种现象的相对稳定的心理倾向，它是通过人的意见和举止行为反映出来的，一般是无法进行直接的测量，只能从其他方面加以间接的推断，通常是采用态度量表进行态度测量。

态度量表实际上是针对某件事物而设计的问卷，是问卷的一种特殊形式，通过被试者对问卷所作的评等选答反应，从而了解被试者对某事物的态度倾向。而态度倾向又包括两项基本指标：第一，态度的方向性，如喜欢或不喜欢、肯定或否定的正负方向；第二，态度的强弱性，如喜欢或厌恶、肯定或否定的程度。态度的强弱是以态度等级来衡量的，如很同意/同意/不同意/很不同意。

1. 态度测量的内容

采用多媒体组合教学的教学过程，与传统的教学过程有很大的区别，要测量学生对这种新的教学过程的态度反应的内容包括很多方面,主要的可归纳为如下几点。

（1）对媒体教学过程的评价态度

如对多种媒体的组合形式的评价意见;对各种媒体的应用形式的评价意见;对各种媒体的兴趣表现等等。

（2）对媒体内容的理解效果

如对媒体所呈现的各部分内容的理解效果;对媒体不同的使用形式的理解效果等等。

（3）对媒体本身质量的评价意见

（4）影响教学效果的因素

如产生良好效果的因素和造成不良效果的因素。

2. 态度量表的形式

由于态度倾向有方向和强弱之分,因此,态度量表有两种表现形式。即单向评等量表和双向评等量表。

（1）单向评等量表

单向评等量表的特点是,对提出问题的量度等级,是以两端为极端,中间按程度单向顺序排列。单向评等量表的等级可划分为 5 级,4 级或 3 级,下面是一个 4 级的例子。

例如,在教学中应用某套关于高中物理实验的多媒体智能实验教学软件（CD-ROM）,为了解学生对该电视教材的理解效果,我们可以设计如下的问题:

您看过该电视教材之后,您是否理解以下问题?（请在表中打勾）

	只有小部分理解	部分理解	大部分理解	完全理解
1. 实验原理				
2. 实验方法				
3. 选择适当的器件				
4. 实验步骤				
5. 实验数据处理				

（2）双向评等量表

双向评等量表的特点是,对提出问题的量度等级,分为正负两个方向,等级的两端表示完全极端的相反意见。因此,等级分值包含有正负分值。

通常,双向评等量表按问题性质不同,可分为四等级式和五等级式两类。

下面先讲讲四等级式的双向评等量表。

例如,在播放某一电视教材之后,为了解学生对这部电视教材的态度,可设计如下的问题:

您对该电视教材感不感兴趣?(请在表中打勾)

很 感 兴 趣	感 兴 趣	不 感 兴 趣	很 不 感 兴 趣

但在进行态度测量中,常常会遇到另一类双向性评等问题,如对电视节目的节奏快慢,对节目内容深浅程度的评等问题,对于这类问题,其结果是以适中时为最佳状态,无论其方向是正或负,都属于有偏差,且其绝对值越大,说明偏差越为严重,对于这类问题,通常要采用五等级式的双向评等量表。例如:

您对该英语学习电视教材在下列方面的评价如何?

	太 快	稍 快	合 适	稍 慢	太 慢
1. 节目的节奏					
	太 深	较 深	适 中	较 浅	很 浅
2. 使用的词汇					

3. 问卷调查资料的统计分析

学习态度的调查问卷,是在经过一个阶段(如一个学期)的教学之后,发给学生让学生进行填答。调查时,让学生填答问卷后当场收回,这可保证回收率达100%,但为了方便,不必对全部问卷进行统计处理,而只需要在回收的有效问卷中,通过随机取样的方法,抽出部分样本(问卷)进行统计分析,从样本分析的结果推断总体的情况。

(三)形成性练习

学习评价的目的不仅仅是为了给教学效果作出总结性的鉴定或认可,更重要的是试图通过评价来促进教学,提高教学质量。欲达到此目的,就需在明确教学目标的前提下,不断通过检测手段收集资料,了解达标的情况,以便及时找出差距,加以补救,以避免教学中的盲目性,使教与学的水平得以充分发挥,达到教学过程的优化。通常,在学习评价中,常常会采用形成性练习的方法来检测学生对学习内容的掌握情况。

1. 形成性练习的特点

形成性练习,是按照教学目标而编制的一组练习题,它是以各种形式考核学生对本学习单元的基本概念和要素的掌握程度,这些练习题都是经过精心设计的,它不同于一般的课堂练习,也与课文后的练习题不同,它具有如下特点。

（1）目的性强

形成性练习是为了检测学生对学习内容的掌握情况而进行的,绝不是为了追求课堂教学形式的多样化,更不是为了在课堂上拖延时间,所以,不能将其与一般的课堂练习等同起来。

（2）知识要点和教学目标的覆盖面大

形成性练习是按照教学目标而编制的一套练习题,在编制这套练习题时,它尽可能地覆盖到本学习单元的所有知识要点,并将所有的教学目标体现出来。

（3）题目数量少而精

形成性练习题是经过精心设计而成的,由于实施形成性练习常常是在课堂上进行的,所以要求将形成性练习题的数量压缩到最低限度。

2. 形成性练习的作用

形成性练习的重要价值在于对学生的学习能够起积极的促进作用。根据形成性练习的情况,教师可及时了解每个学生对于哪些内容已经达到哪些目标,没有达到最终目标的难点所在,以及所有学生的共同学习难点,使教师在以后的教学活动中知道需要改进和补充的地方。这样,在教学活动中就有可能对不同的学生进行不同的指导,使大多数学生都达到学习单元所要求的教学目标。归纳起来,形成性练习具有以下三个作用。

（1）强化的作用

对于那些已经掌握了学习单元知识的学生,形成性练习可起很大的强化作用,这种强化将有助于他们提高学习兴趣,从而对学科的学习继续付出努力。特别是在那些循序渐进的序列性学科中,由于学生掌握了学习新单元所必备的认知输入（对前一单元的掌握）,又对新的学习单元充满信心,所以也可预计他们同样会在新单元的学习中取得成绩,这样各个形成性学习单元就可形成良性循环,从而可望在总结性评价中取得优异成绩。

（2）矫正的作用

对于那些没有达到要求水平的学生,形成性练习可为他们揭示出他们答错的特定问题和需要补充的各种概念、技能,便于采取补救教学或改变教学方法进行再教学。

（3）定步的作用

由于形成性练习是在每一教学单元完成后紧接着进行的,从而迫使学生在规定的时间内必须独立完成,所以可用它来为学生的学习定步,以促使他们抓紧时间,及时学习。

总之,形成性练习对于提高教学效果和矫正教学方法的效能,对于提供反馈信息等都起了重要的作用,因此,它被教师看作是教学中必不可少的工具。

3. 形成性练习的编制

形成性练习在学习评价中有着重要的作用,发挥这些作用的关键,是因为教师手中有一套高质量的形成性练习题,由此可见,形成性练习题的编制是实施形成性练习至关重要的一项工作。编制形成性练习题,可按如下方法进行。

(1)将每个知识要点用一个或者一个以上的练习题来对之进行测试

这样做就跟总结性测验形成了鲜明的对照。对于总结性测验来说,只有在有效的测试时间内,对学习内容和教学目标二维分析表中所列的知识要点进行抽样测试才是可取的。

(2)将每个知识要点上各个层次的教学目标用一个或者一个以上的练习题与之对应

这样也与总结性测验不同,总结性测验对每个知识要点在各个层次上的教学目标的要求也只能通过抽样测试。

(3)将所有的练习题由简单到复杂进行排列

练习题中一般先安排简单的题目,然后才是渐趋复杂的题目,这样的安排在改正过程中颇为有用,因为学生在纠正形成性练习中出现的错误时,能够先纠正有关知识水平的错误,再纠正理解水平的错误,由易到难,逐步深入。

在编制形成性练习时,可采用如表 9.14 所示的形式。

表 9.14 形成性练习工作表

知 识 点	学 习 水 平	题 目 内 容
1		
2		
3		

(四)总结性测验

总结性测验的主要目的在于评定学生的学习成绩,也就是检查预期的教学目标实现的程度。因此,总结性测验应以教学目标为基础,根据单元教学目标来决定出题的内容,出题的方法并规定答案标准。

1. 总结性测验的特点

总结性测验不同于形成性练习,它具有如下的特点:

● 它是在阶段学习之后进行的;

● 它是要按指定方式,在规定的时间内完成;

● 它是一种抽样性测量,因此,必须对测验内容与学习水平等级的双向分布作合理的安排;

● 它是依据教师的评分来了解学生的知识和能力的情况,因此,必须尽可能采用客观性试题作为测验试题。

2. 总结性测验的双向细目表

总结性测验主要适用于单元考试、期中考试和期末考试等。由于各单元的教材重点不同,要求达到的教学目标也有所区别。为了使试题具有代表性,覆盖面广,应统一兼顾测验目的和测验内容,就要先确定单元测验目的与内容的双向细目表,使题目的取样能兼顾教学目标的不同方面和不同层次。按照布卢姆的教育目标分类方法将认知学习分为知识、理解、应用、分析、综合和评价六个层次,在拟题时,就应在各个方面和层次上取样,使考题能覆盖各方面的内容和层次。表 9.15 是有关初二动物第十一章的测验目的与内容双向细目表。

表 9.15　测验目的与内容双向细目表

测 验 内 容	学 习 水 平			∑(%)
	知　识	理　解	应　用	
珍稀动物分布	9	12	9	30
珍稀动物与环境关系	12	16	12	40
珍稀动物的认识	8	6	0	14
珍稀动物的保护	6	6	4	16
∑(%)	35	40	25	100

可以看出,双向细目表具有如下作用:

● 规定了抽出来测验的内容对所有待测内容的覆盖面;

● 规定了各项测验内容之间的比例;

● 规定了测验学习水平等级及各等级上的比例;

● 规定了各项测验内容在不同的学习水平等级上的比例。

因此,在设计测验题时,我们先画出双向细目表格可以使测验内容和分数匹配尽可能合理化。通常情况下,一份合理的测验试题中各个知识层次比例与各种难度比例应该是一个正态分布图,如图 9-15 所示。也就是说,对于一份优秀的测验试卷,其中"知识、理解、应用"这三类题属基础题,应该占 70%—80%;"分析、综合"这两类属较难的题,应该占 10%—15%;而"评价"这类属很难的题,只能占 5%左右,对于初中生来说,评价题还可以更少些,甚至没有。

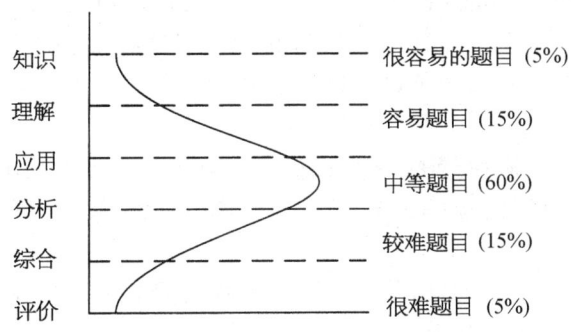

图 9-15 各种知识层次与各种难度比例的正态分布图

3. 测验试题的设计

测验题目通常有两种形式,即主观性题目和客观性题目。

主观性题目是通过问答的形式,让被试描述事件发生的过程,列举事实,论述问题的性质,对比或比较事物的异同,解释因果关系,发挥某种观点,总结某种经验或运用所学知识去讨论、评价某种现象等。主观性题目可分问答题和简答题等。

主观性题目的优点是容易拟题,学生可以自由发表自己的意见。缺点是老师评分易受个人主观影响,评卷人的宽严要求、心理倾向、当时的心境及卷面的整洁程度都会影响分数。

与主观性题目相比,客观性题目在评分上比较客观,题目量大,考试面广,可以避免猜题押题的情况。它包括有选择题、是非题、填空题、排序题、匹配题等几种型式。

(1) 选择题

它是由题干和选择支两部分组成的。它的编题形式是提出问题(即题干)后,给出几个(一般为四个)备选答案(即选择支),要求选出其中正确的或合适的答案来。这类试题的作答,不要求写出解题过程,只要求将选出的答案序号填在规定的位置上。

选择题的优点是若干答案混在一起,供被试者选择,易引起兴趣。缺点是对每个答案都要考虑,较费时间。

(2) 是非题

是非题又叫判断题,它的编题形式是给出一个命题,要求判断其正确与否,然后选用符号"√"或"×"填入规定的括号中。

是非题的题意或语句必须是全对或全错,并且对词意只能做出一种可能的解释。

是非题的优点是拟题容易,题目多,取样广泛,易于记分。缺点是编题工作量大,学生容易猜测。

（3）填空题

填空题的编题形式是给出命题的某些部分,留有一处或几处"空白"（一般空白处划有横线）,要求在空白处填上命题的另外部分,以组成完整的命题。题中空白处可以填术语、词组、句子,也可以填写字母、符号、图形,还可以填数值、单位、式子等。

填空题的优点是避免猜测,注重回忆。缺点是易受卷面暗示,题目有几种可能的答案,被试难以确定唯一答案,评分者也难以从例外的合理答案中打分。

（4）排序题

排序题的编题形式是给出若干个相互关联的词语或短句等。按规定的顺序或方式,把它们重新排列起来。

排序题的优点是能测出一定程度的思维能力。缺点是不易记分,且答案可能不完全准确。

（5）匹配题

将题目和答案纵向排列成两行,但答案与题目不对应,让被试者根据题目选择答案匹配。

匹配题的优点是表述简单明确,生动活泼,易引起被试者兴趣。缺点是有猜测的可能。

一般地说,越是高一级的学习（分析、综合、评价）越是适宜于使用主观性题目（问答题、简答题等）;越是低一级的学习（知识的记忆、理解、应用）越适宜于使用客观性题目（选择题、是非题、填空题、排序题、匹配题等）。采用表 9.16 可以预定本次测验中各知识层次所应分配到的题类及题数。表 9.17 是一个范例。

表 9.16　测验题类型分配表

题类比重＼知识层次	选择题	是非题	填空题	排序题	匹配题	简答题	问答题	合计
知　识								
理　解								
应　用								
分　析								
综　合								
评　价								
合　计								

（注：每格中的测验题数＝行的比重×列的比重×总的测验题数）

表 9 - 17　测验题类型分配表实例

题类 比重 知识层次		选择题	是非题	填空题	排序题	匹配题	简答题	问答题	合计
		0.1	0.2	0.3	/	/	0.2	0.2	1
知　识	0.2	2	4	6	/	/	4	4	20
理　解	0.3	3	6	9	/	/	6	6	30
应　用	0.3	3	6	9	/	/	6	6	30
分　析	0.1	1	2	/	/	/	2	2	10
综　合	/	/	/	/	/	/	/	/	/
评　价	0.1	1	2	3	/	/	2	2	10
合　计	1	10	20	30	/	/	20	20	100

4. 提高测验质量

测验是否能达到目的,是否能正确反映客观事实,通常以信度和效度这两个质量指标来衡量。

（1）信度

信度就是测验可靠性的度量,它是鉴定测验的结果一致性和稳定性的。比如用同一份卷子测验同一被试,前后的结果是否一致,这便是信度问题。检查测验信度的办法很多,有再考法(将一试卷进行两次测验看看结果是否一致)、折半法(将一次测验的内容分成难易程度等价的两部分,看看结果是否一致)等等。根据概率论可知,增加测验试题数量和测验次数,便能有效提高测验的信度。

（2）效度

效度就是测验有效性的度量,它是评价测验质量的一个重要指标,测验效度就是指测验的结果是否能真正反映测验的目标和意图。值得注意的是,效度是一个相对于一定目标的相对性概念,即使是相同的测验结果,随着目标不同,其效度也随之而异。要提高测验的效度,在编题时,要避免题意不清或要求不明确而造成学生误解,也要防止出一些计算繁冗的题目。一般采用客观性的题目进行命题,其效果是较高的。

信度与效度,两者既有联系又有区别,信度高效度不一定高,效度高则信度必定高,换句话说,可信的不一定有效的,有效的则必是可信的。以尺量布,量了几次结果都一样,证明其信度高,但尺子不符合标准,测量无效;若尺子是标准的,测量又有效,则无论测多少次,结果必定可信。在进行测验时,我们要尽量减少误差,使测验既有效又可信。

三、学习评价指标体系的建立和应用

通过结构化观察、问卷调查、形成性练习、总结性测验等方法取得了一批关于学生学习反应资料，经第一次量化后，为了更好地对学生的学习情况作出评价，我们还需要根据优化目标，对所得到的资料进行第二次量化处理。这就是根据学习评价指标体系，对学生学习情况按照一定的标准，归属所处等级，从而综合地考察评价学习状况，检验教学设计的完善性，发现问题之所在，以便调整修改设计方案。

对资料的二次量化处理，关键就是要根据优化目标建立一套完整的学习评价指标体系。

学习评价指标体系是评价目标的具体化，是对评价目标的分解。设计评价指标体系的问题说到底是对评价目标的分类，以及把评价目标加以具体化、行为化的问题。规定评价的指标就是规定评价哪些因素，不评价哪些因素。

指标体系这个概念通常有两种意义。广义的指标体系不仅包括指标项的集合体，即关于被评对象的因素集合体，而且还包括相应的权重系数的集合和相应的量化方法。狭义的指标体系只指指标项的集合体。

设计评价指标体系总是先明确目标，然后提出指标项系统，最后再规定相应的权重与量化方法。其中，指标项系统的设计是关键性、决定性的工作。

(一) 分解目标，建立指标项体系

指标项是目标的具体化、行为化和操作化，指标项必须与目标相一致，因此可通过分解目标的形式建立指标项系统。目标分解可按如下三层次的分解获得，如图9-16所示。

据据优化教学的总体目标，我们可以形成关于认知领域、情感领域、动作技能等多方面的评价指标体系。

在设计这些指标项系统时，应注意如下问题：

第一，指标项与总目标的一致性。

既然指标是目标的具体化、行为化和操作化，那么它就必须充分地反映目标，与教学目标一致。

第二，指标项的直接可测性。

指标项作为具体的目标，它应是可用

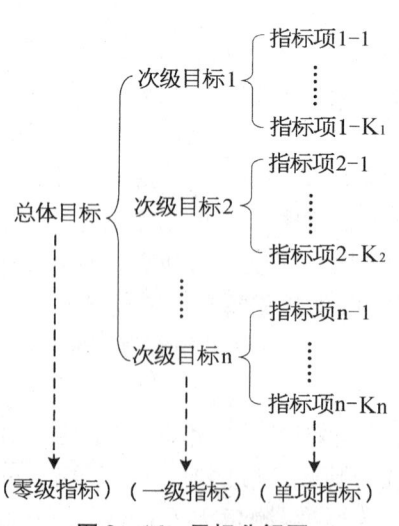

图 9-16   目标分解图

操作化的语言加以定义，它所规定的内容是可通过实际观察加以直接测量以获

得明确结论的。

第三,系统内指标项的相互独立性。

指标系统是由一组相互间有着紧密联系的指标项结合而成的。系统内指标项的相互独立性要求各项指标必须是相互独立的。所谓指标项是相互独立的,就是说,在同一层次的各项指标必须不能相互重叠,不存在因果关系,不能从这一项导出那一项。

第四,指标项系统的整体完备性。

所谓指标项系统的整体完备性指的是指标项系统的指标的全面性。它要求指标项系统不遗漏任一重要的指标项,能够全面地、毫无遗漏地再现和反映教学目标。

第五,指标项的可比性。

指标项的可比性指的是指标项必须反映被评价对象共同的属性,反映对象属性中共同的东西。

第六,指标项的可接受性。

指标项的可接受性包含着两层含义:其一是必须从实际出发,是可接受的;其二是按指标项进行评价是可行的。

建立指标项系统必须注意以上问题,只有这样,才能提高评价指标体系的品质,提高评价工作的质量。

(二)权重系数的确定

权重系数是表示某一指标项在指标项系统中的重要程度,它表示在其他指标不变的情况下,这一指标的变化,对结果的影响。

权重系数的大小与目标的重要程度有关。对于不同学科,不同年龄阶段,每个指标项的重要程度是不同的,所以各指标项的权重系数必须根据实际情况作出合理的规定。

通常,权重系数的获得可通过如下两条途径。

1. 经验方法

通过访问有经验的专家、学者,以他们在实践中的经验分析哪项指标重要、哪项指标不太重要,从而确定这些指标项的重要系数的大小。

2. 多因素统计方法

这种方法是事先设计好一些问卷问题,将各项指标项列出来,以最重要、重要、次重要的等级让被调查对象打勾,再将调查原结果进行统计计算,以计算出来的排序指数 W_i 的大小来确定权重系数的大小。例如,现有三项指标项,对10个被调查对象进行调查的结果如表9.18所示。

表 9.18 权重系数的统计方法

项目 \ 等级 响应人数	最重要 3	重 要 2	次重要 1	Wi
指 标 项 1	4	3	3	0.350
指 标 项 2	5	2	3	0.367
指 标 项 3	1	5	4	0.283

表中，$W_i = \dfrac{\sum a_j \cdot n_{ij}}{N \cdot \sum a_j}$，其中，$a_j$ 为各等级分值，即 3，2，1，n_{ij} 为各指标项上各等级的响应人数，N 为总的响应人数，三个指标项的排序指数分别为

$$W_1 = \frac{3 \times 4 + 2 \times 3 + 1 \times 3}{10 \times (3 + 2 + 1)} = 0.350$$

$$W_2 = \frac{3 \times 5 + 2 \times 2 + 1 \times 3}{10 \times (3 + 2 + 1)} = 0.367$$

$$W_3 = \frac{3 \times 1 + 2 \times 5 + 1 \times 4}{10 \times (3 + 2 + 1)} = 0.283$$

（三）等级的划分与标准

在学习评价过程中，为了便于量化，通常采用等级划分的方法来进行。常用的等级划分方法有三等级式（好/一般/差）、四等级式（优/良/中/差）、五等级式（优/良/中/可/差）。

但要进行量化，还必须有一个比较基准。衡量事物的比较基准，就称为评价标准。描述标准常见的有三种形式，即描述式标准，期望评语量表式标准以及客观可数等级式标准。

1. 描述式标准

描述式标准就是运用文字描述每个不同要素的等级，并赋给每个等级分值。例如表 9.19 就是一个实例。

表 9.19 描述式标准的形式

指 标	标 准	分 值
学 生 学 习 注意力	全班同学全神贯注，没有人搞小动作，没有人交头接耳	3
	有个别同学精神不集中，搞小动作	2
	整节课大部分同学不注意听讲，交头接耳，搞小动作	1

描述式标准是一种使用较广泛的标准形式。但它要求所描述的各要素必须明确、合理、利于判别。

2. 期望评语量表式标准

它是根据目标要求,写出期望达到的评语或要求,同时把该项指标分为若干等级,每个等级赋以分值,评判者根据达到期望评语或要求的程度逐项打分。表9.20 是小学语文学生掌握汉语拼音能力的评价标准形式。

表 9. 20　期望评语量表示标准形式

等 级 期望评语	4 全部完成	3 大部分完成	2 部分完成	1 不能完成
1. 背诵、默写字 　母、读音准确				
2. 读拼音、写出相 　应的汉字				
3. 给课文中的重 　要词语注音				
4. 辨别拼写正误				

3. 客观可数等级式标准

它是以客观的、可数的定量数值作为标准,标准分成不同的等级,凡达到一定的数额者则可归属到某一等级之中,如表 9.21 所示。表中数字为该知识点的综合得分率。

表 9. 21　客观可数等级式标准

知识点的 达标程度	4 优	3 良	2 中	1 差
知识点 1	0.9 以上	0.75—0.9	0.6—0.75	0.6 以下
知识点 2	0.9 以上	0.75—0.9	0.6—0.75	0.6 以下
知识点 3	0.9 以上	0.75—0.9	0.6—0.75	0.6 以下

（四）评价指标体系总表

完成了上述三项工作之后,便可得到一个完整的学习评价指标体系总表,以初中语文认知领域为例,其评价指标体系如表 9.22 所示。

利用表9.22,可以将第一量化的结果进行划分等级,加以评判,达到第二次量化的目的。我们可以根据教学单元的具体特点和教学目标的要求,确定各项单项指标的权重系数如表9.22所示,其中的权重系数为0,说明该单元对相应的内容不作要求,在评价时可省去。

根据收集到的资料,按照等级划分的标准进行评判,所得情况如表9.22所示,最后便可得到的总分为 $\sum F_i = 39.75 + 24 + 10.75 = 74.5$。

表9.22　初中语文认知领域评价指标体系

一级指标	单项指标	内涵标准	权重 W_{ik}	等级 优4	良3	中2	差1	F_{ik}	F_i
I 阅读能力 (50)	I-1 文学知识		1.25	√				5	39.75
	I-2 使用工具书知识		0					/	
	I-3 字		2		√			6	
	I-4 词语		2.5		√			7.5	
	I-5 句		2	√				8	
	I-6 段		1			√		2	
	I-7 篇		3.75		√			11.25	
II 写作能力 (30)	II-1 审题立意		3.5		√			10.5	24
	II-2 选材组材		2.5		√			7.5	
	II-3 语言表达		1.5	√				6	
	II-4 标点、书写、格式		0					/	
III 听说能力 (20)	III-1 集中注意力		0.5	√				2	10.75
	III-2 理解语意		0.5	√				2	
	III-3 分析、概括		0.75		√			2.25	
	III-4 发声吐字		0					/	
	III-5 重音停顿		0					/	
	III-6 语句语调		1.25			√		2.5	
	III-7 表情达意		2				√	2	

（五）学习评价结果的描述

学习评价的最终目标是要对评价对象（学生）的学习效果作出价值判断。通常可采用如下几种方式进行描述。

1. 绝对性评定

又称目的性评价，是根据评价目的，以某一项教学目标作为评定的依据，即判断 $a \geqslant A$ 是否成立（其中 A 为预期目标）。这种评定是以评价对象（学生）对预期的教学目标已达到的数量和质量情况来衡量的。例如，对于某知识内容，按教学大纲的要求必须达到应用水平，实施教学活动之后，学生的达标率为 90%，那么我们可以判断学生对该知识内容的理解达到了原教学目标（应用）的要求。

2. 相对性评定

又称集体内评定，是以评价对象的集体平均水平作为评价依据，判断在这个集体中每一个别对象所处位置相对好坏，即判断 $a \geqslant \bar{a}$ 是否成立（其中 $\bar{a}$ 为集体平均水平）。例如判断某位同学的某科成绩在整个班集体中所处的相对位置。

3. 比较性评定

是以某一目标作为评定的依据，比较不同对象对同一知识内容的理解差异，即判断 $a \geqslant b$ 是否成立（a, b 为不同的对象）。例如比较实验班与对照班某单元学习成绩的高低。

4. 发展性评定

又称自我评定，它是各个评价对象对照自身的特点，判断是否进步了或后退了，也即判断 $a_1 \geqslant a_2$ 是否成立（其中 a_1, a_2 为同一对象在不同时期的状态）。例如，通过两次测验成绩的比较，判定自己对某一科的学习是否进步了。

以上四种描述方式，它们之间的区别可用表 9.23 表示。

表 9.23 学习评价结果的描述方式

描 述 方 式	区 别	说 明
绝对性评定	判断 $a \geqslant A$	A 为预期目标
相对性评定	判断 $a \geqslant \bar{a}$	$\bar{a}$ 为平均水平
比较性评定	判断 $a \geqslant b$	a、b 为不同的对象
发展性评定	判断 $a_2 \geqslant a_1$	a_1、a_2 为同一对象不同时期的状态

在教学中，为了研究媒体实施的效果，不仅要考虑评价对象的整体达标程度，还必须研究对象与对象之间及对象自身之间的效果比较。因此，四种描述方式常常结合在一起综合使用。

◆ 复习思考题

1. 教学设计的基本原理有哪些?

2. 简述课堂多媒体组合教学设计的基本内容和步骤。

3. 在认知领域中教学目标可分为哪六个等级?

4. 学生的学习反应包括哪几种方式,各用什么手段去测量?

5. 简述基于"学"的教学设计的步骤与方法。

第十章　应用现代教育技术，探索新型教学模式

课　前　活　动	
活 动 目 的	通过因特网或实地参观考察了解我国现代教育技术实验开展的情况，以及新型教学模式探索与研究的发展动向
活动内容和活 动 方 式	1. 通过"教育技术在线"网站（http://www.iteon-line.net）了解我国现代教育技术实验开展情况，注意了解实验学校开展了哪些新型教学模式的探索研究 2. 组织到附近中小学校观摩一节基于网络的教学活动的过程，了解利用信息技术进行研究性学习的基本环节

参 加 活 动后 需 要 完成 的 任 务	利用信息技术进行研究性学习的基本环节	1.
		2.
		3.
		4.
		5.
		6.
		7.

第一节 信息化环境下的教学模式

一、教学模式

模式是对某一过程或某一系统的简化与缩微式表征,以帮助人们能形象地把握某些难以直接观察或过于抽象复杂的事物。

教学模式是指在一定的教育思想、教学理论和学习理论指导下,在某种教学环境和资源的支持下,教与学活动中各要素(教师、学生、内容、媒体)之间稳定的关系和活动进程结构形式。教学模式具有直观性、假设性、近似性和完整性。

教学进程结构是指教学活动进程的一定结构方式,它是由教学过程的组成要素按照一定的排列规律组合形成的,能反映一定时期的教育思想与教育观念。在信息技术教育环境中,教学的各组成要素中教师是学生学习的组织者、帮助者和指导者,不再是结构的中心,因此其教学结构将不同于传统教学。为了更好地发挥信息技术在教学中应用的优势、推动素质教育的发展、培养学生的创新精神与实践能力,构建信息技术环境下新型教学结构成为当前教学模式探索的核心内容。

最早对教学模式进行系统探讨的是美国教育家乔易斯(B. Joycl)和韦尔(M. Weil),他们在专著《教学模式》中精选了 22 种教学理论、学派计划,并按其功能和方法论基础区分为信息、个性、社会交往和行为四类模式。苏联教育家巴班斯基(Юрий Константинович Бабанский)按照不同的教学形式和方法的结合,提出了讲解—再现型、程序教学型、问题教学型、再现探究型等模式。美国学者认为,一种教学模式就是一组综合性成分,这些成分能用来规定完成有效的教学任务中的各种活动和功能的序列。

教学模式的发展是同信息技术的进步联系在一起的,如图 10 - 1 所示。

当视听广播技术开始应用于教育时,众体教学是教学模式研究的重点;个人计算机发展起来之后,广泛应用于个别化学习;随着计算机网络的发展,特别是局域网应用于教学后,为小组协作学习的开展提供了方便;随着因特网环境的不断完善,交互性远程教学方式逐渐兴起,教学模式则转向对虚拟教育的研究,出现了虚拟社区、网上学校、数字博物馆等新名词,学生将面对各种虚拟的事物,其认知体验与知识的获取方式都会发生很大变化。对于 21 世纪信息技术的发展趋向,祝智庭博士从生态学的角度预测,将是以超微计算机和无线通讯网为基础的"泛在计算技术"(ubiquitous computer,简称 UC),那时每个人可以拥有许多的超微型计算机,他们通过无线联网,无时无刻地为人们服务,人们可以在任何地方、任何时间获取所需的所有信息,真正的信息化社会得以实现,真正的学习

型社会也随之到来。①

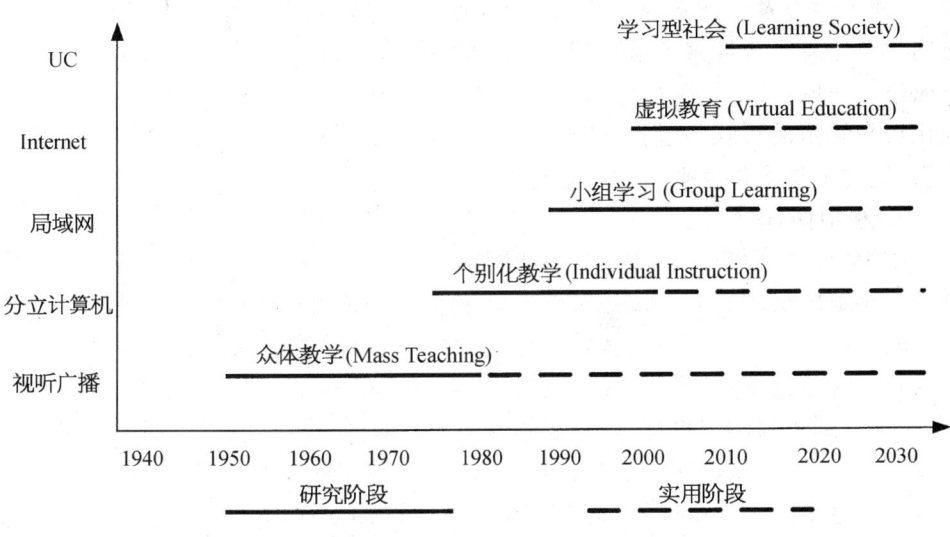

图 10 - 1　信息技术的进步与教学模式的发展②

二、信息化环境下教学的基本模式

信息化环境下的教学最基本的模式包括课堂讲授型教学、个别化自主学习、小组协作学习、远程课程学习。

1. 课堂讲授型教学

课堂讲授型教学主要指以教师的讲授为主，由教师控制教学过程。教学过程的要素包括教师、学生、媒体、资源四个部分。其优点是教师与学生可以面对面交流，师生之间的交互、交流是实时的。

传统的课堂教学由于受传统教学思想的束缚，长久以来形成了以教师为中心、以教材为中心、学生是知识的被动接受者、媒体成为辅助教师灌输知识的播放和演示工具的格局。各要素之间的关系是经逻辑演绎的，不利于创新型人才的培养。在信息技术环境下，必须根据教学需要，对组成教学过程的四个要素进行科学的研究与探讨，以形成新的教学进程结构，从而为创造新的教学模式打下基础。

2. 个别化自主学习

个别化教学是指以个体各自特点为出发点，以发展个性为目标，以服务社会为归宿，以适应个人需要为原则，以学生自我管理和自主学习为活动方式的教学。在信息技术环境下的自主学习过程中，学习者把信息技术作为学习认知工

具,信息技术环境为学习者的自主学习提供了良好的条件,如教学目标的多样性,有利于学习者的探索与发现、有利于培养学习者的创新能力等等,学习者面对的学习信息资源异常丰富,有利于学习者根据自己的学习水平、学习需要、学习风格等获取、加工、储存、应用学习信息。个别化自主学习可以由教师设计个别化自主学习的形式与过程,在学校班级教学中作为一种辅助形式,有利于因材施教,使每个学生都能够得到与其特点相一致的公平对待。

3. 小组协作学习

小组协作学习是一种通过小组或团队的形式组织学生进行学习的一种教学方式。小组成员的协同工作是实现班级学习目标的有机组成部分。小组协作活动中的个体(学生)可以将其在学习过程中探索、发现的信息和学习材料与小组中的其他成员共享,甚至可以同其他组或全班同学共享。在小组协作学习过程中,为了达到小组学习目标,个体之间可以采用对话、商讨、争论等形式对问题进行充分论证,以期获得达到学习目标的最佳途径。学生学习中的协作活动有利于发展学生个体的思维能力,增强学生个体间的沟通能力和对个体间差异的包容能力。此外,协作学习对于提高学生的学习业绩,形成学生的批判性思维、创新性思维及乐观的学习态度等方面都有明显的积极作用。

适应协作学习的信息网络环境的种类包括局域网、校园网、城域网、因特网等。良好的网络协作学习环境需要为合作者提供协作学习工具,如聊天室(Chat Room)、电子邮件(E-mail)、电子公告板(BBS)、信息传送工具(FTP)、论坛(Panel Session)、展示集成工具(PIT)、主页制作工具(HAD)等。

支持合作学习的网络环境还可以借助 MUDs(multiuser dimensions,"多用户元"环境)、MOOs(multiuser object-oriented environments,基于对象的多用户环境)、CSCW(computer supported cooperative work,计算机支持的协同工作)和网络 EPSS(electronic performance supported system,电子绩效支持系统)等技术实现。信息网络环境下的合作学习还需要人工智能的支持,有效应用于网络合作学习的智能技术包括智能代理(intelligent agent)、智能查询(intelligent search engine)技术等。

4. 远程课程教学

远程课程教学是远程教育的一种形式,是指在教育教学过程中,教师间接利用现代信息技术(如广播、电视、网络系统等)向学生传递教学信息的教学组织形式。我国现有的广播电视大学、函授教育、自学考试等教学组织形式,都属于远程教育教学模式。现代远程教育是随着现代信息技术的发展而产生的一种新型教育方式,集视听教育(广播、录像、电视)、卫星、计算机、通讯网络于一体,具有教育教学资源共享、信息交流、网上教学等多种功能,打破了传统教育时间和空间的限制,使得人们可以不在学校、教室里学习,使最好的老师、最好的学校、最好的课程能为校外的学习者所享用,使更多的社会成员获得受教育的机会。因此它是现代信息技术与远距离教育相结合的产物。其实两者除了应用的技术不完全相同外，在本质上是一样的。

构建新型教学模式以实施素质教育、培养创新人才为目标，就是要保证教学模式有利于培养学生的创新精神与实践能力，有利于在学校教育中实现"三个发展"（学生全面发展、全体发展、个体发展），提高学生的整体素质，有利于培养学生学会"四种本领"（学会学习、学会做事、学会合作、学会生存）。

应用多媒体与网络技术为核心的现代教育技术，探索和构建新型教学模式，还必须遵循学习者学习的心理规律，强调要注意学习主体的内部心理过程，把学习者看作是信息加工的主体，积极把认知学习理论引入到现代教育技术应用实践中。由于多媒体和网络技术在教学应用过程中，打破了传统教学模式的束缚，为学习者的积极参与提供了有利条件，为学习者提供了丰富的学习资源，提供了发现知识、探究知识和表达观点的有效工具。根据建构主义和人本主义理论，我们可以形成利用信息技术创设问题情境、提供学习资源、进行实践操作、组织协商活动等方面的探索并构建新型教学模式的教学策略。

三、应用现代教育技术，探索构建新型教学模式的基本要求

利用信息技术构建新型教学模式，必须满足如下几个基本要求。

第一，转变教师角色。

信息技术环境中，教师处于学生学习的主导地位，教师的角色将由教学的灌输者、演讲者、讲解者、知识的权威转变为学生学习的指导者、组织者、帮助者和促进者。

第二，转变学生地位。

学生是学习的主体，因此学生应由知识学习的被动接受者转变为学习的主动参与者，在对知识的探索发现过程中，实现知识的意义建构。

第三，转变教学内容。

教学过程不仅仅传授书本知识，还要重视能力训练和情操培养，尤其重视学生学习能力和学习方法的培养。

第四，转变媒体功能。

由单纯辅助教师课堂讲授的播放工具、演示工具转变为学生学习的认知工具。

第五，转变过程结构。

使教学过程结构由逻辑型讲解式向探究、发现、意义建构等以学生为主体的过程转变。

应用信息技术构建创新教学模式，必须充分应用创新教育模式。所谓创新

教育模式是一种以人为本、以人的发展为本的教学模式,是一种重视人的主体性、弘扬人的主体精神的教学模式。因此,对于基于创新教育的教学模式的设计,应注意目标、教学策略和技术应用三者之间的关系。(图 10 - 2)

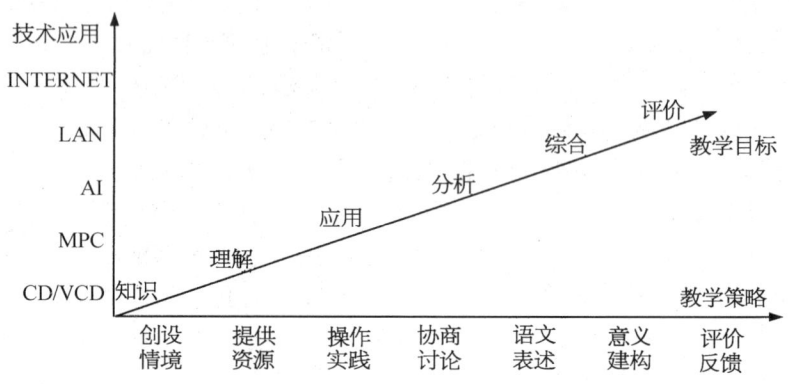

图 10 - 2　目标、教学策略和技术应用三者之间的关系图

第二节　现代教育技术应用的核心是信息技术与课程整合

信息化是当今世界经济和社会发展的大趋势,以多媒体和网络技术为核心的信息技术已成为拓展人类能力的创造性工具。为了适应这个发展趋势,我国已经确定在中小学普及信息技术教育,并特别强调要加强信息技术与学科课程的整合。"信息技术与课程整合"是我国面向 21 世纪基础教育教学改革的新视点,是与传统的学科教学有着密切的联系和继承性,又具有一定相对独立特点的教学类型。对它的研究与实施将对发展学生主体性、创造性,培养学生创新精神和实践能力具有重要意义。

一、信息技术与课程整合的基本思想

信息技术与课程整合是指在课程教学过程中把信息技术、信息资源、信息方法、人力资源和课程内容有机结合,共同完成课程教学任务的一种新型的教学方式。在探索实践中,人们认识到,信息技术与课程整合的基本思想包括三个基本点。

第一,要在以多媒体和网络为基础的信息化环境中实施课程教学活动。

这是指学与教的活动要在信息化环境中进行,包括多媒体计算机、多媒体教室网络、校园网络和因特网等,学与教活动包括在网上实施讲授、演示、自主学习、讨论学习、协商学习、虚拟实验、创作实践等环节。

第二,对课程教学内容进行信息化处理后成为学习者的学习资源。

这里包括三层意思:

一是提供教师开发和学生创作的机会。把课程学习内容转化为信息化的学习资源，不仅仅是教师用来课堂演示，更重要的是提供给学习者共享。即可以把课程内容编制成电子文稿、多媒体课件、网络课程等，教师用它们进行讲授或作为学生学习资源。

二是充分利用全球性的、可共享的信息化资源，作为课程教学的素材资源。如将数字处理的视频资料、图像资料、文本资料等作为教师开发或学习创作的素材，整合到与课程内容相关的电子文稿、课件之中，整合到学习者的课程学习中。

三是将共享的信息化资源与课程内容融合在一起直接作为学习对象，供学生进行评议、分析、讨论。

第三，利用信息加工工具让学生进行知识重构。

利用文字处理、图像处理、信息集成的数字化工具，对课程知识内容进行重组、创作，使信息技术与课程整合不仅能通过向学生传授使之获得知识，而且还要能够使学生进行知识重构和创造。

二、信息技术与课程整合的目标

信息技术与课程整合的目标主要包括以下几点。

第一，培养学生具有终身学习的态度和能力。

学习资源的全球共享，虚拟课堂、虚拟学校的出现，现代远程教育的兴起，人们可以随时随地通过因特网进行学习，使学习空间变得无围墙界限了。教育信息化还为人们从接受一次性教育向终身学习转变提供了机遇和条件。

终身学习就是要求学习者能根据社会和工作的需求，确定继续学习的目标，并有意识地进行自我计划、自我管理、自主努力，通过多种途径实现学习目标的过程。要实现终身教育和终身学习，教育必须进行深刻的变革：要使教学个性化、学习自主化、作业协同化，要把培养学生学会学习，培养学生具有终身学习的态度和能力作为学习的培养目标。

第二，培养学生具有良好的信息素养。

教育信息化为终身学习带来了机遇，但只有学生具备良好的信息素养，才能把终身学习看成是自己的责任，才能够理解信息所带来的知识并形成自己的知识结构。信息技术与课程整合正是培养学生形成所有这些必备技能和素养的有效途径。

有学者认为信息素养是指"能清楚地意识到何时需要信息，并能确定、评价、有效利用信息以及利用各种形式交流信息的能力"；我们认为，信息素养应包含着三个最基本的要点。（表10.1）

表 10.1　信息素养基本要点示意

信息素养的基本要点	含　义	培养途径
信息技术操作技能	指能利用信息技术进行信息获取、加工处理、呈现交流的技能	通过对学习者进行信息技术操作技能与应用实践训练来培养
对信息内容的批判与理解能力	在信息收集、处理和利用的所有阶段，批判性地处理信息是信息素养的重要特征，对信息的检索策略、对所要利用的信息源、对所获得的信息内容都能进行逐一的评估，在接受信息之前，会认真思考信息的有效性、信息陈述的准确性，识别信息推理中的逻辑矛盾或谬误，识别信息中有根据或无根据的论断，确定论点的充分性	不仅仅是通过计算机技术技能训练形成的，而是要通过加强科学分析思维能力的训练来培养
对信息的有效运用能力	指信息使用者要具有强烈的社会责任心、具有与他人良好的合作共事精神，使信息技术的应用能推动社会进步，并为社会做出贡献	不是通过计算机技术技能训练就能形成的，还要通过加强思想情操教育训练来培养

第三，培养学生掌握信息时代的学习方式。

在信息化学习环境中，人们的学习方式发生了重要的变化。学习者的学习主要不是依赖于教师的讲授与课本的学习，而是利用信息化平台和数字化资源，教师、学生之间开展协商讨论、合作学习，并通过对资源的收集利用、探究知识、发现知识、创造知识、展示知识的方式进行学习。因此，通过信息技术与课程的整合，要使学生掌握信息时代的学习方式：

● 学会利用资源进行学习；

● 学会在数字化情境中进行自主发现的学习；

● 学会利用网络通讯工具进行协商交流，合作讨论式的学习；

● 学会利用信息加工工具和创作平台，进行实践创造的学习。

三、信息技术与课程整合的基本要求和策略

信息技术与课程整合是一种信息化的学习方式，其根本宗旨是要培养学习者能够在信息化的环境中，利用信息技术完成课程学习的目标并学会进行终身学习的本领。因此，学校信息技术与课程整合的组织教学模式和策略的研究十分重要。信息技术与课程整合，应符合如下基本要求：① 学习是以学生为中心的，学习是个性化、能满足个体需要的；② 学习是以问题或主题为中心的；

③ 学习过程是进行通讯交流的，学习者之间是协商的、合作的；④ 学习是具有创造性和生产性的。

为了达到上述要求，信息技术与课程整合的基本策略包括：

第一，利用信息化学习环境和资源创设情境（包括自然、社会、文化、各种问题情境以及虚拟实验环境），培养学生观察、思维能力；

第二，利用信息化学习环境和资源，借助其内容丰富、多媒体呈现、具有联想结构的特点，培养学生自主发现、探索学习能力；

第三，利用信息化学习环境和资源，借助人机交互技术和参数处理技术，建立虚拟学习环境，培养学生积极参与、不断探索的精神和科学研究的方法；

第四，利用信息化学习环境和资源，组织协商活动，培养合作学习精神；

第五，利用信息化学习环境和资源，创造机会让学生运用语言、文字表述观点思想，形成个性化的知识结构；

第六，利用信息化学习环境和资源，借助信息工具平台，尝试创造性实践，培养学生信息加工处理和表达交流能力；

第七，利用信息化学习环境和资源，为学习者提供自我评价反馈的机会。通过形成性练习、作品评价方式获得学习反馈，调整学习的起点和路径。

第三节　信息技术与课程整合的模式的探索

利用信息化学习环境和资源进行课程教学（学习），根据其利用方式的不同，我们可以把它分为表 10.2 所示的三种基本方式。

表 10.2　信息技术与课程整合基本模式示例

方　　式	信息技术的作用	应　用　模　式
L-about IT 方式	把信息技术作为学习对象	在目前中小学开设的"信息技术"课程中，引入其他学科课程知识内容作为事例，以加深信息技术基础知识和技能的掌握
L-from IT 方式	把信息技术作为教师教学辅助工具	"情境—探究"模式
L-with IT 方式	把信息技术作为学生学习的认知工具	"资源利用—主题探究—合作学习"模式
		"小组合作—网页创作—远程协商"模式
		"虚拟社区—合作学习"模式
		"专题探索—网站开发"模式

一、基于课堂的"情境—探究"教学模式

基于课堂的"情境—探究"教学模式包括创设问题情境(思考讨论、形成创意)、实践探索、意义建构、自我评价几个基本环节。

教师利用信息技术手段,根据教学要求和学生的认知发展水平,创设一定的教学情境,以引起学习者对问题的思考。在充分思考的基础上,借助一定的学习资料,形成创新性问题解决的思路,并在实践中探索问题解决的具体方法,最终实现问题解决。在问题解决过程中,学习者对问题的理解和解决方法会形成自己的独特见解,从而达到建构主义理论所要求的对知识学习的自我意义建构。最后一个环节是学习者对问题解决过程进行自我评价,发现不足与成效,以便在后续问题解决中改进与提高。

在"情境—探究"模式中信息技术与课程内容教学的关系可以用图 10-3 表示:

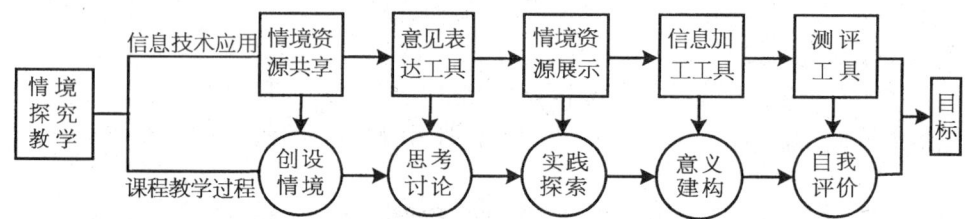

图 10-3 "情境—探究"模式中信息技术与课程内容教学的关系

在这种模式中信息技术与课程整合的方法可用表 10.3 描述:

表 10.3 "情境—探究"模式中信息技术与课程整合的方法

"情境—探究"模式	
适用环境:课堂多媒体教学环境	
课程教学过程	**信息技术应用**
● 创设不同类型的学习情境: ① 社会、文化、自然情境;② 问题情境; ③ 虚拟实验环境,供学生观察、思考、操作	● 利用多媒体课件、网上教学资源创设情境
● 教师指导学生观察事物的特征、关系、运动规律并进行思考和发表意见	● 利用 NetMeeting、ICQ 或 BBS 作为意见表达工具进行思想交流,表达意见
● 学生对呈现的情境进行操作实践、验证与原来思考的意见是否一致	● 利用信息技术的播放演示功能,重新展示学习情境
● 指导学生进行知识重构,把思考和实践的结果进行归纳总结	● 利用文字处理工具、电子文稿编辑工具和网页制作工具进行知识重构
● 指导学生进行自测评价,了解学习效果	● 利用数据库建立形成性练习题库,和利用 SPSS 统计分析或学习反应信息分析系统和方法进行自我评价

基于课堂的"情境—探究"模式的特点是教师指导、网络支持、学生参与。由于该模式兼具传统教学师生面对面交流、信息反馈及时和信息技术环境下学生主体参与、学习方式灵活、学习资源丰富等特点，对于革新传统课堂教学，实现在课堂教学中以现代教育技术手段推动素质教育进程，培养学生的创新精神与实践能力具有非常重要的作用。同时，也是信息技术与学科整合的良好场所，有利于提高教学效果和培养新世纪需要的适应知识经济社会发展的新一代。

二、基于校园网络环境下的"资源利用—主题探究—合作学习"模式

主题探究型学习模式又称基于项目的研究性学习模式，是学习者面对教学资源丰富的学习环境，由教师根据学生所关心的社会、生活或学习中的热点问题，要求学生自己确立论点。教师提供与主题相关资源目录和网址，指导学生阅读资源和相关网页。学生根据论点搜集支持论点的相关资料（论据），最终完成具有鲜明个性特点的展示论文。论文展示可以利用 PowerPoint 制作，也可制成网页。最后由学生介绍报告内容，其他同学对研究报告进行评议。

主题探究型学习模式的关键是要由教师提出好的问题，该问题能引发学生的积极思索，而且从不同问题侧面所观察到的结论均不相同，只要言之有据，结论无所谓对错。该模式有利于培养学生对问题的观察能力、求异思维能力、分析与解决问题的能力、创新思维与实践能力、科研能力等。

这种模式是通过社会调查、确定主题、分组合作、收集资料、完成作品、评价作品、意义建构等环节完成课程学习，其教学过程可用图 10-4 表示。

在这个模式中采用了合作学习的形式，旨在通过更加明确的任务小组的组织方式促进学生学习，因此是小组学习的一种特殊类型。其本质要素包括：小组成员之间的互相依赖、小组成员之间面对面交互与交流、重视个人对小组的责任和贡献、组织结构具有非常鲜明的活力、团队技巧和小组学习进程。小组成员需要接受指派的角色，学习小组需要有一定的组织结构，小组任务的完成需要成员相互独立的工作。小组整体和成员为达到小组的目标而都负有一定的责任。

在这种模式中合作学习的技巧包括如下六个方面：

第一，合作学习技能掌握的时间。从第一次尝试使用合作学习组织方式到能顺利应用它进行教学，大概需要几个学期甚至几年的时间。因此，合作学习方式的应用需要组织者一定的努力。在实践中不断总结经验，细心体会合作学习的组织技巧，有可能会加快这一进程。

第二，小组成员的数量。合作学习小组的组成人数不必太多，实践表明，由3 到 4 个同学组成的学习小组，其合作学习效率最高。

第三，教师作用的发挥。合作学习需要教师做很多预先计划工作。因此，在

开展合作学习活动中,教师的工作负荷不是减轻,而是加重了。合作学习效果的好坏,更多表现在教师是否事先从事良好的设计工作。

第四,合作学习活跃程度。主要表现在教师提出的目标、引证的故事是否能引起小组成员的激情、热烈的讨论、故事主题的升华。好的目标和事例有利于激发小组成员思维的灵活性、敏锐度。

第五,小组成员的活动。要为学习小组中的每位学生确定一个特定角色。小组学习目标的完成依赖于各位成员的协同工作和努力,只有每位学生明确自己的目标,才可以提高学习小组的工作效率,促进学生全体发展。

第六,小组成员的组织。在学习小组开始完成小组任务之前,首先需要学生明确他们在小组中的地位都是平等的。这一点对于提高小组的工作效率,树立小组成员的责任感、集体的归属感和荣誉心都具有非常重要的作用。

基于校园网环境的合作学习是学习者除具有传统意义上的合作学习的组织形式之外,可以利用网络环境提供的丰富的网上学习资源,学生面对的、可以收集的适应小组学习目标的信息内容更加丰富,因此其学习成果(展示报告)将会更加精彩、创新结论的证据更加充实。

基于校园网环境的合作学习模式包括如下几个环节,如图 10-4 所示。

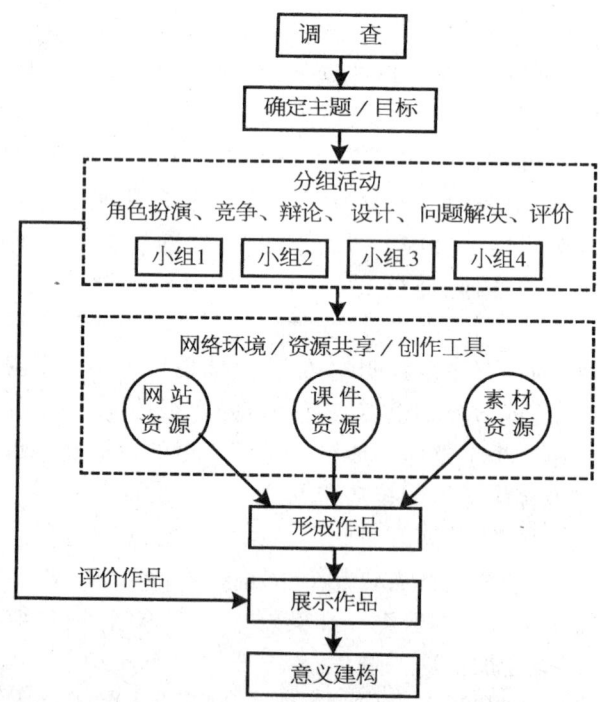

图 10-4　基于校园网环境的合作学习模式

在这种模式中信息技术与课程整合的方法可用表 10.4 描述。

表 10.4 基于校园网环境的合作学习模式信息技术与课程整合的方法

"资源利用—主题探究—合作学习"模式

适用环境：校园网络（或与外部因特网相连）

课程教学过程	信息技术应用
● 在教师指导下，组织学生进行社会调查，了解可供学习的主题	● 利用因特网检索作为社会调查其中一种方式
● 根据课程学习需要，选择和确定学习主题，并制订主题学习计划（包括确定目标、小组分工、计划进度）	● 利用计算机文字处理工具，写出主题学习计划
● 组织合作学习小组，设计合作活动方式，包括：角色扮演、竞争、辩论、设计、问题解决、评价	● 学习小组各成员交换电子邮件地址和网上通讯代码
● 教师提供与学习主题相关的资源目录、网址和资料收集方法和途径（包括社会资源、学校资源、网络资源的收集）	● 学生在网络环境中，通过浏览器浏览相关网页和资源
● 指导学生对所获得的信息和资源进行去伪存真、选优除劣的分析	● 对所获得的信息进行思考、分析，去伪存真、选优除劣
● 根据需要组织有关协作学习活动（如竞争、辩论、设计、问题解决或角色扮演等）	● 借助 NetMeeting、Internet Phone、ICQ、E-mail、Chat Room、BBS 等网络通讯工具，实现相互之间的交流，参加各种类型的对话、协商、讨论活动
● 要求学生以所找到的资料为基础，做一个与主题相关的研究报告（形式可以是文本、电子文稿、网页等），并向全体同学展示	● 利用汉字输入和编辑排版工具，利用"几何画板"、"作图"、"作曲"工具，电子文稿制作或网页开发等信息"集成"工具创作作品，并向全体同学展示
● 教师组织学生通过评价作品，形成观点意见，达到意义建构的目的	● 根据评价意见，修改并正式发布完成的作品，达到意义建构的目的

三、基于因特网的"小组合作—网页创作—远程协商"模式

这种模式是在因特网环境下，不同地区的多所学校，各自组成合作学习小组，围绕同一主题，建立小组网页，互相浏览，交流意见，进行评比。其学习方式

可用图 10-5 表示。

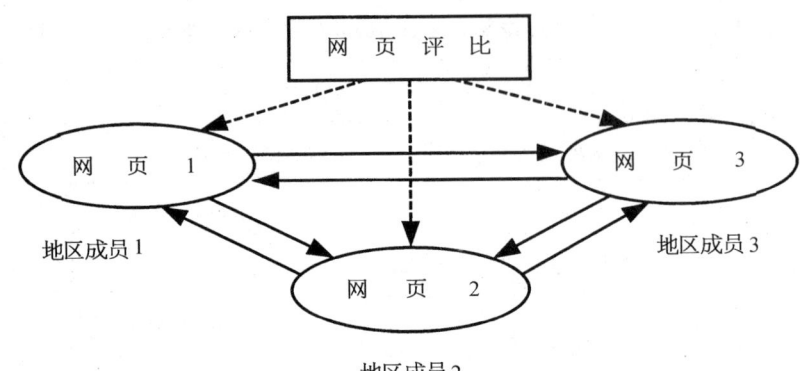

地区成员 2

地区成员的活动：
围绕主题，收集资料，制作网页，
互相观看，发表意见，总结体会。

10-5　基于因特网的"小组合作—网页创作—远程协商"学习模式

在这种模式中，信息技术与课程整合的方法可用表 10.5 描述。

表 10.5　"小组合作—网页创作—远程协商"模式中信息技术与课程整合的方法

"小组合作—网页创作—远程协商"模式	
适用环境：因特网络环境	
课程教学过程	信息技术应用
● 在不同国度、地区或城市，各自选择几所学校作为地区成员实验学校，并协商确定一个共同的学习主题	● 利用因特网进行协商，确定共同学习主题
● 在各地区实验学校内，各自组成若干个合作学习小组，各合作学习小组同学内部分工，分别进行问题探索	● 根据学习主题，学习小组各成员进行分工，并彼此交换电子邮件地址和网上通讯代码
● 不同地区的实验学校，围绕主题，通过因特网，寻找与主题相关的网页并通过下载，获取相关信息	● 通过因特网，搜索并下载与主题相关的信息资料
● 不同地区的实验学校，围绕主题，建立小组网页	● 利用所得资料，进行素材加工，利用网页制作工具制作小组网页
● 各合作学习小组相互浏览其他合作学校的网页并进行讨论	● 各合作学习小组定期浏览其他合作学校的网页并利用借助 NetMeeting、Internet Phone、ICQ、E-mail、Chat Room、BBS 等网络通讯工具，实现相互之间的交流，进行讨论；对其他合作学校的网页发表意见，互相交流
● 经过一段时间后，组织学生进行学习总结，对综合课程知识的掌握和学习能力进行自我评价并进行网页评比	● 利用文字处理工具、电子文稿编辑工具和网页制作工具进行学习总结、知识重构

基于因特网远程协作学习模式在国际上应用比较普遍，如香港特区教育署组织开展的环境污染保护实验，让学生在因特网环境中搜集有关环境污染情况的信息及其解决方法，并制作演示研究报告。新加坡教育部组织中小学开展的"智能岛"计划、"水资源利用"计划因特网教学实验，根据国家的发展规划，组织学生利用因特网资源献计献策。台湾地区中小学中开展的"酸雨实验"，通过因特网搜集相关信息，了解酸雨形成的原因、危害及其防治措施，并提出自己的观点。日本教育部在100所中小学开展的因特网教学实验等。

日本100所中小学联网项目最早开始于1993年，它是由国际贸易和工业部（MITI：Ministry of International Trade and Industry）和日本教育部（ME：Ministry of Education）发起，由信息技术促进代理部（IPA：Information-technology Promotion Agency）、计算机教育中心（CEC：Center for Educational Computing）和信息基础部中心（CII：Center for Information Infrastructure）共同支持和管理的大型项目。在这个项目中，1 543所申请学校中106所中小学被抽选出来并将会在未来的日子里联上因特网，在项目建设过程中，IPA将负责为每所学校建立一个帮助操作IP设备的中心系统，向项目和各校提供有用的信息。现在实验学校已发展为111所。

日本教育部门希望通过该项目促进日本利用网络进行教育，使日本青少年能在未来的日子里适应社会飞速发展和知识更新速度提高的现状，具体来讲该项目的建立主要在以下几方面特点：

● 使百所学校中拥有计算机服务器，为联通因特网网络打好硬件基础；

● 得到政府组织和类似相关组织的鼎立支持；

● 得到当地志愿团体包括计算机工程人员的支持；

● 志愿者的活动计划由每一个学校自己提议或策划。

经过几年的实验与实践，现在日本的111所实验学校已进行了多项学习活动，这些活动包括下面几项内容：

● 有40所学校参与的环境教育内容的协作学习，诸如酸雨项目、酸雨的pH值测定等内容。各学校在学习过程中共享学习数据，共同探讨学习过程。

● 在众多志愿专家帮助中完成的社会学习报告的制作。学习者在学习过程中将通过网络提出学习中遇到的问题，志愿专家将给予相应的回答。

● 将网络连接到气象办公署，学生通过气象署传送来的卫星云图学习相关的气象知识。

● 将网络与海外学校相连，进行交叉风俗内容的学习。在学习过程中，学校将利用CU-SeeMe技术实现各学校之间的实时视频信息交换，并通过主题民意调查的方式与海外学校进行信息交流与共享。

● 通过国际性的调查问卷进行有关道德方面的学习。学习过程中，学生就和平问题，根据问卷调查中有关法国政府统计出来的核实验的结果展开了丰富的讨论。

四、基于因特网的"网站开发—专题探索"模式

这种模式是在因特网环境下,对某一专题进行较广泛、深入的研究学习,并要求学生构建"专题学习网站"来培养学生的创新精神和实践能力。

在这种模式中信息技术与课程整合的方法可用表 10.6 描述。

表 10.6　"网站开发—专题探索"模式中信息技术与课程整合的方法

"网站开发—专题探索"模式

适用环境:网站开发环境

课 程 教 学 过 程	信 息 技 术 应 用
● 组织学生对某一重要专题进行较广泛、深入的研究	● 利用搜索引擎、权威网站、专题网站、专业网站和资源库等进行深入研究
● 广泛收集与专题学习内容相关的文本、图形、图像、动态资料并加以整理	● 利用网站、各类型的电子出版物广泛收集相关资料并分类整理
● 把收集到的素材资源进行分类管理,并根据深入研究的结果,按照一定的结构进行知识结构化重组,形成专题学习网站	● 利用信息加工工具进行素材加工,利用网站制作工具制作专题网站
● 把所建立的专题学习网站向全校或社会发布	● 利用信息发布技术建立发布网站
● 利用专题学习网站进行课堂教学或自主讨论学习,学习者可以在网站上充分发表意见和进行提问质疑	● 利用一发布网站中的信息交流平台进行讨论,发表意见
● 对本专题学习内容有兴趣的师生,可以把相关资料上传到网站上,使专题学习网站得到扩充和完善	● 利用 FTP 等网页上的工具把新成果加入专题网站中,扩充专题网站资源

这类整合模式对与培养学生创新精神和实践能力,提高学生的综合素质具有十分重要的作用。这类学习模式要求学生构建的"专题学习网站"通常包含如下基本内容:

第一,展示与学习专题相关的结构化的知识,把与课程学习内容相关的文本、图形、图像、动态资料等进行知识结构化重组;

第二,将与学习专题相关的、扩展性的学习素材资源进行收集管理,包括学

习工具(字典、辞典、读音、仿真实验)和相关资源网站的链接；

第三,根据学习专题,构建网上协商讨论,答疑指导和远程讨论区域；

第四,收集与学习专题相关的思考性问题、形成性练习和总结性考查的评测资料,让学习者能进行网上自我学习评价。

这种模式的学习过程是：学生根据一定的需要,参与学科网站的设计开发——教师提出利用网站进行自主学习的要求——学生利用学科网站进行自主学习——通过学科网站提供的形成性练习或考试功能,检测自己的学习效果。由于学科网站提供的教学内容的深度、数量、范围、使用的灵活性等都是传统条件下所无法比拟的,学生在学科网站环境下,易于获得与分析学习内容,有利于学生对知识的理解与掌握,这就为学生自主学习提供了良好的环境。

基于学科网站的自主学习模式刚刚兴起,已显示出强大的生命力。其教学的基本环节包括几个方面。(图10-6)

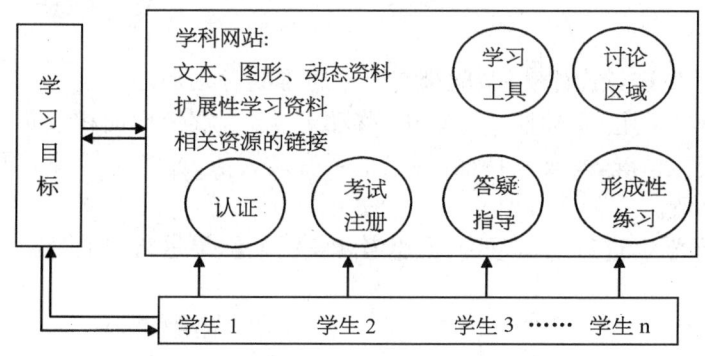

图10-6 基于学科网站的自主学习模式

第四节 信息技术与课程整合实践案例

信息技术与课程整合有许多成功的案例。下面通过介绍几个案例说明如何应用现代教育技术,探索和构建新型教学模式的经验。

一、案例一：利用几何画板探索三角形内接矩形的面积变化的规律[①]

例如利用著名的数学几何模拟软件"几何画板",可以非常容易地实现对平面几何、立体几何中的形状、平分线、中垂线等进行动态模拟演示,可以定义各种

---

① 案例来自杭州市第二中学。

参数,也可以随机动态改变,非常灵活、方便,教师利用该软件可以演示、创设几何学习的良好情境,方便学生对问题的探索与发现,并在此过程培养学生的兴趣、创新意识与实践能力。杭州市第二中学的数学教师在利用几何画板探索三角形内接矩形的面积变化的规律时,采用了如下方法步骤。

1. 创设学习情境

（1）利用几何画板画出 $\triangle ABC$，在 $\triangle ABC$ 中的 BC 边上取一动点 P，设 $BP = x$，并以 P 点为始点作内矩形。并设 P 点在 BC 上作动画运动,使矩形面积随之而发生大小变化(如图 10-7 所示)。

（2）测出矩形面积的值 y，并建立 x 与 y 间的关系,让面积值 y 在坐标系中显示,并观察 x 变化时,面积 y 的变化情况(如图 10-7 所示)。

2. 教师指导学生观察事物的特征、关系、运动规律并进行思考和发表意见

教师指导学生思考,如果移动 P 点,矩形面积以及表征面积大小 y 值会有怎样的变化,有何特征? 是否有最大值? 让学生把思考的想法说出来并进行讨论。

3. 让学生进行操作实践、验证与原来思考的意见是否一致

教师指导学生,实际操作计算机,移动 P 点,观察矩形面积以及表征面积大小 y 值的变化情况,发现其特征,观察是否有最大值,让学生验证与原来思考的意见是否一致。

4. 指导学生进行知识重构,把思考和实践的结果进行归纳总结

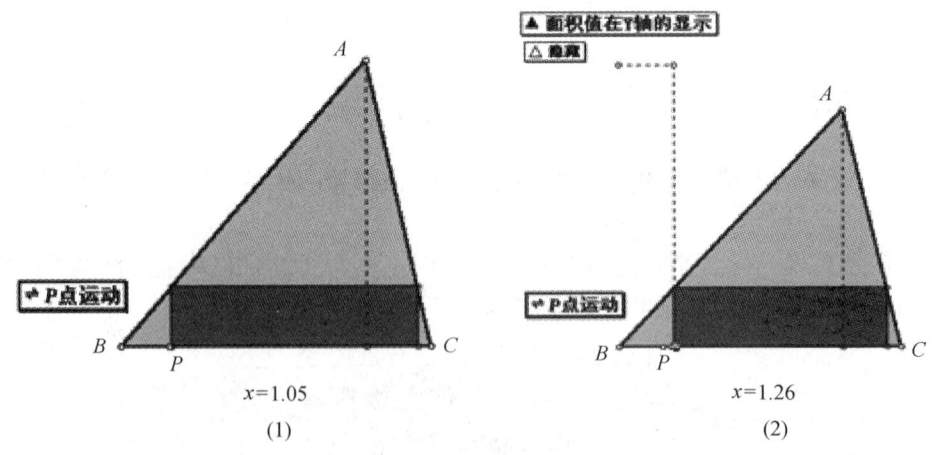

图 10-7 课例：三角形内接矩形面积的变化规律的研究

通过上述例子,将几何画板作为学生探究数学几何问题及规律的情境创设和情境探究工具。在教学领域,类似这种信息技术作为情境探索工具的手段非常多,它们将在教学中发挥越来越大的作用。

二、案例二：语文作文课《未来产品广告设计》①

《未来产品广告设计》是一节利用网络环境进行自主学习、协作探究、广告创作的一种信息技术与作文课教学整合的典型案例，其教学过程包括如下环节。

1. 创设情境，激发兴趣，诱发创新动机

通过学生观看网上视频图像、广告精品及教师的诱导，激发学生喜欢广告的兴趣，诱发学生乐意展开理想的翅膀，"发明"未来广告的动机。

2. 网上学习，协作探究，启迪发明创意

通过学生网上自主学习未来科技信息，启迪新思维，促使学生展开丰富的联想，结合实际，协作探究出拟"发明"的未来产品的创意。

3. 网上再学，群组交流，获取广告信息

让学生在自主学习网上"广告资料库"内容的基础上，群组交流，互相帮助，从而进行意义建构，获取知识。

4. 继续上网，参考信息，口头表述广告设计的构思

让学生参考网上"广告精品库"提供的资料，了解未来产品广告范例，重温广告的有关知识，运用所学知识，通过口头表述，拟设计未来产品的广告词，再进行集体的交流评议，为下一步的书面创作打下基础。

5. 网上协作，分工合作，进行广告综合设计

让学生在网上发挥创新精神，求异思维，运用信息工具，动手综合设计创作未来产品的广告。包括进行版面的美术设计与加工，并输入广告词。

6. 推荐产品，集体评议，反馈修改

让学生对所设计的未来产品的广告进行自我评价，鼓励作者向全班同学进行宣传推荐，利用网络功能把部分同学设计的未来产品广告传送给大家共同欣赏，并进行评析，及时反馈修改。

三、案例三：网上语文阅读与写作训练课 "中国汽车工业与 WTO"②

1. 教学目标

本节课的教学目标是培养学生阅读与准确筛选信息的能力；培养学生利用网上资源构建意义的能力；培养学生语言文字表达能力；培养学生评析文章的能力；了解中国入世的一些知识。

---

① 案例来自广州市芦荻西小学。
② 案例来自广东南海市桂城中学。

2. 教学准备

（1）搜索有关 WTO 专题的主要网站，如《人民日报》、《羊城晚报》和新加坡《联合早报》等。

（2）准备相关素材，如有关中美签署入世协议录像或图片资料。

3. 教学过程

（1）创设情境，提出问题，引起思考

播放录像《中美签署入世协议》，教师提出问题：中国入世指日可待，作为一个学生，应如何面对？

（2）提出假设，角色扮演，思考感受

教师提出假设，假如你是一名（A. 司机、B. 汽车经销商、C. 汽车制造厂厂长），在得知中美签署有关协议的那一天（1999 年 11 月 15 日），你的感受如何？你看到了哪些有关情形？请以此为内容写一篇 300 字左右的短文，文体不限，题目自拟。

（3）资源利用，协商讨论

引导学生上网查阅资料，搜集相关主题材料，并分小组交流讨论。

（4）网上作文，教师监控

确立了观点并准备好了写作素材，学生进入留言板进行写作。这是整个过程中最重要的一个环节，学生运用从电脑网络搜集到的材料证明观点，实际上是建构意义的过程。与此同时，教师通过控制平台观察学生的进展，了解他们的作文速度，获得讲评作文的第一手资料。

（5）发布展示、交流点评

学生通过网络留言板发表作文，并自由浏览其他同学作品，进行分析、讨论、点评，并打分。教师也挑出质量不一的作文组织学生口头评议并阐明理由，鼓励学生提出相反意见，展开争论。

（6）教师总结

教师针对作文中出现的问题，在学生讨论评析基础上概括总结，说明写作的主要方面：主题是否明确；论据是否得当；语言是否精练、流畅。

四、案例四："虚拟社区—合作学习"模式的探索实践①

1. CommonTown"虚拟社区—合作学习"活动项目简介

"虚拟社区—合作学习"活动是指利用信息技术建立基于因特网的软件平台，形成一个用 3D 来表现的虚拟社区构成要素（如图 10 - 8），学习者可以环绕某一个主题，利用这些基本要素构建不同的虚拟社区，并组织不同的社区活动，同时还通过访问其他虚拟社区，对所关心的问题进行讨论。通过虚拟社区的活

---

① 案例来自深圳外国语学校。

动,培养学生学习的创造力,发展学生的批判性思维。深圳外国语学校参加了一项以 CommonTown 命名的虚拟学习社区的研究实践活动,进行基于虚拟社区的合作学习模式的探索。

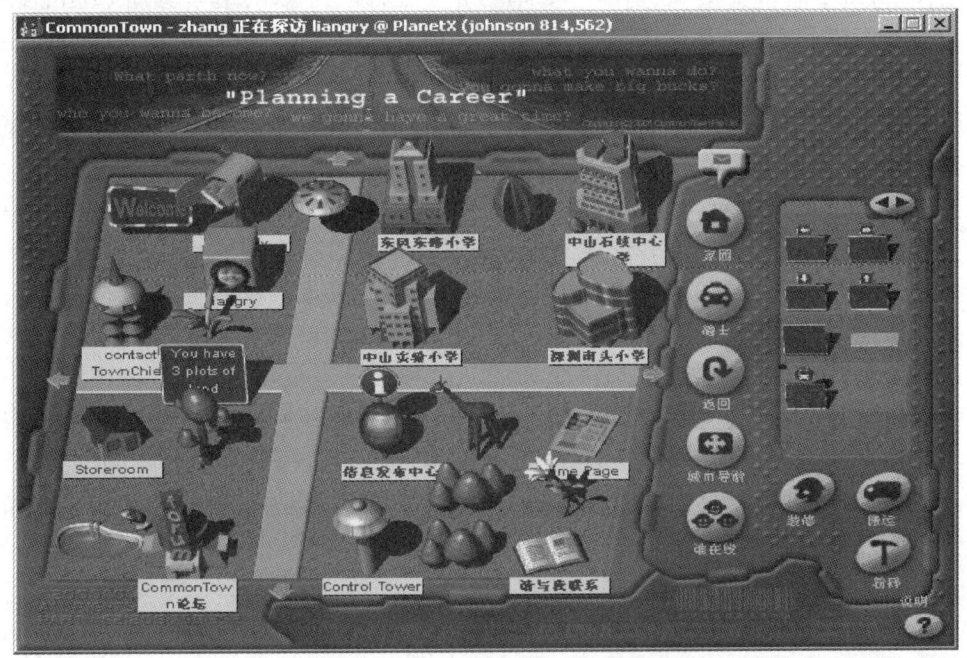

图 10 - 8　CommonTown 虚拟社区

CommonTown 是新加坡肯特岗数码实验室(KRDL)学习研究组研制开发的支持网上协作学习的软件平台。1998 年 12 月,KRDL 宣布成为网上在线技术联盟(OTC)的虚拟社区合作伙伴之一。这种伙伴身份使 KRDL 的 Common-Town 技术与 OTC 的虚拟社区架构相结合,并在 1999 年第一季度将此技术运用于儿童虚拟社区网上协作学习之中。

CommonTown 建立的主要宗旨是为了"建立一个社区,将全世界的人们联系在一起"。通过该软件,学生不仅能在网上冲浪,而且利用该软件的相关功能,成为网上虚拟社区的一员,并将自己的想法与其他社员共享。通过 Common-Town,用户能快捷地在网络上建立一个类似 3D 效果的虚拟社区,利用这个软件平台人们能建造房子、树木、公园、游泳池、机场等建筑,每个建筑都以图标的形式显示,在图标上用户都能建立他们所喜爱的网站、个人主页、讨论区和聊天室,作为社区的每一位用户都能访问其他社员的建筑物,并以此与其他人员实现思维共享。

为了探究虚拟社区如何增进青少年之间的联系,探讨在虚拟社区内可能实现的教育活动,新加坡南洋理工大学教育研究所组织香港、新加坡、中国大陆等地利用 CommonTown 建立一个连接 APEC(亚太经合组织)各国学生的纽带。亚太经济合作组织有关国家的教育科研部门共同参与了 CommonTown 合作学习项目。项目要求参与活动的各成员国能提供至少一所中学参加此项目的研究工作,每所中学挑选出 10 到 30 位,年龄介于 13 至 16 岁的学生参加 Common-Town 虚拟社区的合作学习活动。中国大陆由华南师范大学教育技术研究所负责组织指导,深圳外国语实验学校参加第一批项目的实施和研究。随后广州东风东路小学、中山市实验学校、石岐中心小学、深圳南头小学也参加了项目的试验研究。

2. CommonTown"虚拟社区—合作学习"活动模式

(1) 利用 CommonTown 建立虚拟社区城市群

为较好地利用虚拟社区的功能,也为了能集中管理各校的研究工作,组织者提出了学习城镇概念,建议各校学生利用 CommonTown 建立虚拟社区城市群,这个城市群包含一个城市中心(city center)和几个卫星城(town),城市中心由一个指定的"市长"进行主管,每个卫星城由一位市镇顾问及市镇领袖掌管,由参与该项目的学校选出一名教师和学生分别担任。市镇领袖将执行顾问的计划。为方便管理各城镇,每个城镇将被赋予名称,各卫星城与城市中心将以围绕城市中心向外辐射的关系组织。

(2) 确定社区中各角色担当职责

"市长"——作为城市中心的主管,其工作主要是负责学校各项活动的组织,对合作学习活动进行建议,设计并建立集体活动,提供或建议共同的话题并组织好学习过程中的讨论工作和在必要情况下为学习参与者提供帮助与指示等。

"城镇领袖"——在本城镇内根据给定的话题组织学习活动、对活动的参与进行监控,邀请其他学校到自己的卫星城来参加选定的活动与讨论,向学生说明他们扮演的角色、相应职责及他们应遵守的规则,对学生活动进行监控,以确保他们以可接受的方式使用卫星城并协助其他城镇领袖实施各项活动等。

"社员"——学生在虚拟社区中将以社员的身份出现,作为社员他们则应积极参与由市长和卫星城镇领导组织的各项活动,遵循基本的规则,以友好向上的态度与其他城镇的社员进行学习交流沟通。

(3) 环绕给定主题进行探讨

虚拟社区是要受一个共同的学习主题约束的,学校与学生可就给定的主题进行不同方式的探讨。主题可能包括传统服饰、传统游戏(玩具)、节日与风俗、食物、我的一天、为什么作为一个中国/泰国/越南人我觉得自豪、受欢迎的运动/娱乐项目、文化冲击、旅游胜地、货币兑换、增进 APEC 国家青少年之间联系的途径、交通运输等,各校学生先用较短的时间对主题内容进行探究。

(4) 环绕主题进行"城市"互访

经过一段时间的探讨后,"市长"可以提出环绕主题可能进行的活动的建议

供卫星城参考。各校学生将进行卫星城之间的互访，以便对主题进行更深入细致的探究。

（5）组织城市间的协作活动

由"市长"提议各卫星城之间可以进行的共同合作完成的项目，让学生进行协作学习活动。协作学习期间，城市中心将举行各种活动，所有的学生均能参加。

3. 深圳外国语学校 CommonTown"虚拟社区—合作学习"的实践活动

深圳外国语学校是中国参加 CommonTown 项目第一个学校，该校学生由于主修英语，英语底子较好。学生以自愿报名的形式参加该项目实践，学校在报名学生中选出初一学生 1 人、初二 1 人、高一 7 人和高二 2 人共 10 名学生（5 男 5 女）参加该项目的学习。其主要活动内容如下。

（1）建立"自我介绍"的小型虚拟社区

学习进行初期，每位学生都利用 CommonTown 在网络上建立自己的小社区，社区的主题主要以介绍本人和自己的学校情况为主，目的之一是让学生在介绍本人情况和学校情况的过程中熟悉 CommonTown 软件的使用，目的之二是通过社区向新加坡、中国香港地区乃至全世界的学生伙伴做一个自我介绍，以备日后能进行更好的交流与沟通。

（2）环绕主题建立"主题社区"

经过一个月左右的自我介绍后，学习转入正题内容，各校选定一个学习主题建立自己的社区，深圳外国语学校的学生以向外国学生介绍我国传统文化为学习的最终目标，确定了介绍我国文化这一学习主题。在学习期间，学生参与了国家文化、中国食品、风景名胜、中国家庭、中国风俗、中国节日等专题的探讨。

（3）组织协作学习

活动过程中，学生在老师的指导下，学习小组成员们进行了两种类型的协作学习。

第一是学习小组成员之间的协作学习。包括在学习初期，由学习小组成员共同开会讨论决定学习主题；在学习期间，各成员分工合作，共同商定，完成资源收集、信息整合、社区搭建、网页制作等工作。

第二是网络上的协作学习。学生利用 CommonTown 所提供的网络协作学习的各种功能，诸如论坛、聊天室、信息发送和接收、文件的上传和下载等与东南亚等国家和地区的学习伙伴在网上进行了学习探讨和交流。

整个学习过程，学生投入了极大的学习兴趣，学生不仅按照教师的要求完成指定专题的讨论与协作，而且各个学生还根据自己的兴趣特点与自己志趣相投的网络伙伴进行自己感兴趣的专题探讨学习。

经过四个月的学习，深圳外国语学校的学生和老师们代表中国在 2000 年 4

月新加坡举行的亚太经合组织教育部大会上进行了学习成果展示并获得各国专家的好评。而在学习过程中收获最大的当然要属参加学习的各个学生,学生在参与了该项学习后不仅学到了地理、历史、习俗、计算机等文化知识,而且学生的口头表达能力、书面表达能力、英语阅读水平、英语书面与口头表达能力均获得极大的提高,学生还反映在学习过程中给他们带来极大乐趣的就是广交了许多国际上的朋友,并通过他们了解到许多在国内无法了解到的知识与文化,在参与项目过程中,学生尝试到一种全新的学习方式,这种方式能让他们以自己的风格进行学习,学生在参与项目的过程中感到了学习乐趣的真正所在。

深圳外国语学校的成功案例表明利用虚拟社区进行协作学习具有极大的发展前景。它对培养学生创造性思维,使学生掌握自我学习和终身学习的能力具有极大帮助,同时它对我国素质教育改革提供了一定的借鉴意义。

◆ 复习思考题

1. 什么是教学模式? 信息化环境下的教学有哪些基本模式?

2. 现代教育技术应用的核心问题是什么? 利用信息技术学习有哪些基本方式,其应用模式如何?

3. 信息技术与课程整合的目标是什么?

4. 学习使用"几何画板"软件,理解工具型教学软件在教学应用中的作用。

技 能 实 践

技能实践一：多媒体综合教学平台操作

学习任务	利用综合教室多媒体教学平台进行操作技能训练
实践目的	1. 了解多媒体教室的功能与设备配置 2. 了解教学媒体与教学设备的关系 3. 掌握多媒体教室的使用方法
使用环境 （工具）	多媒体计算机、多功能视频展示台、影碟机、录像机、大屏幕高清晰度投影机、大屏幕、录音/放音机（录放机）、功放机、音箱、话筒(有线/无线)等
解决问题 步　骤	1. 开启设备总电源
	2. 开启电动大屏幕,使之垂挂
	3. 开启大屏幕液晶投影机,用遥控器将光学投影区调整到适当的大小,并且聚焦
	4. 插入图片、声音、视频图像等多媒体素材
	5. 启动多媒体计算机,用遥控器将投影机输入信号切换到RGB端,将功放机输入信号切换到相应端(视具体机型和具体接线而定),并对CAI课件进行操作演示
	6. 开启多功能视频展示台,用遥控器将投影机输入信号切换到视频输入端,调节视频展示台自动对焦摄像头上的ZOOM按钮,将展示对象调整到适当的大小。然后对透明胶片、实物及彩色图文资料的展示进行操作,展示物体的细微结构,直接在写字屏或白纸上书写并投影到大屏幕上
	7. 开启录像机,用遥控器将投影机输入信号切换到视频端,将放机输入信号切换到TAPE端,对教学录像带进行播放操作

（续　表）

解决问题步骤	8. 开启影碟机,用遥控器将投影机输入信号切换到视频端,将功放机输入信号切换到相应端,对教学光碟进行播放操作
	9. 收起大屏幕,关闭所有设备电源,关闭总电源
评价意见	
个人体会	

技能实践二：微格教学设计与系统操作实践

学习任务	利用微格教学系统进行课堂教学技能训练
实践目的	1. 了解微格教学的基本原理、实验室组成及教学过程 2. 掌握微格教学设计与教案的编写要求,初步具有编写微格教学教案的能力 3. 参与角色的扮演,提高综合实践能力
使用环境（工具）	摄像机、遥控器、切换台、录像机、监示器、话筒、混音台等
解决问题步骤	1. 确定训练目标
	2. 学习和研究教学技能
	3. 观摩有关教学技能的示范教材
	4. 编写微格教学教案
	5. 微格教学实践 （1）组成微型课堂 （2）角色扮演 （3）声像记录
	6. 重播录像,自我分析
	7. 讨论评价,修改教案
	8. 再实践

评价意见	
个人体会	

技能实践指南

利用微格教学系统进行课堂教学技能的实践,大体可包括如下基本内容:

1. 导入技能的训练

导入是教师在一个新的教学内容或活动开始时,引导学生进入学习的行为方式。在教学中采用正确而巧妙的方法进行导入,可以引起学生浓厚的学习兴趣,激发起求知的欲望,从而把他们的注意力引导到学习的课题上来。

利用微格教学系统可将导入技能分解为开门见山直接导入、利用旧知识导入、利用直观演示导入、巧设实例导入、利用生动故事导入等多项不同技巧进行训练。

2. 课堂教学中变化技能的训练

变化技能是教师利用对学生不同的刺激变化来组织学生的注意,生动地传递知识和交流感情,促进学生学习的行为方式。变化技能有三种类型,即教态的变化、教学媒体的变化和师生相互作用方式的变化。对于师范生来说,开始主要是掌握教态的变化。

利用微格教学系统可把教态变化技能分解为面部表情变化、身体动作变化和声音变化等技巧来进行训练。

3. 课堂教学中讲解技能的训练

讲解是一种常用的教学方法,是通过语言对知识的分析,揭示事物及其构成要素、发展过程。使学生把握事物的内在联系和规律。讲解技能是教师利用语言及各种教学媒体引导学生理解重要事实,形成概念、原理、规律、法则等的行为方式。

利用微格教学系统,可将讲解技能根据教学内容(事实、概念、原理、规律、规则等)的不同,分解为描述性讲解、描绘性讲解、论证性讲解、启发性讲解、归纳性讲解、演绎性讲解等多种技巧进行训练。

4. 板书板画技能的训练

板书是课堂教学的重要组成部分,是传递教学信息的有效手段,是教师口头语言书面表达形式。板书板画技能是教师利用黑板以凝炼的文字语言和图表等形式、传递教学信息的行为方式。

利用微格教学系统可将板书板画技能分解为提纲式板书、语词式板书、表格式板书、线性式板书、图示式板书、简笔画、示意图的绘画等技巧进行训练。

5. 演示技能的训练

演示一般指教师为了说明某个事实、过程等运用各种教学媒体提供感性材料的表演和示范操作，以及利用这些媒体指导学生进行观察、分析。因此，演示技能是教师根据教学内容特点和学生的需要，运用各种教学媒体把事物的形态、结构或变化过程等展示出来，指导学生理解和掌握知识、传递教学信息的行为方式。

利用微格教学系统可将在课堂教学中的演示技能分解为实物、标本、模型的演示，挂图的演示，幻灯、投影的演示，电视教材的演示，课堂实验演示，多媒体教学软件演示，网上教学资源的演示等技巧进行训练。

6. 提问技能的训练

提问是教学过程中师生之间进行相互交流的方式，提问技能是教师以提出问题的形式，通过师生的相互作用，检查学习、促进思维、巩固知识、运用知识、促进学生学习的行为方式。

利用微格教学系统，可将课堂教学中的提问技能分解为回忆性提问、理解性提问、知识运用性提问、分析性提问、综合性提问和评价性提问等技能进行训练。

7. 反馈、强化技能的训练

反馈是教师传出教学信息后，从学生那里取得对有关信息反应的行为方式。强化则是教师给学生的反馈信息，是促进和增强学生某一行为变化朝更好方向发展的行为方式。利用微格教学系统，可将课堂教学中教师获得反馈信息的技能分解为课堂观察法、课堂提问法、课堂考查法、操作实践法等技巧进行训练，而进行强化的技能可分解为语言强化、符号（标志）强化、动作强化、活动强化等技巧进行训练。

8. 结束教学技能的训练

结束技能是在完成一个教学内容或活动时，教师对知识进行归纳总结，使学生所学知识形成系统，以及转化、升华的行为方式。

利用微格教学系统，可将结束教学技能分解为归纳式、活动式、比较式、练习式、拓展延伸式等多种技能进行训练。

9. 组织教学技能的训练

组织教学技能是教师在课堂教学中组织学生的注意、管理纪律、引导学习、建立和谐的教学环境、促进学生进行学习的行为方式。利用微型教学系统可将组织教学技能分解为管理性组织、指导性组织、诱导性组织等多种不同类型技巧进行训练。

技能实践三：教育电视节目的编制

学习任务	编制一部不长于 5 分钟的电视短片介绍自己所在的院系或学校
实践目的	1. 了解教育电视节目编制的过程 2. 学习文字稿本的写作方法 3. 了解分镜头稿本的写作技巧 4. 学习组合编辑、插入编辑以及常用的特技字幕机和配音合成技术
使用环境 （工具）	摄像机、一对一电子编辑系统、特技字幕机、音频合成系统、连接线、录像带、素材带、话筒等
解决问题 步　骤	1. 编写文字稿本 2. 编写分镜头稿本 3. 熟悉摄像机的使用，拍摄素材 4. 编辑组成 　（1）连接编辑系统 　（2）利用组合编辑在空白录像带上录制 8 分钟蓝底 　（3）利用插入编辑，根据分镜头稿本将素材编辑组成 5. 叠加字幕、配音合成 　（1）熟悉特技字幕机的使用 　（2）声音合成 6. 审查与修改
评价意见	
个人体会	

技能实践指南

1. 文字稿本的编写

　　首先实地调查，确定准备介绍的几个有特色的方面，比如景物或科研成果等，调查的同时也要注意收集素材。

　　其次确定结构框架，编写文字稿本。

结构框架定了之后就可以着手编写文字稿本了。文字稿本的格式可参考本书表 4.5,编写时除了注意教学性与科学性外,形象的语言也是很重要的。电视教材的文字稿本虽然也是一种书面语言,但它与文字教材不同,不是直接阐明教学内容,而是说明采用何种形象的电视画面和相配合的解说词去表现教学内容。比如,想要介绍本专业科研成果突出,可这样设计:

画　面　内　容	解　说　词
墙上挂满了锦旗和奖状 桌子上摆满了获奖证书 一本本教材、专著、出版软件	本专业"九五"期间发表学术论文 362 篇,主编教材和专著 20 多部,出版开发了本学科主干课程及中小学主要学科教学软件和远程教学资源,连续四届获得国家级优秀教学成果奖……

2. 编写分镜头稿本

分镜头稿本的格式参考本书表 4.6。

3. 熟悉摄像机的使用,拍摄素材

素材的拍摄包括内景(含动画、特技)拍摄、外景拍摄,拍摄时还应注意同期声音素材的采制。

4. 编辑组成

(1)连接编辑系统

在老师指导下,参考图 4-15,将编辑系统连接好,并熟悉各种规格插头的样式与作用。

(2)利用组合编辑在空白录像带上录制 8 分钟蓝底

没有磁迹的空白录像带第一次编辑时,必须使用组合编辑。想一想,为什么?

让特技信号发生器提供蓝底信号,将空白录像带放入编辑录机,选择组合编辑方式,或直接在编辑控制器上同时按下"REC"和"PLAY"键,录制 8 分钟蓝底。

(3)利用插入编辑,根据分镜头稿本将素材编辑组成

将录有蓝底的录像带倒到开头,并前进 1.5 分钟,暂停,并同时按下"IN"和"ENTER"。

将素材带放入放机,选择放机(PLAYER)键,旋转搜索盘外圈播放录像,在放机上找到素材上的编辑入点,使之暂停(让搜索盘外圈返回到中间位置)在编辑入点处于静像状态。同时按下入点(IN)和存入(ENTRY)键,显示屏上"IN"灯亮,放机编辑入点时间数据存入存贮器中。继续寻找编辑出点,并存入存储器中。

按预演(PREVIEW)键,检查设定的编辑入点和出点位置是否合适,效果如

何，如不合适可重新设定编辑点。

按自动编辑（AUTO EDIT）键，放机和录机自动执行编辑过程，将选择好的画面录制到编辑带指定的位置上。

5. 叠加字幕、配音合成

（1）熟悉特技字幕机的使用

字幕机使用的一般操作同普通电脑，特殊功能的字幕机的操作可参考字幕机使用说明。

（2）声音合成

● 熟悉调音台各开关、旋钮位置、功能，在教师指导下，连接各设备组成声音混录系统。

● 预录解说。对着话筒试说解说词，调整调音台，调整录音信号电平、音调、混响以及输出电平或录机音量旋钮，使音频信号平均值不超过 0VU。在编辑录机放入空白带，开始正式录制解说。

● 选择准备好要配乐的音乐录音带。

● 将录有解说的录像带放入放机内，音乐带放入录音机中。再次调整各信号（解说、音乐）、输入电平以及调音台输出电平。在编辑录机中放入已编辑好画面的编辑带，根据画面内容要求，找到应该配音合成的内容（解说、音乐），确定声音起始位置，设定录机、放机或录音机编辑入点，并采用插入编辑方式，将解说、音乐效果逐段逐段合成在编辑带 CH-2 声道上。

6. 审查与修改

教育电视节目的评估标准

项目	评　价　标　准	评　价　等　级			
		优	良	中	差
教 育 性	1. 符合教学大纲，目的明确 2. 选题合理 3. 选材恰当 4. 结构符合教学原则和认识规律 5. 有利于培养学生的品德修养				
科 学 性	1. 科学原则准确无误 2. 材料选择具有真实性、典型性 3. 动画、色彩、环境、场地等符合科学要求 4. 演示、操作准确规范 5. 镜头组接符合科学与生活逻辑 6. 解说准确无误，音效真实，音乐选用合理				

(续　表)

项目	评　价　标　准	评　价　等　级			
		优	良	中	差
艺术性	1. 表现形式生动活泼,手法新颖 2. 构图讲究,用光合理,画面美观 3. 美工、动画、特技运用恰当 4. 镜头组接流畅,节奏恰当 5. 解说、音效、音乐感染力强				
技术性	1. 图像清晰 2. 亮度适中,色彩还原良好 3. 无显著噪声,无彩色镶边和惰性拖尾现象 4. 声画同步,音量控制比例适当 5. 声音无失真、无噪声 6. 画面稳定				

技能实践四：PowerPoint 演示文稿制作

学习任务	选择一个与自己所学专业相关的主题,制作一个教学演示文稿
实践目的	1. 学会利用 PowerPoint 2000 制作简单的多媒体演示文稿 2. 掌握制作电子幻灯片的一般过程和技巧 3. 了解一组幻灯片的播放控制和过渡处理
使用环境 （工具）	Win 98/me/XP/2000 操作系统,预装 PowerPoint 2000 及相关素材
解决问题 步　骤	1. 设计演示文稿,确定教学内容和教学策略。注意教学内容的组织结构、教学策略、媒体的选择与表现形式等,最好能写出简易的制作脚本或每张幻灯片的设计卡 2. 创建第一张幻灯片 　（1）启动 PowerPoint 2000,熟悉菜单命令窗口 　（2）选择应用合适的设计模板 　（3）选取自动版式 　（4）在编辑窗口的文本框中输入相应内容 　（5）保存演示文稿 3. 添加新的幻灯片 4. 插入图片、声音、视频图像等多媒体素材

(续　表)

解决问题步　骤	5. 设置幻灯片间的跳转关系，插入超链接
	6. 在浏览视图状态下，设置幻灯片的切换效果和动画效果
	7. 将制作好的演示文稿播放给老师或同学观看，并请他们提出评价意见
评价意见	
个人体会	

技能实践指南

1. 设计演示文稿，确定教学内容和教学策略

设计如图一所示的设计卡，并将包涵的文字、图片等位置在上面勾勒出来。

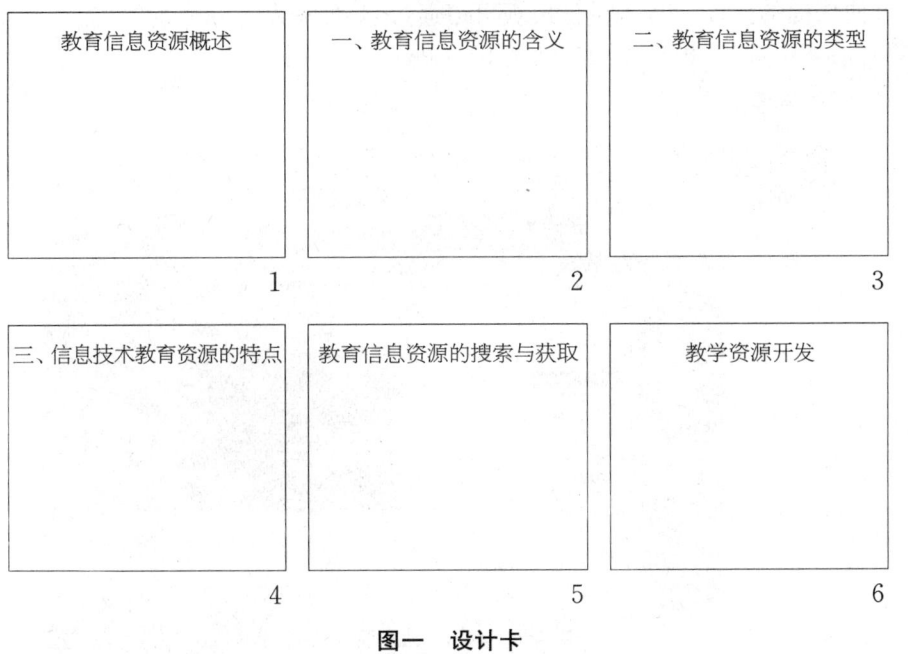

教育信息资源概述	一、教育信息资源的含义	二、教育信息资源的类型
1	2	3
三、信息技术教育资源的特点	教育信息资源的搜索与获取	教学资源开发
4	5	6

图一　设计卡

2. 创建第一张幻灯片

（1）启动 PowerPoint 2000

熟悉菜单命令窗口，点击一下各下拉式菜单，看一看每个菜单的下一级菜单

的内容。

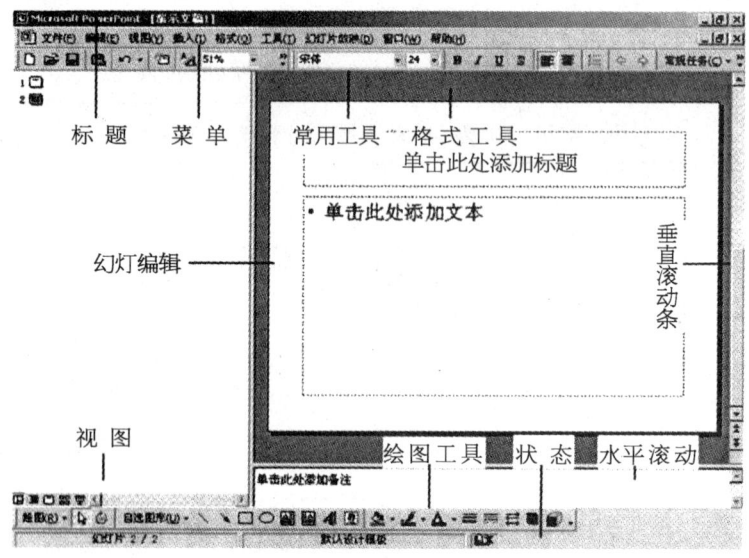

（2）选择应用合适的设计模板

PowerPoint 2000 提供了几十种设计模板，为你制作简单的演示文稿提供了方便快捷的操作。进入设计模板可以通过启动 PowerPoint 时在"新建演示文稿"对话框中选择"设计模板"，也可以在进入 PowerPoint 之后从格式菜单栏中选择"应用设计模板"。

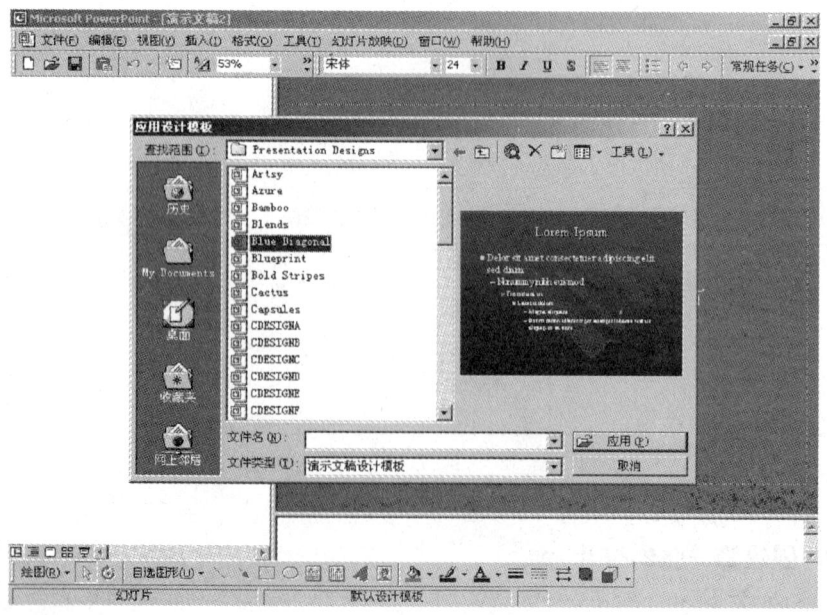

（3）选取自动版式

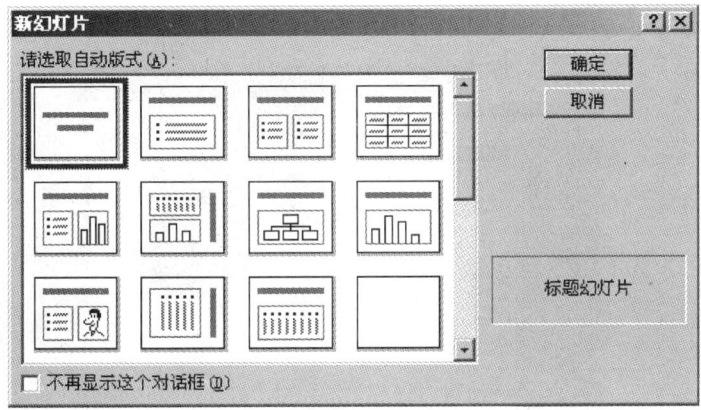

（4）在编辑窗口的文本框中输入相应内容

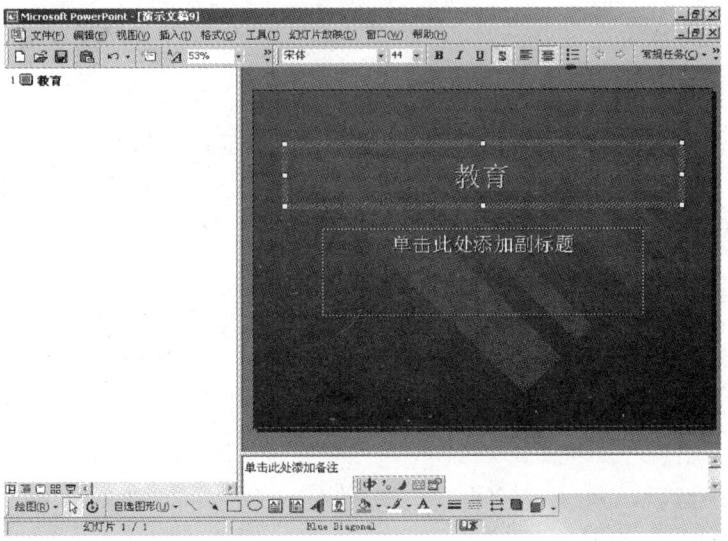

（5）保存演示文稿

3. 添加新的幻灯片

利用"插入→新幻灯片"命令添加后面几张幻灯片，并输入所有文字内容。

4. 插入图片、声音、视频图像等多媒体素材

（1）插入图片

向幻灯片中插入的"图片"有两种形式：一种是剪辑库中的图片；另一种是事先制作准备好的教学素材图片文件。在欲插入图片的幻灯片的编辑状态下，点击"插入→图片→来自文件"命令，在"插入图片"对话框中，单击"查找范围"栏中的下拉箭头，找到图片文件，并选中它，点击"插入"即可将该图片插入到幻灯片中。对插入的图片还可以进行缩放、移动、描边等编辑操作。

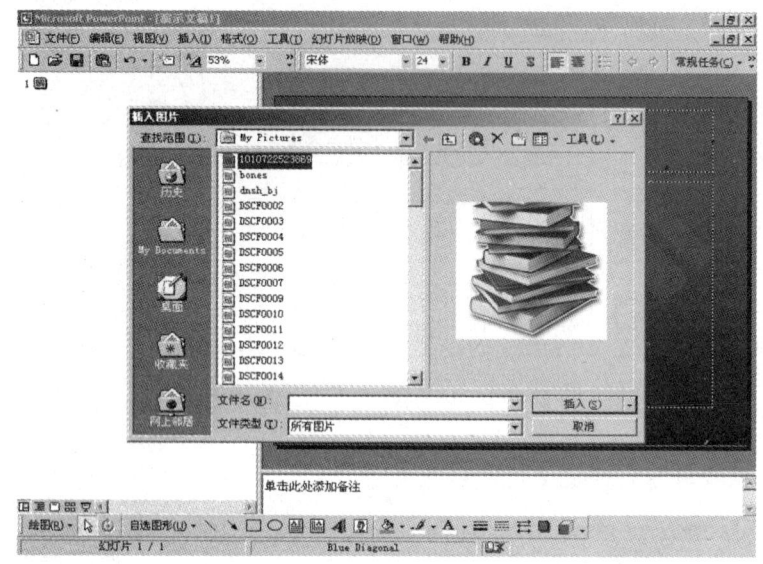

（2）插入声音

在幻灯片编辑状态下，点击"插入→影片和声音→文件中的声音"命令，在"插入声音"对话框中选择想要插入的声音，点击"确定"，这时会跳出如下对话框，如果选择"是"则放映幻灯片时将自动播放插入的声音。

插入声音后，幻灯片上会自动出现图标，图标的大小位置可以改变，点击放映图标，可以听一下声音效果。

（3）插入视频

点击"插入→影片和声音→文件中的影片"命令，在"插入影片"对话框中选择想要插入的视频，点击"确定"，这时会跳出如下对话框，如果选择"是"则放映

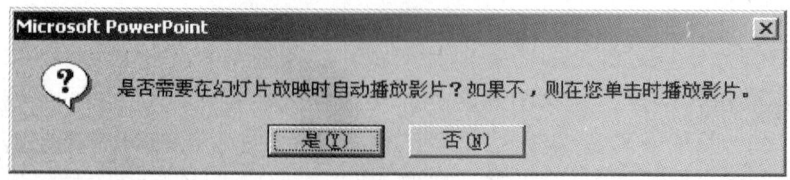

幻灯片时将自动播放插入的视频。此外,放映幻灯片时,单击插入的视频还可以进行"播放"与"暂停"之间的切换。

5. 设置幻灯片间的跳转关系,插入超链接

(1) 通过"动作按钮"设置超级链接

通过动作按钮设置超级链接的方式一般适用于幻灯片间的跳转。单击"幻灯片放映→动作按钮",再在弹出的按钮图标中单击所需的动作按钮,如下图所示。

在幻灯片上选择放置动作按钮的始点,按下左键不放,拖动鼠标直至动作按钮大小符合要求。这时,弹出"动作设置"对话框。选中"超级链接到"单选钮,可以看到其下拉列表项中可以选择链接到本演示文稿的任何一张幻灯片,也可以链接到其他文件或 URL。选中所需链接幻灯片或文件点击"确定"即可。

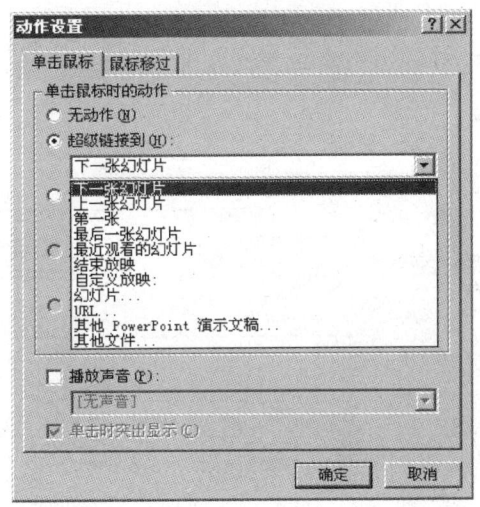

(2) 插入超级链接

幻灯片中的所有对象包括文字、图片、视频等,只要在选中状态下,都可以设置超级链接。如下图中选中"信息内容的广泛性",点击"插入→超级链接",则跳出"插入超链接"对话框,键入"http://www.iteonline.net",则放映时点击"信息内容的广泛性",即可登录"教育技术在线"网站。

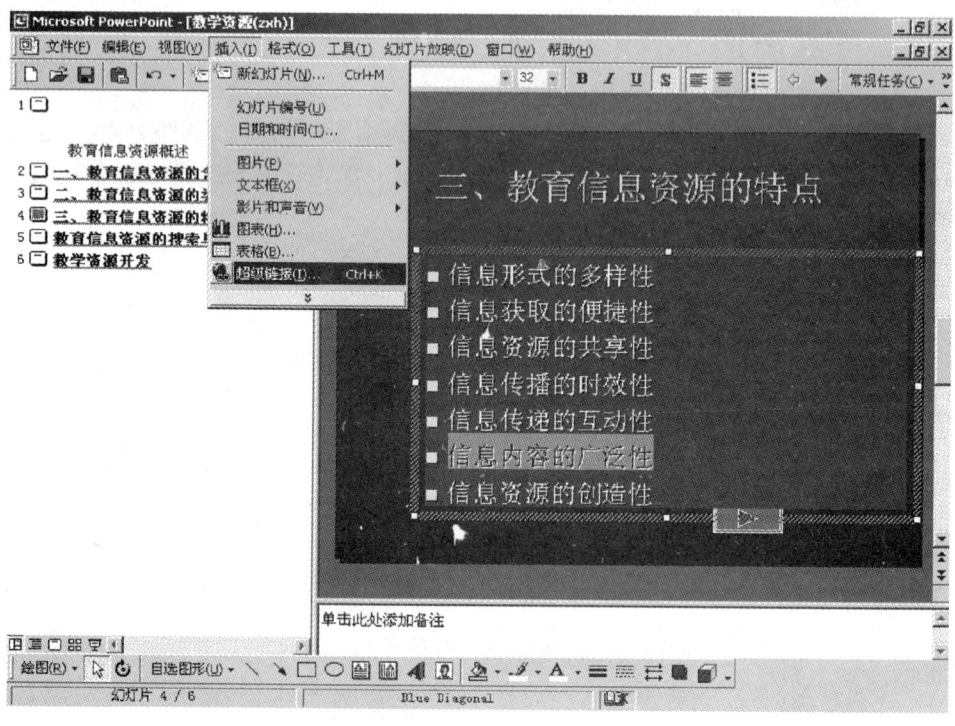

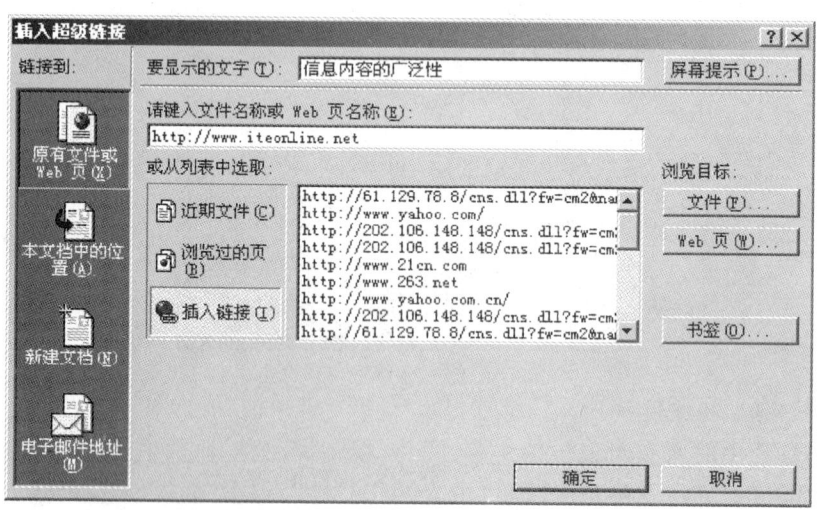

6. 在浏览视图状态下,设置幻灯片的切换效果和动画效果

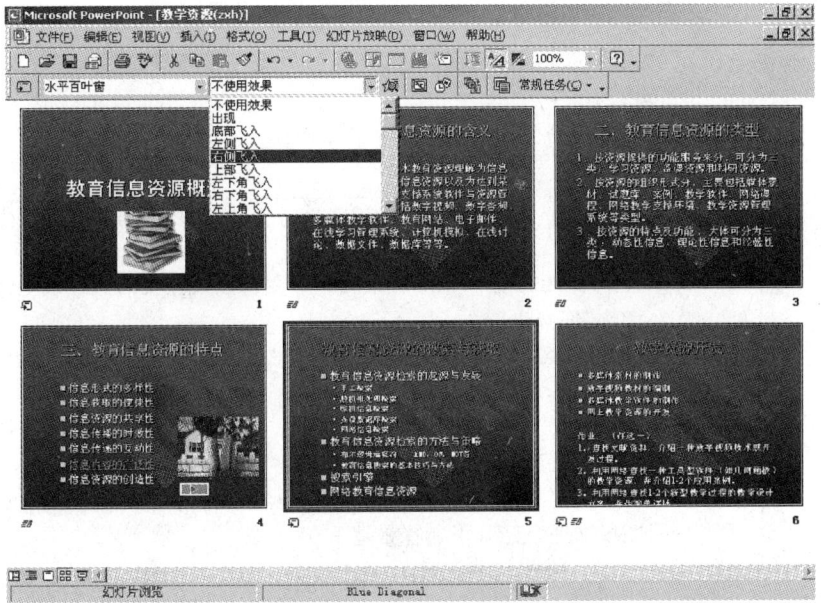

7. 将制作好的演示文稿播放给老师或同学观看,并请他们提出评价意见

8. 打包或创建 Web 页面

演示文稿制作好后,要使之脱离 PowerPoint 的编辑环境运行,可以利用 PowerPoint 在"文件"菜单中的"打包"功能,该功能同时也可将演示文稿备份到另外的磁盘上或网络的其他计算机上。

若想将演示文稿转换成 Web 页面,可以选择"文件"菜单下的"另存为 HT-ML"选项来实现。

技能实践五:Authorware 多媒体教学软件制作

学习任务	利用 Authorware 多媒体制作工具制作一个简单的多媒体数学课件 "38 + 72 =?",要求学生只能输入三次答案,并且时间不能超过 10 秒钟。如果学生回答正确,则表扬他;回答错误鼓励他;在时间次数限制范围内没有回答出来请告诉他正确答案
实践目的	1. 掌握多媒体教学软件设计与制作的一般方法 2. 了解掌握 Authorware 6.0 的 11 种交互方式 3. 学会多媒体教学软件的打包、发布
使用环境 (工具)	Win 98/me/XP/2000 操作系统,预装 Authorware 6.0 及相关素材

(续　表)

解决问题步　骤	1. 启动 Authorware 6.0,熟悉菜单命令栏、工具图标栏的名称和功能
	2. 出题 (1) 导入背景图片 (2) 输入题目"38＋72＝＿＿＿＿＿＿＿"
	3. 分析答题情况,选择交互类型 (1) 选择文本交互,输入正确答案为"110",并在其分支的流程线上加入显示图标"你真棒!" (2) 选择文本交互,错误答案为"＊",并在其分支的流程线上加入显示图标"请再想一想!" (3) 选择次数交互,设置输入限制为 3 次,并在其分支的流程线上加入显示图标"您已经做了三次,正确答案是 110。" (4) 选择时间交互,设置时间限制为 10 秒,并在其分支的流程线上加入显示图标"时间已到,正确答案是 110"
	4. 设置"退出"按钮,输入退出函数"Quit()"
	5. 调试程序,调整各交互响应的位置,有必要时还要加入等待、擦除等图标
	6. 发布打包,制作成 ＊.exe 文件
	7. 将制作好的教学软件请老师或同学操作测试,并请他们提出评价意见
评价意见	
个人体会	

技能实践指南

1. 启动 Authorware 6.0,熟悉菜单命令栏、工具图标栏的名称和功能

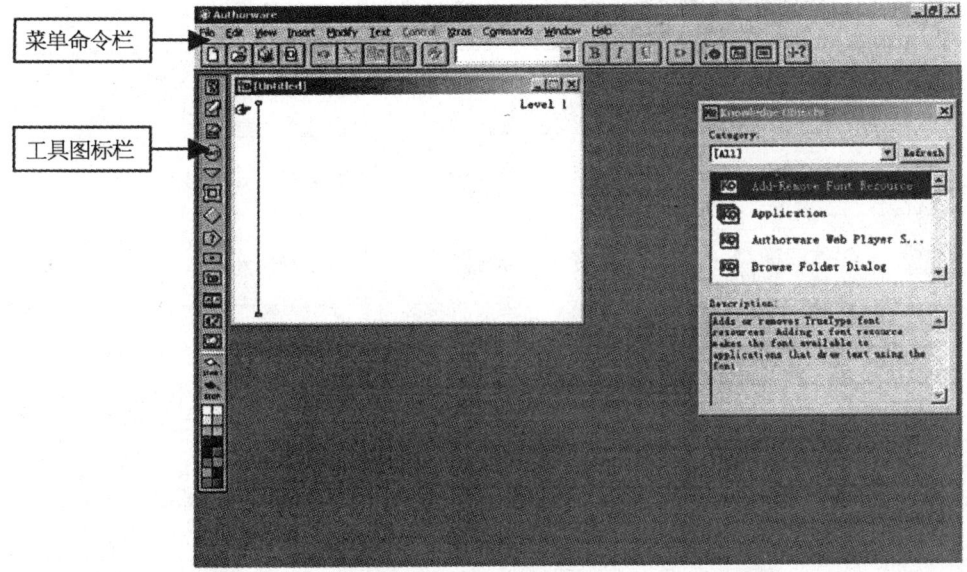

菜单命令栏

工具图标栏

常用工具栏各图标功能简介

图标	名 称	功 能 描 述	对应菜单栏命令
	新建图标	创建一个新 Aurthorware 文件	File→New→File
	打开图标	打开一个已存在的文件	File→Open→File
	保存图标	保存已编辑好的文件(或库),但不退出编辑状态	File→Save(Ctrl+S)
	导入图标	导入外部图形图像或文本	File→Import
	恢复图标	取消上一步所做的操作,恢复到未操作时的状态	Edit→Undo
	剪切图标	将图标、对象、内容剪切(Cut)到剪贴板里,再应用粘贴命令(Paste)命令粘贴到需要的地方	Edit→Cut
	复制图标	用于将图标、对象组合(Copy)到剪贴板里,以供粘贴使用	Edit→Copy

（续　表）

图标	名　称	功能描述	对应菜单栏命令
	粘贴图标	将剪贴板里的数据粘贴到指定的位置	Edit→Paste
	查找/替换图标	查找/替换图标名称、变量及图标里的文字等	Edit→Find
B	粗体图标	定义选定的文字为粗体	Text→Style→Bold
I	斜体图标	定义选定的文字为斜体	Text→Style→Italic
U	下划线图标	定义选定的文字有下划线	Text→Style→Underline
	运行图标	运行当前正在编辑的 Authorware 程序	Control→Play
	控制面板图标	调出程序运行控制面板,进行跟踪调试	Windows → Panels → Control Panel
	函数按钮	调出函数窗口	Windows→Functions
	变量图标	调出变量窗口	Windows→Variables
	帮助图标:	单击此图标,鼠标箭头变成"?",再点击有疑问的内容就可以得到相应的帮助信息	Help→Help Pointer

图标工具栏功能简介

图标	名　称	功　能　描　述
	显示图标 Display Icon	显示文字、图形图像等,它们可从外部引入,也可直接用 Authorware 提供的绘图工具创建
	运动图标 Move Icon	移动显示对象以生成动画效果,常用于制作位移动画
	擦除图标 Erase Icon	擦除显示的媒体对象
	等待图标 Wait Icon	暂停程序执行,直到用户执行以下这几个操作中的某一个动作:按下键盘上某个键、单击鼠标或者等待一段设定的时间后,程序才继续向下执行

（续　表）

图标	名　称	功　能　描　述
▽	导航图标 Navigate Icon	用于设计跳转链接动作,建立超级链接,实现超媒体导航。要与"框架"图标配合使用
▣	框架图标 Frame Icon	用于设计一个跳转结构的框架环境,制作翻页结构或超文本文件
◇	判定图标 Decision Icon	设置一种逻辑判断分支结构,决定流程到底沿着哪个分支执行
?	交互图标 Interaction Icon	用于设置交互方式,附属其下的其他图标被称为响应图标,它与各类响应图标共同构成一种交互作用分支,以实现人机交互,共有 11 种交互类型。
▭	计算图标 Calculation Icon	用于存放程序代码,该图标可执行三种运算:算术运算、特定控制函数的运算和执行指定的代码运算。利用"运算"图标可增加多媒体交互式程序制作的扩展性
▦	组合图标 Map Icon	利用该图标可以将一组设计图标组合成一个简单的组合图标,使程序流程简化清晰
▦	影片图标 Digital Movie Icon	用于将一个数字化影像文件导入到多媒体交互程序中,支持包括 avi、fli、flc、mov 等格式的数字电影和动画
◁▷	声音图标 Sound Icon	用于将一个声音信息引入到多媒体交互程序中,并可播放和控制
▭	视频图标 Video Icon	用于控制外接视频播放设备
◣	流程起始图标 Start Flag	用于程序调试,设定程序的开始执行标记。当用 Start from Flag 命令执行程序时,系统会从标记处执行
◣	流程终止图标 Stop Flag	用于程序调试,设定程序的终止执行标记,当执行程序遇到此标志时,会立即停止执行
▦	调色板图标	给图标着色,用于直观表达某图标的某种信息,以让程序开发者方便区分各类图标

2. 出题

（1）导入背景图片

拖动一显示图标至流程线上,命名为"背景",双击背景显示图标,导入一幅图片作为背景。并保存文件,命名为"数学",文件类型为"Authorware"。

（2）输入题目"38＋72＝＿＿＿＿"

拖动一显示图标至流程线上,命名为"题目",双击题目显示图标,弹出展示窗口,单击绘图工具箱中的文本工具图标 A ,在编辑区内输入要求"请输入正确

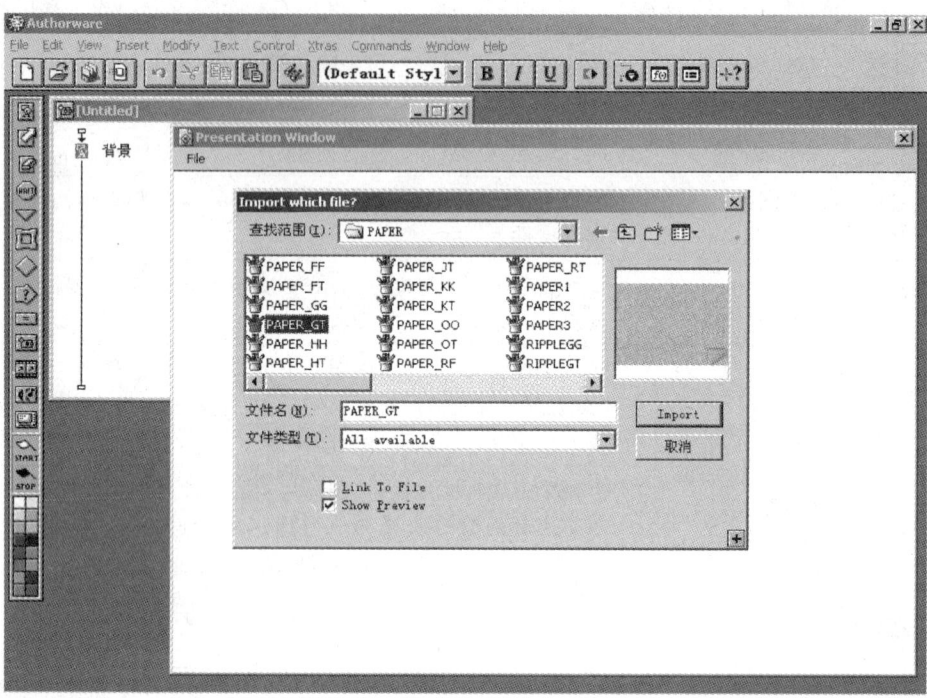

答案"和题目"$38+72=$ _____"。

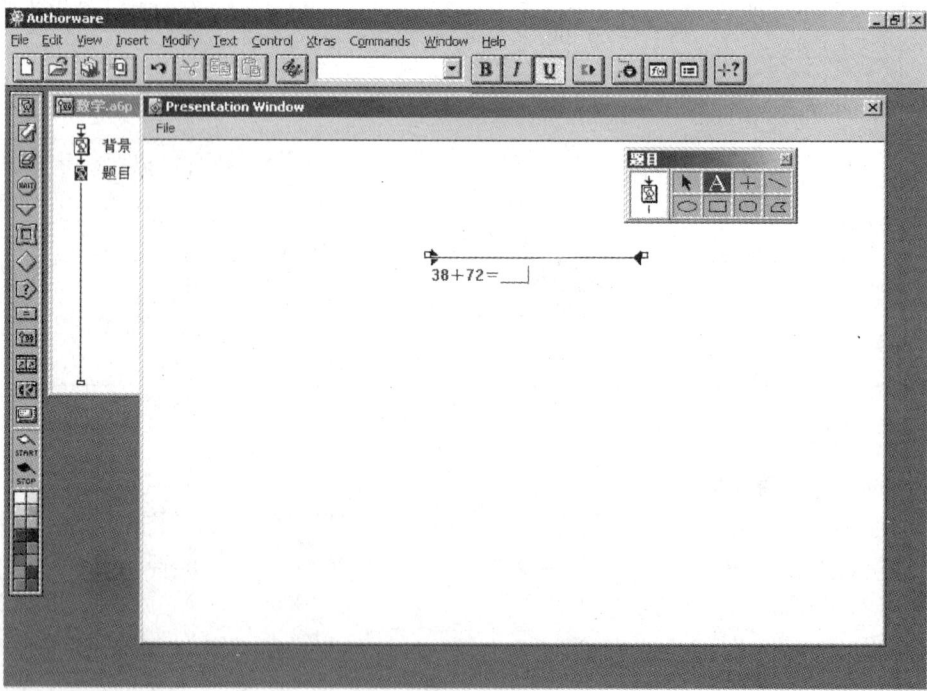

在文字选中的状态下,点击"Text→Size"可以调整文字大小;双击演示窗口工具栏的椭圆图标,跳出一调色板,可以改变文字、背景的颜色;双击箭头图标,选择文字格式为"transparent(透明)"。

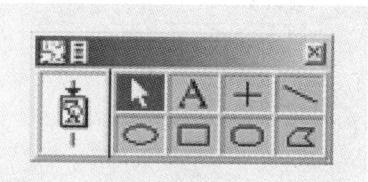

演示窗口工具栏

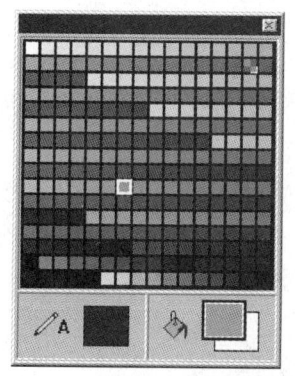

颜色选择框图

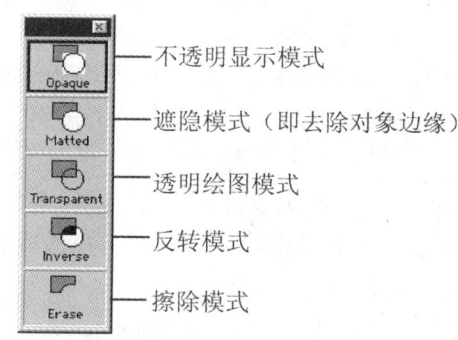

—— 不透明显示模式

—— 遮隐模式(即去除对象边缘)

—— 透明绘图模式

—— 反转模式

—— 擦除模式

显示模式选择框

3. 分析答题情况,选择交互类型

首先,要能使本课件具有让学生通过键盘输入题目答案的功能,所以选择文本交互。拖动一交互图标到流程线上,再拖动一组合图标放置其右侧,将弹出如下对话框:

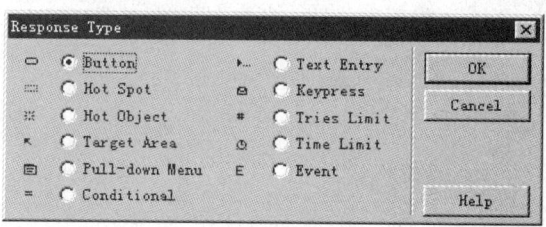

响应类型设置对话框

这里罗列了 Authorware 提供的 11 种交互类型,在这里我们选择"Text Entry(文本交互)"。点击"OK",并将组合图标命名为正确答案"110"。相应地,还要设计一个错误答案的响应。再拖动一个组合图标到"110"的右侧(交互默认为文本交互),将其命名为"*",表示除了"110"其余的答案都是错误的。目前的流程线如下图所示。

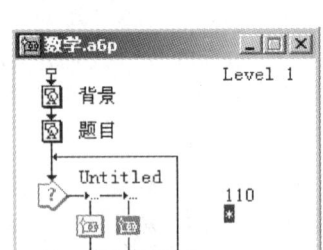

设置正确作答后的反馈信息。双击"110"组合图标,打开一个"Level 2"新的一层流程线,拖动一个显示图标到流程线上,命名为"正确"。双击"正确"打开,在显示图标编辑区输入"你真棒!"。

错误作答后反馈信息的设置同理可得。双击"＊"组合图标,打开一个"Level 2"新的一层流程线,拖动一个显示图标到流程线上,命名为"错误"。双击"错误"打开,在显示图标编辑区输入"请再想一想!"。

至此,可以调试一下程序,看一看运行情况如何。调出控制面板,按"Play"键,这时可能会发现,文本输入框、题目等的位置不合适,可以在按"Pause"键后,用鼠标将各对象移动到合适位置。再按"Play"键,并输入正确答案和错误答案,检验信息反馈情况。

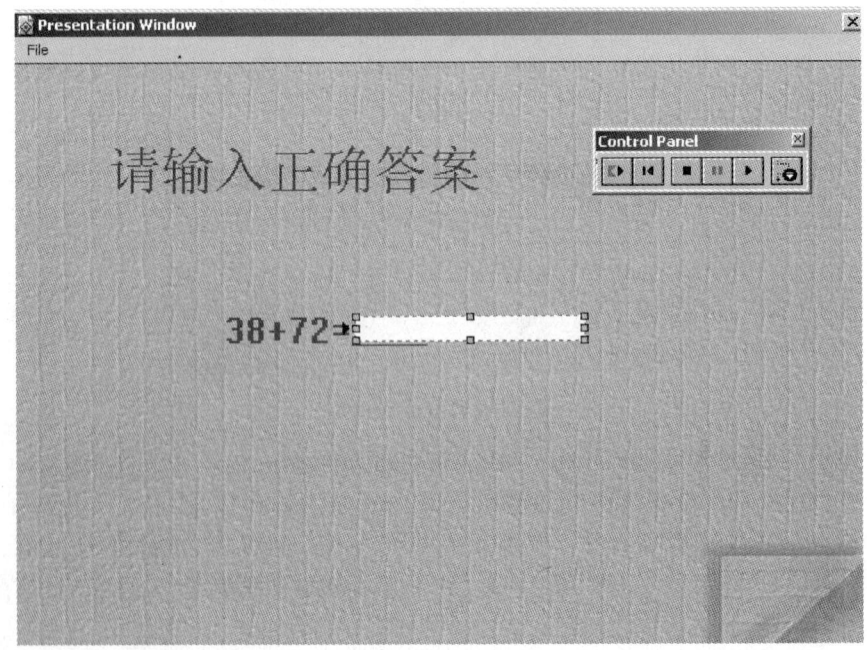

第二,对学生答题次数进行限制。拖动一组合图标至"＊"右侧,命名为"次数",其交互类型默认为与前一交互相同的"Text Entry",鼠标双击其响应类型符号"→…",弹出属性对话框,将"Type"设为"Tries Limit","Maximum Tries"设为"3"。点击"OK"。

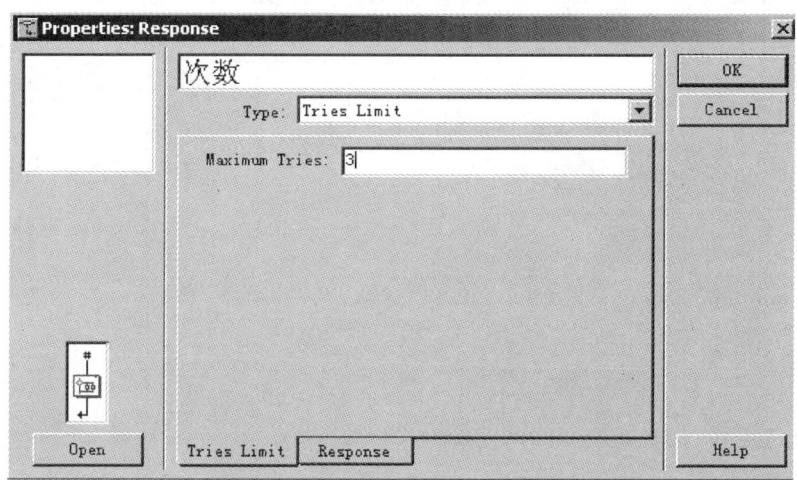

设置三次错误作答后的反馈信息。双击"次数"组合图标,打开一个"Level 2"新的一层流程线,拖动一个显示图标到流程线上,命名为"3 次"。双击"3 次"打开,在显示图标编辑区输入"你已经做了 3 次,正确答案是 110"。拖动一等待图标至"3 次"下方,并双击设置其属性,为等待 10 秒。

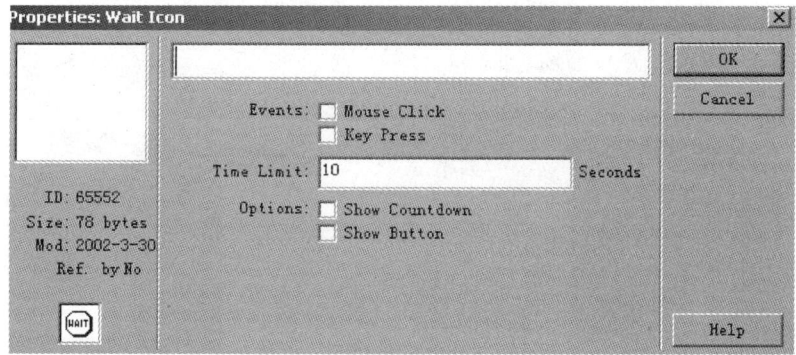

第三,对学生答题时间进行限制。拖动一组合图标至"次数"右侧,命名为"时间",其交互类型默认为与前一交互相同的"Tries Limit",鼠标双击其响应类型符号"♯",弹出属性对话框,将"Type"设为"Times Limit","Times Limit"设为"15"秒。点击"OK"。并在其分支的流程线上加入显示图标,显示"时间已到,

正确答案是110"。也加入一个等待图标,其设置与次数限制交互分支中的一样。也可以用复制的方法把次数限制交互分支中等待图标复制过来。想一想该如何复制图标。

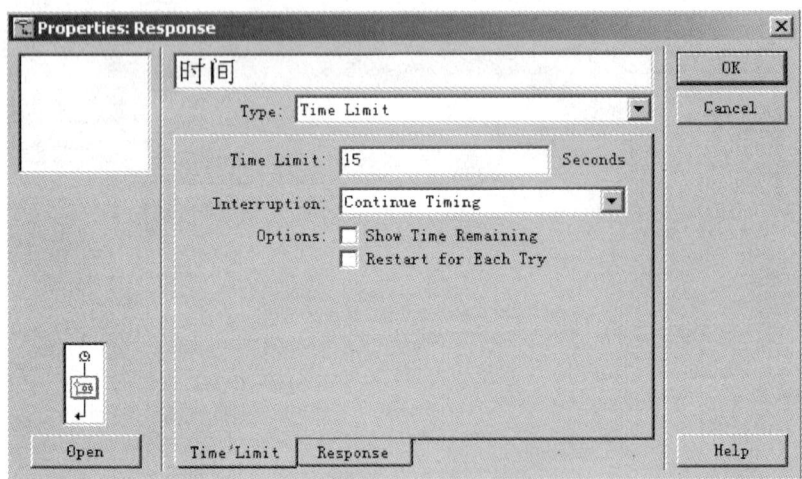

4. 设置"退出"按钮

拖动一计算图标至"时间"右侧,命名为"退出",将其交互类型设为"Button(按钮)",并将"Response"中"Scope"设为"Perpetual"有效,使"退出"按钮永远有效。点击"OK"关闭对话框。

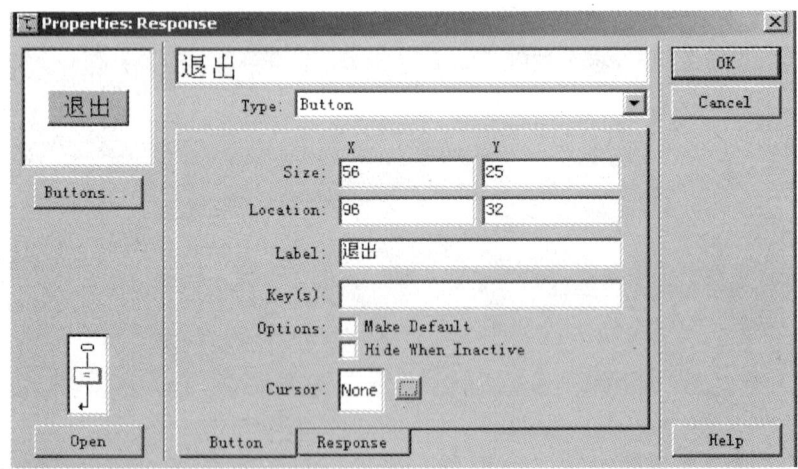

双击计算图标,在其输入窗口中输入退出函数"Quit()"。

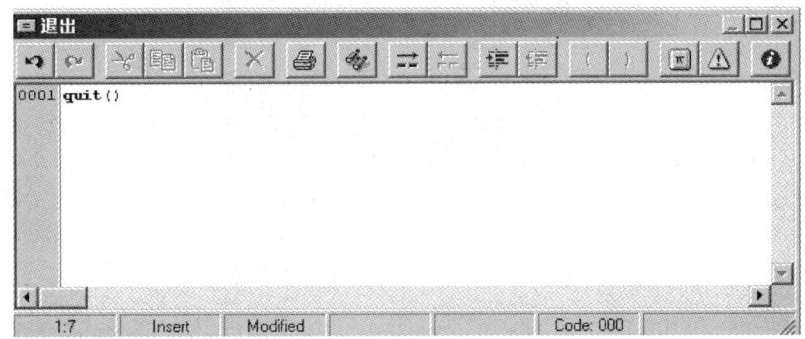

关闭"退出"窗口,弹出如下对话框,点击"Yes"。

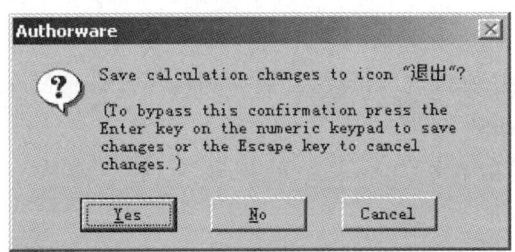

5. 调试程序

调整各交互响应的位置,有必要时还要加入等待、擦除以及声音、视频动画等图标,使本课件看起来更加美观,以增加教学效果。

最后程序的流程图可参考下图。

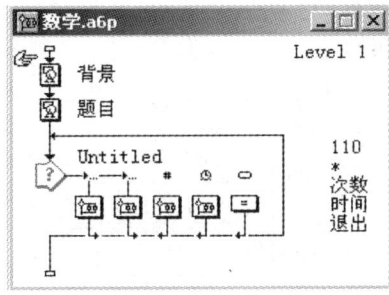

6. 打包发布,制作成 *.exe 文件

为了将利用 Authorware 开发的多媒体应用软件脱离 Authorware 创作环境独立运行,一般需要将源文件打包发布制成 *.exe 文件,Authorware 6.0 也提供了方便的网络发布手段,感兴趣的同学不妨试一试,这里仅介绍一般单机运行环境下的打包的思路与方法。

选择 File→Publish→Package 命令,出现 Package 对话框,如下图:

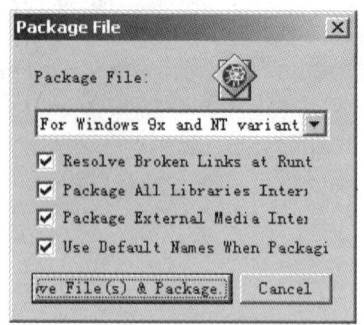

选择"For Windows 9x and NT variants"以及其他几个选项，并点击打包按钮，即能生成"数学.exe"可执行文件，找到"数学.exe"，并检测它是否运行正常。可能有人的程序运行不正常，那是因为最终的可执行文件还需要有系统文件支持才可以正常运行。其中必备的文件有：

（1）应用程序必须包含 ViewSvc. x16/ViewSvc. x32、Mix16. x16/Mix16. x32、Mixview. x16/Mixview. x32。

（2）用于播放 QuickTime 类型的视频文件（. MOV 文件）：A4qt. xmo/A4qt32. xmo。

（3）用于加载、显示位图文件的 Bmpview. x16/Bmpview. x32。

（4）用于播放标准的 Windows 视频文件（. AVI 文件）：A4vfw. xmo/A4vfw32. xmo。

此外，要使 Autorware 应用程序能够应用各种过渡效果等，在与应用程序相同的文件夹下必须配有一个 Xtra 文件夹，其中存有与各种特技效果有关的驱动程序。以上文件及文件夹，在 Authorware 安装目录下均可找到，将它们拷贝到软件存放的目录下即可。

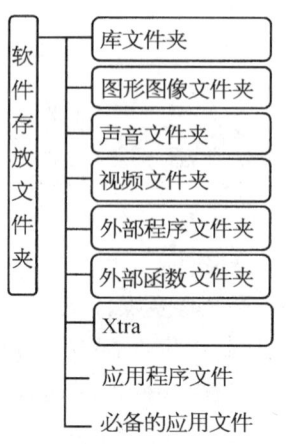

最终应用软件的文件夹体系

7. 将制作好的教学软件请老师或同学操作测试，并请他们提出评价意见。

技能实践六：Frontpage 网页制作

学习任务	围绕朱自清散文《春》创建一个小型的学科教学资源网站
实践目的	1. 了解学科教学网站设计与制作的一般步骤 2. 掌握利用 Frontpage 2000 制作简单的网页、创建与发布网站的基本方法
使用环境 （工具）	Win 98/me/XP/2000 操作系统，预装 Frontpage 2000 及相关素材
解决问题 步　　骤	1. 设计网站主要模块与页面结构 2. 使用 Web 站点向导，创建一个站点 　（1）启动 Frontpage 2000，熟悉菜单命令窗口 　（2）利用向导创建一个站点 　（3）在 Frontpage 资源管理器中查看网页、文件夹、报表、导航、超链接、任务等 　（4）给网站选择应用合适的主题 3. 编辑网页 　（1）编辑主页 　（2）添加新的页面 4. 创建一个表格，利用表格定位功能，插入图片和文字 5. 创建超链接 　（1）利用导航栏和共享边框 　（2）创建指向另一个页面和 Internet 的超链接 　（3）创建 E-mail 链接 　（4）建立指向 Word、Powerpoint 和 Zip 等格式的文档 6. 发布 Web 站点 7. 将发布的网站，网址告诉给老师或同学，并请他们提出评价意见
评价意见	
个人体会	

技能实践指南

1. 设计网站主要模块与页面结构

可以将网站《春》分为：作者简介、情境创设、文章赏析、教学后记、扩展资源、相关网站等模块，并设计出导航条和各链接按钮的位置。

2. 使用 Web 站点向导，创建一个站点

（1）启动 Frontpage 2000，熟悉菜单命令窗口

（2）点击"文件"→"新建"→"站点"，跳出站点向导窗口

选择"个人站点"，并在指定站点位置输入"D:\春"。单击"确定"。

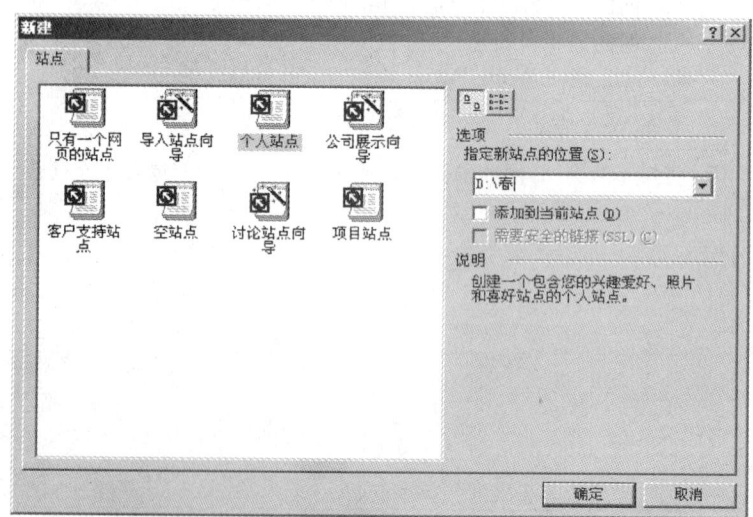

网站建立,FrontPage 提供了两个文件夹和五个文件。

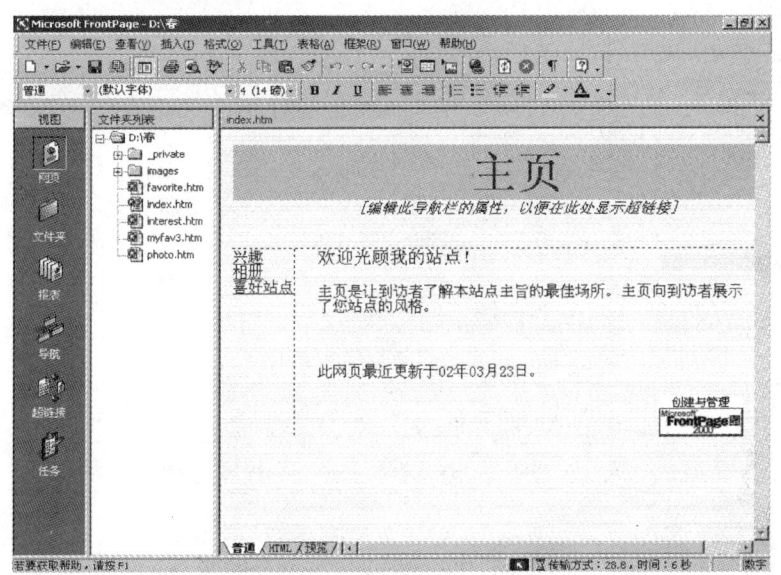

（3）在 Frontpage 资源管理器中查看网页、文件夹、报表、导航、超链接、任务等

单击"网页"按钮,切换到网页视图,再单击工具栏上的"文件夹列表"按钮,窗口中增加了一个文件夹列表框。网页视图是用来显示选中的网页的,双击文件夹列表中的某个 HTML 文件,在最右方的工作区中就会显示该网页的内容。其实一个站点实际上就是一个目录,在这个目录下可以建立许多子目录,并将站点的各种文件放在这些目录里。

"任务"视图里放着关于站点维护的任务列表,如果站点大到由许多人共同维护,他们就可以通过任务列表知道工作的进展情况了。

"报表"视图给出了当前站点的一些统计信息。这里可以知道在站点的目录中哪些文件被链接进站点了,哪些没有。

"导航"视图可以方便地组织站点中各网页的层次关系,在本视图中,每一个页面图标代替一个网页。如果站点设置了导航功能,就可以先在这里设置好各网页的层次关系,然后用导航栏把这种层次关系表现出来。

"超链接"视图是用来查看选中网页中设置的超链接。通过它可以方便地知道网页中设置了多少超级链接,以及是什么类型的链接。

（4）点击"格式"→"主题",可以选择样板主题、套用背景、背景图片及活泼的色彩

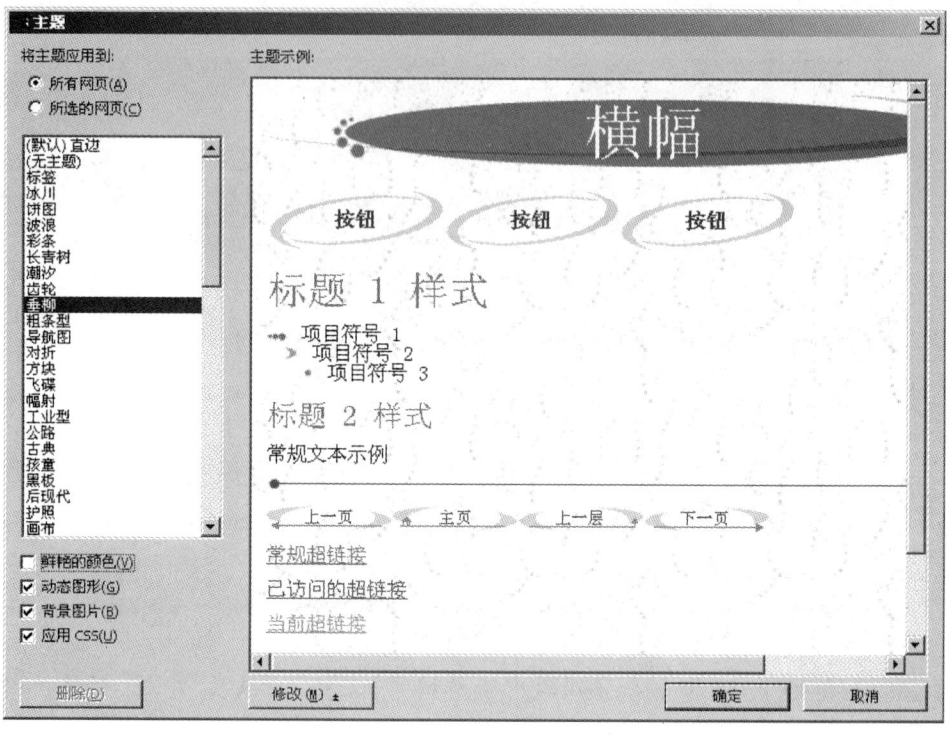

3. 编辑网页

（1）编辑主页

首先将主页横幅名称"主页"改为"春"。将鼠标置于横幅上，点击鼠标右键，选择网页横幅属性，在如下图对话框中输入"春"，点击"确定"。

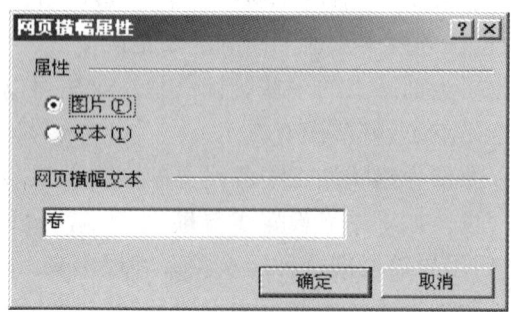

修改页面的相应内容，输入朱自清《春》全文，文字字体、大小、颜色等格式的调整与设置，可利用工具按钮，方法同 Word 2000 的使用。修改后的编辑页面如下图所示。

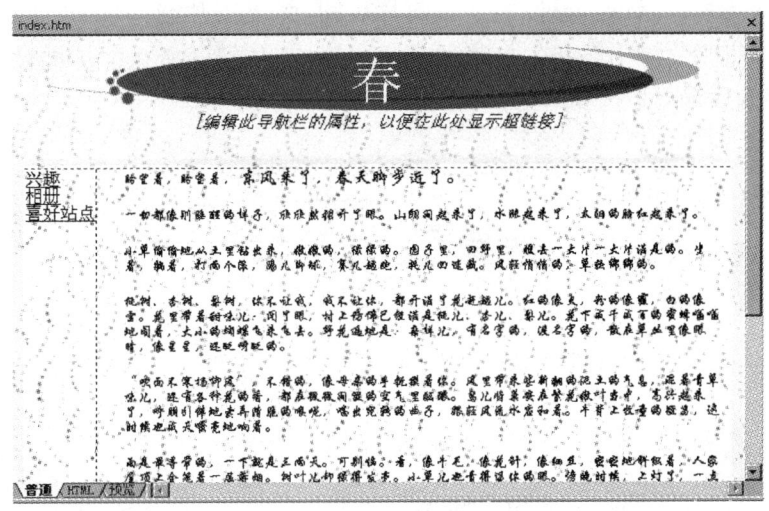

（2）添加新的页面

在导航视图中，分别将兴趣、相册、喜好站点几个页面内容改为作者简介、情境创设、文章赏析。并将"作者简介"文件夹列表中的文件名由 interening. htm 改为 author. htm。拖动文件夹列表中的 myfav3. htm 置于"作者简介"左侧，命名为"教学后记"。选中主页"春"的情况下点击新建网页，添加两个新页面，分别命名为"扩展资源"和"相关网站"。添加后，导航视图编辑区如下图所示：

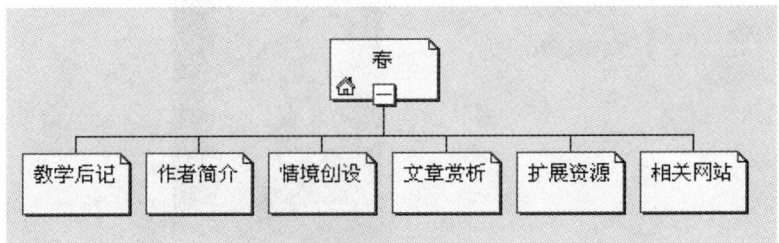

4. 创建表格

双击 author. htm，打开其编辑状态，删去不需要的内容。在工具栏上点击插入表格按钮，并选择"2 乘 2 表格"。

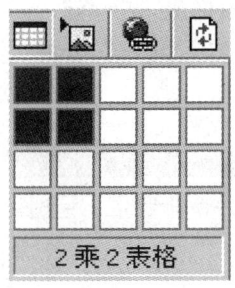

插入图片。点击工具栏上插入图片按钮,弹出图片选择框,点击 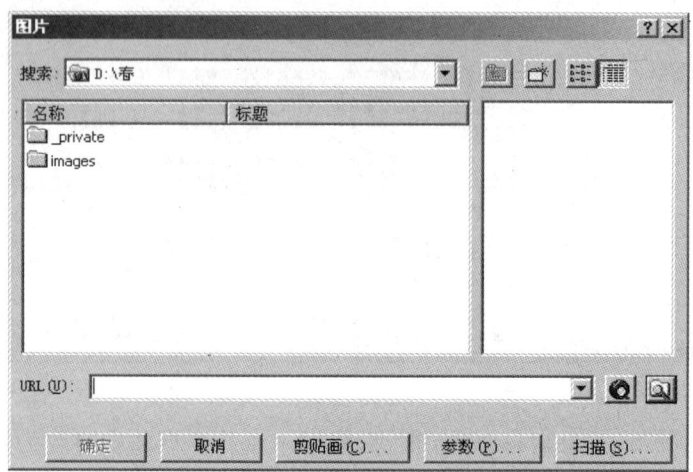 按钮在本地计算机素材库中寻找朱自清的照片。注意,从网站所在文件夹外部导入的图片,导入后最好统一保存在 images 文件夹中。

表格插入图片后效果如下:

我们可以看到表格因图片的导入有所改变,如在其他几个单元格输入文字,显然不够协调。因此,需要对表格进一步修改。从"查看"→"工具栏"→"表格"中调出表格工具栏,如下图,可以帮助我们合并、添加单元格,方便地设置表格属性,其操作过程同 Word。

修改过的输入文字的表格如下所示：

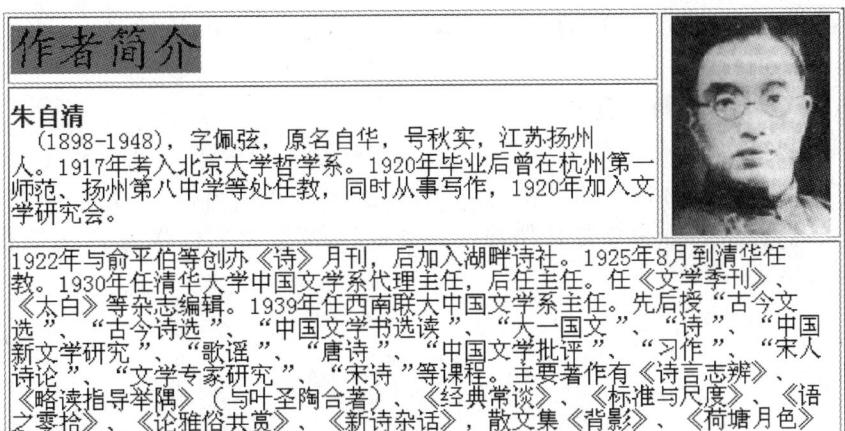

由此看来，我们不仅利用表格显示一些有规律的数据，还经常对表格中的单元格进行调整，放入文本和图形，达到图文并茂的效果，达到对网页进行布局的目的。

5. 创建超链接

Frontpage 2000 的向导已利用导航栏和共享边框做好了链往各个页面的超链接。在此仅介绍几种常用的创建超链接的一般方法。

（1）站内页面间的跳转与指向 Internet 的超链接

点击图片或选中文字，插入→超链接，弹出对话框。选择想要跳转到的网页

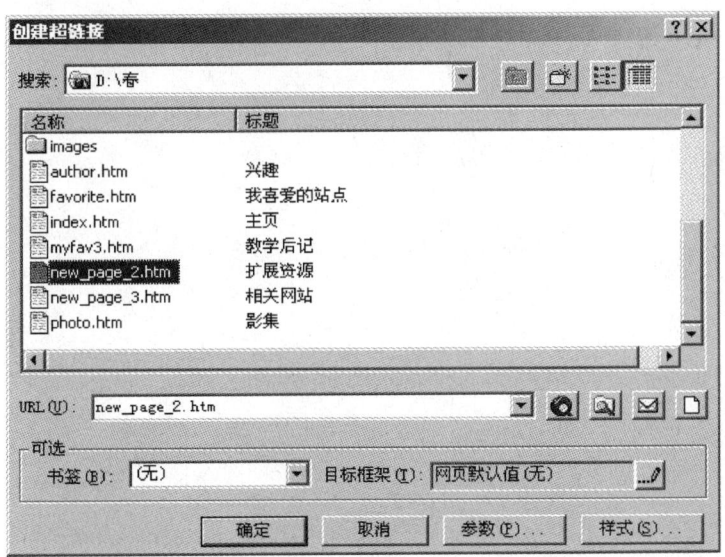

名称,或者在 URL 中填入"http://……"网址,即可实现超链接。

(2) 创建 E-mail 链接

在上图的 URL 中先键入"mailto:",然后输入 E-mail 地址,点击"确定"即可。

(3) 指向文件的链接

如果想把链接指向某个文档可以有多个选择。如果要让用户保存和编辑,文件应保持原始的格式;如果要让用户下载到本地机后再打开,文件可以以压缩的格式进行链接;如果仅是让用户在线浏览,则需要将文件作为 Web 页保存成 HTML 格式。

附录一　常用教育信息资源网站

一、搜　索　引　擎

（一）雅虎中国

网址：http://cn.yahoo.com

Yahoo 是世界上最早、影响最大的搜索引擎，有英、中、日、韩、法、德、意、西班牙、丹麦等十余种语言版本。雅虎中国提供类目、网站及全文检索功能。网站收录丰富，目录分类科学合理，层次深，检索结果精确度较高，网站提要清楚明了。可进行相关类目、相关网站、相关网页和相关新闻的切换。有高级检索方式，支持逻辑查询，可限时间查询，还设有新站、酷站目录。

（二）搜狐

网址：http://www.sohu.com

国内大型的网络门户之一，以提供方便、快捷、准确的网络导航服务为主，以符合中国语言文化习惯的最先进的科学分类方法、友好的全中文界面，18 部类、近 25 万条链接做成层层相连的树权型结构网页成为中国最受欢迎的搜索导航网站之一。此外，搜狐还不断推出了包括"新闻"、"体育"、"求知"、"IT"、"影视"等频道，其中"求知"频道能为不同年龄的网友提供免费在线教育。

（三）天网中英文搜索引擎

网址：http://e.pku.edu.cn/

由北京大学计算机系网络研究室开发，是一个常用的全文检索搜索引擎，主要提供全文和 FTP 检索。主页简捷，查询方式简单，能够为教师和研究工作者提供快速、准确、全面、时新的海量 Web 信息导航服务，只要在文本框中输入关键词，然后按下"搜索 www 网页"按钮，即可得到相关内容的全文信息。

（四）网易搜索引擎

网址：http://www.163.com/

网易搜索引擎以分类目录和网站检索为主，属于大型门户网站的网易提供了强大的个人服务，如有教育与学习、文学、电脑网络、艺术、少儿乐园等18个分类目录，教育与学习目录下又分网上资源、中学教育、教育研究、学校生活等24个类目，可根据自己的需要，查询网上教育信息。使用起来很方便，还能检索个人主页，对每个网站配有简要说明，层次分明。热门查询列出了近期热门关键词，更方便新手查询。

（五）3721中文网址

网址：http://www.3721.com/

3721智能查询系统是由3721独立开发、享有独立版权的Internet软件和服务系统，它将Internet的先进技术与国情相结合，创造性地推出了"中文网址"解决方案。当用户在系统采用方提供的输入框中输入中文网址、拼音字头等内容时，系统自动通过Internet将查询到的相关网址提供给用户，从而使用户可以用中文或拼音字头等方式找到所需内容。

（六）新浪少儿搜索

网址：http://search.sina.com.cn/child_search/

由新浪搜索引擎推出的一个搜索适合于儿童内容（包含中、英文内容）的引擎，目前这类搜索引擎已有十余家。本搜索引擎属于分类目录搜索，可以通过网上教育、科普知识、组织机构、卡通漫画大观、儿童文学、体育活动、电脑与游戏、娱乐与休闲、艺术走廊、生活服务、新闻与媒体等11个分类目录进行查找，也可以直接输入关键词进行查找，还设有安徒生、电子贺卡、个人主页、足球明星的快速查找目录。

二、教育职能部门

教育职能部门网站可以为您提供国家的教育方针政策、教育信息资源以及教育改革、教学实践和教育科研的指导和服务。

（一）中华人民共和国教育部

网址：http://www.moe.edu.cn/

中华人民共和国教育部主页，提供教育信息动态、教育法规、教育部政报、重要文献等国家教育工作的方针政策，以及教育部机构设置、主要职能的介绍与部属机关、直属机构、所属高校和各教育工程、教育基金会的主页链接。

（二）中国教育和科研计算机网

网址：http://www.edu.cn/

该网站由中国教育和科研计算机网络中心制作。是了解中国教育、科研现状的窗口，能及时介绍各地教育进展、各学校的基本情况及成果、研究机构的最新科研成果。栏目包括中国教育、教育资源、科研与发展、教育服务、教育发展研究、教科新闻、海外科教动态、专题报道以及中国教育和科研计算机网（CERNET）的动态、服务及疑难解答等。

（三）中国基础教育网

网址：http://www.cbe21.com/

教育部基础教育课程教材发展中心与北京师范大学共同主办的综合性专业服务网站。本站强调在基础教育改革发展、教育观念、素质教育方面的导向性，开辟了教育新闻、政策法规、课程改革、教育信息化、招生咨询、心理健康、教育用品七个栏目，设置了学生、教师、家长、校长和学前教育五个频道。此外，还开办了语文、数学、英语、物理、化学、政治、生物、地理、历史、体育、艺术教育、信息教育的学科教学栏目，内容包括：教学素材、教学研究、考试研究、课件展示等内容。

（四）中国中小学教育教学网

网址：http://www.k12.com.cn/

"k12"中的"k"代表 kindergarten（幼儿园），"12"代表从小学一年级到高中三年级的 12 年中小学教育，k12 是国际上对基础教育的统称。k12 教育网的目标是要建设成为中国基础教育领域中最具影响的网上教育资源中心、教育信息中心、教育研究中心、学习交流中心、教育电子商务平台，目前提供教育新闻、教师频道、学生频道、家长频道、k12 教育论坛、学校与教师免费主页空间、免费电子邮件等大量服务。

（五）人教网

网址：http://www.pep.com.cn/

人民教育出版社课程教材研究所主办。栏目主要包括：教育信息、课程研究、人教图书、人教期刊、学科教育、科学知识、中华文化等栏目以及论坛、网上购书等服务。其中"学科教育"包括中小学语文和数学、中学物理和化学以及历史、英语等学科，已办成了国内学科教育的权威网站之一，它们面对师生和家长，提供备课参考、学习指导、兴趣小组、经验交流、学术研讨、教材答疑、改革信息等服务。

（六）中小学教师网

网址：http://www.chinatde.net/

中小学教师网，于 2000 年 12 月 21 日开通，由国家教育部师范司下属单位"全国中小学教师远程教育研究中心"负责建设和维护，该网站主要业务是面向中国中小学教师提供网络培训，同时也在教师教学、研究、网络资源各方面提供服务。该网站具有权威性强、资源丰富、国家认证培训等特色。

三、学科教学网站

随着学科教学改革与信息技术的整合，学科教学网站的发展非常迅速，资源类型包括教学同步型、课外辅导型、互动式论坛型、专题探讨型等，制作者有教育权威机构、研究机构、学校以及个人，人员包括中小学教师、大学生、科研人员等，甚至还有热爱某一学科的其他行业工作者和中小学学生。这些网站可以成为中小学课前准备、课后练习、课内教学、课外扩展的得力助手。

（一）语文网站

1. 人教网中的中小学语文网站

小学语文教育网的网址：http://www.pep.com.cn/xiaoyu/

中学语文教育网的网址：http://www.pep.com.cn/zhongyu/

人教网的小学语文和中学语文栏目，是语文学科教育的权威网站之一。小学语文教育网包括教师之友、学生园地、家长热线、学术研究四个栏目，以及小学语文教育论坛、学生与家长论坛。为教师提供备课参考、教材答疑，为学生提供学习指南、阅读扩展，为师生和家长建立了相互沟通的空间。

2. 中基网——语文栏目

网址：http://www.cbe21.com/xueke/yuwen/

栏目包括：教学素材、教学研究、考试研究、课外活动、语文书城、教科园地、学海导航、语文茶室等。

3. 中学语文教学资源网

网址：http://www.yrw.126.com

浙江瑞安十中语文教师尹瑞文制作。内容包括课件上载下载、教育新闻、教师交友中心、教学文摘、美文欣赏、技术文摘、名画欣赏、MIDI 下载等，还提供了论文站内搜索、课件制作交流等服务。

4. 网上语文课堂

网址：http://www.classbegin.com/newsboard.html

本网站是华南师大中文系立项科研课题，以网上语文教学实验和研究为主，提供全国最优秀语文教学资源的实验网站。他们诚邀全国各地的大、中、小学语文教师,只要对网上语文教育感兴趣并熟悉计算机操作,即可加盟,目前他们在网上已形成来自全国各地的大、中、小学语文教师 80 余人的教师队伍,并各司其职,共同完成教学任务。栏目包括:学生学习、教师交流、教学课件等,以动态网页为主,每个栏目由若干个主题论坛组成,并设一位主持人。

5. 习客

网址:http://www.seekercn.com/

"习客"是"seeker"的谐音,是探索者的意思,它是基于网络信息资源的小学互动主题学习苑地,由上海市虎林路小学"基于互联网环境下的小学语文拓展阅读的课题研究组"制作,他们从一个小学语文拓展阅读的视角进行实践,探索如何将互联网引入课堂,创建一个新型的民主学习环境,并提供了一个"主体回归、语境重构、心灵体验、互动发展"的基本操作模式。为了将"习客"学习活动不断延伸、拓展,目前他们又增加了数学开放题学习和英语交流体验两个活动平台。

6. 语文教与学

网址:http://yuwen.fsjy.net/

北京师范大学与佛山教委合作的科研课题网站,这是学科群资源网站之中学语文网,内容包括作品欣赏、趣味语文、素材资源、语文题库、教学论坛等。

7. 中国诗人

网址:http://www.chinapoet.net/

本站包括从古代到现代的诗人简介、诗人评析、诗歌作品、诗歌鉴赏、诗人肖像、理论作品、现代原创诗歌、诗歌交流论坛等,是一个较全面的诗歌综合资料库。站长是福建省厦门市禾山中学的李可可。

8. 鲁迅研究网

网址:http://luxun.top263.net/

站长潘传表是武汉大学法学院学生,通过搜集整理网上资料、扫描重要文献建成本网站。内容包括历史照片、鲁迅论坛、先生文集、学者专著、先生灵堂等,资料比较全面和丰富。

(二)数学网站

1. 中国数学网

网址:http://www.china-maths.com/

中国数学网是由北京力迈集团、中国教育学会中学数学教育专业委员会、北师大数学系、《中学生数学》杂志社共同创办的。利用先进的现代网络科技聘请国内从事多年数学教育的教研专家和多位经验丰富的数学教师,共同实现在远程网上进行学术交流、经验推广,以满足数学教研人员、各类学生及数学爱好者的需求为目的。特色栏目:百练一胜、园丁之家、百草园、网上超市等。

2. 21 世纪数学网

网址：http：//www. 21maths. com

包括 21 世纪数学网初中版(福建省厦门市同安区第八中学数学组制作)、高中版(北京站、浙江站)、高数版(自学考试、数学建模、大学数学、MBA 数学、研究生考试)等版面,他们力求建立一个较完善的网络数学教育联盟。各版面包括了教案精选、数学软件下载、几何画板、竞赛习题、数学建模、优秀论文等内容。

3. 中学数学教育网站

网址：http：//sq. k12. com. cn/∼dengjohn/

数学教育网站,旨在和华人数学教育同仁共同探讨新世纪数学教育教学的新途径和新方法,主要栏目有数学学习辅导、综合能力测试、多媒体辅助教学方法、数学课件的设计方法、课堂多媒体辅助教学的评价等有关中学数学教育教学方面的内容,网站将力争成为中学生和数学教师喜爱的网站。

4. 数学奥林匹克俱乐部

网址：http：//mathclub. chination. net/

由中国数学会普及工作委员会主办,主要面向中小学全国数学竞赛、国际奥林匹克竞赛提供虚拟课室、竞赛广场、互动交流等服务和信息,还提供与美国、澳大利亚、加拿大等国外数学奥林匹克竞赛网站的友好链接。

5. 草中数学

网址：http：//ctmas. yeah. net/

由浙江省诸暨市草塔中学数学教研组制作,内容包括试题汇编、课件制作、论文集锦、优秀数学软件下载等。

（三）英语网站

1. 高中英语驿站

网址：http：//wlfan. home. chinaren. com/

北京二十四中学英语教师范文林制作,栏目有英语教材多媒体演示课件、我的英语书屋、高中书面表达专项训练等,专门针对高中学生英语学习提供同步辅导、课外学习,以达到应试素质兼顾,知识能力并重的教学效果。

2. 袁老师课堂

网址：http：//sq. k12. com. cn/∼yuan/

四川省广汉市金雁中学袁老师制作,是一个面向参加全国高考的高中生的英语学习网站,从语法、阅读、词汇、听力、口语、写作等多方面训练学生的英语水平,是一个全方位综合英语学习站点。

3. 英语学习比萨园地

网址：http：//free. newease. com/bobin/mypg. htm

河北沧州师专英语教师赵宝斌个人网站,提供较全面的英语学习和教学资料及资源等,有英语构词、英语读写、英语句型、英语软件等 30 多个栏目,分类细致,内容丰富。

4. 外语世界网

网址：http://www.yeworld.com

上海外国语大学和上海信息产业有限公司基于各自的资源优势,共同投资组建融科技、教育、服务为一体的外语世界网,是一家专业从事外语教学、国内外文化、商业信息传播的网络公司。网站内容分为教育、文化、杂志、新闻、测试等栏目,设有各级各类的英语教学及各种的英语读物,外语考试园地、成人加油站、中学英语进阶、娃娃学英语等栏目各有特色,特别是娃娃学英语包括学儿歌、英文歌曲、趣味学单词、日常小对话,儿童可以跟读、跟唱,画面生动有趣。

5. 英语教与学

网址：http://yingyu.fsjy.net/

北京师范大学与佛山教委合作研究课题网站,旨在建成一个教与学互动的交流园地。内容包括历年高考、广东中考会考及网上能力测试试题汇编;英语教学课件及视频音频图像素材;学习重点难点讲解的学习园地;教师论文、名家著作、科研项目、教改动态;风土人情、科普读物、趣味英语的英语观园等。

(四) 历史网站

1. 中国历史网

网址：http://www.china-history.com/

本网站是一个综合性的历史网站,通过史学动态、文博学院、争鸣园地、史学论坛、文物考古、综合查询、专题研究等方面来展示中国历史的博大精深和源远流长,该网站还提供了许多重要的历史资料查询及历史纪年、历史学家、帝王世系、古籍遗址等综合查询服务。

2. 历史博览

网址：http://www.cycnet.com/encyclopedia/history/

本网页由中国青少年计算机信息服务网制作,是"中青网"的一个栏目性网站。它从历史朝代、历史人物、历史文化、风俗习惯以及一些历史趣闻等各个方面比较全面地介绍了中国历史,以及一些大家比较关注的历史方面的知识。

3. 中国历史在线

网址：http://www.history.com.cn/

该网站由北京报童电子商务有限公司制作,是一个比较全面的历史网站,它从历史上的今天、最新历史报道、历史人物、华夏记忆、历史之谜、历史故事和古籍博览等方面综合介绍了历史方面的知识。另外它还提供了通过朝代和历史文献的检索查找功能。本网站的信息十分丰富,通过图文并茂的介绍,不仅提供给学习者各方面的历史知识,还有许多历史趣闻、最新的历史信息。读者在这里可以通过历历在目的历史史实,尽览中国历史漫长的发展历程。

4. 中国历史博物馆

网址：http://www.nmch.gov.cn/

中国历史博物馆网站通过图文展示了中国历史博物馆收藏的历史文献、资料、展览物品以及各个时代保留下来的历史文物和遗物珍品。回顾了中国的历史朝代的发展演变过程和中国文化的发展概况以及历史研究方面的成就。

5. 中国历史

网址：http://www.china-contact.com/chinese/history/

中外交流网站中的一个介绍中国历史的个人网页。本网页按照年代和社会发展的顺序介绍了中国历史的发展历程,并对各个朝代运用图文做了简单介绍。

6. 三国历史

网址：http://www.sanguo.com.cn/sanguo/lishi/

三国是我国历史上最辉煌、最精彩、最动人心魄的时代之一,为了丰富网上有关三国的内容,弘扬中华民族优秀传统文化,襄樊热线开发制作了"网上三国"站点。此站点充分利用了多媒体声情并茂的优势,使从中平元年(184 年)到晋灭吴(280 年)共 96 年间三国的历史得以更加充分的表现,站点共分为四个大类,即三国历史、三国文艺、三国旅游、三国游戏。本网页是三国历史,主要包括三国综述、三国史籍、著名战役地图、各类兵器展示、三国钱币、音乐书法、国内外研究机构及著作等方面的内容,全面介绍了三国时期的政治、经济、军事、文化等社会各方面的情况。

7. 历史教与学

网址：http://lishi.fsjy.net/

北京师范大学与佛山教委合作科研课题网站,内容比较全面、有条理,包括古代史、近代史、现代史、历史名人、历史名城、纪年表、不平等条约、起义变法、历代帝王等内容,以及历史题库、教学素材等。

8. 史海泛舟

网址：http://www.laoluo.com/

福建省福州第八中学历史教师骆志煌设计制作,内容包括与中小学历史学习相关的古迹导游、访古游踪、历史名城、学史论文、历史人物、时事溯源、历史博物馆等,历史教师、学习辅导、历史题库,为学生提供了在线学习的辅导与测试,教学资料与历史课件是教师共享教学资料、交流教学经验的场所。

（五）地理网站

1. 地理频道

网址：http://www.cfe21.com/mn2728/

一个面向高中生的地理教与学的专业网站,内容丰富,资料翔实。栏目包括：聚焦3＋X、论文交流、地理素材、地理教案、地理题库、地理文摘、地理辞典、趣味地理等。

2. 中学地理教学资源网

网址：http://www.yeschool.net/zhp/

顺德一中制作。资源网包括课件素材(包括图片、声音、视频、音乐等素材)、地理题库、地理论文、地理教案、地理百科园、地理论坛、友情连接、盟员专区等内容。

3. 王涛在线

网址：http://www.wangtao2001.8u8.com/

本网站由苏州一中地理组的王涛老师制作。提供中学地理教育教学研究、开展第二课堂活动、多媒体教学软件开发等方面的交流与合作。栏目包括：小小作坊、知识竞赛、谈天说地、走四方、谜语专区、教科前沿、姑苏地理界、草桥文苑、气象园地、中国土特产等。

4. 良玉地理园

网址：http://202.101.234.162/cml/

江西省临川一中良玉制作。栏目包括：素材天地、地理科普、地理试题、课件制作、世界之最、常用软件、教育法规、教育新闻等。

5. 地理博览

网址：http://www.fslib.com.cn/fsbook/dili/

佛山图书馆制作的一个面向大众的具有科普性质的地理专业网站。栏目包括：话说地球、地理百科园、人与自然、地理趣闻、环境与灾害、海洋世界、冰雪天地、火山奇观、天气现象、地理杂志、研究机构等，内容精彩纷呈、图文并茂。

6. 地理教与学

网址：http://dili.fsjy.net/

该网站在北京师范大学现代教育技术所和佛山教育网网络中心、佛山市教研室等领导关心支持下于 2000 年 2 月 18 日投入运行。至今经过 6 次较大扩充、改版，资料大为丰富，粗略统计：图片约 4 000 幅、地理文摘、文字介绍约 50 万字、近 200 段珍贵影像视频片段、30 个地理动画、100 套完整的各类地理试题。2000 年 9 月中旬佛山教育信息网"学科群资源网站"通过教育部组织的专家鉴定，"地理教与学资源网"受到好评，被评为学科网站特等奖。

(六) 物理网站

1. 中学物理——老师学生之友

网址：http://sq.k12.com.cn/~sps/

浙江省宁波第三中学董曙明老师制作。主要栏目：物理教学(教学论文、教学动态、教学刊物)、学生之友(课本题解、网上课堂、学法指导、学习资料、网上答疑）、相互交流,特色栏目:高考辅导站、多媒体课件站。

2. 中学物理教室

网址:http://lywl. k12. net. cn

由一物理老师制作,是一个面向中学生物理学习的网站,提供初中到高中各阶段的课程学习资料,包括基础知识、基本技能、同步辅导、初中会考、高考复习等,还提供试题下载、课件演示、问题解答、课外活动等内容。

3. 趣味物理网

网址:http://go5. 163. com/～feichan/

陈奕健老师制作的趣味物理学习乐园。栏目包括:科技动态、趣味物理、物理史话、物理学家、物理试题、在线 BBS,可让学生了解有关物理的背景知识,将枯燥的书本学习与有趣的物理现象结合起来,有助于了解科学与社会、科学与技术、科学与哲学的关系,达到寓教于乐的效果。

4. 华附物理工作站

网址:http://haiguo. 126. com

华南师范大学附中物理教师制作,提供网页素材库、教学课件下载、教学资源,主要栏目有教学研究、教学资源、竞赛辅导、教学课件、教学管理、课外活动、物理论坛等。

(七) 化学网站

1. 先得化学教学资源网

网址:http://hxzy. coc. cc/

顺德一中化学教师潘华东制作与维护,本站包括备课资料、化学题库、课件素材三大资源库,内容涵盖各年级、各章节,非常齐全,其中有很大一部分为中学化学教师自创,比较实用,更新较快。栏目包括:公共资源、内部资源、信息浏览、化学引擎、化学论坛、化学联盟、会员管理、信息提供、素材上传。

2. 中学生化学学习

网址:http://jiangxl. topcool. net/

清华大学附中化学组姜兴来制作。栏目包括教学教案、试题汇编、高考模拟、知识串讲、网上答疑、多媒体课堂等。建立了学生化学学习交流聊天室,"我要发言"、"举手发问"等富有学生特色。

3. 洪恩在线——动感课堂(化学)

网址:http://www. hongen. com/edu/dgkt/

北京金洪恩电脑有限公司网站的教育栏目,本网页用 Flash 制成互动式的课件,用于演示化学反应或物质构造,非常直观形象。

4. 三维化学世界

网址:http://lovefan. yeah. net/

本站运用虚拟现实技术制作了一些三维的化学分子结构,需要电脑的浏览器支持虚拟现实才能浏览到。可用鼠标进行移动缩放、三维旋转、视角转换等操作,对物质结构等化学成分进行网上虚拟环境下的探究。本站还提供了课件下载和课件使用帮助。站主是胡磊。

5. 中学化学教学参考

网址:http://www.cfe21.com/chemistry

陕西师大杂志社《中学化学教学参考》编辑部与西安大家文化有限责任公司联合制作,主要是作为该杂志每期内容导读之用,主要栏目包括:本期目录、本期导读、华章先睹、热忱怀旧、栏目设置、下期要目、在线投稿等。

(八) 生物网站

1. Cedar 生物教学网

网址:http://cedar.k12.net.cn/

苏州师范教育中心张欣副教授制作,本站主要为中学生物教师提供服务。栏目包括:生物教学资源、题库、论坛、多媒体教学、继续教育等。内容包括备课资料、实验教学、教学大纲、优秀教案库、生物与社会、第二课堂、生物史与科学家以及各类与中学生物教学有关的试题,还为中学生物教师提供了网上言论文发表空间。

2. 我的生物天地

网址:http://duyong.myetang.com/

本网站由一位热爱生物学的高中学生制作,分秋季版和文学版两个版本,内容包括国际生物奥林匹克竞赛、高中生物知识与问题、现代生物工程技术及其发展、生物与环境、网上生物学资源、生物学应用软件、生物学重大事件报告等,无论从深度还是广度均大大超出了高中学习的内容。

3. 中学生物教育网

网址:http://www.shimen.org/jw/

广东南海石门中学生物组蒋文老师制作。在各种动物的鸣叫、音乐声、雷声……中你可以欣赏生物天地、了解最新科技、下载教学资源、浏览网络资源、探讨教学研究,可以通过软件进行自学,还有专家答疑。本站界面设计独特,充分利用多媒体网络优势,提供异步交互方式,资源丰富,是生物学习和参考难得的网站。

4. 中学生物教学资源网

网址:http://swjx.yeah.net/

广东省高明市一中冯文凯老师制作,提供各种试题、竞赛题、多媒体课件和素材的下载,以及教研论文、备课资料、课件工厂、生物论坛等教学经验交流的场所。

5. 中国植物保护网

网址：http://www.ipmchina.net/

本站的建立得到了中国农业科学院植物保护研究所、中国农业科学院生物防治研究所、植物病虫害生物学国家重点实验室、中国植物保护学会等科研机构的大力支持,栏目包括科技论文、学者名录、软件天地、植保知识等。

6. 野生动物之家

网址：http://animal.ioz.ac.cn/

栏目包括动物物种知识、动物的识别、动物百科、珍奇异闻、科学考察日记等,内容简明扼要、图文并茂。

7. 酷蝶网——网上蝴蝶博物馆

网址：http://www.coolbutterfly.net/

世界蝴蝶展示、蝴蝶专题邮票、蝴蝶画欣赏、蝴蝶百科知识,资料丰富,专业性强。

8. 中国大熊猫网站

网址：http://www.giantpanda.org/

成都大熊猫繁育研究基地制作,旨在网上宣传保护大熊猫,栏目包括大熊猫研究成果、生存现状、网上认领、大熊猫多媒体库、大熊猫明星档案等。

（九）音乐网站

1. 中国音乐教育网

网址：http://musiccn.home.chinaren.com/

中国音乐教育网站是我国音乐教育站点中资源最丰富、最完善的一个站点。栏目包括：音乐理论、器乐教育、声乐教育、音乐简史、音乐名家、音乐院校、家教巡礼、高考指导、音乐教材、器乐考级、MIDI 音乐、在线欣赏等。本站为准备报考音乐院校的高中毕业生提供了考前辅导、专业选择等帮助。

2. 百灵艺术学校

网址：http://www.bailingart.com.cn/

北京百灵艺术学校主页。该校建校 15 年来积累了丰富的教学经验,根据学校开设课程设置了钢琴、电子琴、提琴、萨克斯、手风琴、古筝、二胡、琵琶、扬琴、笛子、视唱练耳、声乐、舞蹈、音乐剧、音乐基础知识、MIDI 音乐、考级指南等栏目。为广大中小学生提供了一个学习艺术课程、了解中外艺术风格的处所,也为广大艺术爱好者提供了一个探讨和交流的空间。

3. 北京音乐教师

网址：http://go5.163.com/~bjmusicteacher/tands.htm/

该网站资源丰富,内容全面。栏目分音乐教师工作室和学生爱乐室。内容包括：音乐教育教学、国外音乐教育、音乐资料库、国内外作曲家、教案汇编、音乐教师兼职站、音乐百科、音乐欣赏、少儿音乐教育园地、少儿音乐素质测试等。

4. 中国民族音乐网

网址：http://pepolemusic.myrice.com/

本站主要侧重于民族音乐以及民族音乐家的介绍。音乐知识栏目里,介绍了民歌和学唱音乐的各方面知识;声乐知识栏目里,介绍了学唱的各种需要注意的问题;资源库里还介绍了许多音乐家、音乐文章。该网站是民族音乐教学的一个比较全面的站点。

5. 项祖华扬琴艺术网站

网址：http://www.dulcimercn.com/

全国首家扬琴专业网站,由世界扬琴学会(CWA)副主席、中国音乐学院扬琴教授、著名的扬琴教育家、演奏家、作曲家项祖华主持,旨在通过因特网为传播中国传统民族文化事业开辟一条崭新的道路,使中国的传统民族器乐文化事业得到更大的发展与普及。主要栏目包括名家集锦、扬琴曲库、网上品琴、扬琴教程、资料信息、考级辅导、专题特区、乐友讨论区、扬琴聊天室。该网站专业性强,介绍了扬琴的起源、发展和有关风流人物。"扬琴曲库"和"项祖华扬琴作品精选"栏目里有许多扬琴乐曲,可直接下载欣赏。

6. 闲居吟

网址：http://www.myerhu.com/

二胡专业网站。站主唐峰,现为中央民族乐团首席演员、国家一级演员、中国音乐家协会二胡学会理事。栏目包括古典传统、现代精品、二泉映月、在线教学、乐团新干线、雁过留生、音乐软件等。

7. 逸韵网

网址：http://www.e-music.com.cn/

北京首家音乐服务网站,面向所有音乐爱好者提供音乐回放、音乐活动、考级宝典、音乐漫谈、专家讲座、音乐殿堂等栏目信息。

8. 中国奥尔夫音乐教育网

网址：http://www.chinaorff.com/

中国奥尔夫协会主办,利用互联网这一先进手段扩大对奥尔夫音乐教育体系的宣传,通过开展网上课堂、在线交流、认证和会员注册等促进其在中国的普及,同时有利于加强国际交往与合作。

（十）美术网站

1. 中国美术网

网址：http://www.cnfinearts.com/

西安阳光文化传播有限公司制作,主要栏目：古代绘画、古代雕塑、古代建筑、古代书法、古代工艺、古代画家、篆刻赏析、名家画展、现代陶艺、专家论坛、美术素材、少儿美术和优秀园丁。以图文并茂的形式介绍了我国各个时代各个流派的名人名作,提供了当代书画家信息查询系统,对书画大赛中涌现出的少儿艺术新苗、优秀园丁也有介绍。

2. 中国美术教育信息网

网址：http://www.arteduinfo.com/default.asp/

由湖南美术出版社制作,主要栏目包括：美术教育、艺术信息、少儿绘画、艺术书屋、艺术百科、时尚设计、走进大师等。美术大课堂中包括学色彩、学素描、学设计、学中国画、学油画、电脑美术设计等。还为准备报考美术院校的学生提供了报考指南、进修指南、国内外美术名校介绍等服务。

3. 中国艺术新闻网

网址：http://www.artnews.com.cn/

即时报道中国美术新闻的专业网站,内容包括国内外艺术新闻图文报道,艺术家介绍、CANN 专栏、艺术教育、协会与机构、资料与研究、艺术出版、艺术市场等栏目,其中艺术教育包括教育论坛、美术院校、学苑漫步、升学宝典,不仅有院系介绍,还有备考方法、报考信息、历年考题的讲解。

4. 七彩美术园地

网址：http://www.wqart.com/

提供美术教育、新闻及作品欣赏。栏目有：教师园、技法苑、高考路、品画阁、知识窗等。本站是美术教师经验交流,美术爱好者学习技法、欣赏作品的绝佳地方,还针对美术高考改革,为考生提供试题汇编、院校一览、应试指导等内容。

5. 青青草

网址：http://yewanwan.yeah.net

站主小旗是一位小学美术教师,她将苏教版美术课本配套范画及学生作品、美术兴趣小组作品整理制作成网上美术教学,还收集了动画资源、名人名画,以及国画入门、儿童画、儿童剪纸等内容。

6. 童画天地

网址：http://www.huazhan.net/

每一位家长都希望自己孩子的绘画作品能有人欣赏,能有人会为之叫好。该站为各位小朋友提供空间,举办一个永不落幕的网上画展,不需参加初评,也不需资金,只要愿意都可以参加网站的网上画展。栏目包括：画作点评、画展列表、画展排行榜、绘画教程等。

7. 提香岛

网址：http://www.sophylee.com/

个人美术网站,主要介绍意大利和法国的美术大师、艺术作品以及画派、画史等。

（十一）体育网站

1. 中国基础教育网——体育健康

网址：http://www.cbe21.com/xueke/physicalhealth/

该栏目是北京师范大学积淀了近百年的体育健康教育信息资源的产物。主要内容包括：教学探讨、健康保健、训练竞赛、课外活动、理论空间、专家访谈、教师园地、海外传真、教学资源、体育教学史话、命令条例、体育健康教育机构名录等。是目前国内最大、最具权威性的体育健康学科教育站点。

2. 学校体育

网址：http://lbsky.com/

四川绵阳3536厂子弟中学体育教师罗斌制作，目的是为了让更多的人特别是体育老师了解更多的关于学校体育和体育保健方面的知识，栏目包括体育教学、运动训练、裁判规则、活动保健、体育法规等。

3. 小学体育

网址：http://shizi2000.easthome.net/

栏目包括版主文章、域外传真、相关文章、体育项目、线上发信等。虽然栏目设置不够成熟，页面设计不够精美，但已是国内罕见的小学体育教育研究站点。为体育教师提供了教案参考、课件下载；在线讨论，为体育教师提供了一个好去处；版主还发表和收集了大量体育教学改革科研论文及国外中小学体育教育信息，十分难得。

4. 体育教师网

网址：http://hphb.at.china.com/

面向中小学体育教师的网站，栏目包括：课件论坛、素材下载、课件交流、教程精选、优质教案、论文精选、交友空间等，栏目内容已趋于成熟。

5. 奥林匹克百科全书网

网址：http://www.olympicnets.com/

奥林匹克百科全书网隶属于"知识在"，她是一个以《奥林匹克百科全书》为依托，与中国奥林匹克出版社合作而成的，与奥林匹克运动有关的知识性网站，利用Internet现代化信息沟通手段，面向国内外中文浏览者提供网上奥林匹克百科知识使用和查询服务，从而扩展了该百科全书的作用和功能。内容包括奥林匹克宪章、组织、历史、奥运明星、奥运项目、奥运记录等。

（十二）自然科网站

1. 自然常识教学库

网址：http://www.eicjs.jsol.net/nature/discourse.asp/

上海市金山区教育信息中心制作，其中教师卷中包括重要文献、教学经验、科研论文、小学一至五年级教学;学生卷和资料库中提供了在线讨论及花、鸟、海洋生物等的精美图片资料,网站还提供了最新科技和环保动态。

2. e21 科学探究网

网址:http://kxtj.e21.edu.cn/

本网站由湖北省一批原小学自然教学、现科学教学专家策划建立。内容包括科学新教材的介绍,近年来小学自然学科优秀课例欣赏点评,资源库不仅提供大量的教学资料,还提供了课程大纲、境外科学课程的参考资料,小科学家、探索者、关爱地球栏目为孩子们提供了动脑动手、学习交流的场所。科学探究力争帮助每个人成为善于学习、善于思维、具有创造性、能解善断的人。

3. 小学自然知识网

网址:http://pengyingke.shangdu.net/

本网站提供了小学自然 5—12 册相关课本内容的网上扩展材料,并提供了一些素材下载、软件下载和使用的服务。

4. 小学自然教学

网址:http://go5.163.com/~fcyanjun/

四川绵阳市涪城区丰谷小学杨军老师制作,栏目包括自然教学、教具制作、课件展示、科教简讯、论文交流、课堂内外、学科发明等。

(十三)信息技术教育

1. 中小学信息技术教育网

网址:http://www.nrcce.com/

全国中小学计算机教育研究中心主办,为全国中小学信息技术教育(包括计算机辅助教学和计算机学科教学)的老师和教研人员提供服务,是一个中小学信息技术教育理论研究与实践探讨的专业网站。栏目包括教育新闻发布、优秀课件下载、信息技术教育科研论文、教育产品软件推荐等。同时,网站又是计算机与学科课程整合课题的一个信息发布、成果汇报、经验交流的工作平台。

2. 教育技术在线

网址:http://www.iteonline.net/

本站是以华南师范大学教育技术研究所为依托,以全国教育技术专业学生、教育技术科研工作者以及热爱信息技术教学改革的中小学教师为合作伙伴,以推广和普及现代教育技术、提供教育教学改革经验与指导、收集并发布国内外教育技术研究最新动态为主要内容,融学术、技术、信息提供为一体的专业性网站。

3. 奥林匹克信息学基地

网址:http://www.gdoi.net/

奥林匹克信息学竞赛是我国中学信息学科最高级别的比赛,本站是广东碧桂圆学校建立的一个信息学奥赛的专题网站,目前主要栏目有语言世界、数据结构、算法设计、例题解析、奥赛资料、竞赛题库等。

4. 中国基础教育网——信息教育

网址:http://www.cbe21.com/cai/index.htm

本站提供中小学信息技术教育动态、文献政策以及课程教学、教育技术与学科整合、软件开发的指导,还建立了信息技术教育论坛。它山之石栏目介绍了香港及国外信息教育的发展动态。

5. 中国信息技术教育网

网址:http://www.cite.com.cn/

本网站由深圳市益学实业有限公司制作。该公司是一家专业从事中小学信息技术教育产品、计算机系统集成的开发制作和市场推广的民营高科技企业。本网站目前开办了信息技术、产品信息、网络学校、教学资源库、绿色服务、教育联盟、电脑资讯、校校通工程、教学与研究、信息技术培训等栏目。该公司还出版了中小学《信息技术》教材(文字版和配套光盘版)、师资培训《信息技术》教材(文字版和配套光盘版)、《益学校园网络系统》等教材和软件。

6. 智慧之源——信息技术课程

网址:http://www.cc-edu.com/infocourse/index.htm

"智慧之源"是专业的教育业务提供商,是一家融多媒体教育软件设计、开发、销售和教育服务为一体的高科技企业。公司自成立以来,一直致力于信息技术光盘教材的设计开发,先后研发出全国首套中小学计算机课程光盘教材、中小学信息技术光盘教材等。本网站主要包括创作中心、在线课程定制、信息技术课程、学生乐园、园丁广场、家长社区、公司产品等栏目。

(十四) 政治(思想品德)网站

1. 广东省中学思想政治教学网

网址:http://www.gdsxzz.com/

本网站由广东省教育厅教研室"信息化条件下思想政治课教育教学改革实验与研究"课题组开发,广东省顺德市广东碧桂园学校协助维护,包括课件下载、教学素材、教案中心、考试题库及课题动态等栏目,提供了信息技术条件下的思想政治课教学模式、教学方法改革实验与研究实践经验与交流平台。

2. 政治教与学

网址:http://zhengzhi.fsjy.net/

本网站由何克抗教授等专家担任顾问,广东佛山几所中学联合搜集素材制作,旨在为广大师生提供教与学有用的资源,以丰富政治课的教学,实现教得轻松,学得愉快,推动素质教育的全面实施。目前开办的栏目有教学论坛、课程标准、备课资料、政治题集、时事政治、学习园地、教学软件等。

3. 中基网——政治

网址：http://www.cbe21.com/xueke/zhengzhi/

中基网学科教学中的政治栏目，内容包括政策理念、德育探索、思品天地、思政教研、思政教坛等。主要为任课教师提供教学参考、备课资料及教学理论、国家政策的指导。

4. 小学德育

网址：http://deyu.126.com/

小学德育教师章锦票制作，栏目包括思想品德教学、德育工作等，内容包括思品教案、教学常识、德育论文、教育法规、少先队工作等。

四、综合主题研究性学习网站

1999 年 6 月，中共中央发布的《关于深化教育改革全面推进素质教育的决定》指出"素质教育要以培养学生的创新精神和实践能力为重点"。第三次全国教育工作会议又明确提出，要调整和改革课程体系、结构和内容，建立新的基础教育体系，改变课程过分强调学科体系、脱离时代和社会发展以及学生实际的状况，加强课程的综合性和实践性，培养学生的实际操作能力。新一轮国家基础教育课程改革的一个重要而具体的目标，就是要改变至今仍普遍存在的学生被动接受、大运动量反复操练的学习方式，倡导学生主动参与的探究式学习。然而探究式学习、研究性学习、综合课程开发、综合学习、校本课程等一系列新型学习形式在我国毕竟尚处于探索阶段。当前，急需的工作就是要对有关的理论和实践问题进行梳理，对一些牵涉教学实施的重大问题进行思考、作出回答，以保证课程改革的实效。

（一）理论篇

1. 惟存教育

网址：http://www.being.org.cn/

本站是由上海市宝山区一批志同道合的优秀青年教师发起建立的惟存教育实验室制作维护的，是目前国内研究性学习理论与实践较为权威的网站，包括了专题探索、理性思考、探究学习、Webquest、另类视野、网络资源、新知社区等栏目，提供了近年来我国基础教育改革探索中最新的实践经验和理论探讨。

2. 赛伯时空教育

网址：http://www.cst21.com.cn/2/index2.htm

作者叶平是湖北省教育科学研究所基础教育与幼儿教育研究室主任、研究员，近年来他发表出版了一大批关于教学改革、创新教育实践的论文著作，本站正是选录了他的经典论著并进行分类展示，包括创新教育研究协作攻关行动、素质教育与创新教育理论探讨、研究（探究）性学习课例、教育信息化研究、素质教育与创新教育理论探讨、教育研究专著选录宏观教育研究与定量教育研究方法等。

3. 探究型课程培训资料

网址：http：//202.109.69.165/yizhongxin/

上海市静安区第一中心小学在组织探究型学习活动实践的基础上建立的课程培训网站。探究型课程怎么设计、怎么组织，才能使其成为孕育创新精神的摇篮，是本站实践与思考的焦点，网站从我们的认识、实施方案、评价方式、师生关系等方面利用图片和实践案例介绍了探究型学习经验与体会。

（二）实践篇

1. 大眼睛科技教育网

网址：http：//www.eyecn.com/

由惟存教育实验室的几位教师制作维护，致力于打碎传统教育桎梏，开展基于 Internet 应用的研究性互动科学学习。网站开办了未来爱迪生、科学小实验、在线科学家、故事大家看、科技旅游、科学网站等栏目，为广大青少年提供了既动脑又动手的空间，学习者可以在这里寻找与你志趣相投的合作伙伴，共同开展课题研究，社会各界关注教育的人士、教师可以在这里公布您擅长的活动领域和联系方法，并通过网络帮助学习者开展探究性、研究性学习。

2. 小学生做研究

网址：http：//doit.csol.net/

本站是惟存教育实验室策划开发的。上海市宝山区月浦新村小学沈文文等几位老师利用网络进行了小学生开放性探究性学习的实践研究。他们依托小学活动课、社会课、自然学科等课程，选择诸如"大自然警钟长鸣"、"传统的民族节日"、"环保餐具"、"形形色色的花"等综合主题。在教学过程中创设一种类似科学研究的情境和途径，学生在老师辅助与支持下，以科学研究的方法，应用网络阅读或查找大量的资料来进行学习，支持学生使用广泛的信息，强调发现并获得知识的过程，通过具体的实践活动，主动体验、探索发现，发展对信息的收集、整理、分析和判断的能力，以及科学研究能力。

3. 优异研究院

网址：http：//www.uestudy.com/

由上海学思信息技术有限公司创办，为主动的学习者提供了研究性学习的网络信息平台。网站学习社区中的研究生可以在人文艺术、社会科学、科学技术等领域申请自己感兴趣的课题，并邀请导师进行指导。网站不仅提供了开展广泛而深入讨论的交流平台，还为学习者提供了成果提交的信息发布工具，研究生档案为学习者提供了自主管理的过程性学习档案，便于他们自我反思。课题管理也采取了文档管理的新模式，便于大家学习交流，提供建设性意见。

4. 发明家的摇篮

网址：http://www.liuzhong.xm.fj.cn/fmj/fmjyl.htm

厦门六中制作。包括小发明家、小院士、发明家的导师、你也可以成为发明家、专利证书、发明家论坛等栏目，有学生优秀作品选登，有动手做的练习，也有小发明家与专利的介绍。这是一个培养创造性思维的良好空间。

5. 儿童哲学乐园

网址：http://www.liuyi2001.com.cn/

"儿童哲学"（philosophy for children）由美国学者李普曼（Lipman, M.）和他的同事设计制定，1999年，在上海市教育科学研究院智力开发研究所的帮助下，上海市杨浦区六一小学也开始正式确立并启动"儿童哲学"实验课。经过两年的大胆尝试和多方探索，六一小学的"儿童哲学"课程实验已经积累了不少有效的经验。本网站正是他们实验成果与经验交流的体现，包括了儿童哲学教案、哲学小故事、学生心得、聪聪俱乐部、哲学网站链接等内容。

6. 网上少科院

网址：http://www.yuexiao.com/kidsac/

上海市月浦新村小学的少先队课外科技活动网站，试图探索开放性争章活动。网站建设与学校教育特色塑造结合。

7. 基于网络的多校间综合学习课程

网址：http://www.isnet.org.cn/

本项目是华南师范大学教育技术研究所主持设计的、全国性中小学远距离校际网络协作学习研究项目，包括小灵通信息台、儿童自然探奇、爱迪生学校、全球华语学校协作学习、我们只有一个地球5门课程，力求促进学校教育中信息技术应用、综合学习的开展、科学教育（实验、观察、观测、现场调查等教育）的实施，也为今后我国远距离校际协作学习的研究提供范例。

（三）资源篇

1. 十万个为什么

网址：http://100000.goyoyo.com/index.shtml

悠游搜索网站与少年儿童出版社携手合作推出本网站，它包含了《十万个为什么》11个分册的全部内容，采用了智能搜索引擎技术，读者可以通过提问方式查找问题答案，例如输入"鸟为什么会飞"，会得到801种不同的相关问题答案，内容涉及许多学科，包括数学、物理、化学、动物、植物、人体科学、地球科学、宇宙科学、信息科学、环境科学、工程科学等领域。读者也可在某一学科领域内部提问，她还能为您提供相关网站和学术期刊的链接。

2. 中国科普博览

网址：http://www.kepu.com.cn/

中国科普博览是一个综合性的以宣传科学知识,提高全民科学文化素质为目的的大型科普网站。它利用中国科学院科学数据库为基本信息资源,系统采集全国各具特色的科普信息,内容包括天、地、生、数、理、化等各个学科,将每一类科普信息重新编写脚本并组织整理成虚拟科普博物馆与科普专题,以生动形象、图文并茂的方式通过互联网络对外发布,融知识性和趣味性为一体,使之成为青少年课外学习的好去处,也同时为成年人继续学习提供了良好的素材。

3. Tom. com 科普频道

　　网址:http://www.scitom.com.cn/

　　SCITOM 内容以科学与科普知识为主的,为广大青少年提供一个课外再学习的环境。SCITOM 的内容以科普知识为基础,以通俗性与趣味性的语言为特色,还包括科幻、科学史、科学与生活等方方面面的知识,并配有大量的动画与图片。部分栏目设立了用户参与的内容,既能动手又能动脑。表述的是从一些有趣的故事与现象说起,用通俗易懂、形象生动的文字由浅入深展开论述,揭开其背后的科学知识。

4. 中国科普网

　　网址:http://www.cpus.gov.cn/

　　中国科普网由科学技术部政策法规与体制改革司主办、机械科学研究院承办的政府网站。旨在促进我国科普工作,传播科学知识,弘扬科学精神,宣传科学思想,提倡科学方法。本站不仅传达介绍国家科学普及和科学技术方面的新闻时事、政策法规和动态,还介绍人类科学探索与实践的丰富内容,讲述科学发展的历史;展示最前沿的科学动态,介绍科学常识与基本原理,扩大科学与自然界的联系,使您对科学不再陌生并产生深厚的兴趣。本站还建立了网上交互式实验室,您可以选择喜欢的项目参与实验。科普场馆栏目中有中外网上博物馆、科技馆、动物园等的简介和链接。

5. 北京科普之窗

　　网址:http://www.bjkp.gov.cn/

　　北京科普之窗是由北京市科学技术协会与北京市人民政府信息化办公室共同主办的政府网站。面向广大公众,以全方位、多学科、多层次的"科普之窗"网站进行科普教育、推动科技进步、加强科技创新、提高全民科技素质。本站具有科学性、知识性、趣味性和通俗性等特点,目前开设的内容包括:高科技前沿、科学博览、科普场馆、科普读物等 24 个栏目,展示最新科技动态、科学技术与科技人物、最新科普读物、推荐科普基地和科普场馆。其中"千千万万为什么"进行有奖征答、知识交流,"青少年乐园"办有青少年科技俱乐部。

6. 御虎国防科普网

　　网址:http://www.yuhoo.com.cn/

　　御虎国防科普网包括有国防高科技海陆空兵器、生化武器、战略导弹、核武器、电子战的介绍,也包括航空天地、航天博览、舰船世界等栏目,还包括核能概论、科普读物、科普视野、风云人物等的简介。

五、部分中小学学校网址

1. 北京四中网校　http://www.etiantian.com/
2. 北京大学附中远程教育网　http://pkuschool.fm365.com/
3. 北京五中　http://www.cyberschool.net.cn/
4. 清华大学附中　http://166.111.124.17/www/
5. 中国人民大学附中　http://www.rdfz.bj.cn/internet2/
6. 北京第 109 中学　http://www.109school.com/
7. 北京师范大学附中　http://beijing.cleverschool.com/
8. 北京景山学校　http://www.jsedu.com.cn
9. 北京汇文中学　http://www.huiwen-cn.com
10. 天津耀华中学　http://www.tpt.tj.cn/user/yaohua/yhmain.htm
11. 江苏省常州高级中学　http://www.sczwx.cz.jsinfo.net/
12. 杭州学军中学　http://www.xjms.edu.cn/
13. 福州第八中学　http://www.fzbz.com.cn/
14. 厦门一中　http://www.yizhong.xm.fj.cn
15. 厦门六中　http://www.liuzhong.xm.fj.cn/
16. 华南师范大学附中　http://www.futureedu.com/
17. 广东碧桂圆学校　http://bgy.gd.cn/
18. 顺德一中　http://www.yeschool.net/yeschool/info/info.asp
19. 深圳南山实验学校　http://www.sznx.com.cn/
20. 广州东风东路小学　http://www.dfdlxx.com/
21. 广东南海石门中学　http://www.shimen.org/
22. 广东南海桂城中学　http://www.nhgz.gd.cn/
23. 广东省佛山市第一中学　http://www.fsyz.com.cn
24. 南京师范大学附中　http://nanjing.cleverschool.com/
25. 南京金陵中学　http://www.jlhs.net/index.htm

附录二　光盘使用指南

　　本书配套光盘为学习者提供了教材学习的参考资料以及多媒体素材。请打开光盘,双击 index. htm 文件,即可进入主菜单,光盘的大部分内容可以通过超链接,以网页的形式浏览,但光盘提供的多媒体素材等资源,需打开相应的文件夹,以单个文件的形式直接获取。请注意光盘中相应内容的提示。

　　各部分内容简单介绍如下:

学习参考资料一

　　包括与现代教育技术相关的文献、论文、报道等,如《面向 21 世纪教育振兴行动计划》及辅导材料、何克抗教授的《建构主义——革新传统教学的理论基础》、李克东教授的《数字化学习——信息技术与课程整合的核心》等。

　　这部分还提供了教育技术相关网站的链接,如教育部、教育报、教育技术在线等网站。

学习参考资料二

　　这部分是由华南师范大学教育信息技术学院的周镭、张红、张妙华老师带领本科生,依据原来的教育技术教材为蓝本,制作完成的"现代教育技术"网络课程。由于本教材对传统模拟电教媒体部分讲述较少,所以学习者可以利用本网络课程进行自学。

学习参考资料三

　　这部分提供了两段视频学习资料,以广东省南海市石门中学为个案,介绍学校教育技术环境与资源建设等情况。

学习参考资料四

　　这部分为学习者提供了分别用 Powerpoint、Authorware 和 Frontpage制作的几个不同的多媒体课件,同时还提供一个远程教育用的 IP 课件,供学习者参考。

1.《祖国统一的实现》(多媒体演示文稿)

注意:该课件不能通过网页浏览器直接浏览,请在本光盘"04"文件夹的"041—《祖国统一的实现》(多媒体电子演示文稿)"子文件夹中找到此课件,双击打开即可浏览。

软件运行环境:系统需安装 Office 2000 以上版本。

2.《新诗:桂林山水歌》(多媒体课件)

注意:该课件不能通过网页浏览器直接浏览,请在本光盘"04"文件夹的"042—《桂林山水歌》"子文件夹中双击"桂林山水歌"图标,即可打开浏览。

软件运行环境:系统需安装 Authorware 5.X 版本,才能浏览本课件。

3.《春》(网页型课件)

4.远程教育 IP 课件实例

学习参考资料五

这部分以网页的形式提供了广东省深圳市南山实验学校的《小学生看广告》的研究性学习个案,内容包括活动计划、学生作品、学习心得、老师点评、家长意见、专家评述等。

学习参考资料六

本部分提供了丰富的多媒体课件制作素材,包括背景图片、按钮图标、声音、视频等,学习者在学习本书相关内容进行上机操作练习时,可以利用素材库中的素材进行多媒体课件的制作。

注意:该部分内容不能通过网页浏览器浏览,只要打开本光盘"06"文件夹,学习者便可以找到需要的多媒体素材。

参考文献

1. 李克东、谢幼如编著：《多媒体组合教学设计（第二版）》，科学出版社 1999 年版。

2. 李克东、谢幼如主编：《电化教育技能训练教程》，北京师范大学出版社 1997 年版。

3. 王咸伟、李克东主编：《计算机多媒体与网络技术教育应用》，河北教育出版社 2000 年版。

4. 李运林、李克东编著：《电化教育导论》，高等教育出版社 1986 年版。

5. 李克东编著：《教育传播科学研究方法》，高等教育出版社 1990 年版。

6. 李克东、黄晓地、谢幼如等编著：《多媒体技术教学应用》，电子工业出版社 1996 年版。

7. 李克东主编：《网络教育资源大全》，万方数据电子出版社 2001 年版。

8. 李克东、何克抗主编：《高等师范教育面向 21 世纪教学内容和课程体系改革成果丛书——教育技术分卷》，北京师范大学出版社 2001 年版。

9. 谢幼如编著：《多媒体教学软件设计》，电子工业出版社 1999 年版。

10. 何克抗主编：《现代教育技术》，北京师范大学出版社 1998 年版。

11. 祝智庭主编：《现代教育技术——走进信息化教育》，高等教育出版社 2001 年版。

12. 祝智庭编著：《网络教育应用教程》，北京师范大学出版社 2001 年版。

13. 韩志坚、封昌权、徐建祥编著：《现代教育技术教程》，人民邮电出版社 2000 年版。

14. 沈亚强、蔡铁权、程燕平、楼广赤编著：《现代教育技术基础》,浙江大学出版社 2000 年版。

15. 邓杰主编:《教育技术学:引导教学走向艺术化境界》,社会科学出版社 2001 年版。

16. 陈琛、於志渊、杜晓福主编:《网上教育》,中国水利出版社 1999 年版。

17. 徐兆祥编著:《网上学习资源》,(香港)万里机构·万里书店 1999 年版。

18. 全国中小学现代教育技术实验学校领导小组办公室主编:《学校教育现代化建设》,中央广播电视大学出版社 1998 年版。

19. 李运林主编:《电视教材编导与制作》,高等教育出版社 1991 年版。

20. 南国农、李运林主编:《电化教育学(第二版)》,高等教育出版社1998 年版。

21. 车晴、王京玲编著:《数字卫星广播系统》,北京广播学院出版社1999 年版。